Rechtliche Rahmenbedingungen der Betriebsratsgründung

Europäische Hochschulschriften Recht

European University Studies in Law

Publications Universitaires Européennes de Droit

Band/ Volume 6312

Florian Hauzenberger

# Rechtliche Rahmenbedingungen der Betriebsratsgründung

PETER LANG

**Bibliografische Information der Deutschen Nationalbibliothek**
Die Deutsche Nationalbibliothek verzeichnet diese Publikation in der Deutschen Nationalbibliografie; detaillierte bibliografische Daten sind im Internet über http://dnb.d-nb.de abrufbar.

Zugl.: Bremen, Univ., Diss., 2022

D 46
ISSN 0531-7312
ISBN 978-3-631-89525-2 (Print)
E-ISBN 978-3-631-89878-9 (E-PDF)
E-ISBN 978-3-631-89879-6 (EPUB)
DOI 10.3726/b20653


Peter Lang – Berlin · Bern · Bruxelles · New York · Oxford · Warszawa · Wien



Diese Publikation wurde begutachtet.

www.peterlang.com

# Danksagung und Widmung

Die vorliegende Arbeit wurde von der Fakultät für Rechtswissenschaft der Universität Bremen als Dissertation angenommen.

Eine Dissertation ist eine Reise über hohe Berge und durch tiefe Täler, bei teilweise schwierigsten Wetterbedingungen. Allein ist diese Reise kaum zu bewältigen. Ich bin daher sehr dankbar von Beginn an auf Unterstützung und Rückhalt vertraut haben zu dürfen.

Deshalb danke ich an dieser Stelle zunächst meinem Doktorvater, Herrn Professor Dr. Sebastian Kolbe, der sich von Beginn an für mich eingesetzt hat und meine Arbeit stets engagiert betreut hat.

Frau Professorin Dr. Angie Schneider gebührt mein Dank für die zügige Erstellung des Zweitgutachtens.

Mein besonderer Dank gilt meinen Eltern, Susanne und Gottfried Hauzenberger. Ohne meine Eltern wäre all dies nicht möglich gewesen. Sie haben mir meinen Weg geebnet und mich stets in jeder Form bedingungslos unterstützt. Ihnen ist diese Arbeit gewidmet.

München, im Dezember 2022
Florian Hauzenberger

# Inhaltsübersicht

# Inhaltsverzeichnis

# Literaturverzeichnis

Absenger, Nadine / Priebe, Andreas: Das Betriebsverfassungsgesetz im Jahr 2016 – Mitbestimmungslücken und Reformbedarfe. In: WSI Mitteilungen 3/2016, S. 192–200.

(zitiert als: Absenger/Priebe, WSI Mitteilungen 3/2016)

Althoff, Lars: Das Betriebsrätestärkungsgesetz – Fortschritt oder Stillstand. In: ArbRAktuell 2021, S. 151–153.

(zitiert als: Althoff, ArbRAktuell 2021)

Artus, Ingrid: Weiterentwicklung nicht versäumen! In: Mitbestimmung. Das Magazin der Hans-Böckler-Stiftung, Ausgabe Juni 2012, S. 37–38.

(zitiert als: Artus, Mitbestimmung 6/2012)

Bachner, Michael: Urnenwahl trotz Rücksendung der Briefwahlunterlagen. Zum Vorrang des materiellen Wählerwillens vor formaler Gleichbehandlung. In: NZA 2012, S. 1266–1268.

(zitiert als: Bachner, NZA 2012)

Baeck, Ulrich / Winzer, Thomas / Launer, Miriam: Arbeit-von-morgen-Gesetz: Betriebsrat 4.0 – Digitalisierung der Betriebsratsarbeit. In: NZG 2020, S. 659–662.

(zitiert als: Baeck/Winzer/Launer, NZG 2020)

Beden, Yannik / Rombey, Sebastian: Digitale Mitbestimmung – Die Krise als Schrittmacher des Fortschritts? In: BB 2020, S. 1141–1145.

(zitiert als: Beden/Rombey, BB 2020)

Behrens, Martin / Dribbusch, Heiner: Arbeitgebermaßnahmen gegen Betriebsräte: Angriffe auf die betriebliche Mitbestimmung. In: WSI-Mitteilungen 2/2014, S. 140–148.

(zitiert als: Behrens/Dribbusch, WSI-Mitteilungen 2/2014)

Umkämpfte Mitbestimmung: Ergebnisse der dritten WSI-Befragung zu Be- und Verhinderung von Betriebsratswahlen. In: WSI-Mitteilungen 4/2020, S. 286–294.

(zitiert als: Behrens/Dribbusch, WSI-Mitteilungen 4/2020)

Besgen, Nicolai: Besonderheiten des Zustimmungsersetzungsverfahrens nach § 103 BetrVG. In: NZA 2011, S. 133–137.

(zitiert als: Besgen, NZA 2011)

Bittmann, Folker: „Großzügige Behandlung“ von Betriebsräten als Untreue – Fall Gebauer/Volkert. Anmerkung zum Urteil des BGH vom 17.09.2009 – 5 StR 521/08. In: NJW 2010, S. 92–99.

(zitiert als: Bittmann, NJW 2010)

Blasek, Katrin: Digitalisierungspotentiale bei der Betriebsratswahl. In: BB 2021, S. 2932–2937.

(zitiert als: Blasek, BB 2021)

Böker, Karl-Hermann: Organisation und Arbeit von Betriebs- und Personalräten. Betriebs- und Dienstvereinbarungen. Analyse und Handlungsempfehlungen, Frankfurt am Main, 2009.

(zitiert als: Böker, Organisation und Arbeit von Betriebs- und Personalräten)

Boemke, Burkhard / Roloff, Sebastian / Haase, Thilo: „Virtual reality“ in der formellen Betriebsverfassung – nicht ohne Geschäftsordnung. In: NZA 2021, S. 827–834.

(zitiert als: Boemke/Roloff/Haase, NZA 2021)

Bolte, Michael / Fischer, Thomas / Thannisch, Rainald: Offensive Mitbestimmung: den mitbestimmungspolitischen Stillstand überwinden. In: WSI-Mitteilungen 8/2016, S. 641–645.

(zitiert als: Bolte/Fischer/Thannisch, WSI-Mitteilungen 8/2016)

Bormann, Sarah: Unternehmenshandeln gegen Betriebsratsgründungen – Der Fall Schlecker. In: WSI-Mitteilungen 1/2008, S. 45–50.

(zitiert als: Bormann, WSI-Mitteilungen 1/2008)

Bosworth, Steven / Bartke, Simon: Implikationen von Nudging für das Wohlergehen von Konsumenten. In: Wirtschaftsdienst. Zeitschrift für Wirtschaftspolitik 2014, S. 774–777.

(zitiert als: Bosworth/Bartke, Wirtschaftsdienst 2014)

Brand, Christian / Lotz, Martin: Neues zu § 119 Abs. 1 Nr. 1 Var. 2 BetrVG – oder die Aktivierung einer bislang ungenutzten Vorschrift. In: RdA 2012, S. 73–81.

(zitiert als: Brand/Lotz, RdA 2012)

Bräunlich, Katharina / Grimm, Rüdiger: Sozialwahlen via Internet mit Polyas. In: DuD 2014, S. 82–85.

(zitiert als: Bräunlich/Grimm, DuD 2014)

Bretthauer, Sebastian / Spiecker, Indra: Die rechtliche Zulässigkeit einer Online-Wahl zur Sozialwahl. In: NZS 2020, S. 241–247.

(zitiert als: Bretthauer/Spiecker, NZS 2020)

Bruttel, Lisa von / Stolley, Florian: Ist es im Interesse der Bürger, wenn ihre Regierung Nudes implementiert? In: Wirtschaftsdienst. Zeitschrift für Wirtschaftspolitik 2014, S. 767–771.

(zitiert als: Bruttel/Stolley, Wirtschaftsdienst 2014)

Byers, Philipp: Die Höhe der Betriebsratsvergütung. Eine kritische Auseinandersetzung mit der Rechtslage. In: NZA 2014, S. 65–70.

(zitiert als: Byers, NZA 2014)

Clodius, Anke: Die Bedeutung der Grundrechte im Betriebsverfassungsgesetz unter besonderer Berücksichtigung der Rechtsprechung des Bundesverfassungsgerichts, Göttingen, 2004.

(zitiert als: Clodius, Die Bedeutung der Grundrechte im BetrVG)

Cosack, Katrin: Schriften zum Wirtschaftsstrafrecht. Untreue von Betriebsräten gegenüber Arbeitnehmern, Heidelberg, 2015.

(zitiert als: Cosack, in: Untreue von Betriebsräten gegenüber Arbeitnehmern)

Betriebsratskorruption: Co-Manager ohne rechtliche Verantwortung. In: ZRP 2016, S. 177–180.

(zitiert als: Cosack, ZRP 2016)

Däubler, Wolfgang: Grundstrukturen der Betriebsverfassung. Eine kurze rechtsdogmatische Betrachtung. In: AuR 1982, S. 6–12.

(zitiert als: Däubler, AuR 1982)

Gesamtbetriebsratssitzung als Präsenzsitzung in Coronazeiten? Anmerkung zum Beschluss des LAG Berlin-Brandenburg vom 24.08.2020 – 12 TaBVGa 1015/20. In: NZA-RR 2020, S. 647–651.

(zitiert als: Däubler, NZA-RR 2020)

Däubler, Wolfgang / Klebe, Thomas: Betriebsratsarbeit in Zeiten der Pandemie: § 129 BetrVG. In: NZA 220, S. 545–551.

(zitiert als: Däubler/Klebe, NZA 2020)

Däubler, Wolfgang / Klebe, Thomas / Wedde, Peter: BetrVG. Betriebsverfassungsgesetz. Kommentar für die Praxis mit Wahlordnung und EBR-Gesetz, 17. Auflage, Frankfurt am Main, 2020.

(zitiert als: Bearbeiter, in: Däubler/Klebe/Wedde, BetrVG)

Düwell, Franz Josef: Schwere Geburt: Jetzt auch Digitalisierung der Betriebsratsarbeit. In: BB 2020, Heft 20, Umschlagteil Seite 1.

(zitiert als: Düwell, BB 2020, I)

Dzida, Boris / Mehrens, Christian: Straf- und haftungsrechtliche Risiken im Umgang mit dem Betriebsrat. In: NZA 2013, S. 753–758.

(zitiert als: Dzida/Mehrens, NZA 2013)

Eicke, Anne: Die wichtigsten Neuerungen durch das Betriebsrätemodernisierungsgesetz. In: ArbRAktuell 2021, S. 313–317.

(zitiert als: Eicke, ArbRAktuell 2021)

Ellguth, Peter / Trinczek, Rainer: Erosion der betrieblichen Mitbestimmung – welche Rolle spielt der Strukturwandel? In: WSI-Mitteilungen 3/2016, S. 172–182.

(zitiert als: Ellguth/Rainer, WSI-Mitteilungen 3/2016)

Eylert, Mario / Rinck, Ursula: Besonderer Kündigungsschutz durch Betriebsratswahlen. In: BB 2018, S. 308–318.

(zitiert als: Eylert/Rinck, BB 2018)

Eylert, Mario / Sänger, Niki: Der Sonderkündigungsschutz im 21. Jahrhundert. Zur Entwicklung der Rechtsprechung des Bundesarbeitsgerichts zum Sonderkündigungsschutz. In: RdA 2010, S. 24–44.

(zitiert als: Eylert/Sänger, RdA 2010)

Fett, Thorsten / Stütz, Dominique: 20 Jahre Kapitalgesellschaft & Co. KGaA. Bestandsaufnahme und neuere Entwicklungen. In: NZG 2017, S. 1121–1131.

(zitiert als: Fett/Stütz, NZG 2017)

Fischer, Ulrich: Korruptionsbekämpfung in der Betriebsverfassung. In: BB 2007, S. 997–1001.

(zitiert als: Fischer, BB 2007)

Das Ehrenamtsprinzip der Betriebsverfassung „post Hartzem" – revisited. In: NZA 2014, S. 71–74.

(zitiert als: Fischer, NZA 2014)

Fitting, Karl [Begr.]: Betriebsverfassungsgesetz. Handkommentar, 31. Auflage, München, 2022.

(zitiert als: Fitting, BetrVG)

Franzen, Martin: Die Freiheit der Arbeitnehmer zur Selbstbestimmung nach dem neuen BetrVG. In: ZfA 2001, S. 423–450.

(zitiert als: Franzen, ZfA 2001)

Professionalisierung der Betriebsratsarbeit – Abschied vom Ehrenamt? In: ZAAR Schriftenreihe Band 10. Unternehmensführung und betriebliche Mitbestimmung, München, 2008.

(zitiert als: Franzen, ZAAR Schriftenreihe Band 10)

Fuhlrott, Michael / Fischer, Katharina: Corona: Virale Anpassungen des Arbeitsrechts. In: NZA 2020, S. 345–350.

(zitiert als: Fuhlrott/Fischer, NZA 2020 I)

Endlich: Virtuelle Beschlussfassung für Arbeitnehmervertretungen. In: NZA 2020, S. 490–491.

(zitiert als: Fuhlrott/Fischer, NZA 2020 II)

Fündling, Caroline / Sorber, Dominik: Arbeitswelt 4.0 – Benötigt das BetrVG ein Update in Sachen digitalisierte Arbeitsweise des Betriebsrats? In: NZA 2017, S. 552–558.

(zitiert als: Fündling/Sorber, NZA 2017)

Gaul, Björn / Kaule, Victoria: Das Betriebsrätemodernisierungsgesetz. Mehr Schein als Sein. In: ArbRB 2021, S. 176–179.

(zitiert als: Gaul/Kaule, ArbRB 2021)

Gercke, Björn [Hrsg.] / Kraft, Oliver [Hrsg.] / Richter, Marcus [Hrsg.]: Arbeitsstrafrecht. Strafrechtliche Risiken und Risikomanagement, 3. Auflage, Heidelberg, 2021.

(zitiert als: Bearbeiter, in: Arbeitsstrafrecht)

Graf, Jürgen [Hrsg.]: Beck'scher Online-Kommentar Strafprozessordnung (StPO) mit Richtlinien für das Strafverfahren und das Bußgeldverfahren (RiStBV) und Anordnung über Mitteilungen in Strafsachen (MiStra), 42. Edition, Stand: 01.01.2022.

(zitiert als: Bearbeiter, in: BeckOK StPO)

Grau, Timon / Schaut, Andreas: Aktuelle Fragen zum Sonderkündigungsschutz von Wahlbewerbern bei den Betriebsratswahlen. In: BB 2014, S. 757–761.

(zitiert als: Grau/Schaut, BB 2014)

Grimm, Detlef: Betriebsratsbeschlüsse per Video- und Telefonkonferenz. Eine praktische Hilfestellung für die Zeit der Corona-Pandemie. In: ArbRB 2020, S. 129–132.

(zitiert als: Grimm, ArbRB 2020)

Wahlvorschlag mit Stützunterschriften begründet Sonderkündigungsschutz. Anmerkung zum Urteil des BAG vom 07.07.2011 – 2 AZR 377/10. In: ArbRB 2012, S. 8.

(zitiert als: Grimm, ArbRB 2012)

Grimm, Detlef / Brock, Martin / Windeln, Norbert: Betriebsratswahlen: Vorzeitige Bestellung des Wahlvorstands – Sonderkündigungsschutz ohne Funktion. In: DB 2006, S. 156–160

(zitiert als: Grimm/Brock/Windeln, DB 2006)

Groß, Simon: dreist, dreister, Gorillas. In: Süddeutsche Zeitung, Ausgabe vom 24.11.2021.

(zitiert als: Groß, Dreist, dreister, Gorillas)

Günther, Jens / Böglmüller, Matthias / Mesina, Jan: Digitale Betriebsratsarbeit – Gesetzlicher Rahmen und Reformbedarf. In: NZA 2020, S. 77–81.

(zitiert als: Günther/Böglmüller/Mesina, NZA 2020)

Hagedorn, Marcel: Betriebsratssitzungen in Zeiten der COVID-19-Pandemie. In: NZA 2021, S. 158–161.

(zitiert als: Hagedorn, NZA 2021)

Halbach, Günter [Hrsg.]: Handbuch Betrieb und Personal, 248. Lieferung, Stand: Dezember 2021.

(zitiert als: Bearbeiter, in: Handbuch Betrieb und Personal)

Harms, Michael / Steinau-Steinrück, Robert von / Thüsing, Gregor: BB-Forum: Betriebsverfassung 4.0 – Onlinewahl ermöglichen! In: BB 2016, S. 2677.

(zitiert als: Harms/von Steinau-Steinrück/Thüsing, BB 2016)

Heintschel-Heinegg, Bernd von [Hrsg.]: Beck'scher Online-Kommentar Strafgesetzbuch, 51. Edition, Stand: 01.11.2021.

(zitiert als: Bearbeiter, in: BeckOK StGB)

Henning, Maria / Budurushi, Jurlind / Volkamer, Melanie: Elektronische Wahlen durch Stimmzettelbelege? – Untersuchung möglicher Umsetzungen des Öffentlichkeitsgrundsatzes. In: MMR 2014, S. 154–158.

(zitiert als: Henning/Budurushi/Volkamer, MMR 2014)

Hennsler, Martin: Generalbericht über die drei Panels des 4. Deutschen Arbeitsrechtstags. In: NZA-Beilage 2020, S. 3–13.

(zitiert als: Hennsler, NZA-Beilage 2020)

Henssler, Martin [Hrsg.] / Willemsen, Josef [Hrsg.] / Kalb, Heinz-Jürgen [Hrsg.]: Arbeitsrecht. Kommentar, 9. Auflage, Köln, 2020.

(zitiert als: Bearbeiter, in: Henssler/Willemsen/Kalb)

Hoffmann-Remy, Till / Zaumseil, Frank: Betriebsratswahl 2018 – alte und neue Fehler vermeiden! In: BB 2017, S. 1717–1722.

(zitiert als: Hoffmann-Remy/Zaumseil, BB 2017)

Hoppe, Christian / Fuhlrott, Michael: Die nationale Mitbestimmung im Unternehmen: Ein Überblick. In: ArbRAktuell 2011, S. 235–238.

(zitiert als: Hoppe/Fuhlrott, ArbRAktuell 2011)

Jacobs, Matthias: Die Vergütung freigestellter Betriebsratsmitglieder. In: NZA 2019, S. 1606–1612.

(zitiert als: Jacobs, NZA 2019)

Jansen, Jan-Philip: Elektronische Kommunikation bei Betriebsratswahlen. In: DB 2006, S. 334–338.

(zitiert als: Jansen, DB 2008)

Janssen, Gerhard: (Androhung der) Kündigung als Wahlbehinderung. Anmerkung zum Urteil des AG Emmendingen vom 24.07.2008 – 5 Cs 440 Js 26354 – AK 329/07. In: juris PraxisReport-Strafrecht 19/2008 Anmerkung 4.

(zitiert als: Janssen, jurisPR-StrafR 19/2008 Anm. 4)

Jesgarzewski, Tim / Holzendorf, Tobias: Zulässigkeit virtueller Betriebsratssitzungen. In: NZA 2012, S. 1021–1022.

(zitiert als: Jesgarzewski/Holzendorf, NZA 2012)

Jirjahn, Uwe: Ökonomische Wirkungen der Mitbestimmung in Deutschland: Ein Update. In: Arbeitspaper 186 der Hans-Böckler-Stiftung, Düsseldorf, 2010.

(zitiert als: Jirjahn, Ökonomische Wirkungen der Mitbestimmung in Deutschland)

Junker, Abbo: Betriebsverfassung nach der Corona-Krise – Was bleibt, was kommt? In: ZfA 2020, S. 317–319.

(zitiert als: Junker, ZfA 2020)

Kahlert, Anna: Sozialversicherungswahlen via Internet. – Eine Chance zur Erhöhung der Wahlbeteiligung? –. In: NZS 2014, S. 56–61.

(zitiert als: Kahlert, NZS 2014)

Keitel, Ines / Busch, Alicia: Der neue Referentenentwurf für eine Betriebsrätestärkungsgesetz – wesentliche Änderungen. In: BB 2021, S. 564–570.

(zitiert als: Keitel/Busch, BB 2021)

Kiel, Heinrich [Hrsg.] / Lunk, Stefan [Hrsg.] / Oetker, Hartmut [Hrsg.]: Münchener Handbuch zum Arbeitsrecht. Band 3. Kollektives Arbeitsrecht I, 4. Auflage, München, 2019.

(zitiert als: Bearbeiter, in: Münchener Handbuch zum Arbeitsrecht, Band 3)

Münchener Handbuch zum Arbeitsrecht. Band 4. Kollektives Arbeitsrecht II. Arbeitsgerichtsverfahren, 4. Auflage, München, 2019.

(zitiert als: Bearbeiter, in: Münchener Handbuch zum Arbeitsrecht, Band 4)

Kind, Sonja / Bovenschulte, Marc: E-Voting – mögliche Alternative zu traditionellen Wahlverfahren. In: Büro für Technikfolgen-Abschätzung beim Deutschen Bundestag. Themenkurzprofil Nr. 26, Stand: Mai 2019.

(zitiert als: Kind/Bovenschulte, TAB Nr. 26)

Klebe, Thomas: Betriebsrat 4.0 – Digital und global? In: NZA-Beilage 2017, S. 77–84.

(zitiert als: Klebe, NZA-Beilage 2017)

Betriebsverfassung digital? In: NZA 2020, S. 996–999.
(zitiert als: Klebe, NZA 2020)

Klocke, Daniel: Rechtsgutachten zur Erweiterung des vereinfachten Wahlverfahrens zum BetrVG, der Schutzfunktion der Gewerkschaften und Verhinderung von Betriebsrats-Bashing, Wiesbaden, 2018.
(zitiert als: Klocke, Rechtsgutachten)

Klose, Oliver: Die schriftliche Stimmabgabe bei der Betriebsratswahl. In: NZA 2021, S. 1301–1305.
(zitiert als: Klose, NZA: 2021)

Klumpp, Steffen / Holler, Daniel: Die „virtuelle Betriebsversammlung" nach § 129 Abs. 3 BetrVG. In: BB 2020, S. 1268–1272.
(zitiert als: Klumpp/Holler, BB 2020)

Köhnen, Heiner: Unternehmenskultur und Personalpolitik. Zur Situation der Beschäftigten und der Interessenvertretung bei H&M. In: Arbeitspaper 119 der Hans-Böckler-Stiftung, Düsseldorf, 2006.
(zitiert als: Köhnen, Unternehmenskultur und Personalpolitik)

Kolbe, Sebastian: Mitbestimmung und Demokratieprinzip, Tübingen, 2013.
(zitiert als: Kolbe, Mitbestimmung und Demokratieprinzip)

Kramer, Stefan [Hrsg.]: IT-Arbeitsrecht. Digitalisiert Unternehmen: Herausforderungen und Lösungen, 2. Auflage, München, 2019.
(zitiert als: Bearbeiter, in: Kramer IT-ArbR)

Krause, Rüdiger: Gewerkschaften und Betriebsräte zwischen Kooperation und Konfrontation. In: RdA 2009, S. 129–143.
(zitiert als: Krause, RdA 2009, 129)

Kreutz, Peter: Betriebsversammlung und Gesamtbetriebsrat – Keine Annexkompetenzen im Betriebsverfassungsrecht. Besprechung des Beschlusses BAG vom 16.11.2011 – 7 ABR 28/10. In: RdA 2013, S. 176–180.
(zitiert als: Kreutz, RdA 2013, 176)

Krois, Christopher: Maßnahmen zur Sicherung der Funktionsfähigkeit der Betriebsverfassung während der Covid-19-Pandemie – Austausch von Erklärungen, wirksame Beschlussfassung des Betriebsrats und flankierende Maßnahmen. In: DB 2021, S. 674–679.
(zitiert als: Krois, DB 2020)

Krug, Björn / Pannenborg, Eerke: Die straf- und ordnungswidrigkeitenrechtlichen Haftungsrisiken für den Arbeitgeber im sog. „Arbeitsstrafrecht" – Schutz des Arbeitnehmers und des Arbeitsmarktes. In: ArbRAktuell 2019, S. 269–272.

(zitiert als: Krug/Pannenborg, ArbRAktuell 2019)

Lackner, Karl / Kühl, Kristian / Heger, Martin / Dreher, Eduard [Begr.] / Maasen, Hermann [Begr.]: Strafgesetzbuch. Kommentar, 29. Auflage, München, 2018.

(zitiert als: Bearbeiter, in: Lackner/Kühl, StGB)

Ley, Christian: Anspruch des Betriebsrats auf einen separaten Telefon- und Internetanschluss. Anmerkung zum Urteil des BAG vom 20.04.2016 – 7 ABR 50/14. In: BB 2016, S. 2046–2048.

(zitiert als: Ley, BB 2016)

Linck, Rüdiger [Hrsg.] / Preis, Ulrich [Hrsg.] / Schmidt, Ingrid [Hrsg.]: Kündigungsrecht. Großkommentar zum gesamten Recht der Beendigung von Arbeitsverhältnissen, 6. Auflage, München, 2021.

(zitiert als: Bearbeiter, in: Ascheid/Preis/Schmidt)

Lingemann, Stefan / Steinhauser, Rut: Der Kündigungsschutzprozess in der Praxis – Weiterbeschäftigungsanspruch. In: NJW 2014, S. 3765–3767.

(zitiert als: Lingemann/Steinhauser, NJW 2014)

Lobinger, Thomas: Systemdenken im Betriebsverfassungsrecht. In: RdA 2011, S. 76–92.

(zitiert als: Lobinger, RdA 2011)

Löwisch, Manfred: Kündigungsschutz allein gebliebener Initiatoren zur Betriebsratswahl. In: DB 2002, S. 1503–1504.

(zitiert als: Löwisch, DB 2002)

BB-Forum: Betriebsrat wider den Willen der Belegschaft? In: BB 2006, S. 664–665.

(zitiert als: Löwisch, BB 2006)

Freiheit und Gleichheit der Wahl zu Betriebsrat und Personalrat. In: BB 2014, S. 117–121.

(zitiert als: Löwisch, BB 2014)

Löwisch, Manfred [Hrsg.] / Kaiser, Dagmar [Hrsg.]: BetrVG. Betriebsverfassungsgesetz. Band 1: §§ 1–73b und Wahlordnung, 7. Auflage, Frankfurt am Main, 2017.

(zitiert als: Löwisch/Kaiser, BetrVG)

Löwisch, Manfred [Hrsg.] / Kaiser, Dagmar [Hrsg.] / Klumpp, Steffen [Hrsg.]: BetrVG. Betriebsverfassungsgesetz. Band 2: §§ 74–132, 7. Auflage, Frankfurt am Main, 2020.

(zitiert als: Bearbeiter, in: Löwisch/Kaiser/Klumpp, BetrVG)

Löwisch, Manfred [Hrsg.] / Schlünder, Guido [Hrsg.] / Spinner, Günter [Hrsg.] / Wertheimer, Frank [Hrsg.]: KSchG. Kündigungsschutzgesetz. Kommentar., 11. Auflage, Frankfurt am Main, 2018.

(zitiert als: Bearbeiter, in: Löwisch/Schlünder/Spinner/Wertheimer, KSchG)

Lütkehaus, Ralph / Powietzka, Arnim: Virtuelle Betriebsratssitzung und virtuelle Einigungsstelle. In: NZA 2020, S. 552–559.

(zitiert als: Lütkehaus/Powietzka, NZA 2020)

Maschmann, Frank: Welchen Einfluss darf der Arbeitgeber auf die Betriebsratswahl nehmen? In: BB 2010, S. 245–252.

(zitiert als: Maschmann, BB 2010)

Meyer, Michael: Arbeitsstrafrecht – Vorsatz und Irrtum bei § 119 BetrVG. In: BB 2016, S. 2421–2426.

(zitiert als: Meyer, BB 2016)

Moll, Wilhelm [Hrsg.]: Münchener Anwaltshandbuch Arbeitsrecht, 5. Auflage, München, 2021.

(zitiert als: Bearbeiter, in: Münchener Anwaltshandbuch Arbeitsrecht)

Mückl, Patrick / Wittek, Wolfgang: Betriebsverfassung 4.0: Virtuelle Sitzungen und Versammlungen nach dem neuen § 129 BetrVG. In: DB 2020, S. 1289–1294.

(zitiert als: Mückl/Wittek, DB 2020)

Müller, Knut: Corona-Virus und Betriebsratsarbeit – Digitales Irrlichtern der Bundesregierung bei der geplanten Einführung des § 129 BetrVG. In: ArbRAktuell 2020, S. 247–250.

(zitiert als: Müller, ArbRAktuell 2020)

Müller-Glöge, Rudi [Hrsg.] / Preis, Ulrich [Hrsg.] / Schmidt, Ingrid [Hrsg.]: Beck'sche Kurzkommentare. Band 51. Erfurter Kommentar zum Arbeitsrecht, 22. Auflage, München, 2022.

(zitiert als: Bearbeiter, in: Erfurter Kommentar)

Nägele, Stefan / Nestel, Fred: Besonderer Kündigungsschutz bei erstmaliger Wahl eines Betriebsrats. In: BB 2002, S. 354–357.

(zitiert als: Nägele/Nestel, BB 2002)

Naumann, Anja / Groschischka, Sven / Bendix, Theresa: Betriebsratswahlen in der Pandemie – Welche Besonderheiten gelten? In: ArbRAktuell 2022, S. 63–66.

(zitiert als: Naumann/Groschischka/Bendix, ArbRAktuell 2022)

Nebeling, Martin / Tüx, Jennifer: Das Schicksal des Sonderkündigungsschutzes gemäß § 15 Abs. 3a KSchG während des laufenden Verfahrens zur gerichtlichen Bestellung eines Wahlvorstandes. In: BB 2014, S. 1402–1405.

(zitiert als: Nebeling/Tüx, BB 2014)

Neumann, Nils: Betriebsratswahl – Online-Wahlverfahren führt zur Nichtigkeit der Wahl. Anmerkung zum Beschluss des Arbeitsgerichts Hamburg vom 07.06.2017 – 13 BV 13/16. In: GWR 2017, S. 307.

(zitiert als: Neumann, GWR 2017)

Niedenhoff, Horst-Udo: Der Betriebsrat als Produktionsfaktor. Perspektiven der Zusammenarbeit von Arbeitgeber und Betriebsrat, Köln, 2007

(zitiert als: Niedenhoff, Der Betriebsrat als Produktionsfaktor)

Niklas, Thomas: Kündigung eines Betriebsratsmitglieds. Wie weit reicht der Sonderkündigungsschutz der Arbeitnehmervertretung? In: ArbRB 2020, S. 250–253.

(zitiert als: Niklas, ArbRB 2020)

Oehlschläger, Johannes: Das Ersatzmitglied des Betriebsrats – Vom Anwärter zum vollwertigen Betriebsratsmitglied und zurück. Zur Stellung von Ersatzmitgliedern des Betriebsrats und zu ihren Rechten und Pflichten. In: NZA 2021, S. 396–398.

(zitiert als: Oehlschläger, NZA 2021)

Oltmanns, Sönke: Die Reform der Wahlordnung zum BetrVG. In: ArbRAktuell 2021, S. 520–522.

(zitiert als: Oltmanns, ArbRAktuell 2021)

Palandt, Otto [Begr.]: Beck'sche Kurzkommentare. Band 7. Bürgerliches Gesetzbuch mit Nebengesetzen, 81. Auflage, München, 2022.

(zitiert als: Bearbeiter, in: Grüneberg)

Pletke, Matthias / Lepper, Christoph: § 119 BetrVG – Strafrechtliche Risiken bei betriebsöffentlichen Auseinandersetzungen zwischen Arbeitgeber und Betriebsrat. In: ArbRAktuell 2018, S. 247–250.

(zitiert als: Pletke/Lepper, ArbRAktuell 2018)

Poguntke, David / Villiez, Martin von: Digitale Dokumente und elektronischer Rechtsverkehr im Arbeitsrecht. In: NZA 2019, S. 1097–1105.

(zitiert als: Poguntke/von Villiez, NZA 2019)

Preis, Ulrich [Hrsg.] / Greiner, Stefan [Hrsg.]: Arbeitsrecht. Kollektivarbeitsrecht – Lehrbuch für Studium und Praxis, 5. Auflage, Köln, 2020.

(zitiert als: Preis/Greiner, Kollektivarbeitsrecht)

Pulte, Peter: Beteiligungsrechte des Betriebsrats außerhalb der Betriebsverfassung. In: NZA-RR 2008, S. 113–128.

(zitiert als: Pulte, NZA-RR 2008)

Reichold, Hermann: Betriebsverfassung als Sozialprivatrecht: historisch-dogmatische Grundlagen von 1848 bis zur Gegenwart, München, 1995.

(zitiert als: Reichold, Betriebsverfassung als Sozialprivatrecht)

100 Jahre Betriebsverfassung. „Per Aspera ad Astra" – ein Blick zurück auf den Beginn der betrieblichen Mitbestimmung in Deutschland. In: ZfA 2020, S. 2–29.

(zitiert als: Reichold, ZfA 2020)

Reinartz, Oliver: Das Betriebsrätemodernisierungsgesetz. In: NZA-RR 2021, S. 457–470.

(zitiert als: Reinartz, NZA-RR 2021)

Richardi, Reinhard [Hrsg.]: Betriebsverfassungsgesetz mit Wahlordnung, 17. Auflage, München, 2022.

(zitiert als: Bearbeiter, in: Richardi, BetrVG)

Richter, Tim: Kündigung von Betriebsratsmitgliedern. In: ArbRAktuell 2016, S. 591–594.

(zitiert als: Richter, ArbRAktuell 2016)

Rieble, Volker: Die Betriebsverfassungsgesetz-Novelle 2001 in ordnungspolitischer Sicht. In: ZIP 2001, S. 133–143.

(zitiert als: Rieble, ZIP 2001)

Betriebsratswahlwerbung durch den Arbeitgeber? In: ZfA 2003, S. 283–318.

(zitiert als: Rieble, ZfA 2003)

Untreue durch Zahlung einer gesetzlich nicht vorgesehenen Vergütung an Betriebsratsmitglieder. Anmerkung zum Urteil des Landgerichts Braunschweig vom 25.01.2007 – 6 KLs 48/06. In: CCZ 2008, S. 32–37.

(zitiert als: Rieble, CCZ 2008, 32)

Gewerkschaftsbestechung? In: CCZ 2008, S. 121–130.

(zitiert als: Rieble, CCZ 2008, 121)

Die Betriebsratsvergütung. In: NZA 2008, S. 276–280.

(zitiert als: Rieble, NZA 2008)

Reformbedarf in der betrieblichen Mitbestimmung. In: Institut der deutschen Wirtschaft (Hrsg.). Perspektiven der Mitbestimmung in Deutschland, S. 127–140. 2008.

(zitiert als: Rieble, Reformbedarf in der betrieblichen Mitbestimmung)

Rieble, Volker / Klebeck, Ulf: Strafrechtliche Risiken der Betriebsratsarbeit. In: NZA 2006, S. 758–769.

(zitiert als: Rieble/Klebeck, NZA 2006)

Röhrborn, Stefan: Betriebsratsvergütung und Lohnausfallsprinzip – Heiligenschein oder scheinheilig? In: ArbRAktuell 2015, S. 573–576.

(zitiert als: Röhrborn, ArbRAktuell 2015)

Rolfs, Christian [Hrsg.] / Giesen, Richard [Hrsg.] / Kreikebohm, Ralf [Hrsg.] / Udsching, Peter [Hrsg.]: Beck'scher Online-Kommentar Arbeitsrecht, 62. Edition, Stand: 01.12.2021.

(zitiert als: Bearbeiter, in: BeckOK ArbR)

Rüthers, Bernd: VW: Gemeinsamer Verrat an der Mitbestimmung? In: NJW 2007, S. 195–197.

(zitiert als: Rüthers, NJW 2007)

Gekaufte Betriebsräte verraten die Belegschaft. In: Frankfurter Allgemeine Zeitung, Ausgabe Nr. 296 vom 20.12.2006, S. 23.

(zitiert als: Rüthers, in: FAZ vom 20.12.2006)

Säcker, Jürgen [Hrsg.] / Rixecker, Roland [Hrsg.] / Oetker, Hartmut [Hrsg.] / Limperg, Bettin [Hrsg.]: Münchener Kommentar zum Bürgerlichen Gesetzbuch. Band 5, Schuldrecht – Besonderer Teil II. §§ 535–630h. BetrKV, HeizkostenV, WärmeLV, EFZG, KSchG, MiLiG, 8. Auflage, München, 2020.

(zitiert als: Bearbeiter, in: Münchener Kommentar)

Schallenberg, Jörg: Prominenz schaut Lidl auf die Finger. In: taz – die Tageszeitung, Ausgabe vom 12.07.2005.

(zitiert als: Schallenberg: Prominenz schaut Lidl auf die Finger)

Schaub, Günter [Begr.]: Arbeitsrechts-Handbuch. Systematische Darstellung und Nachschlagwerk für die Praxis, 19. Auflage, München, 2021.

(zitiert als: Bearbeiter, in: Schaub, Arbeitsrechts-Handbuch)

Schaub, Günter [Begr.] / Koch, Ulrich [Hrsg.]: Beck-Rechtsberater. Arbeitsrecht von A–Z, 25. Auflage, München, 2021.

(zitiert als: Bearbeiter, in: Schaub/Koch, Arbeitsrecht von A–Z)

Schäuble, Philipp / Wehrhann, Tim: Betriebsratswahlen 2018: Rechtsprechungsupdate. In: GWR 2018, S. 41–49.

(zitiert als: Schäuble/Wehrhann, GWR 2018)

Schemmel, Alexander / Slowinski, Peter R.: Notwendigkeit von Criminal Compliance im Bereich der Betriebsratstätigkeit. In: BB 2009, S. 830–833.

(zitiert als: Schemmel/Slowinski, BB 2009)

Schiefer, Bernd / Korte, Walter: Die Durchführung von Betriebsratswahlen nach neuem Recht – Teil 1. In: NZA 2002, S. 57–69.

(zitiert als: Schiefer/Korte, NZA 2002)

Schiefer, Bernd / Worzalla, Michael: Das Betriebsrätemodernisierungsgesetz – Eine „Mogelpackung“? In: NZA 2021, S. 817–825.

(zitiert als: Schiefer/Worzalla, NZA 2021)

Schindele, Friedrich / Söhl, Bernhard: Kündigungsschutz der Wahlbewerber bei den Betriebsratswahlen. In: ArbRAktuell 2013, S. 124–126.

(zitiert als: Schindele/Söhl, ArbRAktuell 2013)

Schipp, Johannes / Baumgarth, Lukas: Neue Regeln für die Betriebsratswahlen 2022. Über die Auswirkungen der Änderungen des Betriebsrätemodernisierungsgesetzes sowie der Wahlordnung und der aktuellen Rechtsprechung auf die anstehende Betriebsratswahl. In: ArbRB 2021, S. 340–343.

(Schipp/Baumgarth, ArbRB 2021)

Schmid, Manfred / Eckart, Regina: Die fundamentalen Regeln der Betriebsratswahl. Anfechtbarkeit und Nichtigkeit einer Betriebsratswahl sowie Auswirkungen auf den Kündigungsschutz. In: DB 2017, S. 1649–1655.

(zitiert als: Schmid/Eckart, DB 2017)

Schmitt, Bertram [Hrsg.] / Köhler, Marcus: Strafprozessordnung. Gerichtsverfassungsgesetz, Nebengesetze und ergänzende Bestimmungen, 65. Auflage, München, 2022.

(zitiert als: Bearbeiter, in: Meyer-Goßner/Schmitt)

Schnabel, Claus: Gewerkschaften auf dem Rückzug? Mythen, Fakten und Herausforderungen. In: Wirtschaftsdienst. Zeitschrift für Wirtschaftspolitik 2016, S. 426–432.

(zitiert als: Schnabel, Wirtschaftsdienst 2016)

Schröder, Ulrich Jan: Das Demokratieprinzip des Grundgesetzes. In: JA 2017, S. 809–818.

(zitiert als: Schröder, JA 2017)

Schulze, Marc-Oliver / Helmrich, Christian: Betriebsratsarbeit im Zeichen der COVID-19-Pandemie. In: ArbRAktuell 2020, S. 162–165.

(zitiert als: Schulze/Helmrich, ArbRAktuell 2020 I)

Digitale Betriebsratstätigkeit und Datenschutz. In: ArbRAktuell, S. 253–256.

(zitiert als: Schulze/Helmrich, ArbRAktuell 2020 II)

Entwurf des Betriebsrätemodernisierungsgesetzes. In: ArbRAktuell 2021, S. 211–214.

(zitiert als: Schulze, ArbRAktuell 2021)

Schulze, Marc-Oliver / Helmrich, Christian / Wolters, Hendrik: IT-Nutzung in der Betriebsratsarbeit in Zeiten der Pandemie. In: ArbRAktuell, S. 189–192.

(zitiert als: Schulze/Helmrich/Wolters, ArbRAktuell 2020)

Schulze, Marc-Oliver / Pfeffer, Julia: Behinderung des Betriebsrats – Vom Unterlassungs- bis zum Strafantrag. In: ArbRAktuell 2017, S. 615–618.

(zitiert als: Schulze/Pfeffer, ArbRAktuell 2017)

Schuster, Doris-Maria / Schunder, Maximilian Luca: Betriebsratshaftung – nach 100 Jahren noch alles beim Alten? In: NZA 2020, S. 92–96.

(zitiert als: Schuster/Schunder, NZA 2020)

Schwarze, Roland: Die Zukunft der Betriebsverfassung. In: RdA 2019, S. 115–120.

(zitiert als: Schwarze, RdA 2019)

Schweibert, Ulrike / Buse, Sandra: Rechtliche Grenzen der Begünstigung von Betriebsratsmitgliedern – Schattenbosse zwischen „Macht und Ohnmacht". In: NZA 2007, S. 1080–1086.

(zitiert als: Schweibert/Buse, NZA 2007)

Siebert, Helmut: Der „Listensprung" in der Betriebsratswahl – eine kritische Betrachtung. In: NZA-RR 2014, S. 340–341.

(zitiert als: Siebert, NZA-RR 2014)

Simon, Alexander / Wurzberger, Sebastian: Betriebsratswahlen 2022 – Typische Formfehler vermeiden. In: ArbRAktuell 2022, S. 596–599.

(zitiert als: Simon/Wurzberger, ArbRAktuell 2022)

Städler, Michael: Präsenzsitzungen des Betriebsrats – berechtigte Forderung oder zu großes Gesundheitsrisiko? Betriebsverfassungsrecht in der (Corona-) Krise. In: NZA 2021, S. 465–469.

(zitiert als: Städler, NZA 2021)

Steinau-Steinrück, Robert von / Kuntzsch, Anton: Vergütung von Betriebsratsmitgliedern. In: NJW-Spezial 2017, S. 754–755.

(zitiert als: Steinau-Steinrück/Kuntzsch, NJW-Spezial 2017)

Stück, Volker: Die ordnungsgemäße Durchführung der BR-Wahl. In: ArbRAktuell 2013, S. 284–289.

(zitiert als: Stück, ArbRAktuell 2013)

Tangemann, Lars: Wirksamkeitsrisiken bei digitaler Betriebsratsarbeit. In: BB 2020, S. 1974–1980.

(zitiert als: Tangemann, BB 2020)

Thüsing, Gregor: Anwendungsbereich und Regelungsgehalt des Maßregelungsverbots gem. § 612a BGB. In: NZA 1994, S. 728–732.

(zitiert als: Thüsing, NZA 1994)

Digitalisierung der Arbeitswelt – Impulse zur rechtlichen Bewältigung der Herausforderung gewandelter Arbeitsformen. In: SR 2016, S. 87–108.

(zitiert als: Thüsing, SR 2016)

Schritte zur sozialen Neuordnung: Zeitgemäße und zeitgebundene Betriebsverfassung. In: BB 2021, S. 1460–1463.

(zitiert als: Thüsing, BB 2021)

Thüsing, Gregor / Beden, Yannik: Betriebsratsarbeit 4.0: Die Betriebsratssitzung per Videokonferenz und die virtuelle Betriebsversammlung. In: BB 2019, S. 372–378.

(zitiert als: Thüsing/Beden, BB 2019)

Tödtmann, Ulrich [Hrsg.] / von Bockelmann, Eler [Hrsg.]: COVID-19. Arbeitsrecht in Not- und Krisenzeiten, München, 2021.

(zitiert als: Bearbeiter, in: Tödtmann/v. Bockelmann, COVID-19)

Tornau, Joachim F.: Wer Betriebsräte sabotiert, muss keine Strafe fürchten. In: Mitbestimmung. Das Magazin der Hans-Böckler-Stiftung, Ausgabe April 2018, S. 33–35.

(zitiert als: Tornau, Mitbestimmung 4/2018)

Uhlmann, Martin: Kündigungsschutz von Ersatzmitgliedern des Betriebsrats. In: NZA 2000, S. 576–582.

(zitiert als: Uhlmann, NZA 2000)

Ulber, Daniel: Der Weg der Betriebsverfassung ins Grundgesetz. In: RdA 2015, S. 288–290.

(zitiert als: Ulber, RdA 2015)

Weber, Stefan: Betriebsratsfreie Zone. In: Süddeutsche Zeitung, Ausgabe vom 17.02.2011.

(zitiert als: Weber, Betriebsratsfreie Zone)

Weller, Bernd: Ist der „Listensprung“ nach § 15 V Nr. 2 WO BetrVG wirklich verfassungsgemäß? In: NZA 2005, S. 1228–1231.

(zitiert als: Weller, NZA 2005)

Wahlbeeinflussung durch den Arbeitgeber bei Betriebsratswahlen. Anmerkung zum Urteil des BAG vom 25.10.2017 – 7 ABR 10/16. In: BB 2018, S. 1341–1344.

(zitiert als: Weller, BB 2018)

Wichert, Joachim: Meinungsfreiheit vs. Betriebsrats(wahl)behinderung. Dürfen Arbeitgeber und leitende Angestellte den Betriebsrat kritisieren oder bei Betriebsratswahlen Partei ergreifen? In: DB 2018, S. 381–386.

(zitiert als: Wichert, DB 2018)

Wiese, Günther: Der personale Gehalt des Arbeitsverhältnisses. In: ZfA 1996, S. 439–479.

(zitiert als: Wiese, ZfA 1996)

Wigand, Elmar: Ätzende Methoden. In: Mitbestimmung. Das Magazin der Hans-Böckler-Stiftung, Ausgabe März 2014, S. 15–17.

(zitiert als: Wigand, Mitbestimmung 3/2014)

Willisch, Juan Felipe: BR-Wahlen 2018 – Rechtsprechungsupdate. In: ArbRAktuell, S. 480–483.

(zitiert als: Willisch, ArbRAktuell 2017)

Windeln, Norbert: Sonderkündigungsschutz im Umfeld der Betriebsratswahl 2018. Was gilt für den Wahlvorstand, Wahlbewerber und Wahlinitiatoren? Und welche Missbrauchsmöglichkeiten gibt es? In: ArbRB 2017, S. 284–286.

(zitiert als: Windeln, ArbRB 2017)

Winzer, Thomas / Baeck, Ulrich / Hilgers, Elena: Das Betriebsrätemodernisierungsgesetz – Der Regierungsentwurf als Update für das BetrVG? In: NZA 2021, S. 620–626.

(zitiert als: Winzer/Baeck/Hilgers, NZA 2021)

Ziegler, Katharina / Mosch, Ulrich: Sonderkündigungsschutz im Rahmen von Betriebsratswahlen. In: NJW-Spezial 2010, S. 242–243.

(zitiert als: Ziegler/Mosch, NJW-Spezial 2010)

Zimmermann, Gernot: Strafrechtliche Risiken der Betriebsratstätigkeit. In: ArbRAktuell 2014, S. 278–282.

(zitiert als: Zimmermann, ArbRAktuell 2014)

Zwiehoff, Gabriele: Strafbare Behinderung der Betriebsratswahl. Anmerkung zum Urteil des LG Marburg vom 10.05.2009 – 2 Ns 2 Js 18719/05. In: juris PraxisReport Arbeitsrecht 21/2009 Anmerkung 6.

(zitiert als: Zwiehoff, jurisPR-ArbR 21/2009 Anm. 6)

Beeinflussung der Betriebsratswahl durch Wählertäuschung. Anmerkung zum Beschluss des BGH vom 13.09.2010 – 1 StR 220/09. In: juris PraxisReport Arbeitsrecht 4/2012 Anmerkung 6.

(zitiert als: Zwiehoff, jurisPR-ArbR 4/2012 Anm. 6)

* Die Literatur wurde ausgewertet bis Juni 2022.

# Abkürzungsverzeichnis

| | |
|---|---|
| A.A. / a.A. | andere Ansicht |
| Abs. | Absatz |
| aF. | alte Fassung |
| AG | Aktiengesellschaft |
| AG | Amtsgericht |
| AktG | Aktiengesetz |
| Anm. | Anmerkung |
| AOG | Gesetz zur Ordnung der nationalen Arbeit |
| ArbG | Arbeitsgericht |
| ArbRAktuell | Arbeitsrecht Aktuell (Fachzeitschrift) |
| ArbRB | Arbeits-Rechtsberater (Fachzeitschrift) |
| ArbVG | Arbeitsverfassungsgesetz (Österreich) |
| Art. | Artikel |
| AUB | Arbeitsgemeinschaft unabhängiger Betriebsangehöriger (ehemals Aktionsgemeinschaft unabhängiger Betriebsangehöriger; ehemals Aktionsgemeinschaft unabhängiger Betriebsräte) |
| AuR | Arbeit und Recht (Fachzeitschrift) |
| BAG | Bundesarbeitsgericht |
| BAGE | Entscheidungen des Bundesarbeitsgerichts |
| BB | Betriebs-Berater (Fachzeitschrift) |
| BbgVerf | Verfassung des Landes Brandenburg |
| BDSG | Bundesdatenschutzgesetz |
| BeckRS | Beck-Rechtsprechung |
| BetrVG | Betriebsverfassungsgesetz |
| BetrVG-E | Entwurf des Betriebsverfassungsgesetzes |
| BfDI | Bundesbeauftragter für Datenschutz und Informationsfreiheit |
| BGB | Bürgerliches Gesetzbuch |
| BGBl. | Bundesgesetzblatt |
| BGH | Bundesgerichtshof |
| BPersVG | Bundespersonalvertretungsgesetz |
| BR-Drucks. | Bundesrat-Drucksache |

| | |
|---|---|
| BremVerf | Landesverfassung der Freien Hansestadt Bremen |
| BremWahlG | Bremisches Wahlgesetz |
| BRG | Betriebsrätegesetz |
| BSI | Bundesamt für Sicherheit in der Informationstechnik |
| bspw. | beispielsweise |
| BR-Beschluss | Beschluss des Bundesrats (Österreich) |
| BR-Drucks. | Bundesrat-Drucksache |
| BT-Ausschussdrucks. | Bundestag-Ausschussdrucksache |
| BT-Drucks. | Bundestag-Drucksache |
| BV | Verfassung des Freistaates Bayern |
| BVerfG | Bundesverfassungsgericht |
| BW-LPVG | Landespersonalvertretungsgesetz Baden-Württemberg |
| BWG | Bundeswahlgesetz |
| bzgl. | bezüglich |
| bzw. | beziehungsweise |
| CCZ | Corporate Compliance Zeitschrift |
| CDU | Christlich Demokratische Union Deutschlands |
| CSU | Christlich-Soziale Union in Bayern |
| DB | Der Betrieb (Fachzeitschrift) |
| DrittelbG | Drittelbeteiligungsgesetz |
| DSGVO | Datenschutzgrundverordnung |
| DuD | Datenschutz und Datensicherheit (Fachzeitschrift) |
| EBRG | Europäisches Betriebsräte-Gesetz |
| etc. | et cetera |
| EU | Europäische Union |
| EUR | Euro |
| f. | folgend |
| FDP | Freie Demokratische Partei |
| ff. | fortfolgend |
| GG | Grundgesetz |
| GleibWV | Gleichstellungsbeauftragtenwahlverordnung |
| GmbH | Gesellschaft mit beschränkter Haftung |
| GO | Gemeindeordnung für den Freistaat Bayern |
| GWR | Gesellschafts- und Wirtschaftsrecht (Fachzeitschrift) |
| HmbVerf | Verfassung der Freien und Hansestadt Hamburg |
| HS. | Halbsatz |
| HV | Verfassung des Landes Hessen |

| | |
|---|---|
| i. V. m. | in Verbindung mit |
| i. S. d. | im Sinne des |
| i. w. S. | im weiteren Sinne |
| IG | Industriegewerkschaft |
| IG BCE | Industriegewerkschaft Bergbau, Chemie, Energie |
| IG Metall | Industriegewerkschaft Metall |
| IHK | Industrie- und Handelskammer |
| IHKG | Gesetz zur vorläufigen Regelung des Rechts der Industrie- und Handelskammern |
| inkl. | inklusive |
| insb. | insbesondere |
| IT | Informationstechnik |
| JA | Juristische Arbeitsblätter (Fachzeitschrift) |
| KGaA | Kommanditgesellschaft auf Aktien |
| KSchG | Kündigungsschutzgesetz |
| KSchG-E | Entwurf des Kündigungsschutzgesetz |
| KV GNotKG | Kostenverzeichnis Gerichts- und Notarkostengesetz |
| LAG | Landesarbeitsgericht |
| LG | Landgericht |
| lit. | littera (Buchstabe) |
| LSAVerf | Verfassung des Landes Sachsen-Anhalt |
| LV-BW | Verfassung des Landes Baden-Württemberg |
| MitbestG | Mitbestimmungsgesetz |
| MitbestErgG | Mitbestimmungsergänzungsgesetz |
| MMR | Multimedia und Recht (Fachzeitschrift) |
| MontanMitbestG | Montan-Mitbestimmungsgesetz |
| MVVerf | Verfassung des Landes Mecklenburg-Vorpommern |
| NGG | Gewerkschaft Nahrung-Genuss-Gaststätten |
| NJW | Neue Juristische Wochenschrift (Fachzeitschrift) |
| Nr. | Nummer |
| NR-Beschluss | Beschluss des Nationalrats (Österreich) |
| NV | Niedersächsische Verfassung |
| NZA | Neue Zeitschrift für Arbeitsrecht |
| NZA-RR | Neue Zeitschrift für Arbeitsrecht – Rechtsprechungs-Report |
| NZG | Neue Zeitschrift für Gesellschaftsrecht |
| NZS | Neue Zeitschrift für Sozialrecht |

| | |
|---|---|
| PC | Personal Computer |
| RdA | Recht der Arbeit (Fachzeitschrift) |
| RGBl. | Reichsgesetzblatt |
| RhPfVerf | Verfassung für Rheinland-Pfalz |
| RiStBV | Richtlinien für das Strafverfahren und das Bußgeldverfahren |
| Rn. | Randnummer |
| S. | Satz |
| SächsPersVG | Sächsisches Personalvertretungsgesetz |
| SächsVerf | Verfassung des Freistaates Sachsen |
| SGB | Sozialgesetzbuch |
| SHVerf | Verfassung des Landes Schleswig-Holstein |
| SLVerf | Verfassung des Saarlandes |
| sog. | sogenannt |
| SR | Soziales Recht (Fachzeitschrift) |
| StGB | Strafgesetzbuch |
| StPO | Strafprozessordnung |
| TAB | Büro für Technikfolgen-Abschätzung beim Deutschen Bundestag |
| ThürVerf | Verfassung des Freistaats Thüringen |
| TVVO | Verordnung über Tarifverträge, Arbeiter- und Angestelltenausschüsse und Schlichtung von Arbeitsstreitigkeiten |
| UG | Unternehmergesellschaft |
| Var. | Variante |
| Verf BE | Verfassung von Berlin |
| VerfBrhv | Verfassung für die Stadt Bremerhaven |
| Verf NRW | Verfassung für das Land Nordrhein-Westfalen |
| WHO | Weltgesundheitsorganisation (World-Health-Organisation) |
| WO | Erste Verordnung zur Durchführung des Betriebsverfassungsgesetzes (Wahlordnung) |
| WSI | Wirtschafts- und Sozialwissenschaftliches Institut |
| ZfA | Zeitschrift für Arbeitsrecht |
| ZIP | Zeitschrift für Wirtschaftsrecht |
| ZRP | Zeitschrift für Rechtspolitik |

* Aus Gründen der sprachlichen Vereinfachung wird im Rahmen dieser Dissertation auf die Nennung der drei Geschlechter (männlich/weiblich/divers) verzichtet. Die Verwendung des generischen Maskulinums bezieht die weiblichen und diversen Formen mit ein.

# A. Betriebliche Mitbestimmung

## I. Begriff

Mitbestimmung wird von der Wortbedeutung definiert als das Mitbestimmen, Teilhaben oder Beteiligtsein an einem Entscheidungsprozess, besonders als die Teilnahme der Arbeitnehmerinnen und Arbeitnehmer an Entscheidungsprozessen in der Wirtschaft.[1] Der Duden benennt hierfür als Beispiel die betriebliche Mitbestimmung.[2] Dies zeigt, dass bereits rein sprachlich unter dem Begriff der Mitbestimmung grundsätzlich zunächst die betriebliche Mitbestimmung im Rahmen eines Betriebsrats verstanden werden kann. Der Betriebsrat ist somit prägend für den Begriff der Mitbestimmung in Deutschland.

Frühe Regelungen zur Mitbestimmung fanden sich beispielsweise im Gesetz betreffend die Abänderung der Gewerbeordnung vom 01.06.1891[3] (Lex Berlepsch[4]), im Gesetz betreffend die Abänderung einzelner Bestimmungen des Allgemeinen Berggesetzes vom 24.06.1965/1892 vom 14.07.1905[5], im Gesetz über den vaterländischen Hilfsdienst vom 05.12.1916[6], in der Vereinbarung zwischen Arbeitgeber- und Arbeitnehmerverbänden vom 15.11.1918 (sog. Stinnes-Legien-Abkommen)[7] oder in der Verordnung über Tarifverträge, Arbeiter- und Angestelltenausschüsse und Schlichtung von Arbeitsstreitigkeiten vom 23.12.1918[8] (TVVO).[9] Hiernach waren jeweils unter bestimmen Voraussetzungen Arbeiter- bzw. Angestelltenausschüsse zu bilden; Betriebsräte gab es noch nicht.

Durch Art. 3 des Gesetzes betreffend die Abänderung der Gewerbeordnung[10] wurde der VII. Titel der Gewerbeordnung neugefasst und enthielt fortan in den

---

1 Duden, Begriff: Mitbestimmung, https://www.duden.de/rechtschreibung/Mitbestimmung, letzter Abruf am 04.06.2022.

2 Duden, Begriff: Mitbestimmung, https://www.duden.de/rechtschreibung/Mitbestimmung, letzter Abruf am 04.06.2022.

3 RGBl. 1891, S. 261, gem. Art. 9 in Kraft getreten am 01.04.1892.

4 *Clodius*, Die Bedeutung der Grundrechte im BetrVG, S. 3.

5 Gesetz-Sammlung für die Königlichen Preußischen Staaten, 1905, S. 307.

6 RGBl. 1916, S. 1333, gem. § 20 in Kraft getreten am 05.12.1916.

7 Reichsarbeitsblatt Nr. 12, S. 874.

8 RGBl. 1918, S. 1456, gem. § 32 in Kraft getreten am 27.12.1918.

9 Auf die historischen Grundlagen der Betriebsverfassung eingehend: *Reichold*, Betriebsverfassung als Sozialprivatrecht, S. 5 ff.

10 RGBl. 1891, S. 261, gem. Art. 9 in Kraft getreten am 01.04.1892.

§§ 134 ff. der Gewerbeordnung Regelungen zum Verhältnis der Fabrikarbeiter. Nach § 134a der Gewerbeordnung war in Fabriken, in denen in der Regel mindestens 20 Arbeiter beschäftigt wurden, eine Arbeitsordnung zu erlassen. Diese musste nach § 134b Abs. 1 der Gewerbeordnung insbesondere Bestimmungen über die Arbeitszeit sowie das Arbeitsentgelt enthalten. Mit Zustimmung des Arbeiterausschusses i. S. d. § 134h der Gewerbeordnung konnten in die Arbeitsordnung auch Vorschriften über das Verhalten der Arbeiter bei Benutzung der zu ihrem Besten getroffenen mit der Fabrik verbundenen Einrichtungen, sowie Vorschriften über das Verhalten der minderjährigen Arbeiter außerhalb des Betriebes aufgenommen werden (§ 134b Abs. 3 S. 2 der Gewerbeordnung).

Durch Art. 1 des Gesetzes betreffend die Abänderung einzelner Bestimmungen des Allgemeinen Berggesetzes[11] wurde eingeführt, dass auf Bergwerken, die in der Regel mindestens 100 Arbeiter beschäftigen, ein Arbeiterausschuss i. S. d. § 80f Abs. 4 des Allgemeinen Berggesetzes gebildet werden musste, der auf den Erhalt oder die Wiederherstellung des guten Einvernehmens innerhalb der Belegschaft und zwischen der Belegschaft und dem Arbeitgeber hinzuwirken hatte (§ 80f Abs. 1 des Allgemeinen Berggesetzes). Zudem wurden dem Arbeiterausschuss nach § 80f Abs. 2 des Allgemeinen Berggesetzes verschiedene Aufgaben auferlegt, zum Beispiel nach § 80g Abs. 1 des Allgemeinen Berggesetzes in Bezug auf den Erlass bzw. die Änderung von Arbeitsordnungen.

Durch § 11 Abs. 1 des Gesetzes über den vaterländischen Hilfsdienst[12] mussten in allen für den vaterländischen Hilfsdienst tätigen Betrieben, für die Titel VII der Gewerbeordnung galt, und in denen in der Regel mindestens 50 Arbeiter beschäftigt wurden, ständige Arbeiterausschüsse bestehen. Diese hatten gemäß § 12 Abs. 1 des Gesetzes über den vaterländischen Hilfsdienst hauptsächlich zwei Aufgaben. Zum einen sollten sie das gute Einvernehmen innerhalb der Arbeiterschaft des Betriebs und zwischen der Arbeiterschaft und dem Arbeitgeber fördern. Zum anderen hatten die Arbeiterausschüsse Anträge, Wünsche und Beschwerden der Arbeiterschaft, die sich auf die Betriebseinrichtungen, die Lohn- und sonstigen Arbeitsverhältnisse des Betriebs und seiner Wohlfahrtseinrichtungen beziehen, zur Kenntnis des Unternehmers zu bringen und sich darüber zu äußern.

Ebenso wurde unter Ziffer 7 der Vereinbarung zwischen Arbeitgeber- und Arbeitnehmerverbänden zur Organisation der Arbeitgeber und Arbeitnehmer[13]

---

11 Gesetz-Sammlung für die Königlichen Preußischen Staaten, 1905, S. 307.

12 RGBl. 1916, S. 1333, gem. § 20 in Kraft getreten am 05.12.1916.

13 Reichsarbeitsblatt Nr. 12, S. 874.

festgehalten, dass für jeden Betrieb mit einer Arbeiterschaft von mindestens 50 Beschäftigten ein Arbeiterausschuss einzusetzen war, der diese zu vertreten und in Gemeinschaft mit dem Betriebsunternehmer darüber zu wachen hatte, dass die Verhältnisse des Betriebes nach Maßgabe der Kollektivvereinbarung geregelt wurden.

Durch die Verordnung über Tarifverträge, Arbeiter- und Angestelltenausschüsse und Schlichtung von Arbeitsstreitigkeiten vom 23.12.1918[14] (TVVO) wurde geregelt, dass in allen Betrieben, Verwaltungen und Büros, in denen in der Regel mindestens 20 Arbeiter beschäftigt wurden, Arbeiterausschüsse zu errichten waren (§ 8 Abs. 1 TVVO), bzw. wenn dort in der Regel mindestens 20 Angestellte beschäftigt wurden, Angestelltenausschüsse (§ 9 Abs. 1 TVVO). Die Arbeiter- bzw. Angestelltenausschüsse hatten gemäß § 13 Abs. 1 TVVO verschiedene Aufgaben. Sie hatten die wirtschaftlichen Interessen der Arbeiter und der Angestellten dem Arbeitgeber gegenüber wahrzunehmen (Satz 1) sowie in Gemeinschaft mit dem Arbeitgeber darüber zu wachen, dass in dem Unternehmen die maßgebenden Tarifverträge durchgeführt werden (Satz 2). Ferner hatten sie bei fehlenden tariflichen Regelungen im Einvernehmen mit den beteiligten wirtschaftlichen Vereinigungen der Arbeiter oder der Angestellten bei der Regelung der Löhne und sonstigen Arbeitsverhältnisse mitzuwirken (Satz 3). Zudem sollten sie das gute Einvernehmen innerhalb der Arbeiterschaft oder Angestelltenschaft sowie zwischen diesen und dem Arbeitgeber fördern (Satz 4) sowie ihr Augenmerk auf die Bekämpfung der Unfall- und Gesundheitsgefahren richten (Satz 5). Nach § 14 Abs. 1 S. 1 TVVO war es Arbeitgebern und ihren Vertretern untersagt, Arbeiter oder Angestellte in der Ausübung des Wahlrechts bei den Wahlen zu den Arbeiter- oder Angestelltenausschüssen oder in der Übernahme oder Ausübung der Tätigkeit als Mitglied eines solchen Ausschusses zu beschränken oder sie wegen der Übernahme oder der Art der Ausübung zu benachteiligen.

Erstmalige umfassende gesetzliche Grundlage der betrieblichen Mitbestimmung war das Betriebsrätegesetz vom 04.02.1920[15] (BRG 1920), welches nach zwischenzeitlicher Aussetzung während der nationalsozialistischen Zeit durch das Gesetz zur Ordnung der nationalen Arbeit vom 20.01.1934[16] (AOG) durch den Kontrollrat und dessen Kontrollratsgesetz Nr. 22 vom 10.04.1946[17]

---

14 RGBl. 1918, S. 1456, gem. § 32 in Kraft getreten am 27.12.1918.

15 RGBl. 1920 I, S. 147, gem. § 106 in Kraft getreten am 04.02.1920.

16 RGBl. 1934 I, S. 45, gem. § 64 in Kraft getreten am 23.01.1934.

17 Kontrollrats-Amtsblatt 1946 Nr. 6, S. 133, gem. Art. 13 in Kraft getreten am 17.04.1946.

wiederbelebt wurde.[18] Im Zuge der Reform des Betriebsrätegesetzes wurde das Betriebsverfassungsgesetz vom 11.10.1952[19] (BetrVG 1952) geschaffen. Dieses wurde bis heute zweimal (1972[20] und 2001[21]) umfassend reformiert. Die gesetzlichen Grundlagen sind somit bereits über 100 Jahre alt. (Betriebliche) Mitbestimmung ist zwar nicht durch das Grundgesetz zwingend vorgeschrieben, leitet sich jedoch aus dem Demokratie- und Sozialstaatsprinzips ab und ist gemäß Art. 74 Abs. 1 Nr. 12 GG Teil der konkurrierenden Gesetzgebung.[22] Das Betriebsverfassungsgesetz regelt die arbeitsrechtliche Grundordnung für die Zusammenarbeit zwischen Arbeitgeber und Arbeitnehmern und gilt als Arbeitnehmerschutzrecht.[23]

Die Notwendigkeit eines solchen Schutzes wird insbesondere mit der Grundsituation begründet, die zwischen Arbeitgeber und Arbeitnehmern besteht.[24] Der einzelne Arbeitnehmer ist sowohl persönlich als auch wirtschaftlich vom Arbeitgeber abhängig. Demgegenüber steht die Alleinentscheidungsbefugnis des Arbeitgebers, der über die Produktionsmittel verfügen und kraft Arbeitsvertrages über die Arbeitskraft der Arbeitnehmer disponieren kann.[25] Es besteht mithin eine strukturelle Ungleichheit, da allein der Arbeitgeber seinen Betrieb organisiert, Arbeitsbedingungen bestimmt und insgesamt die soziale Macht ausübt.[26]

Durch das Betriebsverfassungsgesetz wird diese unausgeglichene Grundsituation zu Gunsten der Arbeitnehmer verändert, insbesondere die Alleinentscheidungsbefugnis des Arbeitgebers begrenzt und so die monokratische Struktur beseitigt.[27] Gemäß § 1 Abs. 1 S. 1 BetrVG werden in Betrieben mit in der Regel mindestens fünf ständig beschäftigten, wahlberechtigten Arbeitnehmern, von

18 *Boemke*, in: Münchener Handbuch zum Arbeitsrecht, Band 3, § 283 Rn. 2.

19 BGBl. 1952 I, S. 681, gem. § 92 in Kraft getreten am 14.11.1952.

20 BGBl. 1972 I, S. 13, gem. § 132 in Kraft getreten am 19.01.1972.

21 BGBl. 2001 I, S. 1852, gem. Art. 14 in Kraft getreten am 28.07.2001.

22 BAG, Beschluss vom 10.12.2002 – 1 ABR 7/02, in: NZA 2004, 223 (227); zu Rechtsgeschichte und Zuordnung zum Privatrecht: *Reichold*, Betriebsverfassung als Sozialprivatrecht; zu Demokratie und Sozialstaat: *Kolbe*, Mitbestimmung und Demokratieprinzip; zum Demokratieprinzip: *Schröder*, JA 2017, 809.

23 *Besgen*, in: BeckOK ArbR, § 1 BetrVG Rn. 1; *Fischinger*, in: Münchener Handbuch zum Arbeitsrecht, Band 3, § 215 BetrVG Rn. 24; *Fitting*, BetrVG, § 1 Rn. 1.

24 *Koch*, in: Erfurter Kommentar, § 1 BetrVG Rn. 1.

25 *Fitting*, BetrVG, § 1 Rn. 1.

26 *Fitting*, BetrVG, § 1 Rn. 1; *Koch*, in: Erfurter Kommentar, § 1 BetrVG Rn. 1.

27 *Fitting*, BetrVG, § 1 Rn. 2; *Koch*, in: Schaub, Arbeitsrechts-Handbuch, § 210 Rn. 2.

denen drei wählbar sind, Betriebsräte gewählt. Bei der Mitbestimmung geht es um nicht weniger als die Grundsätze der Selbstbestimmung, die Achtung vor der Würde des Menschen und den Ausgleich bzw. den Abbau einseitiger Machtstellungen durch Kooperation der Beteiligten und die Mitwirkung an Entscheidungen durch die von der Entscheidung Betroffenen.[28] Eine gleichberechtigte Teilhabe der Arbeitnehmer an den sie berührenden betrieblichen Abläufen ist Leitprinzip der Betriebsverfassung, wobei es nicht vorrangig um die Verfolgung und Durchsetzung von Individualinteressen geht, sondern vielmehr darum, einen Ausgleich divergierender Interessen der Arbeitnehmer untereinander zu finden und sie gegenüber dem Arbeitgeber geltend zu machen.[29] Die Vorschriften des Betriebsverfassungsgesetzes haben daher auch die Funktion, die kollidierenden Grundrechte der Arbeitnehmer aus Art. 12 Abs. 1 GG und des Arbeitgebers aus Art. 14 Abs. 1, 12 Abs. 1 GG auszugleichen.[30] Die unausgeglichene Grundsituation wird sozusagen demokratisiert.[31] Dem Arbeitgeber wird es durch das Betriebsverfassungsgesetz verwehrt, alles allein zu bestimmen und Entscheidungen einseitig herbeizuführen. Vielmehr muss er die Arbeitnehmer beteiligen, da das Betriebsverfassungsgesetz ihnen in betrieblichen Entscheidungen, die ihr tägliches Dasein nachhaltig gestalten, Kollektivrechte wie insbesondere Mitwirkungs- und Mitbestimmungsrechte i. w. S. einräumt.[32] Daneben werden dem einzelnen Arbeitnehmer in den §§ 81–86a BetrVG Individualrechte gewährt, die ihm ein unmittelbares Mitspracherecht rund um seinen Arbeitsplatz geben und den Schutz seines allgemeinen Persönlichkeitsrechts gewährleisten.[33] Als Kollektivrechte gewährt das Betriebsverfassungsgesetz dabei insbesondere in sozialen, personellen und wirtschaftlichen Angelegenheiten einerseits Informations-, Anhörungs-, Beratungs- und Initiativrechte (zusammen Mitwirkungsrechte i. w. S. genannt) sowie andererseits Widerspruchs- bzw. Zustimmungsverweigerungsrechte und echte Mitbestimmungsrechte (zusammen Mitbestimmungsrechte i. w. S. genannt).[34] Diese Rechte werden durch das von den Arbeitnehmern als Repräsentativvertretung gewählte eigenständige

28 BT-Drucks. VI/334 S. 65, Mitbestimmung im Unternehmen.

29 *Koch*, in: Erfurter Kommentar, § 1 BetrVG Rn. 1.

30 *Besgen*, in: BeckOK ArbR, § 1 BetrVG Rn. 1.

31 BT-Drucks. VI/334, S. 65.

32 *Boemke*, in: Münchener Handbuch zum Arbeitsrecht, Band 3, § 283 Rn. 1; *Fitting*, BetrVG, § 1 Rn. 2.

33 *Boemke*, in: Münchener Handbuch zum Arbeitsrecht, Band 3, § 290 Rn. 1; *Wiese*, ZfA 1996, 439 (474).

34 *Koch*, in: Schaub/Koch, Arbeitsrecht von A–Z, Betriebsrat (Beteiligungsrechte).

Organ der Betriebsverfassung – den Betriebsrat – ausgeübt.[35] Es handelt sich hierbei um ein dualistisches Modell, da sich Arbeitgeber und Betriebsrat gegenüber stehen.[36] Betriebsverfassungsrechtliche Vorschriften regeln somit die unternehmensinterne Organisation privatrechtlicher Unternehmen, da insbesondere sowohl der Betriebsrat als auch der Arbeitgeber durch das Betriebsverfassungsgesetz berechtigt und verpflichtet werden.[37] Der Betriebsrat, als von den Gewerkschaften unabhängiger Repräsentant der Arbeitnehmer,[38] und der Arbeitgeber, als Betriebsinhaber, sind gleichgeordnete Privatrechtssubjekte, weswegen das Betriebsverfassungsrecht dem Privatrecht zuzuordnen ist.[39]

## II. Akteure der Betriebsverfassung

Hauptakteure der Betriebsverfassung sind Betriebsrat und Arbeitgeber. Sie haben die Aufgabe, das Betriebsverfassungsgesetz und dessen betriebliche Mitbestimmung zu achten und durchzuführen. Mitbestimmung ist dabei ein Zusammenspiel aus Aufgaben, Rechten und Pflichten. Die Hauptakteure werden jedoch nicht nur einzeln, sondern auch gemeinsam in die Verantwortung genommen. Dies insbesondere in den sozialen (§§ 87–89 BetrVG), personellen (§§ 92–105 BetrVG) und wirtschaftlichen Angelegenheiten (§§ 106–113 BetrVG) sowie den Angelegenheiten der Gestaltung von Arbeitsplatz, Arbeitsablauf und Arbeitsumgebung (§§ 90–91 BetrVG). Die Mitbestimmung kann hierbei freiwillig oder zwingend sein. Letzteres ist der Fall, wenn die fehlende Einigung zwischen dem Betriebsrat und dem Arbeitgeber durch den Spruch der Einigungsstelle ersetzt wird und so die Regelung einer bestimmten Angelegenheit zwischen den Parteien sichergestellt wird.[40] Ist der Spruch der Einigungsstelle dagegen nicht zwingend ersetzend, handelt es sich lediglich um freiwillige Mitbestimmung, in welcher der Arbeitgeber bei Fehlen einer Einigung allein entscheiden kann.[41]

---

35 BAG, Beschluss vom 16.02.1973 – 1 ABR 18/72, in: AP BetrVG 1972 § 19 Nr. 1; *Richardi*, in: Richardi, BetrVG, Einleitung Rn. 2.

36 *Fitting*, BetrVG, § 1 Rn. 3; *Richardi*, in: Richardi, BetrVG, Einleitung Rn. 4.

37 *Boemke*, in: Münchener Handbuch zum Arbeitsrecht, Band 3, § 283 Rn. 16.

38 *Richardi/Maschmann*, in: Richardi, BetrVG, § 2 Rn. 73.

39 *Boemke*, in: Münchener Handbuch zum Arbeitsrecht, Band 3, § 283 Rn. 16.

40 *Arnold*, in: Münchener Handbuch zum Arbeitsrecht, Band 4, § 315 Rn. 26.

41 *Arnold*, in: Münchener Handbuch zum Arbeitsrecht, Band 4, § 315 Rn. 29.

## 1. Mitwirkung des Betriebsrats

Für das Kollektiv der Arbeitnehmer hat sich in erster Linie der gewählte Betriebsrat einzusetzen. Hierzu werden diesem durch die Betriebsverfassung diverse Aufgaben und Pflichten auferlegt, zu deren Erfüllung er sich diverser Rechte bedienen kann.

Der Betriebsrat hat neben den besonderen Aufgaben gemäß §§ 87–113 BetrVG auch allgemeine (inhaltliche und formale) Aufgaben. Inhaltlich hat der Betriebsrat beispielsweise über die Behandlung aller im Betrieb tätigen Personen nach den Grundsätzen von Recht und Billigkeit zu wachen (§ 75 Abs. 1 S. 1 BetrVG) sowie deren freie Persönlichkeitsentfaltung zu schützen und zu fördern (§ 75 Abs. 2 S. 1 BetrVG). Ferner hat der Betriebsrat nach § 80 Abs. 1 BetrVG insbesondere Überwachungs-, Förder- und Unterrichtungsaufgaben sowie nach §§ 81 ff. BetrVG Unterstützungs- und Beratungsaufgaben gegenüber dem Arbeitnehmer. Als formale Aufgaben gelten unter anderem die rechtzeitige Bestellung eines Wahlvorstandes nach § 16 Abs. 1 S. 1 BetrVG oder die Einberufung von Betriebsversammlungen nach § 43 Abs. 1 S. 1 BetrVG.[42] Schließlich ergeben sich auch außerhalb des Betriebsverfassungsgesetzes Aufgaben des Betriebsrats.[43]

Zur Durchführung seiner Aufgaben und Pflichten werden dem Betriebsrat einerseits Informations-, Anhörungs-, Beratungs- und Initiativrechte (Mitwirkungsrechte i. w. S.) sowie andererseits Widerspruchs-, Zustimmungsverweigerungs- und echte Mitbestimmungsrechte (Mitbestimmungsrechte i. w. S.) an die Hand gegeben. Damit soll der Betriebsrat die Interessen der Arbeitnehmer gegenüber dem Arbeitgeber effektiv vertreten können.[44] Bei Mitwirkungsrechten i. w. S. bleibt der Arbeitgeber jedoch jeweils in seiner Entscheidung frei.[45] Bei Widerspruchs- und Zustimmungsverweigerungsrechten kann der Betriebsrat dagegen die tatsächliche Umsetzung der Maßnahme verhindern, weshalb hier vom negativen Konsensprinzip gesprochen wird.[46] Bei echten Mitbestimmungsrechten handelt es sich gegenteilig dazu um das positive Konsensprinzip, da keine Seite wirksam ohne die andere handeln kann und eine fehlende Einigung zwingend durch die Einigungsstelle ersetzt wird.[47] Mit der unterschiedlich

42 *Arnold*, in: Münchener Handbuch zum Arbeitsrecht, Band 4, § 313 Rn. 2.

43 Hierzu *Pulte*, NZA-RR 2008, 113.

44 *Arnold*, in: Münchener Handbuch zum Arbeitsrecht, Band 4, § 313 Rn. 1.

45 *Glaesmann/Gerdel*, in: Münchener Anwaltshandbuch Arbeitsrecht, § 61 Rn. 4.

46 *Ahrendt*, in: Schaub, Arbeitsrechts-Handbuch, § 230 Rn. 4; *Koch*, in: Schaub/Koch, Arbeitsrecht von A–Z, Betriebsrat (Beteiligungsrechte).

47 *Fitting*, BetrVG, § 87 Rn. 1.

starken Ausgestaltung der Beteiligungsrechte hat der Gesetzgeber zwischen der Beteiligung des Betriebsrats und der Einschränkung der unternehmerischen Entscheidungsfreiheit des Arbeitgebers abgewogen.[48]

## 2. Mitwirkung des Arbeitgebers

Wie schon der Betriebsrat, hat auch der Arbeitgeber grundsätzlich über die Behandlung aller im Betrieb tätigen Personen nach den Grundsätzen von Recht und Billigkeit zu wachen (§ 75 Abs. 1 S. 1 BetrVG) sowie deren freie Persönlichkeitsentfaltung zu schützen und zu fördern (§ 75 Abs. 2 S. 1 BetrVG). Daneben hat der Arbeitgeber, korrespondierend zu den Rechten des Betriebsrats, Unterrichtungs-, Informations-, Vorlage-, Erörterungs-, Beratungs-, Förderungs-, Anhörungs- und Zustimmungseinholungsaufgaben bzw. -pflichten gegenüber dem Betriebsrat. Zudem werden dem Arbeitgeber auch gegenüber dem einzelnen Arbeitnehmer in den §§ 81 ff. BetrVG diverse Unterrichtungs-, Anhörungs- und Erörterungsaufgaben bzw. -pflichten auferlegt.

## 3. Kooperation

Gemäß § 2 Abs. 1 BetrVG sollen Betriebsrat und Arbeitgeber unter Beachtung der geltenden Tarifverträge vertrauensvoll und im Zusammenwirken mit den im Betrieb vertretenen Gewerkschaften und Arbeitgebervereinigungen zum Wohl der Arbeitnehmer und des Betriebs zusammenarbeiten. Die Betriebsverfassung stellt somit den Grundsatz der vertrauensvollen und konstruktiven Zusammenarbeit auf („Kooperation statt Konfrontation“[49]).[50] Dieses Kooperationsgebot hat nicht zum Ziel, die zwischen Betriebsrat und Arbeitgeber bestehenden Interessensgegensätze aufzuheben oder die Durchsetzung der wechselseitigen Interessen zu verhindern, sondern bringt zum Ausdruck, dass Mitbestimmung eine erhöhte Verantwortung bedingt.[51]

Konkretisiert wird der Grundsatz zur vertrauensvollen und konstruktiven Zusammenarbeit durch die in § 74 BetrVG geregelten weiteren Grundsätze der Zusammenarbeit, wonach insbesondere Maßnahmen des Arbeitskampfes unzulässig (§ 74 Abs. 2 S. 1 HS. 1 BetrVG) sowie parteipolitische Betätigungen (§ 74

---

48 BAG, Beschluss vom 31.08.1982 – 1 ABR 27/80, in: NJW 953 (953 f.).

49 *Boemke*, in: Münchener Handbuch zum Arbeitsrecht, Band 3, § 287 Rn. 16.

50 *Boemke*, in: Münchener Handbuch zum Arbeitsrecht, Band 3, § 288 Rn. 1; *Koch*, in: Schaub, Arbeitsrechts-Handbuch, § 215 Rn. 11.

51 *Koch*, in: Schaub, Arbeitsrechts-Handbuch, § 215 Rn. 11.

Abs. 2 S. 3 HS. 1 BetrVG) und sonstige Betätigungen, durch die der Arbeitsablauf oder der Frieden des Betriebs beeinträchtigt wird (§ 74 Abs. 2 S. 2 BetrVG), zu unterlassen sind. Ebenso erfolgt eine Konkretisierung durch das Diskriminierungsverbot (§ 75 Abs. 1 BetrVG), das Benachteiligungs- und Behinderungsverbot (§ 78 Abs. 1 BetrVG) sowie die Verschwiegenheitspflicht (§ 79 Abs. 1 BetrVG). Es soll eine „Konfliktlösung durch Dialog" stattfinden.[52]

Das Betriebsverfassungsgesetz ist für die Betriebspartner zwingendes Recht, sodass es diesen insbesondere untersagt ist, von der gesetzlich vorgeschriebenen Organisation der Betriebsverfassung abzuweichen.[53] Die im Betriebsverfassungsgesetz geregelten Mindestanforderungen an eine wirksame Interessenvertretung und deren Beteiligungsrechte sind unabdingbar.[54] Von ihnen kann grundsätzlich weder durch Tarifvertrag[55] noch durch Betriebsvereinbarung[56] oder Regelungsabrede zu Lasten der Arbeitnehmer abgewichen werden.[57] Auch kann der Betriebsrat nicht im Voraus auf seine Beteiligungsrechte verzichten oder diese verwirken.[58]

## III. Rückgang

Gemäß § 1 Abs. 1 S. 1 BetrVG werden in Betrieben mit in der Regel mindestens fünf ständigen wahlberechtigten Arbeitnehmern, von denen drei wählbar sind, Betriebsräte gewählt. Dem Wortlaut zufolge müssten Betriebsräte in Deutschland somit weit verbreitet sein. Dies ist auch die Intention des Gesetzgebers, der die Verbreitung von Betriebsräten fördern und eine flächendeckende Vertretung der Arbeitnehmer durch Betriebsräte sehen will.[59] Entgegen dieser Intention[60]

52 *Däubler* AuR 1982, 6 (8).

53 *Boemke*, in: Münchener Handbuch zum Arbeitsrecht, Band 3, § 283 Rn. 20.

54 *Ahrendt*, in: Schaub, Arbeitsrechts-Handbuch, § 230 Rn. 6; *Arnold*, in: Münchener Handbuch zum Arbeitsrecht, Band 4, § 315 Rn. 15; *Boemke*, in: Münchener Handbuch zum Arbeitsrecht, Band 3, § 283 Rn. 20.

55 BAG, Beschluss vom 21.10.2003 – 1 ABR 39/02, in: AP BetrVG 1972 § 80 Nr. 62.

56 BAG, Urteil vom 26.04.2005 – 1 AZR 76/04, in: AP BetrVG 1972 § 87 Nr. 12.

57 *Ahrendt*, in: Schaub, Arbeitsrechts-Handbuch, § 230 Rn. 6; *Arnold*, in: Münchener Handbuch zum Arbeitsrecht, Band 4, § 315 Rn. 15; *Boemke*, in: Münchener Handbuch zum Arbeitsrecht, Band 3, § 283 Rn. 20.

58 BAG, Beschluss vom 22.8.2017 – 1 ABR 5/16, in: AP BetrVG 1972 § 87 Arbeitszeit Nr. 144, Rn. 25.

59 BT-Drucks. 14/5741, S. 1 f., 36 f., Entwurf eines Gesetzes zur Reform des Betriebsverfassungsgesetzes (BetrVerf-Reformgesetz).

60 BT-Drucks. 14/5741, S. 1 f., 36 f., BT-Drucks. 19/28899, S. 1.

eines Betriebsrats ist dies jedoch keinesfalls so. Dem ersten Anschein zuwider besteht keine betriebsverfassungsrechtliche Pflicht einen Betriebsrat zu gründen, auch wenn die Voraussetzungen hierzu vorliegen. Vielmehr versteht sich das Gesetz in diesem Sinne als eine Art Handlungsempfehlung. Die Entscheidung zur Gründung eines Betriebsrats steht im Ermessen der im Betrieb beschäftigten Arbeitnehmer.[61] Dieser Empfehlung des Gesetzgebers wird jedoch kaum gefolgt. So ergibt sich differenzierend nach West- und Ostdeutschland über die Jahre folgendes Bild:

| | **Anteil der Betriebe mit Betriebsrat (in Prozent)** | | **Anteil der Beschäftigten mit Betriebsrat (in Prozent)** | |
|---|---|---|---|---|
| **Jahr** | **West** | **Ost** | **West** | **Ost** |
| 1996 | 12 | 11 | 51 | 43 |
| 1998 | 10 | 9 | 50 | 40 |
| 2003 | 11 | 11 | 48 | 41 |
| 2005 | 11 | 10 | 47 | 40 |
| 2006 | 10 | 10 | 46 | 38 |
| 2007 | 10 | 10 | 46 | 39 |
| 2008 | 10 | 9 | 45 | 37 |
| 2009 | 10 | 10 | 45 | 38 |
| 2010 | 10 | 10 | 45 | 37 |
| 2011 | 10 | 9 | 44 | 36 |
| 2012 | 9 | 9 | 43 | 36 |
| 2013 | 9 | 10 | 43 | 35 |
| 2014 | 9 | 9 | 43 | 33 |
| 2015 | 9 | 8 | 42 | 33 |
| 2016 | 9 | 9 | 43 | 34 |
| 2017 | 9 | 9 | 40 | 33 |
| 2018 | 9 | 10 | 42 | 35 |
| 2019 | 9 | 10 | 41 | 36 |

Quelle: BT-Drucks. 19/3191, S. 6 ff.; BT-Drucks. 19/11476, S. 9; BT-Drucks. 19/28899, S. 1; *Ellguth/Trinczek*, WSI-Mitteilungen 3/2016, 172 (177).

Dabei differenziert sich das Bild je nach Betriebsgröße erheblich, wie nachfolgend die vergleichende Statistik für die Jahre 1996 und 2018 aufzeigt:

61 *Besgen*, in: BeckOK ArbR, § 1 BetrVG Rn. 2.

| Betriebsgröße | Anteil der Betriebe mit Betriebsrat (in Prozent) West 1996 | West 2018 | Ost 1996 | Ost 2018 | Anteil der Beschäftigten mit Betriebsrat (in Prozent) West 1996 | West 2018 | Ost 1996 | Ost 2018 |
|---|---|---|---|---|---|---|---|---|
| | | | | | | | | |
| 5 - 50 | 8 | 5 | 7 | 6 | 14 | 8 | 12 | 10 |
| 51 - 100 | 49 | 32 | 46 | 36 | 49 | 33 | 48 | 37 |
| 101 - 199 | 71 | 53 | 63 | 45 | 71 | 54 | 65 | 45 |
| 200 - 500 | 84 | 73 | 85 | 69 | 85 | 73 | 85 | 72 |
| 501 - ...... | 91 | 87 | 87 | 88 | 95 | 90 | 92 | 86 |
| Insgesamt | 12 | 9 | 11 | 10 | 51 | 42 | 43 | 35 |

Quelle: BT-Drucks. 19/11476, S. 9; *Ellguth/Trinczek*, WSI-Mitteilungen 3/2016, 172 (177).

Aus den obigen Tabellen wird die nahezu stetige Abnahme der betriebsverfassungsrechtlichen Interessenvertretungen ersichtlich, wenngleich sich in manchen Jahren vereinzelt minimale prozentuale Erhöhungen entnehmen lassen. 2019 haben nur etwa 9 Prozent (Ost 10 Prozent) der Betriebe über einen Betriebsrat verfügt. Von diesen Betriebsräten wurden die Interessen von 41 Prozent (Ost 36 Prozent) der Arbeitnehmer vertreten. Im Jahr 1996 hatten noch 12 Prozent (Ost 11 Prozent) der Betriebe Betriebsräte, welche die Interessen von 51 Prozent (Ost 43 Prozent) der Arbeitnehmer vertreten haben.

Erheblich ins Gewicht fallen aufgrund ihrer Masse hierbei die Betriebe mit fünf bis 50 Arbeitnehmern. So hatten 2018 bei dieser Betriebsgröße nur 5 Prozent (Ost 6 Prozent) der Betriebe einen Betriebsrat. Demgegenüber hatten 2018 bei einer Betriebsgröße von mehr als 500 Arbeitnehmern 87 Prozent (Ost 88 Prozent) der Betriebe einen Betriebsrat. Im Jahresvergleich der Jahre 1996 und 2018 ergibt sich insbesondere bei den Betriebsgrößen zwischen 51 bis 500 Arbeitnehmern jeweils ein erheblicher Rückgang um bis nahezu 20 Prozent. Dies veranschaulicht deutlich die Erosion der betrieblichen Mitbestimmung und signalisiert Handlungsbedarf.

## IV. Problemanriss

Die Anzahl an Betriebsräten ist seit Jahren rückläufig.[62] Dabei kann ein Betriebsrat durchaus Vorteile bringen. Arbeitnehmern werden durch das Betriebsverfassungsgesetz Mitwirkungsrechte und Mitbestimmungsrechte i. w. S. gegeben, die dazu führen, dass die Belange und Argumente der Arbeitnehmer in die

62 Siehe A.III., S. 47 f.

Entscheidungsprozesse mit einbezogen werden.[63] Hierdurch gewinnen betriebliche Maßnahmen und Entscheidungen an Plausibilität, Transparenz und Akzeptanz, was den sozialen Frieden stärkt.[64] Dies fördert die Ruhe sowie Ordnung im Betrieb und lässt eine höhere Arbeitsfreudigkeit und Arbeitswilligkeit der Arbeitnehmer entstehen.[65] Zugleich wirkt sich dies positiv sowohl auf die Produktivität als auch auf den Verbleib von Auszubildenden nach der Ausbildung aus.[66] Auch ganz allgemein ist in Betrieben mit Betriebsrat eine deutlich geringere Personalfluktuation festzustellen.[67] Etwaige Vorteile eines Betriebsrats kommen jedoch nur zum Tragen, sofern es überhaupt einen Betriebsrat gibt. Die bisherigen Versuche des Gesetzgebers, die Gründung von Betriebsräten voranzutreiben, können aufgrund der nach wie vor rückläufigen Zahlen als ungenügend angesehen werden. Zwar hat der Gesetzgeber mit dem Betriebsrätemodernisierungsgesetz vom 14.06.2021[68] einen weiteren Versuch gestartet, jedoch verspricht auch dieser keine wirkliche Aussicht auf Besserung. Die darin in Bezug auf die Betriebsratsgründung enthaltenen Maßnahmen und Regelungen greifen zu oberflächlich.[69] Insofern ist auch zukünftig auf Basis der aktuellen Gesetzeslage nicht mit einem Anstieg der Betriebsratsgründungen zu rechnen, obwohl dies im Allgemeinen die Intention des Gesetzgebers war und ist. Bereits mit der Reform 2001 wollte der Gesetzgeber die Erosion der betrieblichen Mitbestimmung stoppen, das Interesse sowie die Motivation der Arbeitnehmer stärken und die Verbreitung von Betriebsräten fördern.[70] Dies ist allerdings nicht gelungen. Mit dem Betriebsrätemodernisierungsgesetz[71] hat es sich die Bundesregierung

---

63 *Boemke*, in: Münchener Handbuch zum Arbeitsrecht, Band 3, § 283 Rn. 4; Fitting, BetrVG, § 1 Rn. 8.

64 *Boemke*, in: Münchener Handbuch zum Arbeitsrecht, Band 3, § 283 Rn. 4; Fitting, BetrVG, § 1 Rn. 8.

65 BAG, Urteil vom 07.09.1956 – 1 AZR 646/54, in: BAGE 3, 207.

66 *Institut für Mitbestimmung und Unternehmensführung*, Vorteil Mitbestimmung – Eine Sammlung von guten Argumenten für eine starke Arbeitnehmerbeteiligung, https://www.boeckler.de/pdf/mbf_praes_argumente_mitbestimmung.pdf, letzter Abruf am 04.06.2022.

67 *Jirjahn*, Ökonomische Wirkungen der Mitbestimmung in Deutschland, S. 23 f.

68 BGBl. 2021 I, S. 1762, Gesetz zur Förderung der Betriebsratswahlen und der Betriebsratsarbeit in einer digitalen Arbeitswelt (Betriebsrätemodernisierungsgesetz), gem. Art. 6 in Kraft getreten am 18.06.2021.

69 Siehe B.II.6.a)aa)(2), S. 141 ff. sowie B.II.6.a)bb)(2), S. 146 ff.

70 BT-Drucks. 14/5741, S. 1 f., 36 f., Entwurf eines Gesetzes zur Reform des Betriebsverfassungsgesetzes (BetrVerf-Reformgesetz).

71 BGBl. 2021 I, S. 1762, gem. Art. 6 in Kraft getreten am 18.06.2021.

erneut zum Ziel gesetzt, die Gründung und Wahl von Betriebsräten zu fördern und zu erleichtern sowie zugleich die Fälle der Behinderungen von Betriebsratswahlen zu reduzieren.[72] Dieses Ziel wird jedoch abermals nicht erreicht, weshalb die Erosion der betrieblichen Mitbestimmung vorerst wohl nicht enden wird. Hierfür bedarf es Neugründungen von Betriebsräten, welche hauptsächlich in der Verantwortung der Arbeitnehmer liegen. Die Versuche des Gesetzgebers, die Arbeitnehmer zu derartigen Neugründungen anzureizen und Gründungsversuche rechtlich abzusichern, waren bislang allerdings nicht erfolgreich. Die gesetzlich vorgezeichnete Mitbestimmungsstruktur lässt sich derzeit nicht realisieren.

Insofern sind fünf wesentliche Probleme zu erkennen.

## 1. Notwendigkeit der Gründung

Nach § 1 Abs. 1 S. 1 BetrVG werden in Betrieben mit in der Regel mindestens fünf ständigen wahlberechtigten Arbeitnehmern, von denen drei wählbar sind, Betriebsräte gewählt. Das Gesetz hat sich entgegen dem Wortlaut von einer weit in der Vergangenheit bestehenden, verpflichtenden Betriebsratsgründung (§§ 1, 23 Abs. 2 und 3, 99 Abs. 2 BRG 1920) gelöst und sieht eine freiwillige Betriebsratsgründung vor.[73] Verantwortlich für die Neugründung eines Betriebsrats, konkret für die Einleitung und Durchführung der Betriebsratswahlen sowie die Bekanntgabe des Wahlergebnisses und die Einleitung der konstituierenden Sitzung, ist der Wahlvorstand. Wird dieser nicht vom Gesamtbetriebsrat oder, falls ein solcher nicht besteht, vom Konzernbetriebsrat gemäß § 17 Abs. 1 BetrVG bestellt, wird er gemäß § 17 Abs. 2 BetrVG in einer Betriebsversammlung, zu der nach § 17 Abs. 3 BetrVG drei wahlberechtigte Arbeitnehmer des Betriebs oder eine im Betrieb vertretene Gewerkschaft einladen können, von der Mehrheit der anwesenden Arbeitnehmer gewählt. Sollte trotz Einladung keine Betriebsversammlung stattfinden, oder kein Wahlvorstand gewählt werden, wird der Wahlvorstand nach § 17 Abs. 4 BetrVG auf Antrag von mindestens drei wahlberechtigten Arbeitnehmern oder einer im Betrieb vertretenen Gewerkschaft durch das Arbeitsgericht bestellt. Die Freiwilligkeit der Betriebsratsgründung hat die Notwendigkeit von Initiativen zur Folge, die insbesondere von den Arbeitnehmern kommen müssen. Das Problem hierbei ist, dass diese notwendigen Initiativen in der Praxis nicht an den Tag gelegt werden.[74] Ein Grund hierfür ist die wohl bestehende Unkenntnis der Arbeitnehmer über den Betriebsrat,

72 BT-Drucks. 19/28899, S. 1, gem. Art. 6 in Kraft getreten am 18.06.2021.
73 *Schiefer/Korte*, NZA 2002, 57 (58).
74 Siehe A.III., S. 47 f.

dessen Voraussetzungen und Möglichkeiten. Daneben müssen Initiatoren oftmals mit Gegenmaßnahmen des Arbeitgebers rechnen, sie werden häufig Opfer von Wahlbehinderungen und -beeinflussungen, also Opfer einer Straftat nach § 119 Abs. 1 Nr. 1 BetrVG.[75] Initiativen der Arbeitnehmer setzen daher neben fundiertem Wissen über den Betriebsrat, dessen Gründung und Möglichkeiten auch Mut voraus. Dabei wünscht sich der Gesetzgeber die Vertretung durch einen Betriebsrat als Regelfall.[76] Auch der Weg über den Gesamt- oder Konzernbetriebsrat und das Mentorenprinzip[77] hilft hierüber nicht hinweg, da, sofern überhaupt ein solcher existiert, dieser nur unzureichende Möglichkeiten hat, Vorbereitungshandlungen zur Bestellung eines Wahlvorstands vorzunehmen und insbesondere die Durchführung von Informationsveranstaltungen nach der Rechtsprechung des BAG[78] unzulässig ist. Da auch der Arbeitgeber nicht über den Betriebsrat informieren muss, fehlen vielen Arbeitnehmern wohl die Kenntnisse hierüber.

## 2. Notwendigkeit der Wahlinitiatoren

Ein weiterer Problemkreis betrifft die Wahlinitiatoren im Sinne des § 15 Abs. 3a und 3b KSchG. Diesen kommt im Gegensatz zu den anderen betriebsverfassungsrechtlichen Funktionsträgern trotz ihrer Wichtigkeit für die Betriebsratsgründung kein umfassender Sonderkündigungsschutz zu. Dabei sind sie im Hinblick auf mögliche Interessenkonflikte mit dem Arbeitgeber ähnlich schutzbedürftig, wie Mitglieder des Wahlvorstands und Wahlbewerber.[79] Dennoch bedarf es zu deren Kündigung zu keiner Zeit einer Zustimmung nach § 103 BetrVG. Mit dem Ausspruch einer außerordentlichen Kündigung kann der Arbeitgeber jedoch den Ablauf und die Amtstätigkeit erheblich stören. Zudem wird Wahlinitiatoren nach § 15 Abs. 3a und 3b KSchG kein nachwirkender Kündigungsschutz gewährt, obwohl sie über ein ähnliches Konfliktpotential wie Mitglieder des Wahlvorstands und Wahlbewerber verfügen.[80] Dieser könnte allerdings notwendig sein, damit sich entstandene Spannungen gegenüber dem

---

75 BT-Drucks. 19/28899, S. 13.

76 BT-Drucks. 14/5741, S. 1 f., 36 f.; BT-Drucks. 19/28899, S. 1.

77 BT-Drucks. 14/5741, S. 27.

78 BAG, Beschluss vom 16.11.2011 – 7 ABR 28/10, in: AP BetrVG 1972 § 17 Nr. 9.

79 BT-Drucks. 14/5741, S. 55; *Hergenröder*, in: Münchener Kommentar, KSchG, § 15 Rn. 1.

80 Im Ergebnis auch: *Düwell*, BT-Ausschussdrucks. 18(11)426, S. 3; *Berger*, BT-Ausschussdrucks. 18(11)429, S. 10.

Arbeitgeber abkühlen können.[81] Darüber hinaus erhalten nur die ersten sechs in der Einladung oder die ersten drei in der Antragstellung aufgeführten Arbeitnehmer den Kündigungsschutz des § 15 Abs. 3a KSchG, obwohl beispielsweise § 17 Abs. 4 S. 1 BetrVG von drei Arbeitnehmern als Mindestanzahl spricht. Da Wahlinitiatoren auch als Kollektiv auftreten, ist jeder von ihnen gleich wichtig und verfügt über das gleiche Schutzbedürfnis. Schließlich könnte problematisch sein, dass der Kündigungsschutz des § 15 Abs. 3b S. 1 KSchG nur verhaltens- oder personenbedingte ordentliche Kündigungen ausschließt, betriebsbedingte Kündigungen hingegen weiterhin möglich sind. Dies könnte durch Arbeitgeber genutzt werden. Selbst wenn Arbeitnehmer demnach über das notwendige Wissen zum Thema Betriebsrat verfügen, kann es für sie riskant sein, die Initiative zu ergreifen und eine Betriebsratsgründung vorzubereiten. Dies ist gerade vor dem Hintergrund bedenklich, da es die Wahlinitiatoren sind, die das Ziel des Gesetzgebers[82] der größtmöglichen Vertretung durch Betriebsräte eigentlich erfüllen sollen. Die Wichtigkeit von Wahlinitiatoren hat letztlich auch der Gesetzgeber erkannt, der Wahlinitiatoren schützen will und deren Mut zu Initiativen durch den Sonderkündigungsschutz erhöhen wollte.[83] Zwar hat der Gesetzgeber den Kündigungsschutz durch das Betriebsrätemodernisierungsgesetz[84] mit § 15 Abs. 3b KSchG nunmehr auf Vorfeld-Initiatoren ausgedehnt, jedoch vermag dies die Schutzlücken nicht zu schließen. Gleichermaßen offenbart der Schutz der Wahlinitiatoren im Sinne des § 15 Abs. 3a KSchG Lücken.

## 3. Notwendigkeit der ungestörten Amtsausübung

Ebenfalls problematisch sind Störungen in der Amtsausübung von Arbeitnehmern, die eine Betriebsratswahl vorbereiten. Haben sich Wahlinitiatoren gefunden oder wurde ein Wahlvorstand bestellt bzw. gewählt, werden die entsprechenden Arbeitnehmer häufig Opfer von Wahlbehinderungen und -beeinflussungen.[85] Schutz hiervor besteht dagegen nur in der Theorie. Zwar schützen § 20 Abs. 1 BetrVG vor Wahlbehinderungen sowie § 20 Abs. 2 BetrVG vor Wahlbeeinflussungen jeglicher Art.[86] Ferner stellt § 119 Abs. 1 Nr. 1 BetrVG Verstöße gegen die Wahlschutzvorschriften des § 20 Abs. 1 und 2 BetrVG unter Strafe,

81 BT-Drucks. VI/1786, S. 60.

82 BT-Drucks. 14/5741, S. 1.

83 BT-Drucks. 14/5741, S. 55; BT-Drucks. 19/28899, S. 24.

84 BGBl. 2021 I, S. 1762, gem. Art. 6 in Kraft getreten am 18.06.2021.

85 BT-Drucks. 19/28899, S. 13.

86 *Fitting*, BetrVG, § 20 Rn. 7.

indem § 119 Abs. 1 Nr. 1 Var. 1 BetrVG ein Behinderungsverbot und § 119 Abs. 1 Nr. 1 Var. 2 BetrVG ein Beeinflussungsverbot enthalten, welche jeweils der asymmetrischen Akzessorietät[87] zu § 20 Abs. 1 und 2 BetrVG unterliegen. Allerdings ist der Schutz über die §§ 20 Abs. 1 und 2, 119 Abs. 1 Nr. 1 BetrVG nicht geeignet, etwaige Wahlbehinderungen und -beeinflussungen zu verhindern. § 119 BetrVG stellt ein absolutes Antragsdelikt dar. Liegt kein entsprechender Strafantrag vor, kann weder eine Verurteilung noch eine Strafverfolgung durch die Staatsanwaltschaft erfolgen, selbst wenn diese ein besonderes öffentliches Interesse an der Strafverfolgung bejahen würde. Letzteres ist bei absoluten Antragsdelikten irrelevant und kann den zwingend erforderlichen Antrag nicht ersetzen.[88] Zudem fehlt Arbeitnehmern die Befugnis, einen Strafantrag nach § 119 Abs. 2 BetrVG zu stellen, obwohl die Straftaten des § 119 Abs. 1 BetrVG gleichermaßen zu Ihren Lasten begangen werden können und die derzeit nach § 119 Abs. 2 BetrVG Strafantragsberechtigten oftmals selbst in die Straftaten verstrickt sind.[89] Ebenso ist der Versuch einer Straftat nach § 119 Abs. 1 BetrVG nicht strafbar, was aufgrund der Ausgestaltung als Erfolgsdelikt dazu führt, dass die erfolglose Einflussnahme auf das Wahlgeschehen straflos ist.[90] Weiter wird eine Straftat nach § 119 Abs. 1 BetrVG nur mit Freiheitsstrafe bis zu einem Jahr oder mit Geldstrafe bestraft, wobei dieser Strafrahmen bei weitem nicht ausgenutzt wird.[91] Dieser Strafrahmen liegt sonst beispielsweise bei Hausfriedensbruch (§ 123 StGB), Beleidigung (§ 185 StGB), übler Nachrede (§ 186 StGB) oder dem Erschleichen von Leistungen (§ 265a StGB) vor. Schließlich kann angenommen werden, dass Staatsanwaltschaften eine fehlende Sensibilität für arbeitsrechtliche Sachverhalte haben.[92] Eine abschreckende Wirkung gegenüber potenziellen Tätern ist damit kaum vorhanden. Das Betriebsrätemodernisierungsgesetz[93] wollte die Fälle der Behinderungen von Betriebsratswahlen

87 *Kudlich*, in: Löwisch/Kaiser/Klumpp, BetrVG, § 119 Rn. 3.

88 *Dallmeyer*, in: BeckOK StGB, § 77 StGB Rn. 1; *Gertler*, in: BeckOK StPO, RiStBV 6 Rn. 9.

89 *Cosack*, ZRP 2016, 177 (179); *Kudlich*, in: Löwisch/Kaiser/Klumpp, BetrVG, § 119 Rn. 48; *Rieble*, CCZ 2008, 32 (35); *Rieble*, CCZ 2008, 121 (125 f.); *Rüthers*, NJW 2007, 195 (197); *Vogt*, in: Münchener Handbuch zum Arbeitsrecht, Band 4, § 353 Rn. 10.

90 *Kudlich*, in: Löwisch/Kaiser/Klumpp, BetrVG, § 119 Rn. 10.

91 *Statistisches Bundesamt*, Fachserie 10 Reihe 3, Strafverfolgungsstatistiken der Jahre 2007 bis 2020, https://www.statistischebibliothek.de/mir/receive/DESerie_mods_00000107, letzter Abruf am 04.06.2022.

92 *Absenger/Priebe*, WSI-Mitteilungen 3/2016, 192 (195).

93 BGBl. 2021 I, S. 1762, gem. Art. 6 in Kraft getreten am 18.06.2021.

reduzieren,[94] sah jedoch keine Veranlassung, hier etwas zu ändern – obwohl der Straftatbestand des § 119 Abs. 1 Nr. 1 BetrVG kaum praktische Relevanz besitzt und Verurteilungen hiernach die absolute Ausnahme sind.[95]

## 4. Notwendigkeit der Stimmabgabe

Als Problem stellt sich ferner auch das Wahlverfahren, konkret die Stimmabgabe, heraus. Die Betriebsratswahl hat grundsätzlich als Präsenzwahl stattzufinden. Nur in den engen Grenzen des § 24 Abs. 1 und 2 WO ist eine Briefwahl möglich. Dies allerdings nicht nach freiem Willen der Wahlberechtigten, sondern nur bei deren (voraussichtlicher) Abwesenheit im Zeitpunkt der Wahl. Zwar wurde der Kreis derer, denen die Wahlunterlagen gemäß § 24 Abs. 2 WO unaufgefordert durch den Wahlvorstand zu übersenden sind, durch die Verordnung zur Änderung der Wahlordnung, der Wahlordnung Seeschifffahrt und der Verordnung zur Durchführung der Betriebsratswahlen bei den Postunternehmen vom 08.10.2021[96] ausgeweitet, jedoch wird sich hieraus wohl keine merkliche Steigerung der Wahlbeteiligung ergeben, da immer noch eine voraussichtliche Abwesenheit im Zeitpunkt der Wahl notwendig ist und dieser Personenkreis ebenso aufgrund der alten Rechtslage zur Briefwahl berechtigt war. Eine allgemeine Briefwahl[97] ist ebenso unzulässig wie eine elektronische Betriebsratswahl[98]. Für beide fehlt eine gesetzliche Grundlage. Angesichts der in allen Lebensbereichen fortschreitenden Digitalisierung lässt sich plausibel vermuten, dass die elektronische Wahl gerade die jüngeren ‘Digital Natives’ zurück ins Boot holt. Die Durchführbarkeit von elektronischen Wahlen zeigen viele aus- und inländische Beispiele. In Estland hat sich die elektronische Wahl bereits seit 2005 erfolgreich als Alternative zur Präsenzwahl etabliert.[99] Auch in

---

94 BT-Drucks. 19/28899, S. 1.

95 *Pletke/Lepper*, ArbRAktuell 2018, 247 (247, 250); *Bormann*, WSI-Mitteilungen 1/2008, 45 (48 f.).

96 BGBl. 2021 I, S. 4640, gem. Art. 4 in Kraft getreten am 15.10.2021.

97 LAG Niedersachsen, Urteil vom 09.03.2011 – 17 TaBV 41/10, in: BeckRS 2011, 74669; LAG Düsseldorf, Beschluss vom 08.04.2011 – 10 TaBV 79/10, in: BeckRS 2011, 74544.

98 LAG Hamburg, Beschluss vom 15.02.2018 – 8 TaBV 5/17, in: BeckRS 2018, 20356; *Naumann/Groschischka/Bendix*, ArbRAktuell 2022, 63 (63); *Fündling/Sorber*, NZA 2017, 552 (554 f.).

99 *Wissenschaftliche Dienste des Deutschen Bundestages*, Online-Wahlen – Erfahrungen in anderen Staaten und (verfassungs-)rechtliche Voraussetzungen für eine Einführung in Deutschland, Ausarbeitung Nr. WD 3 – 3000 – 030/14, 03.03.2014, S. 3.

der Schweiz, Frankreich, Norwegen oder den USA gibt es sie.[100] In Deutschland sind elektronische Wahlen beispielsweise in Hochschulen, Instituten, Vereinen, Genossenschaften, Kammern, Kirchen oder Berufsverbänden zu finden.[101] Dennoch sperrt sich der Gesetzgeber bei der Betriebsratswahl gegen eine Einbeziehung der Digitalisierung, obwohl viele Anbieter[102] schon bereitstehen. Dagegen hat auch die COVID-19-Pandemie die Möglichkeiten der Digitalisierung und deren Umsetzbarkeit verdeutlicht. So wurden vom Gesetzgeber insbesondere elektronische Betriebsratssitzungen und Betriebsversammlungen sowie später Wahlvorstandssitzungen ermöglicht. Die Möglichkeiten zur Stimmabgabe bei der Betriebsratswahl wurden jedoch nicht angepasst.

## 5. Notwendigkeit der Amtszeit

Letztlich spielt für die Vertretung der Arbeitnehmer durch einen Betriebsrat mittelbar auch dessen Amtszeit eine Rolle. Diese beträgt gemäß § 21 S. 1 BetrVG vier Jahre. Auf diese Dauer wurde die Amtszeit über die letzten 100 Jahre in drei Stufen, beginnend bei einem Jahr, angehoben. Seit der letzten Anhebung auf vier Jahre sind allerdings über 30 Jahre vergangen. In dieser Zeit haben sich die Anforderungen an den Betriebsrat jedoch erheblich verändert und sind gestiegen.[103] Einem Betriebsratsmitglied werden heute zusätzlich beispielsweise Kenntnisse und Fähigkeiten in Bezug auf Datenschutz (§ 78a BetrVG), Umweltschutz (§§ 80 Abs. 1 Nr. 9, 89 Abs. 1 BetrVG), Informations- und Kommunikationstechnik (§ 87 Abs. 1 Nr. 14 BetrVG), Unternehmensübernahme (§ 109a BetrVG) oder künstliche Intelligenz (§ 80 Abs. 3 S. 2 BetrVG) abverlangt. Vom

---

100 *Wissenschaftliche Dienste des Deutschen Bundestages*, Online-Wahlen – Erfahrungen in anderen Staaten und (verfassungs-)rechtliche Voraussetzungen für eine Einführung in Deutschland, Ausarbeitung Nr. WD 3 – 3000 – 030/14, 03.03.2014, S. 5 f.; Kind/Bovenschulte, TAB Nr. 26, S. 2.

101 *Kind/Bovenschulte*, TAB Nr. 26, S. 3.

102 *POLYAS GmbH*, Online-Wahlen mit Polyas, https://www.polyas.de/online-wahlen?dropdown=, letzter Abruf am 04.06.2022; *Rogator AG*, Wahlen und Abstimmungen online durchführen, https://www.rogator.de/mitarbeiterbefragung/wahlen-und-abstimmungen/, letzter Abruf am 04.06.2022; *Itacs GmbH*, Was VOTR kann, https://votr.itacs.de/features/, letzter Abruf am 04.06.2022; *Votesquare UG*, Online Wahlen – sicher, verlässlich & einfach, https://votesquare.com/, letzter Abruf am 04.06.2022.

103 *Ausschuss für Arbeit, Soziales und Konsumentenschutz*, Bericht über den Beschluss des Nationalrates vom 15. Dezember 2016 betreffend ein Bundesgesetz, mit dem das Arbeitsverfassungsgesetz geändert wird, 9682/BR d.B.

Gesetzgeber wird auf Basis dieses Aufgabenkatalogs implizit eine starke Professionalisierung gefordert – obwohl das Betriebsratsamt grundsätzlich jedem Arbeitnehmer offensteht, ungeachtet Bildungsgrad oder Tätigkeit. Um die erforderlichen Kenntnisse und Fähigkeiten und damit zusammenhängend einen gewissen Professionalisierungsgrad zu erreichen, bedarf es umfassender Schulungen und Einarbeitungen, da wohl davon ausgegangen werden kann, dass dieser zu Beginn der Amtszeit noch nicht vorhanden ist. Dies hat heutzutage längere Einarbeitungszeiten als noch vor 30 Jahren zur Folge, die eine fortdauernde angebrachte Interessensvertretung erschweren und die Zeit der effektiven Vertretung verkürzen. Zudem ist die Amtszeit dafür ausschlaggebend, wann ein Betriebsrat wegfallen kann.

# B. Dysfunktionale Rahmenbedingungen der Betriebsratsgründung

## I. Freiwilligkeit der Betriebsratsbildung

Die Gründung eines Betriebsrats war früher verpflichtend, heute hängt sie letztlich von einer Entscheidung der Belegschaft ab.[104] Ohne Gründungsinitiative der Arbeitnehmer gibt es grundsätzlich keinen Betriebsrat. Dies widerspricht an sich der Intention des Gesetzgebers.[105] Es stellt sich daher die Frage, mit welchen Maßnahmen man die Gründung eines Betriebsrats unter der Bedingung der Freiwilligkeit, sowie jenseits einer solchen, fördern kann.

### 1. Status quo

In Betrieben mit in der Regel mindestens fünf ständigen wahlberechtigten Arbeitnehmern, von denen drei wählbar sind, werden Betriebsräte gewählt. Dies schreibt § 1 Abs. 1 S. 1 BetrVG vor. Der Wortlaut des Gesetzes ist auf den ersten Blick eindeutig und verpflichtend. Dem ist allerdings keinesfalls so. Entgegen den Worten „werden gebildet" gibt es derzeit keine gesetzliche Verpflichtung, einen Betriebsrat zu gründen.[106] Werden die Arbeitnehmer nicht in Gestalt einer Gründungsinitiative aktiv und wählen keinen Betriebsrat, gibt es grundsätzlich keinen. Die Entscheidung für oder gegen die Gründung eines Betriebsrats steht grundsätzlich im freien Ermessen der Arbeitnehmer.[107] Hierbei ist allerdings zu differenzieren. Die Entscheidung für einen Betriebsrat steht im Ermessen des einzelnen Arbeitnehmers, die Entscheidung gegen einen Betriebsrat aber nur im freien Ermessen der einheitlich denkenden Belegschaft. Die Entscheidung des einzelnen Arbeitnehmers gegen einen Betriebsrat findet keine Berücksichtigung. Die negative Freiheit zur Mitbestimmung ist demnach eingeschränkt.[108] Finden sich nach § 17 Abs. 3 und 4 BetrVG drei Arbeitnehmer, die zu einer Betriebsversammlung einladen und/oder einen Antrag beim Arbeitsgericht stellen, können diese drei Arbeitnehmer den Wahlvorstand bilden, sich als Kandidaten

---

104 *Schiefer/Korte*, NZA 2002, 57 (58).
105 BT-Drucks. 14/5741, S. 1 f., 36 f.; BT-Drucks. 19/28899, S. 1.
106 *Schiefer/Korte*, NZA 2002, 57 (58).
107 *Besgen*, in: BeckOK ArbR, § 1 BetrVG Rn. 2.
108 *Rieble*, ZIP 2001, 133 (135).

aufstellen und selbst wählen.[109] Zudem kann der Gesamtbetriebsrat bzw. Konzernbetriebsrat nach dem Mentorenprinzip[110] des § 17 Abs. 1 BetrVG einen Wahlvorstand bestellen, unabhängig von der Entscheidung der Belegschaft. Dies schränkt die freie Entscheidung der Arbeitnehmer ein. Aufgrund dessen werden der Betriebsverfassung paternalistische Tendenzen nachgesagt.[111]

## 2. Entwicklung der Freiwilligkeit

Die Entscheidung für einen Betriebsrat lag jedoch nicht immer in der freien Entscheidung der Arbeitnehmer. Zu Zeiten des Betriebsrätegesetzes[112] (BRG 1920) war die Wahl eines Betriebsrats (oder eines Betriebsobmanns) gesetzlich vorgeschrieben. Nach § 1 BRG 1920 war in allen Betrieben, die in der Regel mindestens zwanzig Arbeitnehmer beschäftigen, ein Betriebsrat zu errichten. Nach § 2 Abs. 1 BRG 1920 war in Betrieben mit weniger als zwanzig, aber mindestens fünf Arbeitnehmern, ein Betriebsobmann zu wählen. Der damalige Wortlaut „sind zu errichten" bzw. „ist zu wählen" war eindeutig und verpflichtend. Nach § 23 Abs. 2 und 3 BRG 1920 hatte der Arbeitgeber für die erstmalige Betriebsratsgründung einen aus den drei ältesten wahlberechtigten Arbeitnehmern bestehenden Wahlvorstand zu bestellen. Dem Arbeitgeber wurde damit eine konkrete Verpflichtung auferlegt. Die vorsätzliche Zuwiderhandlung gegen diese Verpflichtung konnte gem. § 99 Abs. 2 BRG 1920 mit Geldstrafe bis zu zweitausend Mark oder mit Haft bestraft werden. Dennoch haben die Arbeitgeber gegen diese Pflicht verstoßen, sodass 1927 (erfolglos) darüber diskutiert wurde, ob Betriebsratswahlen durch Polizeistrafen erzwungen werden könnten, nachdem bußgeldbewehrte Aufforderungen durch den Polizeipräsidenten von Berlin an betriebsratslose Betriebe versandt worden waren.[113] In der folgenden BRG-Novelle vom 28.02.1928[114] wurde § 23 BRG 1920 daraufhin geändert. Hiernach konnte ab sofort der Vorsitzende des zuständigen Arbeitsgerichts einen Wahlvorstand bestellen, falls der Arbeitgeber seiner Verpflichtung nicht nachkommt und dies entweder mindestens ein Arbeitnehmer, eine Gewerkschaft,

---

109 *Rieble*, Reformbedarf in der betrieblichen Mitbestimmung, 127 (133).

110 BT-Drucks. 14/5741, S. 27.

111 *Rieble*, ZIP 2001, 133 (135); *Rieble*, Reformbedarf in der betrieblichen Mitbestimmung, 127 (133).

112 RGBl. 1920 I, S. 147, gem. § 106 in Kraft getreten am 04.02.1920.

113 *Reichold*, ZfA 2020, 5 (16).

114 Reichsgesetzblatt, 1928 I, S. 46.

ein Gewerbeaufsichtsbeamter oder die sonstige von der obersten Landesbehörde bestimmte Behörde beantragt haben (§ 23 Abs. 2, 3 BRG 1920).[115]

Nach der Aussetzung des BRG 1920 in der nationalsozialistischen Zeit durch das Gesetz zur Ordnung der nationalen Arbeit (AOG) vom 20.01.1934[116] ermöglichte erst das Kontrollratsgesetz Nr. 22 vom 10.04.1946[117] wieder die Gründung von Betriebsräten[118]. Für die Ausführung galt regional unterschiedliches Landesrecht.[119] Im Zuge der Vereinheitlichung der Landesregelungen und der Reform des BRG 1920 wurde das Betriebsverfassungsgesetz vom 11.10.1952[120] geschaffen.[121] Dieses sah in § 8 Abs. 1 vor, dass in allen Betrieben, die in der Regel mindestens fünf ständige wahlberechtigte Arbeitnehmer beschäftigen, von denen drei wählbar sind, Betriebsräte gebildet werden. Die gesetzliche Verpflichtung des Betriebsrätegesetzes[122] zur Wahl eines Betriebsrats wich damit dem bis heute nahezu unverändert[123] bestehenden Wortlaut sowie dem Prinzip der Freiwilligkeit. Von einer verpflichtenden Betriebsratsgründung wurde Abstand genommen. Dabei hatte beispielsweise noch der Entwurf eines Gesetzes über die Mitbestimmung der Arbeitnehmer im Betrieb[124] der CDU/CSU aus dem Jahr 1949 im dortigen § 1 Abs. 2 vorgesehen, dass in allen Betrieben mit mindestens fünf wahlberechtigten ständig beschäftigten Arbeitnehmern, von denen mindestens drei wählbar sind, ein Betriebsrat zu wählen ist. Durch den Wortlaut „ist ein Betriebsrat zu wählen" wollte die CDU/CSU die Verpflichtung des Betriebsrätegesetzes[125] beibehalten.[126] Dieser Entwurf wurde jedoch nicht umgesetzt, stattdessen baut das Betriebsverfassungsgesetz auf Freiwilligkeit. Seitdem steht die Betriebsratsgründung somit grundsätzlich im freien Ermessen der Arbeitnehmer.

---

115 *Reichold*, ZfA 2020, 5 (16).
116 *Boemke*, in: Münchener Handbuch zum Arbeitsrecht, Band 3, § 283 Rn. 10.
117 Kontrollrats-Amtsblatt 1946 Nr. 6, S. 133, gem. Art. 13 in Kraft getreten am 17.04.1946.
118 *Ulber*, RdA 2015, 288 (289).
119 *Boemke*, in: Münchener Handbuch zum Arbeitsrecht, Band 3, § 283 Rn. 11.
120 BGBl. 1952 I, S. 681, gem. § 92 in Kraft getreten am 14.11.1952.
121 *Boemke*, in: Münchener Handbuch zum Arbeitsrecht, Band 3, § 283 Rn. 11.
122 RGBl. 1920 I, S. 147, gem. § 106 in Kraft getreten am 04.02.1920.
123 Aus „werden Betriebsräte gebildet" wurde der heutige Wortlaut „werden Betriebsräte gewählt".
124 BT-Drucks. I/970, S. 2, Entwurf eines Gesetzes über die Mitbestimmung der Arbeitnehmer im Betrieb.
125 RGBl. 1920 I, S. 147, gem. § 106 in Kraft getreten am 04.02.1920.
126 BT-Drucks. I/970, S. 2.

## 3. Initiativlast als Folge des Status quo

Die nicht vorhandene gesetzliche Verpflichtung zur Bildung von Betriebsräten hat zu Beginn einer erstmaligen Betriebsratsgründung die Notwendigkeit einer irgendwie gearteten Initiative zur Folge. Diese Initiative kann vom Gesamtbetriebsrat, vom Konzernbetriebsrat, von den Arbeitnehmern des Betriebs oder von einer Gewerkschaft kommen. Final liegt die Wahl eines Betriebsrats jedoch einzig in den Händen der Arbeitnehmer. Fehlt eine Initiative, gibt es im Ergebnis keinen Betriebsrat.

### *a) Initiative durch Gesamtbetriebsrat/Konzernbetriebsrat*

Nach § 17 Abs. 1 S. 1 BetrVG bestellt der Gesamtbetriebsrat oder, falls ein solcher nicht besteht, der Konzernbetriebsrat, einen Wahlvorstand, wenn in einem Betrieb, der die Voraussetzungen des § 1 Abs. 1 BetrVG erfüllt, noch kein Betriebsrat besteht. Bezeichnet wird dies als sogenanntes Mentorenprinzip.[127]

#### *aa) Mentorenprinzip*

Neu geschaffen wurde das Mentorenprinzip[128] im Rahmen der Betriebsverfassungsgesetz-Reform von 2001.[129] Damit sollten zum einen die Bestellung von Wahlvorständen erleichtert, zum anderen die Kosten einer Betriebsratswahl verringert werden.[130] Soweit die Gesetzesbegründung[131] bei der neu geschaffenen Aufgabe sogar von einer Verpflichtung des Gesamt- bzw. Konzernbetriebsrats sprach, war dies lediglich ein redaktionelles Versehen. Entgegen dem Wortlaut der Norm („bestellt") sowie der Gesetzesbegründung[132] handelt es sich um keine Verpflichtung des Gesamt- bzw. Konzernbetriebsrats, einen Wahlvorstand zu bestellen.[133] Dies ergibt sich bereits aus § 17 Abs. 2 S. 2 BetrVG, nach dem der Wahlvorstand wie zuvor in einer Betriebsversammlung gewählt wird, wenn der Gesamt- bzw. Konzernbetriebsrat eine Bestellung unterlässt. Zudem wäre es nicht gerechtfertigt eine Pflichtverletzung des Gesamt- bzw. Konzernbetriebsrats für eine unterlassene Wahlvorstandsbestellung anzunehmen, wenn der

---

127 BT-Drucks. 14/5741, S. 27.

128 BT-Drucks. 14/5741, S. 27.

129 BT-Drucks. 14/5741, S. 38 (zu Nummer 15).

130 BT-Drucks. 14/5741, S. 38 (zu Nummer 15).

131 BT-Drucks. 14/5741, S. 38 (zu Nummer 15).

132 BT-Drucks. 14/5741, S. 38 (zu Nummer 15).

133 LAG Nürnberg, Beschluss vom 25.01.2007 – 1 TaBV 14/06, in: BeckRS 2009, 60150; *Thüsing*, in: Richardi, BetrVG § 17 Rn. 3.

Wahlvorstand in diesem Fall auch in einer Betriebsversammlung gewählt werden kann. Vielmehr wurde mit § 17 BetrVG nur die Rangfolge der Zuständigkeiten nach dem Prioritätsprinzip festgelegt.[134] Somit ist zunächst der Gesamt- bzw. Konzernbetriebsrat zuständig, und erst wenn dieser keinen Wahlvorstand bestellt, kann er in einer Betriebsversammlung gewählt werden.[135]

### *bb) Vorbereitungshandlungen*

Der Gesamt- bzw. Konzernbetriebsrat wird bei der Bestellung eines Wahlvorstands allerdings nicht ohne etwaige Vorbereitungshandlungen auskommen. Darunter sind alle Maßnahmen zu verstehen, mit denen eine Bestellung des Wahlvorstands vorbereitet wird. Grundsätzlich ist davon auszugehen, dass der Gesamt- bzw. Konzernbetriebsrat nicht über die konkrete Situation der betriebsratslosen Betriebe informiert und daher aus tatsächlichen Gründen noch nicht in der Lage ist, einen Wahlvorstand zu bestellen. Er wird zunächst ein berechtigtes Interesse daran haben, zu erfahren, welche Arbeitnehmer zur Übernahme des Amts im Wahlvorstand überhaupt bereit und geeignet sind.

Dabei stehen ihm verschiedene Maßnahmen zur Verfügung. In erster Linie verfügt der Gesamt- bzw. Konzernbetriebsrat gegenüber dem Arbeitgeber in Bezug auf betriebsratslose Betriebe über einen Auskunftsanspruch.[136] Ferner hat er ein Zutrittsrecht zu dem Betrieb, in dem der Wahlvorstand bestellt werden soll.[137] Ebenso besteht ein Anspruch darauf, die im Betrieb vorhandenen Informations- und Kommunikationsmittel zu nutzen, wobei insbesondere verlangt werden kann, dass der Arbeitgeber die im Büro des Gesamt- bzw. Konzernbetriebsrats und in den betriebsratslosen Betrieben vorhandenen Telefone zum Zwecke der wechselseitigen Erreichbarkeit freischaltet.[138] Weiter ist der Gesamt- bzw. Konzernbetriebsrat berechtigt, mit einem Informationsschreiben am Schwarzen Brett der betriebsratslosen Betriebe auf die Möglichkeit der Wahlvorstandsbestellung hinzuweisen.[139] Gleichermaßen können Rundschreiben verteilt werden.[140]

---

134 *Fitting*, § 17 Rn. 12 ff.; *Koch*, in: Erfurter Kommentar, § 17 BetrVG Rn. 2.

135 BAG, Beschluss vom 16.11.2011 – 7 ABR 28/10, in: AP BetrVG 1972 § 17 Nr. 9; *Fitting*, § 17 Rn. 12 ff.

136 LAG Nürnberg, Beschluss vom 25.01.2007 – 1 TaBV 14/06, BeckRS 2009, 60150.

137 *Fitting*, § 17 Rn. 8.

138 BAG, Beschluss vom 09.12.2009 – 7 ABR 46/08, in: NZA 2010, 662 (664); *Ley*, BB 2016, 2046 (2048).

139 LAG Düsseldorf, Beschluss vom 27.02.2013 – 4 TaBV 99/12, BeckRS 2016, 67224.

140 *Böker*, Organisation und Arbeit von Betriebs- und Personalräten, S. 70.

Generell kommt dem Gesamt- bzw. Konzernbetriebsrat hinsichtlich der die Wahlvorstandsbestellung vorbereitenden Maßnahmen ein Beurteilungsspielraum zu, wobei er die im Betriebsverfassungsgesetz zum Ausdruck kommende Konzeption beachten und die Interessen des Arbeitgebers, auch an einer Begrenzung der Kosten, berücksichtigen muss.[141]

Dagegen hat der Gesamt- bzw. Konzernbetriebsrat kein Recht dazu, in betriebsratslosen Betrieben zur Vorbereitung einer Wahlvorstandsbestellung eine Informationsveranstaltung für die Arbeitnehmer abzuhalten.[142]

### *(1) Unzulässigkeit von Informationsveranstaltungen*

Das BAG[143] hat festgestellt, dass der Gesamtbetriebsrat keine Befugnis hat, in betriebsratslosen Betrieben zum Zwecke der Bestellung eines Wahlvorstands Informationsveranstaltungen für die Durchführung einer Betriebsratswahl abzuhalten, die den Charakter von Belegschaftsversammlungen haben.

Im zu entscheidenden Fall[144] hatte ein Gesamtbetriebsrat die Mitarbeiter eines betriebsratslosen Betriebs zu einer Veranstaltung eingeladen, bei der es gemäß der Einladung darum ging, über die Aufgaben eines Betriebsrats und die Tätigkeit des Gesamtbetriebsrats zu informieren. Zudem wurde in der Einladung die Bestellung eines Wahlvorstands zur Betriebsratswahl sowie die Vergütung der aufgewendeten Zeit angekündigt.

Das BAG hat seine Entscheidung wie folgt begründet:[145] Nach dem BAG ergebe sich eine Berechtigung zum einen nicht aus §§ 42 ff. BetrVG, da in betriebsratslosen Betrieben gem. § 42 Abs. 1 S. 1 HS. 2 BetrVG keine Betriebsversammlung stattfinden könne; es fehle ein die Versammlung leitender Betriebsratsvorsitzender. Ebenso sei der Themenbereich des § 45 S. 1 BetrVG abschließend, die geplante Informationsveranstaltung nicht unter dieser Norm zu verorten. Zum anderen ergebe sich eine Berechtigung nicht aus § 17 Abs. 2 BetrVG, da es bei den Informationsveranstaltungen nicht um die Bestellung eines Wahlvorstands durch die Arbeitnehmer gehe und der Gesamtbetriebsrat keine Kompetenz zur Einberufung einer „Wahl-Betriebsversammlung" im Sinne des § 17 Abs. 3 BetrVG habe. Ferner berechtigten § 80 Abs. 1 Nr. 1, Abs. 2 BetrVG iVm. § 51 Abs. 5 BetrVG nicht zur Durchführung der Informationsveranstaltung, da § 51

---

141 BAG, Beschluss vom 16.11.2011 – 7 ABR 28/10, in: AP BetrVG 1972 § 17 Nr. 9.
142 BAG, Beschluss vom 16.11.2011 – 7 ABR 28/10, in: AP BetrVG 1972 § 17 Nr. 9.
143 BAG, Beschluss vom 16.11.2011 – 7 ABR 28/10, in: AP BetrVG 1972 § 17 Nr. 9.
144 BAG, Beschluss vom 16.11.2011 – 7 ABR 28/10, in: AP BetrVG 1972 § 17 Nr. 9.
145 BAG, Beschluss vom 16.11.2011 – 7 ABR 28/10, in: AP BetrVG 1972 § 17 Nr. 9.

Abs. 5 BetrVG die Geschäftsführung des Gesamtbetriebsrats regele, aber nicht selbstständig besondere Rechte begründe. Ebenso wenig komme eine Zuständigkeit nach § 50 Abs. 1 S. 1 HS. 1 BetrVG oder nach § 50 Abs. 1 S. 1 HS. 2 BetrVG in Betracht.

Schließlich führte das BAG aus, eine Berechtigung folge nicht aus der gem. § 17 Abs. 1 S. 1 BetrVG betriebsverfassungsrechtlich zugewiesenen Aufgabe, in betriebsratslosen Betrieben einen Wahlvorstand zu bestellen. Erstens ergebe sich aus § 17 Abs. 1 BetrVG kein unmittelbares Recht zur Durchführung von Informationsveranstaltungen. Zweitens ergebe sich eine Berechtigung nicht daraus, dass das Verfahren zur Bestellung eines Wahlvorstands nicht gesondert festgelegt sei und der Gesamtbetriebsrat diese Kompetenz in eigener Verantwortung ausfüllen müsse. Zwar habe der Gesamtbetriebsrat ein berechtigtes Interesse vor der Bestellung zu erfahren, welcher Arbeitnehmer zur Übernahme des Amts im Wahlvorstand geeignet und bereit sei. Allerdings habe er hierbei die im Betriebsverfassungsgesetz vorgegebene Konzeption zu beachten und die Interessen der Belegschaft an einer sachgerechten Ausübung des Gesamtbetriebsratsamts mit den Interessen des Arbeitgebers, beispielsweise in Bezug auf eine Begrenzung der Kosten, gegeneinander abzuwägen. Dabei sei sein Beurteilungsspielraum überschritten, wenn ein kostenintensiver Weg gewählt wird, der nach der gesetzlichen Konzeption nicht vorgesehen ist. Die Überschreitung des Beurteilungsspielraums ergebe sich vorliegend daraus, dass bei den Informationsveranstaltungen eine Plattform begehrt wird, die einer Betriebsversammlung entspreche. Eine derartige „Quasi-Betriebsversammlung" sei für den Gesamtbetriebsrat jedoch nicht vorgesehen, was sich bereits aus der Gesetzesbegründung[146] und der darin aufgeführten Kostenersparnis ergebe. Letztere würde durch Informationsveranstaltungen konterkariert. Drittens ergebe sich eine Berechtigung nicht kraft Sachzusammenhangs oder Annexes, da die Durchführung von Informationsveranstaltungen für die Wahlvorstandsbestellung des Gesamtbetriebsrats nach § 17 Abs. 1 S. 1 BetrVG nicht unerlässlich seien. Vielmehr stünden für die Bestellung andere – wenn auch gegebenenfalls umständlichere und weniger effektive – Möglichkeiten offen.

Zwar hat das BAG im konkreten Fall[147] in Bezug auf einen Gesamtbetriebsrat entschieden, dies gilt jedoch aufgrund der gesetzlichen Konzeption sowie der Normverweisungen bei Konzernbetriebsräten entsprechend.

146 BT-Drucks. 14/5741, S. 38 (zu Nummer 15).

147 BAG, Beschluss vom 16.11.2011 – 7 ABR 28/10, in: AP BetrVG 1972 § 17 Nr. 9.

### *(2) Kritik der Literatur*

Kritisiert worden ist schon die Annahme des BAG[148], bei § 17 Abs. 1 S. 1 BetrVG handele es sich schlicht um eine Kompetenznorm.[149] Diese Kritik geht jedoch irrig davon aus, dass es sich bei § 17 Abs. 1 S. 1 BetrVG um eine Verpflichtung des Gesamt- bzw. Konzernbetriebsrats handele, einen Wahlvorstand zu bestellen.[150] Dies ist jedoch nicht der Fall, eine Verpflichtung besteht nicht.[151]

Fehl geht zudem die Kritik, dass die Kompetenz zur Durchführung von Informationsveranstaltungen bereits in § 17 Abs. 1 S. 1 BetrVG enthalten sei.[152] Begründet wird dies mit der Befugnis des Gesamtbetriebsrats nach § 17 Abs. 1 BetrVG einen Wahlvorstand zu bestellen, und diese die weitere Befugnis, hierzu im Vorfeld zu informieren, als flankierende Befugnis ohne weiteres in der Norm enthalte.[153] Das Kostenargument des BAG[154] sei eine unhaltbare Ökonomisierung der kollektiven Rechte.[155] Dies überzeugt jedoch nicht, da die Gesetzesbegründung insoweit eindeutig ist und die Einführung des Mentorenprinzips als Möglichkeit der Vereinfachung und gerade der Kostenersparnis begründet.[156] Demnach dürfen Maßnahmen nicht die Kostenersparnis konterkarieren.

Ebenso wenig überzeugt die oberflächliche Kritik, die konkrete Entscheidung des BAG[157] entspreche nicht den praktischen Bedürfnissen und stelle eine unzulässige Einschränkung der Rechte des Gesamtbetriebsrats dar, da sie zwar andere Möglichkeiten anerkenne, nicht jedoch Informationsveranstaltungen.[158] Praktische Bedürfnisse dürfen jedoch nicht über geltendes Recht gestellt werden.

Trotz der Kritik in der Literatur ist der Entscheidung des BAG[159] zuzustimmen; der Gesamtbetriebsrat – ebenso der Konzernbetriebsrat – hat keinen Anspruch auf die Durchführung von Informationsveranstaltungen zur Vorbereitung einer Wahlvorstandsbestellung.

---

148 BAG, Beschluss vom 16.11.2011 – 7 ABR 28/10, in: AP BetrVG 1972 § 17 Nr. 9.
149 *Kreutz*, RdA 2013, 176 (178).
150 *Kreutz*, RdA 2013, 176 (178).
151 Siehe B.I.3.a)aa), S. 62 f.
152 *Klocke*, Rechtsgutachten, S. 66.
153 *Klocke*, Rechtsgutachten, S. 66.
154 BAG, Beschluss vom 16.11.2011 – 7 ABR 28/10, in: AP BetrVG 1972 § 17 Nr. 9.
155 *Klocke*, Rechtsgutachten, S. 67.
156 BT-Drucks. 14/5741, S. 38 (zu Nummer 15).
157 BAG, Beschluss vom 16.11.2011 – 7 ABR 28/10, in: AP BetrVG 1972 § 17 Nr. 9.
158 *Berger*, BT-Ausschussdrucks. 18(11)429, S. 6.
159 BAG, Beschluss vom 16.11.2011 – 7 ABR 28/10, in: AP BetrVG 1972 § 17 Nr. 9.

### *b) Initiative durch Arbeitnehmer und Gewerkschaft*

Wenn kein Gesamt- bzw. Konzernbetriebsrat besteht, oder dieser untätig bleibt und keine Wahlvorstandsbestellung initiiert, wird der Wahlvorstand gem. § 17 Abs. 2 BetrVG in einer Betriebsversammlung von der Mehrheit der anwesenden Arbeitnehmer gewählt. Zu dieser Betriebsversammlung können gem. § 17 Abs. 3 BetrVG drei wahlberechtigte Arbeitnehmer des Betriebs einladen. Alternativ kann eine im Betrieb vertretene Gewerkschaft gem. § 17 Abs. 3 BetrVG zu einer Betriebsversammlung einladen. Eine Gewerkschaft ist dann im Betrieb vertreten, wenn ihr mindestens ein Arbeitnehmer des Betriebs angehört, der nicht zu den leitenden Angestellten zählt.[160] Die notwendige Initiative hat in diesen Fällen von den Arbeitnehmern selbst oder von einer Gewerkschaft auszugehen.

Sollte trotz Initiative keine Betriebsversammlung zu Stande kommen, oder in einer Betriebsversammlung kein Wahlvorstand gewählt werden, bedeutet dies noch nicht, dass eine Betriebsratsgründung endgültig gescheitert wäre. Vielmehr kann ein Wahlvorstand in diesen Fällen gem. § 17 Abs. 4 BetrVG vom Arbeitsgericht bestellt werden, wenn dies von mindestens drei Arbeitnehmern oder einer im Betrieb vertretenen Gewerkschaft beantragt wird.

### *c) Initiative durch Arbeitgeber*

Strittig, aber im Ergebnis von untergeordneter Bedeutung, ist die Frage, ob Arbeitgeber zu einer Wahl-Betriebsversammlung im Sinne des § 17 Abs. 2 BetrVG einladen können. Untergeordnet ist die Bedeutung, da wohl die wenigsten Arbeitgeber freiwillig eine Betriebsratsgründung initiieren würden.

Überwiegend wird angenommen, dass ein Arbeitgeber zu einer solchen Betriebsversammlung einladen könne.[161] Begründet wird dies mit § 17 Abs. 2 und 3 BetrVG und dessen Zweck, zu klären, wer von Arbeitnehmerseite die Betriebsversammlung einberufen darf; dementsprechend bestünden keine Bedenken gegen eine Einladung durch den Arbeitgeber.[162] Dies überzeugt, da letztlich der Arbeitgeber geschützt werden soll und dieser Schutz bei einem

---

160 BAG, Beschluss vom 25.03.1992 – 7 ABR 65/90, in: NZA 1993, 134 (135).

161 *Besgen*, in: BeckOK ArbR, § 17 BetrVG Rn. 8; *Krois*, in: Münchener Handbuch zum Arbeitsrecht, Band 3, § 291 Rn. 201; *Thüsing*, in Richardi, BetrVG, § 17 Rn. 13 (m. w. N.).

162 *Krois*, in: Münchener Handbuch zum Arbeitsrecht, Band 3, § 291 Rn. 201; *Thüsing*, in Richardi, BetrVG, § 17 Rn. 13.

Handeln des Arbeitgebers nicht gefährdet wird. Der Gegenansicht[163] ist nicht zu folgen, da diese eine Einladung durch den Arbeitgeber als unzulässig ansieht, eine hiernach erfolgte Wahl des Wahlvorstands allerdings dennoch akzeptiert und insofern inkonsequent ist.

## 4. Intention des Gesetzgebers

Sollte trotz der Initiativlast eine Initiative ausbleiben, widerspricht dies der Intention des Gesetzgebers. Dessen Ziel ist eine flächendeckende Vertretung der Arbeitnehmer durch Betriebsräte.[164] Aus der Perspektive des Betriebsverfassungsgesetzes ist der Zustand mit Betriebsrat dem ohne Betriebsrat vorzuziehen.[165] Auch wenn kein Errichtungszwang besteht, wird das Fehlen von Betriebsräten vom Gesetzgeber missbilligt.[166] Dies ergibt sich insbesondere aus dem Gesetzentwurf[167] der Bundesregierung aus dem Jahr 2001. Hiernach solle die Reform die betriebliche Mitbestimmung im Interesse der Beteiligung und die Motivation der Arbeitnehmer stärken und die zunehmende Erosion der betrieblichen Mitbestimmung stoppen.[168] Der Rückgang der Betriebsräte sollte verhindert und vielmehr deren Verbreitung gefördert werden.[169] Die Vertretung durch einen Betriebsrat sollte demnach nicht weiter die Ausnahme sein, sondern die Regel. Die Realität sieht jedoch anders aus, da die Zahlen nach wie vor rückläufig sind.[170]

## 5. Verpflichtende Gremienbildung in anderen Gesetzen

Es gibt derzeit keine Pflicht einen Betriebsrat zu gründen, der Gesetzgeber vertraut auf das Prinzip der Freiwilligkeit.[171] Gleichwohl ist dem Gesetzgeber das gegenläufige Prinzip der verpflichtenden Betriebsrats- oder Gremienbildung nicht fremd. Nach dem vor etwa hundert Jahren geltenden Betriebsrätegesetz[172]

---

163 *Fitting*, BetrVG, § 17 Rn. 22 (m. w. N.); *Koch*, in Erfurter Kommentar, § 17 BetrVG Rn. 2.

164 BT-Drucks. 14/5741, S. 1.

165 *Klocke*, Rechtsgutachten, S. 10.

166 *Klocke*, Rechtsgutachten, S. 10.

167 BT-Drucks. 14/5741.

168 BT-Drucks. 14/5741, S. 1 f.

169 BT-Drucks. 14/5741, S. 36 f.

170 Siehe A.III., S. 47 f.

171 Siehe B.I.3.a)aa), S. 62 f.

172 RGBl. 1920 I, S. 147, gem. § 106 in Kraft getreten am 04.02.1920.

waren verpflichtend Betriebsräte zu errichten.[173] Daneben sind verpflichtende Gremienbildungen heute noch anzutreffen.

### a) *Bundespersonalvertretungsgesetz*

Nach § 12 Abs. 1 BPersVG werden in allen Dienststellen, die in der Regel mindestens fünf Wahlberechtigte beschäftigen, von denen drei wählbar sind, Personalräte gebildet. Weiter verpflichtet § 21 BPersVG den Leiter der Dienststelle eine Personalversammlung zur Wahl des Wahlvorstandes einzuleiten, sollte in einer Dienststelle trotz gegebener Voraussetzungen kein Personalrat bestehen. Findet daraufhin keine Personalversammlung statt oder wählt die Personalversammlung keinen Wahlvorstand, verpflichtet § 22 BPersVG den Leiter der Dienststelle auf Antrag von mindestens drei Wahlberechtigten oder einer in der Dienststelle vertretenen Gewerkschaft, einen Wahlvorstand zu bestellen. Sollte der Wahlvorstand seinen Aufgaben nicht nachkommen, verpflichtet § 23 Abs. 1 S. 2 BPersVG den Leiter der Dienststelle auf Antrag von mindestens drei Wahlberechtigten oder einer in der Dienststelle vertretenen Gewerkschaft, eine neue Personalversammlung zur Wahl eines neuen Wahlvorstandes einzuberufen. Dem Leiter der Dienststelle sind somit weitreichende Pflichten auferlegt.

### b) *Unternehmensmitbestimmung*

Die Unternehmensmitbestimmung ist dreigeteilt und im Mitbestimmungsgesetz (MitbestG), im Drittelbeteiligungsgesetz (DrittelbG) und im Montan-Mitbestimmungsgesetz (MontanMitbestG), welches durch das Mitbestimmungsergänzungsgesetz (MitbestErgG) ergänzt wird, geregelt. Sie ist rechtsformabhängig und auf Kapitalgesellschaften[174], die durch ihre Organe Handlungsfähigkeit erlangen, eine eigene Rechtspersönlichkeit besitzen und nicht durch die persönliche und unbeschränkte Haftung ihrer Gesellschafter gekennzeichnet sind, beschränkt.[175] Die Unternehmensmitbestimmung ist insgesamt verpflichtend. Sie knüpft im Gegensatz zur betrieblichen Mitbestimmung nicht an den Betrieb an, sondern an das Unternehmen zur Verfolgung eines wirtschaftlichen (oder ideellen) Zwecks.[176] Deren Ziel ist es, die Arbeitnehmer an der Planung,

---

173 Siehe B.I.2., S. 60 f.

174 Ausnahme hiervon ist in gewisser Weise die hybride Rechtsform der KGaA; zur KGaA: *Fett/Stütz*, NZG 2017, 1121.

175 *Hoppe/Fuhlrott*, ArbRAktuell 2011, 235 (235 ff.).

176 *Boemke*, in: Münchener Handbuch zum Arbeitsrecht, Band 3, § 283 Rn. 8; *Hoppe/Fuhlrott*, ArbRAktuell 2011, 235 (235).

Organisation und Leitung des Unternehmens mitwirken zu lassen.[177] Im Gegensatz zum dualistischen Modell der betrieblichen Mitbestimmung handelt es sich hierbei um ein Einheits- bzw. Integrationsmodell.[178] Unternehmensmitbestimmung und betriebliche Mitbestimmung stehen rechtlich selbstständig nebeneinander.[179]

Nach dem Mitbestimmungsurteil des BVerfG[180] sei das Mitbestimmungsgesetz[181] noch mit dem Grundgesetz vereinbar. Weder würden die Grundrechte der Anteilseigner oder der Unternehmen aus Art. 14 Abs. 1, Art. 9 Abs. 1, Art. 12 Abs. 1 und Art. 2 Abs. 1 GG verletzt, noch würde Art. 9 Abs. 3 GG verletzt.[182] Nach dem BVerfG würde weder rechtlich, noch in einer dem Gesetz zuzurechnenden Weise der Sache nach, eine paritätische oder gar überparitätische Mitbestimmung der Arbeitnehmer im Unternehmen begründet.[183]

Liegen die Voraussetzungen des § 1 MitbestG vor, ist nach § 6 MitbestG verpflichtend ein Aufsichtsrat zu bilden, der sich gem. § 7 MitbestG gleichmäßig aus Anteilseignern und Arbeitnehmern zusammensetzt, sofern sich diese Verpflichtung nicht bereits aus anderen Gesetzen ergibt. Nach § 4 Abs. 1 DrittelbG ist verpflichtend ein Aufsichtsrat zu bilden, der zu einem Drittel aus Arbeitnehmervertretern besteht. Weiter ist nach § 4 Abs. 1 MontanMitbestG verpflichtend ein Aufsichtsrat zu bilden, der sich wiederum gleichmäßig aus Anteilseignern und Arbeitnehmer zusammensetzt.

### *c) Europäische Betriebsräte-Gesetz*

Auf europäischer Ebene sieht das Europäische Betriebsräte-Gesetz (EBRG) in §§ 1 Abs. 1, 21 ff. vor, dass ein Europäischer Betriebsrat kraft Gesetzes errichtet wird, wenn eine Vereinbarung über einen Europäischen Betriebsrat oder ein

---

177 *Koch*, in: Erfurter Kommentar, § 1 BetrVG Rn. 3.

178 *Fitting*, BetrVG, § 1 Rn. 3; *Richardi*, in: Richardi, BetrVG, Einleitung Rn. 4.

179 *Boemke*, in: Münchener Handbuch zum Arbeitsrecht, Band 3, § 283 Rn. 9.

180 BVerfG, Urteil vom 01.03.1979 – 1 BvR 532, 533/77, 419/78, 1 BvL 21/78, NJW 1979, 699.

181 Zu § 1 Abs. 1 Nr. 1 S. 2 DrittelbG und Art. 14 Abs. 1 GG: BVerfG, Beschluss vom 09.01.2014 – 1 BvR 2344/11, BeckRS 2011, 20675.

182 BVerfG, Urteil vom 01.03.1979 – 1 BvR 532, 533/77, 419/78, 1 BvL 21/78, NJW 1979, 699.

183 BVerfG, Urteil vom 01.03.1979 – 1 BvR 532, 533/77, 419/78, 1 BvL 21/78, NJW 1979, 699.

Verfahren zur Unterrichtung und Anhörung der Arbeitnehmer nicht zu Stande kommt.[184]

Verpflichtende Gremienbildungen waren und sind somit allgegenwärtig.

## 6. Maßnahmen zur Förderung der Betriebsratsgründung

Insofern stellt sich die Frage, mit welchen Maßnahmen man die Gründung eines Betriebsrats fördern kann. Denkbar wäre einerseits, den Ansatzpunkt der gänzlichen Freiwilligkeit zu belassen. Andererseits könnte abseits der Freiwilligkeit eine irgendwie geartete Verpflichtung geschaffen werden. Möglich wäre auch eine Kombination daraus. Schließlich könnten dem Arbeitsgericht mehr Befugnisse zugesprochen werden.

### *a) Maßnahmen unter der Bedingung der Freiwilligkeit*

In betriebsratslosen Betrieben darf der Gesamt- bzw. Konzernbetriebsrat zum Zwecke der Wahlvorstandsbestellung keine Informationsveranstaltungen abhalten, die den Charakter von Belegschaftsversammlungen haben, da hierzu eine gesetzliche Grundlage fehlt.[185] Daher ist zu überlegen, ob die Befugnis von Gesamt- bzw. Konzernbetriebsrat zu Informationsveranstaltungen eine Möglichkeit wäre, innerhalb der Freiwilligkeit Betriebsratsgründungen zu fördern und daher rechtspolitisch notwendig ist.

Diesbezüglich hat auch das BAG[186] ausgeführt, dass eine Informationsveranstaltung die Akzeptanz in der Belegschaft für eine Bestellung des Wahlvorstands durchaus erhöhen und dem Gelingen der Betriebsratswahl dienlich sein könne. Demnach geht das BAG[187] von der Sinnhaftigkeit von Informationsveranstaltungen durch den Gesamt- bzw. Konzernbetriebsrat aus, weist allerdings auf deren Unzulässigkeit nach geltendem Recht hin.

Daher hat das Thema Einzug in die Politik erhalten. Von der Fraktion DIE LINKE wurden bereits drei Anträge in den Deutschen Bundestag eingebracht (2015[188], 2018[189] und 2021[190]), mit denen sie die Betriebsratswahlen vereinfachen

184 *Grau*, in: Münchener Handbuch zum Arbeitsrecht, Band 4, § 354 Rn. 25, 28.

185 BAG, Beschluss vom 16.11.2011 – 7 ABR 28/10, in: AP BetrVG 1972 § 17 Nr. 9.

186 BAG, Beschluss vom 16.11.2011 – 7 ABR 28/10, in: AP BetrVG 1972 § 17 Nr. 9.

187 BAG, Beschluss vom 16.11.2011 – 7 ABR 28/10, in: AP BetrVG 1972 § 17 Nr. 9.

188 BT-Drucks. 18/5327, S. 3, Die Wahl von Betriebsräten erleichtern und die betriebliche Interessenvertretung sicherstellen.

189 BT-Drucks. 19/860, S. 2, Betriebsratswahlen erleichtern und Betriebsräte besser schützen.

190 BT-Drucks. 19/27318, Demokratisierung der Arbeitswelt – Betriebliche Mitbestimmung ausweiten und modernisieren.

und es dem Gesamt- bzw. Konzernbetriebsrat für die Suche nach geeigneten Wahlvorstandskandidaten ermöglichen wollte, Informations- oder Wahlversammlungen zur Wahl eines Wahlvorstandes durchzuführen.

In den schriftlichen Stellungnahmen der Sachverständigen zum Antrag aus dem Jahr 2015[191] wurden Informationsveranstaltungen vielfach als hilfreich für die Aufklärung der Beschäftigten angesehen.[192] Informationsveranstaltungen würden eine geeignete Möglichkeit darstellen, etwaige Informationsdefizite zu reduzieren und Gründungen voranzubringen.[193] Zudem entspräche die aktuelle Rechtslage nicht den praktischen Bedürfnissen von Gesamt- bzw. Konzernbetriebsrat, weshalb eine gesetzliche Regelung geschaffen werden sollte.[194] Derzeit fehle dem Gesamt- bzw. Konzernbetriebsrat die Möglichkeit, in betriebsratslosen Betrieben über die Notwendigkeit eines Betriebsrats zu diskutieren.[195]

In den schriftlichen Stellungnahmen der Sachverständigen zum Antrag aus dem Jahr 2018[196] wurde ausgeführt, dass Informationsveranstaltungen für die Suche nach geeigneten Wahlvorstandskandidaten sinnvoll und notwendig seien, und als ein wichtiger Baustein für die Motivationsförderung der Arbeitnehmer die Gründung von Betriebsräten fördern könnten.[197] Ferner würden die bisher von der Rechtsprechung als zulässig erachteten Vorbereitungshandlungen[198] nicht für die Ausübung des Mentorenprinzips ausreichen.[199] Zudem komme das Mentorenprinzip nur in Ausnahmefällen zur Anwendung, da es dem Gesamt- bzw. Konzernbetriebsrat aufgrund der Unkenntnis der Arbeitnehmer des betriebsratslosen Betriebs zumeist an geeigneten Kandidaten mangele.[200]

---

191 BT-Ausschussdrucks. 18(11)434.

192 *Hugo Sinzheimer Institut für Arbeitsrecht*, BT-Ausschussdrucks. 18(11)422, S. 2; *dbb beamtenbund und tarifunion*, BT-Ausschussdrucks. 18(11)427, S. 2; *Konzernbetriebsrat der Asklepios Kliniken GmbH*, BT-Ausschussdrucks. 18(11)428, S. 2; *Deutscher Gewerkschaftsbund*, BT-Ausschussdrucks. 18(11)431, S. 43.

193 *Berger*, BT-Ausschussdrucks. 18(11)429, S. 6.

194 *Berger*, BT-Ausschussdrucks. 18(11)429, S. 6.

195 *Schwärzel*, Protokoll-Nr. 18/51, S. 885 (891).

196 BT-Ausschussdrucks. 19(11)84.

197 *Techlin*, BT-Ausschussdrucks. 19(11)66, S. 2; *Krause*, BT-Ausschussdrucks. 19(11)75, S. 3; *Heilmann*, BT-Ausschussdrucks. 19(11)76, S. 1; *Deutscher Gewerkschaftsbund*, BT-Ausschussdrucks. 19(11)78, S. 3; *Kummert*, BT-Ausschussdrucks. 19(11)79, S. 3.

198 Siehe B.I.3.a)bb), S. 63 sowie B.I.6.a), S. 74 f.

199 *Behrens*, BT-Ausschussdrucks. 19(11)82, S. 4.

200 *Heilmann*, BT-Ausschussdrucks. 19(11)76, S. 1; *Kummert*, BT-Ausschussdrucks. 19(11)79, S. 3.

Informationsveranstaltungen könnten dies ändern.[201] An anderer Stelle wurde Kritik vorgebracht: Diese kritisierte jedoch nicht lediglich Informationsveranstaltungen, sondern vielmehr das Mentorenprinzip im Allgemeinen.[202] Demnach seien einzig die Arbeitnehmer örtlich für ihren Betrieb zuständig und sollten nicht durch einen Gesamt- bzw. Konzernbetriebsrat bevormundet werden.[203] Daher solle der Gesamt- bzw. Konzernbetriebsrat nicht in die Lage versetzt werden, geeignete Wahlvorstandskandidaten zu finden oder Informationsveranstaltungen durchzuführen; vielmehr solle dies allein den örtlichen Arbeitnehmern überlassen werden, da nur diese die betrieblichen Belange ausreichend kennen würden.[204] Diese Kritik ist nicht nachvollziehbar. Es ist paradox, Informationsveranstaltungen mit der Begründung abzulehnen, der Gesamt- bzw. Konzernbetriebsrat kenne die örtlichen betrieblichen Belange und Arbeitnehmer nicht. Informationsveranstaltungen dienen gerade dem Zweck, sich über die örtlichen Belange in Kenntnis zu setzen und geeignete Kandidaten zu finden. Die Kritik greift somit nicht, sondern veranschaulicht vielmehr die Notwendigkeit derartiger Informationsveranstaltungen.

Soweit in den Stellungnahmen zum Antrag aus dem Jahr 2021 auf Informationsveranstaltungen eingegangen wurde, wurden diese als fördernd begrüßt.[205]

Die Anträge der Fraktion DIE LINKE[206] wurden dennoch im Bundestag abgelehnt.[207]

Wie das BAG[208] ausgeführt hat, haben Gesamt- bzw. Konzernbetriebsrat ein berechtigtes Interesse, vor der Bestellung zu erfahren, welcher Arbeitnehmer zur Übernahme des Wahlvorstandsamts geeignet und bereit ist. Gesamt- bzw. Konzernbetriebsrat sehen sich mit der Lage konfrontiert, in der Theorie einen Wahlvorstand bestellen zu können, jedoch in der Praxis überhaupt nicht zu wissen, wen sie konkret bestellen können und sollen. Hiervon hängt allerdings bereits viel ab. Werden Kandidaten bestellt, die an dieser Aufgabe kein Interesse haben, ist das Projekt der Betriebsratsgründung bereits zum Scheitern verurteilt,

201 *Heilmann*, BT-Ausschussdrucks. 19(11)76, S. 1; *Kummert*, BT-Ausschussdrucks. 19(11)79, S. 3.
202 *Mallmann*, BT-Ausschussdrucks. 19(11)65, S. 3.
203 *Mallmann*, BT-Ausschussdrucks. 19(11)65, S. 3.
204 *Mallmann*, BT-Ausschussdrucks. 19(11)65, S. 3.
205 *Deutscher Gewerkschaftsbund*, BT-Ausschussdrucks. 19(11)1121, S. 47; *Schrader*, BT-Ausschussdrucks. 19(11)1127, S. 3.
206 BT-Drucks. 18/5327; BT-Drucks. 19/860; BT-Drucks. 19/27318.
207 BT-Drucks. 18/7595; BT-Drucks. 19/25881; BT-Drucks. 19/29819.
208 BAG, Beschluss vom 16.11.2011 – 7 ABR 28/10, in: AP BetrVG 1972 § 17 Nr. 9.

ehe es überhaupt richtig begonnen hat. Somit ist die Bestellung eines Wahlvorstands durch den Gesamt- bzw. Konzernbetriebsrat in ihrer Wichtigkeit nicht zu unterschätzen.

Zwar steht dem Gesamt- bzw. Konzernbetriebsrat ein Auskunftsrecht[209] zu, allerdings hat dieses im Ergebnis keine große Wirkung. Das Auskunftsrecht ist nur geeignet, um überhaupt herauszufinden, welche Betriebe über einen Betriebsrat verfügen und welche noch nicht. Diesbezüglich können Listen verlangt oder erstellt werden. Weiter können Listen über die Belegschaft verlangt werden. Fraglich ist in beiden Fällen aber, ob der Arbeitgeber den Auskunftsanspruch ordnungsgemäß erfüllt und die Auskünfte erteilt.

Ferner kann der Gesamt- bzw. Konzernbetriebsrat mit einem Informationsschreiben am Schwarzen Brett der betriebsratslosen Betriebe auf die Möglichkeit der Wahlvorstandsbestellung hinweisen.[210] Ein solches Schreiben vermag sicherlich allgemein über den Betriebsrat und die Wahlvorstandsbestellung aufklären, jedoch entspringt für den Gesamt- bzw. Konzernbetriebsrat daraus kein wirklicher Mehrwert. Sein Wissen über den Betrieb und die Belegschaft verändert sich durch derartige Schreiben in der Regel nicht. Dies wäre nur anders, wenn Arbeitnehmer aufgrund des Schreibens auf den Gesamt- bzw. Konzernbetriebsrat zugehen und sich als geeignete Kandidaten vorstellen. Dies bringt im Ergebnis daher keinen Vorteil und ist eher ineffektiv.

Nicht viel effektiver gestaltet sich das Zutrittsrecht[211] zu betriebsratslosen Betrieben, in denen ein Wahlvorstand bestellt werden soll. Ein Zutritt allein, wenn er denn gewährt wird, hilft nicht. Zum einen kennt sich ein Gesamt- bzw. Konzernbetriebsrat in dem betriebsratslosen Betrieb zumeist nicht aus, er weiß zunächst einmal bereits nicht, wo er welche Arbeitnehmer antreffen kann. Zum anderen ist dem Gesamt- bzw. Konzernbetriebsrat nicht anzusinnen, von Arbeitsplatz zu Arbeitsplatz zu gehen und jeden Mitarbeiter zu befragen, um geeignete Kandidaten zu finden.[212] Schließlich würde dies einen enormen Zeitaufwand darstellen, der im Ergebnis hohe Kosten verursacht, und dabei wohl um ein Vielfaches weniger effektiv ist als eine Informationsveranstaltung.

Schließlich dürfen Gesamt- bzw. Konzernbetriebsrat zwar die im Betrieb vorhandenen Kommunikationsmittel nutzen und verlangen, dass der Arbeitgeber die im Büro des Gesamt- bzw. Konzernbetriebsrats und in betriebsratslosen

209 LAG Nürnberg, Beschluss vom 25.01.2007 – 1 TaBV 14/06, in: BeckRS 2009, 60150.
210 LAG Düsseldorf, Beschluss vom 27.02.2013 – 4 TaBV 99/12, BeckRS 2016, 67224.
211 *Fitting*, § 17 Rn. 8.
212 BAG, Beschluss vom 16.11.2011 – 7 ABR 28/10, in: AP BetrVG 1972 § 17 Nr. 9.

Betrieben vorhandenen Telefone zum Zwecke der wechselseitigen Erreichbarkeit freischaltet.[213] Allerdings ergibt sich auch hieraus kein effektives Vorgehen. Damit sind allenfalls Zufallsanrufe möglich. Zudem erscheint es zumindest fraglich, ob damit geeignete Kandidaten gefunden werden können. Diesbezüglich hat das BAG ausgeführt, dass es dem Gesamt- bzw. Konzernbetriebsrat nicht zuzumuten sei, die Mitglieder des Wahlvorstands nach einer alphabetischen Liste per Ferndiagnose oder einer Zufallsauswahl zu bestimmen.[214] Darüber hinaus nimmt auch dieser Weg viel Zeit in Anspruch, ohne dabei effektiv zu sein.

Einzig die Kombination von mehreren der bisher zur Verfügung stehenden Vorbereitungshandlungen hat somit Aussicht auf Erfolg. Dies nimmt allerdings geraume Zeit in Anspruch, insbesondere wenn einzelne Rechte nur teilweise vom Arbeitgeber gewährt oder abgelehnt werden, was weitere Anstrengungen in Form einer gerichtlichen Durchsetzung nötig macht und somit weitere Zeit und Ausdauer erfordert. Gemäß der Gesetzesbegründung sollte das Mentorenprinzip die Bestellung von Wahlvorständen erleichtern sowie die Kosten einer Betriebsratswahl verringern.[215] Das Mentorenprinzip sollte demnach die Gründung von Betriebsräten vorantreiben. Dieses Ziel wurde jedoch nicht erreicht, da die Zahl der Betriebsräte nach wie vor rückläufig ist[216] und das Mentorenprinzip nur in Ausnahmefällen zur Anwendung kommt.[217] Die dem Gesamt- bzw. Konzernbetriebsrat derzeit zur Verfügung stehenden Vorbereitungshandlungen reichen nicht für ein effektives Mentorenprinzip aus. Demgegenüber können Informationsveranstaltungen eine geeignete Möglichkeit darstellen, Informationsdefizite der Arbeitnehmer zu reduzieren und Kandidaten zu finden.[218] Im Rahmen der Informationsveranstaltungen könnte zudem über die Notwendigkeit eines Betriebsrats diskutiert werden.[219] Informationsveranstaltungen stellen allerdings einen finanziellen Mehraufwand dar. Das Mentorenprinzip sollte nach dem Gesetzgeber eine kostengünstigere Alternative zur Betriebsversammlung sein.[220] Den gewünschten Zuwachs an Betriebsräten hat das Mentorenprinzip jedoch nicht gebracht. Um das Mentorenprinzip effektiver zu gestalten, muss der Gesamt- bzw. Konzernbetriebsrat daher tatsächlich in die

213 BAG, Beschluss vom 09.12.2009 – 7 ABR 46/08, in: NZA 2010, 662 (664).
214 BAG, Beschluss vom 16.11.2011 – 7 ABR 28/10, in: AP BetrVG 1972 § 17 Nr. 9.
215 BT-Drucks. 14/5741, S. 38 (zu Nummer 15).
216 Siehe A.III., S. 47 f.
217 *Kummert*, BT-Ausschussdrucks. 19(11)79, S. 3.
218 *Berger*, BT-Ausschussdrucks. 18(11)429, S. 6.
219 *Schwärzel*, Protokoll-Nr. 18/51, S. 885 (891).
220 BT-Drucks. 14/5741, S. 38 (zu Nummer 15).

Lage versetzt werden, geeignete Kandidaten zu finden. Hierzu könnten ihm Informationsveranstaltungen eröffnet werden. Zwar kollidiert der dadurch entstehende finanzielle Aufwand mit dem Gesetzeszweck der Kostenersparnis[221], allerdings kann dem Mentorenprinzip nur so zu Effektivität verholfen werden. Kann der Gesamt- bzw. Konzernbetriebsrat aufgrund fehlender effektiver Vorbereitungshandlungen keinen Wahlvorstand bestellen, muss dieser über eine Betriebsversammlung gewählt werden. Durch die fehlenden Möglichkeiten des Gesamt- bzw. Konzernbetriebsrats entstehen somit die Kosten, die durch das Mentorenprinzip hätten vermieden werden sollen, dennoch. Der Gesetzeszweck der Kostenersparnis hat somit nicht gegriffen. Aufgrund dessen sollte vom Gesetzeszweck der Kostenersparnis hier Abstand genommen werden. Gleichwohl hat der Gesamt- bzw. Konzernbetriebsrat im Rahmen seines Beurteilungsspielraums für die die Wahlvorstandsbestellung vorbereitenden Maßnahmen die im Betriebsverfassungsgesetz zum Ausdruck kommende Konzeption zu beachten, und hierbei insbesondere die Interessen des Arbeitgebers an einer Kostenbegrenzung zu berücksichtigen.[222]

Daher sollte dem Gesamt- bzw. Konzernbetriebsrat ermöglicht werden, in betriebsratslosen Betrieben Informationsveranstaltungen abzuhalten. Dies ist insbesondere auch vor dem Hintergrund sinnvoll, dass Informationsveranstaltungen viele der derzeit möglichen Vorbereitungshandlungen kombinieren und aufgrund dessen besonders effektiv sind. So werden Arbeitnehmer zunächst mittels Informationsschreiben, in welchem auf die Informationsveranstaltung hingewiesen wird, informiert. Im Rahmen der Informationsveranstaltung werden die Arbeitnehmer sodann versammelt angetroffen, was die Gelegenheit für Gesamt- bzw. Konzernbetriebsrat gibt, sich vorzustellen und die Anwesenden en détail zu informieren und mit ihnen zu diskutieren. Sodann können sich die Gremienvertreter einen persönlichen Eindruck verschaffen und geeignete Kandidaten finden, welche in der Folge durch Gesamt- bzw. Konzernbetriebsrat bestellt werden können. Informationsveranstaltungen entsprechen mithin dem praktischen Bedürfnis von Gesamt- bzw. Konzernbetriebsrat.[223] Sie stellen einen wichtigen Baustein für Motivationsförderung der Arbeitnehmer dar und könnten die Gründung von Betriebsräten fördern.[224]

---

221 BT-Drucks. 14/5741, S. 38 (zu Nummer 15).

222 BAG, Beschluss vom 16.11.2011 – 7 ABR 28/10, in: AP BetrVG 1972 § 17 Nr. 9.

223 *Berger*, BT-Ausschussdrucks. 18(11)429, S. 6.

224 *Deutscher Gewerkschaftsbund*, BT-Ausschussdrucks. 19(11)78, S. 3; *Heilmann*, BT-Ausschussdrucks. 19(11)76, S. 1; *Krause*, BT-Ausschussdrucks. 19(11)75, S. 3;

### b) Maßnahmen unter der Bedingung der Verpflichtung

Möchte man zur Ausbreitung der Betriebsräte Maßnahmen ergreifen, die eine irgendwie geartete Verpflichtung schaffen, eröffnen sich verschiedene Ansatzpunkte. Einerseits könnte eine personenunabhängige allgemeine Verpflichtung eingeführt werden, andererseits könnte eine Verpflichtung für eine bestimmte Personengruppe geschaffen werden. Teilweise wird allerdings eine auch nur irgendwie geartete Verpflichtung bereits grundsätzlich abgelehnt.[225]

#### aa) Kritik

Insbesondere wird ausgeführt, dass der Gesetzgeber die Entscheidung der Arbeitnehmer, keinen Betriebsrat zu wollen, akzeptieren müsse.[226] Hierbei wird teilweise auf die vom BAG[227] betonte Freiheit der Arbeitnehmer, nicht zu wählen, verwiesen.[228] Dies steht jedoch in keinem Widerspruch, da der einzelne Arbeitnehmer auch bei einer verpflichtenden Betriebsratsbildung seine Beteiligung grundsätzlich zurückhalten kann. Ferner wird argumentiert, der Staat habe grundsätzlich nicht die Aufgabe, die Entscheidung über das „Ob" eines Betriebsrats für die Arbeitnehmer zu treffen, sondern lediglich diejenige, ein funktionierendes und attraktives System bereitzustellen.[229] Anderenfalls mutiere das Betriebsverfassungsgesetz vom Arbeitnehmerschutzrecht zur Zwangsbeglückung.[230] Diese Kritik überzeugt nicht, da jeweils im Einzelnen zwischen den Ansatzpunkten differenziert werden muss.

Teilweise wird nicht nur eine verpflichtende Betriebsratsbildung abgelehnt, vielmehr wird eine Einschränkung des jetzigen Status quo durch die Schaffung zusätzlicher Gründungsvoraussetzungen gefordert.[231] Diese zusätzlichen Voraussetzungen sollen eine Urabstimmung und/oder eine Mindestwahlbeteiligung sein.[232] Hauptargument dieser Forderungen ist der Schutz der Mehrheit vor der Minderheit.[233]

---

*Kummert*, BT-Ausschussdrucks. 19(11)79, S. 3; *Techlin*, BT-Ausschussdrucks. 19(11) 66, S. 2.

225 *Rieble*, ZIP 2001, 133 (135); *Kommission Mitbestimmung*, Mitbestimmung modernisieren, Berlin, 2004, S. 47.

226 *Franzen*, ZfA 2001, 423 (428); *Löwisch*, BB 2006, 664 (664); *Rieble*, ZIP 2001, 133 (135).

227 BAG, Beschluss vom 06.12.2000 – 7 ABR 34/99, in: AP BetrVG 1972 § 19 Nr. 48.

228 *Franzen*, ZfA 2001, 423 (429).

229 *Rieble*, ZIP 2001, 133 (135).

230 *Rieble*, ZIP 2001, 133 (135).

231 *Kommission Mitbestimmung*, Mitbestimmung modernisieren, Berlin, 2004, S. 47.

232 *Rieble*, ZIP 2001, 133 (136).

233 *Rieble*, ZIP 2001, 133 (136).

So wird einerseits ausgeführt, dass die Mitbestimmung den Arbeitnehmern diene und nicht von einer Minderheit gegen die Mehrheit der Beschäftigten erzwungen werden dürfe.[234] Aus diesem Grund sei die Legitimation der betrieblichen Mitbestimmung durch ein Wahlquorum zu verbessern.[235] Danach solle ein Betriebsrat nur dann errichtet werden, wenn sich mindestens ein Drittel der wahlberechtigten Arbeitnehmer an der Wahl beteilige.[236] An anderer Stelle wird eine Urabstimmung über die Bestellung eines Betriebsrats (mit ja/nein) gefordert, an der sich mindestens die Hälfte der Belegschaft beteiligen muss.[237] Spricht sich nicht mindestens die Hälfte der Belegschaft für einen Betriebsrat aus, dürfe es keinen geben. Anderenorts wird mit der Begründung, die Belegschaft habe gleichermaßen das Recht, keinen Betriebsrat zu wählen, die Einführung einer grundsätzlichen Entscheidung der Belegschaft über die Betriebsratsgründung, gefordert.[238] Begründet wird diese Forderung zudem mit der Macht, die der Betriebsrat zu Lasten der Arbeitnehmer ausüben könne: Der Betriebsrat hätte nicht nur ein Mandat zur Zähmung der Arbeitgebermacht, sondern vielmehr auch zur paternalistischen Bevormundung der Arbeitnehmer.[239] Deswegen sollte dieser Ansicht nach ein qualifiziertes Quorum eingeführt werden.[240] Dies verhindere, „dass gut organisierte Teilbelegschaften die Arbeitnehmervertretung okkupieren, um gruppenegoistische Ziele auf dem Rücken der „schweigenden Mehrheit" durchzusetzen".[241] Möglich wäre nach dieser Ansicht entweder eine gesonderte Urabstimmung über das „Ob" des Betriebsrats oder die Einführung einer Mindestwahlbeteiligung von einem Drittel oder einem Viertel der Belegschaft.[242]

Die Forderungen nach einer Urabstimmung und/oder einer Mindestwahlbeteiligung sind jedoch gänzlich abzulehnen. Zum einen würden die geforderten

---

234 *Kommission Mitbestimmung*, Mitbestimmung modernisieren, Berlin, 2004, S. 47.

235 *Kommission Mitbestimmung*, Mitbestimmung modernisieren, Berlin, 2004, S. 47.

236 *Kommission Mitbestimmung*, Mitbestimmung modernisieren, Berlin, 2004, S. 47.

237 *Die Familienunternehmer e. V. – ASU*, BT-Ausschussdrucks. 18(11)425, S. 3.

238 *Rieble*, ZIP 2001, 133 (136); *Rieble*, in: Reformbedarf in der betrieblichen Mitbestimmung, 127 (133).

239 *Rieble*, ZIP 2001, 133 (136); *Rieble*, in: Reformbedarf in der betrieblichen Mitbestimmung, 127 (133).

240 *Rieble*, ZIP 2001, 133 (136); *Rieble*, in: Reformbedarf in der betrieblichen Mitbestimmung, 127 (133).

241 *Rieble*, in: Reformbedarf in der betrieblichen Mitbestimmung, 127 (134).

242 *Rieble*, ZIP 2001, 133 (136); *Rieble*, in: Reformbedarf in der betrieblichen Mitbestimmung, 127 (134).

zusätzlichen Voraussetzungen erheblich dem Zweck des Gesetzgebers zuwiderlaufen. Dieser verfolgt das Ziel, die betriebliche Mitbestimmung im Interesse der Beteiligung und Motivation der Arbeitnehmer zu stärken und die zunehmende Erosion der betrieblichen Mitbestimmung zu stoppen, also die Verbreitung von Betriebsräten zu fördern und zur Regel zu machen.[243] Durch die obigen Forderungen würde die Verbreitung von Betriebsräten eher weiter abnehmen. Vielmehr muss es einer Minderheit möglich sein, einen Betriebsrat zu gründen, da die Betriebsverfassung auch dem Minderheitenschutz dient.[244] Schließlich reicht es gemäß § 17 Abs. 3 BetrVG, wenn sich insgesamt drei Arbeitnehmer für die Einladung oder Antragstellung zusammenschließen. Der Gesetzgeber hat sich somit klar positioniert und die Betriebsratsgründung einer Minderheit eröffnet. Der Wunsch der Minderheit, sich durch einen Betriebsrat vertreten zu lassen, sollte demnach nicht durch die Mehrheit verhindert werden können.[245] Andernfalls würden die vom Gesetzgeber klar eröffneten Möglichkeiten zu Lasten der Minderheit beschränkt werden. Zum anderen dient der Betriebsrat nicht nur der Interessenvertretung der Belegschaft gegenüber dem Arbeitgeber, sondern auch dem Interessenausgleich innerhalb der Belegschaft und diesbezüglich dem Minderheitenschutz.[246] Gleichwohl stellt der Minderheitenschutz kein allgemeines Prinzip des Betriebsverfassungsgesetzes dar.[247] Sofern eine Mehrheit den oder die Kandidaten einer Minderheit nicht für gut befindet, steht es ihr frei, selbst Kandidaten aufzustellen und zu wählen. Wird dieses Recht nicht wahrgenommen, ist der gewählte Betriebsrat zu akzeptieren.

#### *bb) Allgemeine Verpflichtung*

Eine personenunabhängige allgemeine Verpflichtung könnte so aussehen, dass entweder der Gesetzeswortlaut zu einer Betriebsratsgründung verpflichtet oder aber automatisch bei Vorliegen der Voraussetzungen ein bestimmtes Gremium gebildet wird.

---

243 BT-Drucks. 14/5741, S. 1 f., 36 f.

244 *Deutscher Gewerkschaftsbund Bundesvorstand*, Abteilung Mitbestimmung und Rechtspolitik, Stellungnahme zu dem Bericht der Kommission Mitbestimmung von BDA und BDI, Berlin, 2004, S. 17.

245 *Franzen*, ZfA 2001, 423 (429, 432 f.).

246 *Rieble*, ZIP 2001, 133 (136).

247 BAG, Beschluss vom 21.7.2004 - 7 ABR 58/03, NZA 2005, 170 (172).

### *(1) Änderung des Wortlauts (§ 1 BetrVG)*

Zunächst könnte man versuchen den Wortlaut des § 1 Abs. 1 S. 1 BetrVG zu modifizieren. Dieser lautet derzeit:

> *„In Betrieben mit in der Regel mindestens fünf ständigen wahlberechtigten Arbeitnehmern, von denen drei wählbar sind, werden Betriebsräte gewählt."*

Trotz des ersten Anscheins enthält dieser Wortlaut keine Verpflichtung einen Betriebsrat zu bilden,[248] sondern zielt auf eine Entscheidung der Arbeitnehmer. Angesichts der Statistiken[249] ist die Freiwilligkeit kein ideal geeignetes Mittel, um der Intention des Gesetzgebers[250] von einer flächendeckenden Verbreitung der Betriebsräte, Genüge zu tun.

Daher läge es nahe, mit dem gesetzlichen Wortlaut eine allgemeine Verpflichtung zu schaffen.[251] § 1 Abs. 1 S. 1 BetrVG könnte infolgedessen wie folgt geändert werden:

> *„In Betrieben mit in der Regel mindestens fünf ständigen wahlberechtigten Arbeitnehmern, von denen drei wählbar sind, sind Betriebsräte zu wählen."*

Fraglich ist jedoch bereits, wen diese Verpflichtung treffen soll, wer also konkreter Adressat der Wortlautänderung wäre. Eine Verpflichtung schafft grundsätzlich Handlungspflichten. Ohne weitere gesetzliche Änderungen wäre eine bloße Änderung des § 1 Abs. 1 S. 1 BetrVG empfängerlos, da unklar wäre, wen die Verpflichtung trifft und wie sie sich konkret gestaltet. Im Falle der Empfängerlosigkeit ist eine reine Wortlautänderung im Ergebnis wirkungslos. Darüber hinaus ist eine Verpflichtung nur effektiv, wenn deren Verletzung negative Konsequenzen mit sich bringt. Derartige negative Konsequenzen benötigen allerdings wiederum einen Adressaten.

Sollte die Verpflichtung die Arbeitnehmer treffen, da sie derzeit in erster Linie für eine Betriebsratsgründung zuständig sind, können diese bei Verletzung der Verpflichtung nicht sanktioniert werden. Es würde sich um eine Kollektivstrafe handeln. Die Arbeitnehmer können jedoch nicht als Kollektiv bestraft werden, insbesondere ist das Kollektiv der Arbeitnehmer nicht vermögensfähig. Zudem

---

248 Siehe B.I.3.a)aa), S. 62 f.

249 Siehe A.III., S. 47 f.

250 BT-Drucks. 14/5741, S. 1.

251 So auch BT-Drucks. 6/1806, S. 5, 36; ebenso *Nienhüser*, Betriebsratswahlen gesetzlich vorschreiben – Ein Diskussionsvorschlag zur Ausweitung der betrieblichen Mitbestimmung, https://gegenblende.dgb.de/artikel/++co++3ed63a4c-76ef-11e3-a19f-52540066f352, letzter Abruf am 04.06.2022.

würde eine Änderung des Wortlautes wahrscheinlich nicht bis zu den Arbeitnehmern durchdringen, diese davon größtenteils also nichts mitbekommen. Die dahingehend geforderte Ergänzung, dass der Arbeitgeber bei Inkrafttreten einer derartigen Wortlautänderung alle Arbeitnehmer über die dann bestehende gesetzliche Verpflichtung zu informieren hat,[252] wird die Ausdehnung von Betriebsräten im Ergebnis allerdings wohl nicht wie gewünscht steigern. Zwar wüssten die Arbeitnehmer dann um die gesetzlich verpflichtende Wahl, jedoch bedarf es nach wie vor einer Initiative zur Gründung eines Betriebsrats. Bleibt die Initiative aus, hat die Verletzung der Verpflichtung keine negativen Konsequenzen für die Arbeitnehmer, da dieser Verletzung keine Strafe folgen kann. Zudem wissen die Arbeitnehmer dann nur über die gesetzliche Verpflichtung Bescheid, nicht jedoch über die Voraussetzungen und Möglichkeiten eines Betriebsrats. Dieses Wissen ist jedoch nötig, um Anreize zu setzen und Motivation zu erzeugen. Es kann nicht davon ausgegangen werden, dass die Arbeitnehmer bei einer entsprechenden Gesetzesänderung umfassend initiativ tätig werden und Betriebsräte gründen, da dies praxisfern wäre. Ohne einen Wissensausbau der Arbeitnehmer sowie Anreize und Motivation wird eine gesetzliche Verpflichtung, wenn die Verletzung wie hier folgenlos wäre, größtenteils wohl nicht umgesetzt werden.

Würde die Verpflichtung den Gesamt- bzw. Konzernbetriebsrat treffen und durch diesen verletzt werden, könnte diese Verletzung eine Pflichtverletzung des Gesamt- bzw. Konzernbetriebsrats darstellen. Dies wiederum würde bedeuten, dass die Existenz des Gesamt- bzw. Konzernbetriebsrats im Ergebnis gefährdet würde (§§ 48, 56 BetrVG). Dies widerspräche in erheblichem Maße der Intention des Gesetzgebers[253] die Betriebsräte auszuweiten, wenn anstatt dessen ein Weniger an Betriebsräten droht.

Gewerkschaften kann die Verpflichtung ebenso nicht treffen, da diesen im Betriebsverfassungsgesetz nur Rechte gewährt, allerdings keine Pflichten auferlegt werden. Sie sind nur Beteiligte.

Letztlich kann die Verpflichtung aus einer reinen Wortlautänderung auch den Arbeitgeber nicht effektiv treffen. Dieser müsste keine negativen Konsequenzen fürchten, da ihm durch eine derartige Wortlautänderung noch keine konkrete

---

252 *Nienhüser*, Betriebsratswahlen gesetzlich vorschreiben – Ein Diskussionsvorschlag zur Ausweitung der betrieblichen Mitbestimmung, https://gegenblende.dgb.de/artikel/++co++3ed63a4c-76ef-11e3-a19f-52540066f352, letzter Abruf am 04.06.2022.

253 BT-Drucks. 14/5741, S. 1.

Handlungspflicht auferlegt würde, die eine Sanktion für den Fall der Verletzung vorsieht.

Die bloße Änderung des Wortlauts in § 1 Abs. 1 S. 1 BetrVG würde im Ergebnis somit voraussichtlich wenig bewirken.

### *(2) Automatische Gremienbildung*

Ebenso wenig überzeugt die automatische Bildung eines Gremiums, sei es des Wahlvorstands oder direkt des Betriebsrats.

Hier stellt sich zunächst die Frage, wen ein etwaiger Automatismus überhaupt treffen soll. Wer das Gremium bildet und somit die Aufgaben erfüllt, ist die zentrale Frage. Selbstverständlich gäbe es Möglichkeiten: Es könnte beispielsweise die ältesten Arbeitnehmer treffen, oder die jüngsten, wenn diese die allgemeinen Voraussetzungen erfüllen. Weiter könnte es vom Zufall abhängig gemacht werden, etwa durch Losentscheid. All dies wird der Wichtigkeit dieser Gremien jedoch nicht gerecht. Mit dem Gremium geht eine sehr hohe Verantwortung einher, der nicht jeder gewachsen ist und die nicht jeder innehaben möchte. Dadurch kann die Qualität der Amtsführung leiden. Trifft der Automatismus die Ältesten, haben diese unter Umständen nicht mehr die nötige Motivation, sich noch einmal auf ein neues Projekt zu konzentrieren, eventuell aufgrund baldiger Rente. Die Jüngsten dagegen kennen sich im Betrieb womöglich noch nicht aus und könnten sich leicht überfordert fühlen, insbesondere, wenn sie sich noch in der Einarbeitung befinden. Der Losentscheid gleicht einem Glücksspiel. Nur wenn jemand hinter der Aufgabe steht und etwas tatsächlich will, strengt er sich an und gibt sein Bestes. Somit würde die Fehlerquote steigen. Die Personenauswahl sollte auch nicht dem Arbeitgeber überlassen werden, da anderenfalls zu befürchten wäre, dass dieser nur ihm wohlgesinnte Arbeitnehmer auswählt und hierdurch der bezweckte Schutz umgangen würde.

Zudem bedürfen die Ämter einer gewissen Kompetenz. Insbesondere muss sich in die betriebsverfassungsrechtlichen Vorschriften eingearbeitet werden. Der Wahlvorstand muss rechtssicher die Wahl leiten, insbesondere Wählerliste und Wahlausschreiben erstellen. In der Praxis ergeben sich hier viele Stolpersteine.[254] Der Betriebsrat muss sich mit Aufgaben aus den Bereichen Datenschutz (§ 78a BetrVG), Gleichstellung (§ 80 Abs. 1 Nr. 2a BetrVG), Umweltschutz (§ 80 Abs. 1 Nr. 2b, 8, 9, 89 Abs. 1 BetrVG), Rassismus (§ 80 Abs. 1 Nr. 7 BetrVG), Informations- und Kommunikationstechnik (§ 87 Abs. 1 Nr. 13, 14 BetrVG), Beschäftigungssicherung (§ 92a BetrVG) oder künstliche Intelligenz (§ 80 Abs. 3

254 Hierzu: *Simon/Wurzberger*, ArbRAktuell 2021, 596.

S. 2 BetrVG) beschäftigen. Es wird daher implizit eine starke Professionalisierung gefordert.[255]

Bei einem Automatismus muss darüber hinaus aufgepasst werden, dass dieser durch den Arbeitnehmer nicht als Strafe verstanden wird. Wenn ein etwaiges Amt als Strafarbeit interpretiert wird, leiden darunter Einsatz und Motivation des Arbeitnehmers, das Amt wäre zum Scheitern verurteilt. Hinzu kommt, dass Arbeitnehmer grundsätzlich keine negativen Befürchtungen haben müssen, sollten sie das Amt schlecht oder gar nicht ausüben. Strafen deswegen existieren nicht und sind im Allgemeinen nicht zu Lasten der Arbeitnehmer denkbar. In Betracht käme ein Ausschluss des Arbeitnehmers aus dem Gremium (§ 23 Abs. 1 BetrVG). Dieser könnte für das automatisch eingesetzte, unwillige Betriebsratsmitglied vermeintlich erstrebenswertes Mittel sein, um sich des Amtes zu entledigen. Allerdings kann eine persönliche Außenhaftung des Betriebsratsmitglieds analog § 179 BGB entstehen, wenn sich das Betriebsratsmitglied außerhalb der ihm durch das Betriebsverfassungsgesetz eingeräumten Befugnisse bewegt, insbesondere wenn verursachte Kosten nicht notwendig sind.[256] Dann kann das Betriebsratsmitglied Dritten auf die Zahlung haften.[257] Die Ehrenamtlichkeit des Betriebsratsamts spielt hierbei keine Rolle.[258]

Ein automatisches Gremium ist somit nicht geeignet, das bestehende Regel-Ausnahme-Verhältnis der Anzahl an Betriebsräten effektiv umzukehren.

#### *cc) Verpflichtung der Arbeitnehmer*

Eine Verpflichtung der Arbeitnehmer bringt ebenso keinen Mehrwert. Es ist bereits derzeit in erster Linie Aufgabe der Arbeitnehmer, einen Betriebsrat zu gründen. Eine Verpflichtung hierzu fehlt zwar, allerdings würde diese in Bezug auf Arbeitnehmer ins Leere gehen. Sollte zusätzlich zu der Änderung des Wortlauts in § 1 Abs. 1 S. 1 BetrVG[259] eine aktive gesetzliche Verpflichtung der Arbeitnehmer geschaffen werden, ist bereits fraglich, ob diese überhaupt bis zu

---

255 Dies wirft zu Recht die Frage auf, ob die Einordnung als unentgeltliches Ehrenamt sowie das Entgeltausfallprinzip (§ 37 Abs. 1, 2 BetrVG) noch angemessen sind, hierzu: *Byers*, NZA 2014, 65; *Fischer*, NZA 2014, 71; *Franzen*, ZAAR Schriftenreihe Band 10, S. 48 ff.; *Jacobs*, NZA 2009, 1606; *Rieble*, NZA 2008, 276; *Röhrborn*, ArbRAktuell 2015, 573.

256 BGH, Urteil vom 25.10.2012 – III ZR 266/11, NJW 2013, 464; *Schuster/Schunder*, NZA 2020, 92 (93).

257 BGH, Urteil vom 25.10.2012 – III ZR 266/11, NJW 2013, 464.

258 BGH, Urteil vom 25.10.2012 – III ZR 266/11, NJW 2013, 464 (469).

259 Siehe B.I.6.b)bb)(1), S. 80 ff.

den Arbeitnehmern durchdringt. Darüber hinaus können Verstöße der Arbeitnehmer gegen die Verpflichtung nicht geahndet werden, da die Arbeitnehmer nicht als Kollektiv bestraft werden können. Die Verpflichtung würde daher nur in der Theorie bestehen, in der Praxis allerdings ins Leere laufen. Eine reine Verpflichtung ohne Befürchtung negativer Folgen wird im Ergebnis nicht viel bewirken, da die Ähnlichkeit zum jetzigen Gesetzesstand zu groß ist, nach dem die Betriebsratsgründung bereits Aufgabe der Arbeitnehmer ist.

### *dd) Verpflichtung des Gesamt- bzw. Konzernbetriebsrats*

Eine gesetzliche Verpflichtung zu schaffen, nach welcher der Gesamt- bzw. Konzernbetriebsrat einen Wahlvorstand zu bestellen oder einen Betriebsrat einzusetzen hat, ist ebenso der falsche Weg.

Keinesfalls sollte der Gesamt- bzw. Konzernbetriebsrat verpflichtet und berechtigt werden, einen Betriebsrat einzusetzen. Der Betriebsrat ist ein Organ der Mitbestimmung von Arbeitnehmern für Arbeitnehmer. Daran sollte sich im Grundsatz nichts ändern. Das Mentorenprinzip[260] sollte nicht dergestalt ausgedehnt werden, dass der Gesamt- bzw. Konzernbetriebsrat die finale Entscheidung über das „Ob" eines Betriebsrats innehat. Diese sollte den Arbeitnehmern bleiben. Will ein Betrieb einheitlich keinen Betriebsrat, ist dies zu akzeptieren. Würde man in derartigen Fällen der Belegschaft einen Betriebsrat aufzwingen, dessen Aufgaben von der Belegschaft, die keinen Betriebsrat wollte, ausgeübt werden müssen, ist davon auszugehen, dass die Effektivität und Motivation des aufgedrängten Gremiums im Sinne einer Strafarbeit schlecht wäre. Den Arbeitnehmern wäre hierdurch nicht geholfen.

Darüber hinaus ist eine folgenlose Verpflichtung dem Grunde nach nicht effektiv. Es müssten mithin negative Konsequenzen an eine Verletzung der Verpflichtung zur Bestellung eines Wahlvorstands geknüpft werden. Negative Konsequenzen sind wiederum kontraproduktiv, zumal diese in ihrer Ausgestaltung ohnehin stark begrenzt wären. Vermögensstrafen kann es nicht geben, insbesondere da Gesamt- bzw. Konzernbetriebsrat nicht vermögensfähig sind.[261] Würde eine Verpflichtung bestehen und diese verletzt werden, würde diese im Grunde nicht sanktionierbar sein. Es bliebe lediglich bei einer (groben) Pflichtverletzung. Deren Konsequenz könnte sich allenfalls aus §§ 48, 56 BetrVG ergeben, wonach einzelne Mitglieder wegen grober Verletzung ihrer Pflichten auf Antrag ausgeschlossen werden können. Da die Verpflichtung zur Bestellung

---

260 BT-Drucks. 14/5741, S. 27.

261 *Richardi*, in: Richardi, BetrVG, Einleitung Rn. 114.

eines Wahlvorstands aber nicht auf einzelne Mitglieder des Gesamt- bzw. Konzernbetriebsrats beschränkt wäre, sondern sich auf das Gremium insgesamt bezieht, läge eine (grobe) Verletzung aller Mitglieder vor. In der Konsequenz wäre unter Umständen ein Ausschluss aller Mitglieder möglich, was die Integrität des Gesamt- bzw. Konzernbetriebsrats stark gefährden würde und zu einer Verminderung der Gremien führen könnte. Dies würde dem Zweck einer etwaigen Verpflichtung zur Bestellung eines Wahlvorstands stark zuwiderlaufen, da dadurch Betriebsräte insgesamt ausgebaut und nicht vermindert oder gefährdet werden sollen.

Daher ist der Vorschlag[262] abzulehnen, dass ab einer bestimmten Belegschaftsgröße verpflichtend ein Gesamtbetriebsrat einzurichten sein sollte, welcher wiederum verpflichtet sein sollte, in geeigneten betrieblichen Einheiten die Wahl von Betriebsräten zu initiieren. Dieses Vorgehen ist umständlich. Stattdessen sollte die Mitbestimmung von der Basis an verstärkt werden.

Eine Verpflichtung des Gesamt- bzw. Konzernbetriebsrats ist somit kein effektiver Ansatz.

#### *ee) Verpflichtung der Gewerkschaften*

Eine Verpflichtung der Gewerkschaften ist ebenso nicht der richtige Weg. Eine Gewerkschaft ist eine Interessenvertretung der Arbeitnehmer außerhalb des Betriebsverfassungsgesetzes, welcher jedoch innerhalb des Betriebsverfassungsgesetzes Rechte zugebilligt werden.[263] Allerdings treffen die Gewerkschaften im Rahmen des Betriebsverfassungsgesetzes keine Verpflichtungen. Sie werden darin als Nebenbeteiligte nur berechtigt. Grundsätzlich regelt das Betriebsverfassungsgesetz die Beziehung zwischen den Arbeitnehmern, dem Arbeitgeber und dem Betriebsrat (sowie Gesamt- bzw. Konzernbetriebsrat, Jugend- und Auszubildendenvertretung). Dies sollte weiterhin so bleiben. Die Verpflichtung einer Gewerkschaft wäre gänzlich neu, also gegen das bisherige Prinzip des Betriebsverfassungsgesetzes. Einer Gewerkschaft sollte daher keine Verpflichtung auferlegt werden, insbesondere keine Verpflichtung im Zusammenhang mit einer Betriebsratsgründung. Gewerkschaften sollten weiterhin lediglich Berechtigte bleiben.

---

262 *Artus*, Mitbestimmung 6/2012, 37 (38).

263 *Krause*, RdA 2009, 129, (134).

### *ff) Verpflichtung Dritter*

Denkbar wäre eine Verpflichtung Dritter zu schaffen, wie beispielsweise einer öffentlichen Stelle. Die öffentliche Stelle könnte den Wahlvorstand oder den Betriebsrat bestellen. Allerdings ist der Betriebsrat ein Organ der Mitbestimmung von Arbeitnehmern für Arbeitnehmer. Es ist nicht die Aufgabe des Staates, den Arbeitnehmern die Entscheidung über die Gründung eines Betriebsrats abzunehmen.[264] Stattdessen hat der Staat nur die Aufgabe, ein funktionierendes und für beide Seiten attraktives System bereitzustellen.[265] Der Staat soll daher keinen Betriebsrat bestellen, er soll nicht die Entscheidung für die Arbeitnehmer treffen. Zudem wäre ein den Arbeitnehmern aufgedrängter Betriebsrat aufgrund des möglichen Charakters des Betriebsratsamts als Strafarbeit wahrscheinlich ineffektiv. Im Übrigen kann der Staat, konkret die Judikative in Form der Arbeitsgerichte, bereits derzeit einen Wahlvorstand bestellen. Nach § 17 Abs. 4 S. 1 BetrVG bestellt das Arbeitsgericht auf Antrag von mindestens drei Arbeitnehmern oder einer im Betrieb vertretenen Gewerkschaft einen Wahlvorstand. Eine weitere Stelle damit zu betrauen ist mithin nicht notwendig, zumal dies auch aus praktischen Gründen ebenfalls einen Antrag erfordern, erhebliche Kosten verursachen und letztlich wohl keinen Mehrwert bringen würde. Dass eine öffentliche Stelle unmittelbar einen Wahlvorstand bestellt, ohne dass es zuvor einer Initiative der Arbeitnehmer bedarf, ist abzulehnen. Auch hier gilt, dass der Staat lediglich ein funktionierendes System bereitstellen soll,[266] die Initiative allerdings von einer der Beteiligten der Betriebsverfassung kommen sollte.

### *gg) Verpflichtung des Arbeitgebers*

Schließlich könnte der Arbeitgeber verpflichtet werden. Zweck des Betriebsverfassungsgesetzes ist der Schutz der Arbeitnehmer vor dem Arbeitgeber und dessen Alleinentscheidungsbefugnis und sozialer Macht.[267] Vor diesem Hintergrund treffen den Arbeitgeber im Rahmen des Betriebsverfassungsgesetzes bereits derzeit viele Verpflichtungen. Die meisten greifen jedoch erst, wenn ein Betriebsrat besteht. Ein Ausbau der Verpflichtungen im Vorfeld ist somit nicht fernliegend, damit der Schutz der Arbeitnehmer besser und flächendeckender greifen kann und die Anzahl an Betriebsräten steigt. Eine Verpflichtung des

---

264 *Rieble*, ZIP 2001, 133 (135).
265 *Rieble*, ZIP 2001, 133 (135).
266 *Rieble*, ZIP 2001, 133 (135).
267 *Fitting*, BetrVG, § 1 Rn. 1 f.

Arbeitgebers in Bezug auf eine Betriebsratsgründung kann auf fünf verschiedenen Stufen ansetzen:

| Stufe | Verpflichtung |
|---|---|
| | |
| 1 | Passive Informationspflicht |
| 2 | Aktive Informationspflicht |
| 3 | Einleitung Wahl-Betriebsversammlung |
| 4 | Bestellung Wahlvorstand |
| 5 | Bestellung Betriebsrat |

Eine Verletzung dieser Verpflichtungen durch den Arbeitgeber könnte auch geahndet werden. Negative Konsequenzen im Sinne von beispielsweise Geldstrafen oder Bußgeldern wären, im Gegensatz zum Arbeitnehmer oder dem Gesamt- bzw. Konzernbetriebsrat, auch denk- und durchsetzbar.

*(1) Stufe 1: Passive Informationspflicht*

Den aktuell geltenden Gesetzesstand bildet die Stufe 1. Bereits derzeit hat der Arbeitgeber im Rahmen einer Betriebsratsgründung diverse passive Auskunftspflichten, was bedeutet, dass er die Auskünfte erteilen muss, wenn er hierzu seitens der Arbeitnehmer, Gewerkschaften oder des Gesamt- bzw. Konzernbetriebsrats aufgefordert wird. Insbesondere muss der Arbeitgeber auf Nachfrage betriebsratlose Betriebe benennen und Mitarbeiterlisten herausgeben.[268] Aktive Informationspflichten dergestalt, dass der Arbeitgeber proaktiv aufklären oder informieren muss, bestehen derzeit grundsätzlich ebenso wenig wie weitergehende proaktive Handlungspflichten. Die aktuell bestehende passive Informationspflicht des Arbeitgebers reicht jedoch nicht aus, um die Verbreitung von Betriebsräten zu fördern, da deren Anzahl nach wie vor rückläufig ist.[269] Eine Ausweitung der passiven Informationspflicht verspricht keine Aussicht auf Erfolg, da in diesem Fall nach wie vor Initiativen notwendig sind, diese somit nicht gefördert würden.

*(2) Stufe 2: Aktive Informationspflicht*

Weitergehend als die passive Informationspflicht wäre eine aktive Informationspflicht des Arbeitgebers. Im Rahmen einer aktiven Informationspflicht müsste

268 LAG Nürnberg, Beschluss vom 25.01.2007 – 1 TaBV 14/06, BeckRS 2009, 60150.
269 Zum Rückgang: Siehe A.III., S. 47 f.

der Arbeitgeber proaktiv die Arbeitnehmer informieren, nicht erst auf deren Auskunftsersuchen hin. Damit könnten sich das Wissen der Arbeitnehmer effektiv verbreitern und Anreize für eigenständige Initiativen der Arbeitnehmer gesetzt werden. Dies könnte die Anzahl der Betriebsratsgründungen in erheblichem Maße positiv beeinflussen. Aus dem Kontext des „Nudging" ist bekannt, dass sich Ergebnisse durch gezielten Informationszufluss in die gewünschte Richtung bewegen lassen.[270] Als „Nudging" wird die absichtsvolle Führung von Individuen durch das gezielte Auslösen unbewusster Verhaltensänderungen bei gleichzeitiger Aufrechterhaltung ihrer Wahlfreiheit bezeichnet.[271] Durch eine motivierende Steuerung, wie das Bereitstellen von Informationen, können menschliche Entscheidungen verbessert, erleichtert und gelenkt werden,[272] ohne die Anzahl der Optionen und die Entscheidungsfreiheit einzuschränken.[273] „Nudging" wird auch in der Politik erfolgreich eingesetzt, beispielsweise zur Verhaltensänderung in den Bereichen Abfallvermeidung, Verringerung der Energieverschwendung oder gesunde Ernährung.[274] Hierbei wird das gewünschte Ziel erreicht, indem gut verständliche Informationen und Anreize mit motivierender Steuerung verbunden werden; sanfter Druck ist jedoch nicht ausgeschlossen.[275] Positive Resonanz ist dabei insbesondere zu erwarten, wenn Personen in ihrer Entscheidung mündiger gemacht werden sollen, indem ihnen mehr Informationen zur Verfügung gestellt werden, und sie daher eine besser fundierte Entscheidung treffen

---

270 *Bosworth/Bartke*, Wirtschaftsdienst 2014, 774 (774); *Bruttel/Stolley*, Wirtschaftsdienst 2014, 767 (771); *Piasecki*, „Schubs mich nicht!" – Nudging als politisches Gestaltungsmittel, https://www.bpb.de/lernen/digitale-bildung/werkstatt/258946/schubs-mich-nicht-nudging-als-politisches-gestaltungsmittel/, letzter Abruf am 04.06.2022.

271 *Piasecki*, „Schubs mich nicht!" – Nudging als politisches Gestaltungsmittel, https://www.bpb.de/lernen/digitale-bildung/werkstatt/258946/schubs-mich-nicht-nudging-als-politisches-gestaltungsmittel/, letzter Abruf am 04.06.2022.

272 *Bosworth/Bartke*, Wirtschaftsdienst 2014, 774 (774); *Bruttel/Stolley*, Wirtschaftsdienst 2014, 767 (771); *Piasecki*, „Schubs mich nicht!" – Nudging als politisches Gestaltungsmittel, https://www.bpb.de/lernen/digitale-bildung/werkstatt/258946/schubs-mich-nicht-nudging-als-politisches-gestaltungsmittel/, letzter Abruf am 04.06.2022.

273 *Bosworth/Bartke*, Wirtschaftsdienst 2014, 774 (774); *Bruttel/Stolley*, Wirtschaftsdienst 2014, 767 (767).

274 *Piasecki*, „Schubs mich nicht!" – Nudging als politisches Gestaltungsmittel, https://www.bpb.de/lernen/digitale-bildung/werkstatt/258946/schubs-mich-nicht-nudging-als-politisches-gestaltungsmittel/, letzter Abruf am 04.06.2022.

275 *Piasecki*, „Schubs mich nicht!" – Nudging als politisches Gestaltungsmittel, https://www.bpb.de/lernen/digitale-bildung/werkstatt/258946/schubs-mich-nicht-nudging-als-politisches-gestaltungsmittel/, letzter Abruf am 04.06.2022.

können.[276] Dies trifft auch auf Informationsveranstaltungen zu bzw. kann sich für die Betriebsratsgründung zu Nutze gemacht werden. Durch Informationsveranstaltungen werden den Arbeitnehmern gezielt Informationen über den Betriebsrat vermittelt. Dies baut die Kenntnisse der Arbeitnehmer aus und lässt sie eine besser fundierte Entscheidung treffen. Deren Entscheidungsfreiheit wird jedoch nicht eingeschränkt, sie bleiben mündig. Mit den Vorteilen eines Betriebsrats konfrontiert, könnten mithin die Gedanken und Entscheidungen der Arbeitnehmer positiv angeregt werden. Hieraus könnten im Ergebnis mehr Initiativen und somit Betriebsratsgründungen resultieren, ganz im Sinne des Gesetzgebers.[277]

Fraglich wäre im Rahmen einer aktiven Informationspflicht jedoch bereits, wie eine derartige Verpflichtung auszusehen hätte, was also konkret Gegenstand dieser wäre und wie sie sich gestaltet. Zudem wird einer Ausweitung der aktiven Informationsplicht des Arbeitgebers, insbesondere auf die Gründungsphase des Betriebsrats, Kritik entgegengebracht.

### *(a) Inhalt/Gegenstand der Informationsvermittlung*

Wenn man von einer aktiven Informationspflicht des Arbeitsgebers spricht, muss zunächst geklärt werden, über was der Arbeitgeber konkret informieren muss. Klar ist insoweit lediglich, dass die aktive Informationspflicht des Arbeitgebers gegenüber den Arbeitnehmern bestehen sollte. An deren Sphäre orientiert sich der Inhalt der Informationspflicht.

In Bezug auf einen Betriebsrat ist bei den Arbeitnehmern wohl von einem Wissensdefizit auszugehen, da letztlich in der Praxis kaum Berührungspunkte anzunehmen sind. Dies, obwohl die Thematik des Betriebsrats nahezu einen jeden betreffen kann, und nach der gesetzgeberischen Intention[278] auch sollte. Dies lässt eine strukturelle Unkenntnis der Arbeitnehmer über den Betriebsrat vermuten, insbesondere über dessen Voraussetzungen, Gründung, Geschäftsführung, Aufgaben und Einfluss.

Eine weitere Einschränkung hinsichtlich des Gegenstands der Informationspflicht ergibt sich daraus, dass nur über zunächst wesentliche Punkte informiert werden sollte. Wesentlich sind hier solche Punkte, die bei der Gründung eines Betriebsrats wichtig sind.

---

276 *Bruttel/Stolley*, Wirtschaftsdienst 2014, 767 (770).

277 BT-Drucks. 14/5741, S. 1.

278 BT-Drucks. 14/5741, S. 1.

Vor diesem Hintergrund müsste eine Informationspflicht des Arbeitgebers insbesondere auf die Voraussetzungen einer Betriebsratsgründung (§§ 1 ff. BetrVG) sowie deren Erfüllung durch den konkreten Betrieb zielen. Weiter müssten Informationen zum Ablauf der Wahl übermittelt werden, also insbesondere über das aktive und passive Wahlrecht (§§ 7 f. BetrVG), die Anzahl der Betriebsratsmitglieder (§ 9 BetrVG) sowie je nach Größe des Betriebs über das normale oder vereinfachte Wahlverfahren (§§ 14 ff. BetrVG), die Vorschriften der Wahlordnung und gegebenenfalls die Möglichkeit der Vereinbarung des vereinfachten Wahlverfahrens (§ 14 Abs. 5 BetrVG). Wichtig wäre in diesem Zusammenhang die Mitteilung, dass die Arbeitnehmer keine Kosten zu tragen haben, sondern die Wahlkosten allein von dem Arbeitgeber zu tragen sind (§ 20 Abs. 3 BetrVG) sowie über den Schutz der Betriebsratswahl (§ 20 Abs. 1 und 2 BetrVG) und den Kündigungsschutz (§ 15 KSchG). Ebenso sollte bereits ein erster Überblick über die Verantwortung des Betriebsrats und dessen Aufgaben (allgemeine Aufgaben; Aufgaben in sozialen, personellen und wirtschaftlichen Angelegenheiten) gegeben werden.

*(b) Art der Informationsvermittlung*

Im Anschluss stellt sich die Frage, in welcher Form der Arbeitgeber die Arbeitnehmer informieren sollte. Zu denken ist beispielsweise an Aushänge am schwarzen Brett, Rundschreiben oder Informationsveranstaltungen.

Ein Aushang am schwarzen Brett wird erfahrungsgemäß keine große Wirkung erzielen, da die meisten Arbeitnehmer diesen nicht zur Kenntnis nehmen würden. Wahrscheinlich wüssten nicht einmal alle Arbeitnehmer, dass es überhaupt ein schwarzes Brett in ihrem Betrieb gibt. Wenn man also nicht lediglich eine Pro-Forma-Verpflichtung des Arbeitgebers schaffen möchte, sondern eine Verpflichtung, die tatsächlich einen Zuwachs an Betriebsräten ermöglicht, ist ein Aushang am schwarzen Brett das falsche Mittel.

Ein Rundschreiben des Arbeitgebers dagegen, welches jedem Arbeitnehmer übermittelt werden müsste, vermag Informationen grundsätzlich besser und konsequenter zu vermitteln. Dieses würde grundsätzlich auch alle Arbeitnehmer erreichen. Jedoch ist es bereits derzeit dem Gesamt- bzw. Konzernbetriebsrat sowie Gewerkschaften erlaubt, Rundschreiben zu verteilen.[279] Betriebsräte haben sich hierdurch jedoch nicht effektiv verbreitet.[280] Somit würden Rundschreiben

---

279 *Böker*, Organisation und Arbeit von Betriebs- und Personalräten, S. 70.
280 Siehe A.III., S. 47 f.

durch den Arbeitgeber wahrscheinlich ebenso nicht den gewünschten Zuwachs bringen.

Fraglich ist daher, ob eine vom Arbeitgeber durchzuführende Informationsveranstaltung nicht effizienter wäre. Eine entsprechende Informationsveranstaltung wäre eine Versammlung der Arbeitnehmer durch den Arbeitgeber, bei welcher dieser die Arbeitnehmer über die Thematik des Betriebsrats und notwendige Punkte[281] informiert, sei es selbst oder durch beauftragte Dritte. Es würde somit ein Forum des Austausches zwischen den Arbeitnehmern geschaffen. Wie bereits ausgeführt,[282] fehlt dem Gesamt- bzw. Konzernbetriebsrat derzeit die Befugnis, in betriebsratslosen Betrieben zum Zwecke der Bestellung eines Wahlvorstands Informationsveranstaltungen abzuhalten, die den Charakter von Belegschaftsversammlungen haben und auf welchen insbesondere über die Aufgaben eines Betriebsrats informiert wird.[283] Ein solches Recht des Gesamt- bzw. Konzernbetriebsrat sollte jedoch geschaffen werden.[284] Darauf aufbauend ist zu diskutieren, ob aus dem zu schaffenden Recht des Gesamt- bzw. Konzernbetriebsrats nicht zugleich eine Verpflichtung des Arbeitgebers zur Durchführung von Informationsveranstaltungen werden sollte.

Die Fraktion DIE LINKE hat bereits zwei Anträge in den Deutschen Bundestag eingebracht (2015[285] und 2018[286]), die unter anderem einen Gesetzesentwurf zur Vereinfachung von Betriebsratswahlen gefordert haben. Hiernach sollte der Arbeitgeber verpflichtet werden, einmal im Kalenderjahr eine Mitarbeiterversammlung durchzuführen, auf der er über die Rechte und Pflichten nach dem Betriebsverfassungsgesetz informiert und den Arbeitnehmerinnen und Arbeitnehmern die Gelegenheit zur Aussprache gegeben wird (Antrag Teil 1), sofern in dem Betrieb die Voraussetzungen für die Wahl eines Betriebsrats erfüllt sind, dieser aber noch nicht besteht.[287] Weiter sollte im Anschluss an die Mitarbeiterversammlung eine geheime Wahl in Abwesenheit des Arbeitgebers zur Anberaumung einer Wahlversammlung zur Wahl des Wahlvorstandes durchzuführen sein, wobei für die Auszählung ein Versammlungsleiter zu wählen sei (Antrag Teil 2).[288] An der Mitarbeiterversammlung könnten auch Vertreterinnen oder

281 Siehe B.I.6.b)gg)(2)(a), S. 89 f.
282 Siehe B.I.3.a)bb)(1), S. 64 f.
283 BAG, Beschluss vom 16.11.2011 – 7 ABR 28/10, in: AP BetrVG 1972 § 17 Nr. 9.
284 Siehe B.I.6.a), S. 75 f.
285 BT-Drucks. 18/5327.
286 BT-Drucks. 19/860.
287 BT-Drucks. 18/5327, S. 3; BT-Drucks. 19/860, S. 2.
288 BT-Drucks. 18/5327, S. 3; BT-Drucks. 19/860, S. 2.

Vertreter einer im Betrieb vertretenen Gewerkschaft teilnehmen und die Versammlungsleitung übernehmen.[289] Auf Teil 1 des Antrags wird nachfolgend eingegangen, Teil 2 wird sodann im Rahmen der Stufe 3[290] erörtert.

In den Stellungnahmen der Sachverständigen zum Antrag aus dem Jahr 2015[291] wurde ausgeführt, dass eine gesetzliche Verpflichtung des Arbeitgebers zur regelmäßigen Einberufung derartiger Mitarbeiterversammlungen helfen könne, die Ängste und Befürchtungen der Arbeitnehmer vor Repressalien abzubauen, da viele Wahlversammlungen daran scheitern würden, dass der Arbeitgeber sie zum einen aktiv verhindere und zum anderen Arbeitnehmer aus Angst vor dem Verlust ihres Arbeitsplatzes oder Nachteilen am Arbeitsplatz diesen fernblieben.[292] Zudem würden Informationsveranstaltungen zu einem besseren Informationsstand der Beschäftigten und mittelfristig zu mehr Betriebsräten führen.[293] Dies läge darin begründet, dass Arbeitnehmer ihre Rechte zunächst überhaupt kennen müssten, um diese wahrzunehmen; größtenteils herrsche jedoch Unkenntnis über die Thematik des Betriebsrats und erst durch verpflichtende Informationsveranstaltungen könne das bestehende Informationsdefizit beseitigt bzw. reduziert werden.[294] Jedoch solle den Teilnehmern der Informationsveranstaltungen der gleiche rechtliche Schutz wie Teilnehmern einer Betriebsversammlung gewährt werden.[295] Informationsveranstaltungen seien dem Arbeitgeber auch zumutbar, da das Betriebsverfassungsgesetz trotz bestehender Interessenkonflikte zwischen den Parteien von einer kooperativen Zusammenarbeit ausgehe und die angestrebte Verpflichtung dieses Gebot im Vorfeld der Bildung eines Betriebsrats ergänze.[296] Das Gebot der Zusammenarbeit beginne nicht erst dann, wenn ein Betriebsrat gegründet ist, sondern habe bereits Vorwirkungen.[297] Letzteres überzeugt nicht, da ein Betriebsrat eben nicht besteht – § 2 Abs. 1 BetrVG spricht jedoch klar von „Arbeitgeber und Betriebsrat“ – und sich Informationsveranstaltungen an die einzelnen Arbeitnehmer richten; § 2 Abs. 1 BetrVG gilt allerdings nicht für die Beziehungen zwischen

289 BT-Drucks. 18/5327, S. 3; BT-Drucks. 19/860, S. 2.
290 Siehe B.I.6.b)gg)(3), S. 97 ff.
291 BT-Ausschussdrucks. 18(11)434.
292 *Konzernbetriebsrat der Asklepios Kliniken GmbH*, BT-Ausschussdrucks. 18(11)428, S. 2.
293 *Berger*, BT-Ausschussdrucks. 18(11)429, S. 6.
294 *Berger*, BT-Ausschussdrucks. 18(11)429, S. 6.
295 *dbb beamtenbund und tarifunion*, BT-Ausschussdrucks. 18(11)427, S. 3.
296 *Berger*, BT-Ausschussdrucks. 18(11)429, S. 7.
297 *Berger*, BT-Protokoll-Nr. 18/51, S. 885 (893).

Arbeitgeber und Arbeitnehmer.[298] Darüber hinaus sei eine Informationspflicht des Arbeitgebers gegenüber den Beschäftigen dem Betriebsverfassungsgesetz nicht fremd, sondern beispielsweise in den §§ 43 Abs. 2 S. 3, 110 BetrVG bereits vorhanden.[299] Die Forderung nach verpflichtenden Informationsveranstaltungen ist jedoch vermehrt auf Kritik gestoßen. Teilweise wurde zwar noch begrüßt, dass durch Informationsveranstaltungen eine mögliche Betriebsratswahl regelmäßig thematisiert würde, jedoch angemerkt, die Initiative läge dann nur noch mittelbar bei den Beschäftigten und dem Arbeitgeber würden größere Manipulationschancen eingeräumt.[300] Diese Annahmen überzeugen nicht. Würde man den Arbeitgeber zu einer Informationsveranstaltung verpflichten, läge die Initiative zur Betriebsratsgründung weiterhin allein bei den Beschäftigten, da der Arbeitgeber lediglich Informationen übermittelt.[301] Darüber hinaus verfügt ein Arbeitgeber bereits derzeit über vielfältige Manipulationsmöglichkeiten, sodass diese nicht gesteigert würden.[302] Im Übrigen ist die Beeinflussung oder Behinderung einer Betriebsratswahl eine Straftat (§ 119 Abs. 1 Nr. 1 BetrVG). Weiter wurde ausgeführt, Informationsveranstaltungen seien wenig sinnvoll[303] und eine Rechtsgrundlage hierzu nicht ersichtlich.[304] Auch dies greift nicht. Einerseits würden die Arbeitnehmer in Informationsveranstaltungen über den Betriebsrat und dessen Gründung informiert, wodurch zu vermuten ist, dass die Anzahl der Initiativen und Gründungen steigt, ähnlich des Nudging.[305] Andererseits soll eine Rechtsgrundlage gerade geschaffen werden. Ferner wurde darauf hingewiesen, dass es einem Arbeitgeber nicht abverlangt werden könne, sich in die Materie des Betriebsverfassungsgesetzes einzuarbeiten und darüber zu referieren.[306] Eine Auseinandersetzung des Arbeitgebers mit dem Betriebsverfassungsgesetz könne nur verlangt werden, wenn bereits ein Betriebsrat bestehe, nicht aber zu dessen Vorbereitung.[307] Zudem stelle dies vor allem die Inhaber kleiner

---

298 *Maschmann*, in: Richardi, BetrVG, § 2 Rn. 8.

299 *Berger*, BT-Ausschussdrucks. 18(11)429, S. 7.

300 *Deutscher Gewerkschaftsbund*, BT-Ausschussdrucks. 18(11)431, S. 3.

301 So auch *Berger*, BT-Protokoll-Nr. 18/51, S. 885 (893).

302 So auch *Absenger/Priebe*, WSI Mitteilungen 3/2016, 192 (194).

303 *Hugo Sinzheimer Institut für Arbeitsrecht*, BT-Ausschussdrucks. 18(11)422, S. 2.

304 *Bundesarbeitgeberverband Chemie e.V.*, BT-Ausschussdrucks. 18(11)423, S. 2.

305 Siehe B.I.6.b)gg)(2), S. 88 f.

306 *Zentralverband des Deutschen Handwerks*, BT-Ausschussdrucks. 18(11)424, S. 3; *Schweer*, BT-Protokoll-Nr. 18/51, S. 885 (897).

307 *Zentralverband des Deutschen Handwerks*, BT-Ausschussdrucks. 18(11)424, S. 3; *Schweer*, BT-Protokoll-Nr. 18/51, S. 885 (897).

und mittlerer Betriebe vor nicht zu bewältigende Herausforderungen.[308] Dies verfängt indes nicht. Zwar mag es zutreffen, dass die Kapazitäten umso begrenzter werden, je kleiner der Betrieb ist. Jedoch ist es einem Arbeitgeber durchaus zuzumuten, sich auch ohne einen bestehenden Betriebsrat mit der Materie zu befassen; dies wird von den Arbeitnehmern grundsätzlich gleichermaßen gefordert. Weiter ist es ihm zuzumuten, die Beschäftigten darüber zu unterrichten, da der Arbeitgeber auch ohne Betriebsrat bereits Unterrichtungspflichten hat, beispielsweise über Schutzvorschriften.[309] Das Betriebsverfassungsgesetz kann in diesem Rahmen durchaus als Schutzvorschrift angesehen werden. Gleichermaßen wurde behauptet, durch eine verpflichtende Informationsveranstaltung würde der Arbeitgeber zum Interessenwahrer der Arbeitnehmer gemacht, sowie das bestehende Prinzip der Selbstbestimmung der Arbeitnehmer konterkariert.[310] Hierbei wird jedoch fälschlicherweise unterstellt, ein Betriebsrat würde von den Beschäftigten in betriebsratslosen Betrieben stets als nicht notwendig erachtet.[311] Dabei kann das Fehlen eines Betriebsrats stattdessen auf mangelnden Kenntnissen der Arbeitnehmer über den Betriebsrat und dessen Möglichkeiten beruhen. Daraus lässt jedoch keine Entscheidung gegen einen Betriebsrat konstruieren. Die Informationsveranstaltung sollte zur Entscheidungsgrundlage der Arbeitnehmer gemacht werden. Entscheiden sich die Arbeitnehmer daraufhin gegen einen Betriebsrat, indem sie keine Initiative ergreifen, wurde eine fundierte Entscheidung getroffen. Entscheidet sich die Mehrheit gegen einen Betriebsrat, mindestens drei Arbeitnehmer jedoch dafür, können diese eine Betriebsratsgründung initiieren. Der Minderheit muss die Betriebsratsgründung möglich sein.[312] Die Entscheidung der Mehrheit gegen einen Betriebsrat ist zudem kein Indiz für eine „schlechte" Mitbestimmung. Ämter werden nur von Arbeitnehmern freiwillig übernommen, wenn sie sich dafür interessieren und einsetzen. Die ablehnende Mehrheit würde in der Konsequenz nicht bereit sein, Ämter zu übernehmen. Ämter würden somit – auch wenn die Mehrheit den Betriebsrat ablehnt – von Arbeitnehmern übernommen, die einen Betriebsrat wollen. Eine Qualitätseinbuße ist daher nicht zu befürchten. Ferner wurde

---

308 *Zentralverband des Deutschen Handwerks*, BT-Ausschussdrucks. 18(11)424, S. 3; *Schweer*, BT-Protokoll-Nr. 18/51, S. 885 (897).

309 Vgl. §§ 81 ff. BetrVG.

310 *Arbeitgeberverband Gesamtmetall*, BT-Ausschussdrucks. 18(11)432, S. 2; *Bundesvereinigung der Deutschen Arbeitgeberverbände*, BT-Ausschussdrucks. 18(11)430, S. 1 f.

311 *Arbeitgeberverband Gesamtmetall*, BT-Ausschussdrucks. 18(11)432, S. 2; *Bundesvereinigung der Deutschen Arbeitgeberverbände*, BT-Ausschussdrucks. 18(11)430, S. 1 f.

312 Siehe B.I.6.b)aa), S. 79.

die Befürchtung erhoben, mit der durch den Arbeitgeber geleiteten Informationsveranstaltung würde ein neues Geschäftsfeld für Anwälte aufgemacht, die dieses Instrument nutzen, um die Wahlverweigerung oder die Wahl eines arbeitgebernahen Betriebsrats zu organisieren.[313] Diese Argumentation greift nicht, da hierdurch eine Steigerung der negativen anwaltlichen Praxis wohl nicht zu erwarten ist.

Der Antrag aus dem Jahr 2015[314] wurde jedoch aufgrund seiner Unausgeglichenheit im Ganzen nach entsprechender Beschlussempfehlung im Bundestag[315] abgelehnt.

In den Stellungnahmen der Sachverständigen zum Antrag aus dem Jahr 2018[316] wurde auch dieser größtenteils abgelehnt. Für verpflichtende Informationsveranstaltungen des Arbeitgebers wurde ausgeführt, dass dies eine logische Fortführung des Grundsatzes der vertrauensvollen Zusammenarbeit sei und die geforderten Informationsveranstaltungen dem Vorgehen von Aktiengesellschaften im Rahmen des § 161 AktG ähnelten und vor diesem Hintergrund förderlich wären.[317] An anderer Stelle wurde zwar begrüßt, dass Betriebsratswahlen durch Informationsveranstaltungen regelmäßig thematisiert würden, jedoch vorwiegend auf die vermeintlich gesteigerten Manipulationsmöglichkeiten hingewiesen.[318] Weiter wurde davor gewarnt, den Arbeitgeber auch nur irgendwie aktiv in den Prozess der Betriebsratswahlen einzubinden, da damit nur Manipulationsmöglichkeiten gesteigert würden.[319] Entgegen dieser Ansicht würden die Manipulationsmöglichkeiten jedoch nicht gesteigert werden; diese bestehen unabhängig von Informationsveranstaltungen in vielen Variationen bereits derzeit.[320] Im Übrigen haben verpflichtende Informationsveranstaltungen wenig Zuspruch erhalten. So wurde ausgeführt, Arbeitnehmer hätten bereits genügend Möglichkeiten, sich über die Bedeutung und Wichtigkeit von Betriebsratswahlen zu informieren und auch Gewerkschaften könnten ihre Mitglieder informieren und unterstützen, sodass ein darüber hinausgehender Bedarf nicht

---

313 *Düwell*, BT-Ausschussdrucks. 18(11)426, S. 2.

314 BT-Drucks. 18/5327.

315 BT-Drucks. 18/7595.

316 BT-Ausschussdrucks. 19(11)84.

317 *Techlin*, BT-Ausschussdrucks. 19(11)66, S. 3.

318 *Deutscher Gewerkschaftsbund*, BT-Ausschussdrucks. 18(11)431, S. 3; *Deutscher Gewerkschaftsbund*, BT-Ausschussdrucks. 19(11)78, S. 3.

319 *Krause*, BT-Ausschussdrucks. 19(11)75, S. 3.

320 So auch *Absenger/Priebe*, WSI Mitteilungen 3/2016, 192 (194).

bestünde.[321] Die Praxis zeugt jedoch gerade davon, dass weitergehende Maßnahmen aufgrund der anhaltenden Rückläufigkeit[322] durchaus notwendig sind, die bestehenden Regelungen somit nicht ausreichen. Weiter wurde argumentiert, die Betriebsratswahl sollte ohne Zwang in der freien Entscheidung der Arbeitnehmer verbleiben und Informationsveranstaltungen seien nicht notwendig – es bestünden ja bereits Möglichkeiten zu Sprechstunden etc. – und unter Kostengesichtspunkten abzulehnen.[323] Betriebsratswahlen sollten ein Akt der Selbstorganisation der Arbeitnehmer bleiben[324] und der entscheidende Impuls aus der Belegschaft kommen.[325] Hierbei wird zum einen verkannt, dass die Entscheidung über das „Ob" eines Betriebsrats trotz einer Informationsveranstaltung weiterhin bei den Arbeitnehmern verbleibt und diese die Wahl initiieren und insgesamt organisieren müssen. Zum anderen vermag das Kostenargument den bestehenden Handlungsbedarf nicht in den Schatten stellen.

Auch der Antrag aus dem Jahr 2018[326] wurde nach entsprechender Beschlussempfehlung im Bundestag[327] abgelehnt.

### *(c) Zwischenergebnis*

Im Ergebnis ist somit festzuhalten: Verpflichtende Informationsveranstaltungen sind ein geeignetes und notwendiges Mittel, um die Zahl der Betriebsräte zu steigern. Durch derartige Veranstaltungen käme die Thematik des Betriebsrats offen zur Sprache, die Arbeitnehmer würden unterrichtet. Darüber hinaus würden durch Informationsveranstaltungen auch die Arbeitgeber sensibilisiert. Durch verpflichtende Informationsveranstaltungen würde sich zudem die Scheu der Arbeitnehmer verringern, die Thematik des Betriebsrats im Betrieb, auch unter Kollegen, anzusprechen. Dies unabhängig davon, ob eventuell bereits Vorkenntnisse über die Thematik bestehen oder nicht. Die Kommunikation der Arbeitnehmer untereinander würde durch Informationsveranstaltungen wohl sogar gefördert werden, da durch die Veranstaltungen ein Forum des Austausches entstünde. Dies könnte in der Folge Gründungsinitiativen und somit mehr Betriebsräte hervorrufen. Die Initiativlast verbliebe weiterhin bei den Arbeitnehmern,

---

321 *Schreck*, BT-Ausschussdrucks. 19(11)64, S. 2.

322 Siehe A.III., S. 47 f.

323 *Mallmann*, BT-Ausschussdrucks. 19(11)65, S. 1 ff.

324 *Heilmann*, BT-Ausschussdrucks. 19(11)76, S. 2.

325 *Kummert*, BT-Ausschussdrucks. 19(11)79, S. 3.

326 BT-Ausschussdrucks. 19(11)84.

327 BT-Drucks. 19/25881.

da der Arbeitgeber lediglich Wissen vermitteln, jedoch keine Initiative ergreifen muss. Manipulationsmöglichkeiten würden dadurch ebenso wenig gesteigert werden.[328] Verpflichtende Informationsveranstaltungen sind dem Arbeitgeber zumutbar. Zum einen bestehen bereits aktive Informationspflichten des Arbeitgebers (bspw. §§ 43 Abs. 2 S. 3, 110 BetrVG). Das Prinzip ist somit dem Gesetz nicht fremd. Zum anderen würde die Verpflichtung zu Informationsveranstaltungen das zwischen Betriebsrat und Arbeitgeber geltende Gebot der kooperativen Zusammenarbeit effektiv im Vorfeld der Betriebsratsgründung ergänzen.[329]

Der Arbeitgeber sollte daher verpflichtet werden, Informationsveranstaltungen durchzuführen. Die Verpflichtung hierzu sollte einmal im Kalenderjahr bestehen. In Bezug auf die Ausführungen[330], dass es dem Gesamt- bzw. Konzernbetriebsrat ermöglicht werden sollte, Informationsveranstaltungen abhalten zu können, um geeignete Wahlvorstandskandidaten zu finden, sollte aus Gründen der Kostenreduzierung geregelt werden, dass der Arbeitgeber der Verpflichtung nur nachkommen muss, wenn nicht bereits der Gesamt- bzw. Konzernbetriebsrat im laufenden Kalenderjahr eine Informationsveranstaltung abgehalten hat.

*(3) Stufe 3: Einleitung Wahl-Betriebsversammlung*

Abzulehnen ist dagegen die über eine Informationsveranstaltung hinausgehende Forderung der Fraktion DIE LINKE in ihren Anträgen[331] (Teil 2). Danach soll unmittelbar im Anschluss an eine Informationsveranstaltung eine geheime Wahl in Abwesenheit des Arbeitgebers zur Anberaumung einer Wahlversammlung zur Wahl des Wahlvorstandes durchgeführt werden.[332] Gleichermaßen abzulehnen ist die vorgeschlagene[333] Verpflichtung des Arbeitgebers, eine Wahl-Betriebsversammlung im Sinne des § 17 Abs. 2 BetrVG einleiten zu müssen, ähnlich wie es das Bundespersonalvertretungsgesetz vorsieht.

Beides ist dem Arbeitgeber nicht zumutbar. Das Betriebsverfassungsgesetz ist im Grunde ein Schutzgesetz der Arbeitnehmer und soll diese vor der Alleinherrschaft des Arbeitgebers schützen.[334] Dies versteht sich jedoch nicht als ein Schutz um jeden Preis. Vielmehr ist es die Aufgabe der Arbeitnehmer, diesen

---

328 So auch *Absenger/Priebe*, WSI Mitteilungen 3/2016, 192 (194).
329 *Berger*, BT-Ausschussdrucks. 18(11)429, S. 7.
330 Siehe B.I.6.a), S. 75 f.
331 BT-Drucks. 18/5327, S. 3; BT-Drucks 19/860, S. 2.
332 BT-Drucks. 18/5327, S. 3; BT-Drucks 19/860, S. 2.
333 *Klocke*, Rechtsgutachten, S. 80.
334 *Fitting*, BetrVG, § 1 Rn. 2; *Koch*, in: Schaub, Arbeitsrechts-Handbuch, § 210 Rn. 2.

Schutz einzurichten, also einen Betriebsrat zu gründen. Die Betriebsratsgründung bedarf einer Initiative.[335] Diese Initiativlast trägt in erster Linie zu Recht die Belegschaft.[336]

Selbstverständlich treffen den Arbeitgeber im Rahmen einer Betriebsratsgründung auch Verpflichtungen, welche im Rahmen der Stufe 2[337] durch verpflichtende Informationsveranstaltungen ausgebaut werden sollten. Allerdings kann es nicht die Aufgabe des Arbeitgebers sein, seinen „Gegenspieler", den Betriebsrat, auch noch ins Leben zu rufen, also zu initiieren. Die Einleitung und Durchführung einer Betriebsratswahl sollte rein den Arbeitnehmern bzw. der Arbeitnehmerseite überlassen bleiben.[338] Im Gegensatz zu Informationsveranstaltungen würde hier tatsächlich das Prinzip der Selbstbestimmung im Betriebsverfassungsgesetz konterkariert werden.[339] Im Rahmen der Forderung der Anträge der Fraktion DIE LINKE[340] hätte der Arbeitgeber im Anschluss an die Informationsveranstaltung die Gründungsphase des Betriebsrats einzuleiten, diese also zu initiieren. Die Initiativlast, welche in erster Linie den Arbeitnehmern auferlegt ist, läge dann nur noch mittelbar auf Arbeitnehmerseite[341], wodurch der Arbeitgeber zum Interessenwahrer der Gegenseite würde.[342] Sofern argumentiert wird, dass die Entscheidung und Initiative zur Fortführung der Betriebsratsgründung bei den Arbeitnehmern verbliebe,[343] ist dies zwar grundsätzlich korrekt, dennoch wird die Initiativlast von Arbeitnehmerseite auf den Arbeitgeber geschoben und somit umgekehrt. Es ist nicht Sache des Arbeitgebers, einen Betriebsrat zu gründen. Sofern sich Arbeitnehmer trotz Informationsveranstaltung des Arbeitgebers nicht zu einer Initiative durchringen können, gibt es keinen Betriebsrat. Der Arbeitgeber sollte nicht die Initiative zu einer Betriebsratsgründung leisten müssen, da es sonst zu einer Zwangsbeglückung[344]

---

335 Siehe B.I.3., S. 62.

336 *Reichold*, Betriebsverfassung als Sozialprivatrecht, S. 451; *Rieble*, ZIP 2001, 133 (136).

337 Siehe B.I.6.b)gg)(2), S. 87 ff.

338 *Hugo Sinzheimer Institut für Arbeitsrecht*, BT-Ausschussdrucks. 18(11)422, S. 2; *Schreck*, BT-Ausschussdrucks. 19(11)64, S. 2; *Heilmann*, BT-Ausschussdrucks. 19(11)76, S. 2; *Kummert*, BT-Ausschussdrucks. 19(11)79, S. 3.

339 *Bundesvereinigung der Deutschen Arbeitgeberverbände*, BT-Ausschussdrucks. 18(11)430, S. 1; *Bundesvereinigung der Deutschen Arbeitgeberverbände*, BT-Ausschussdrucks. 19 (11)81, S. 2.

340 BT-Drucks. 18/5327, S. 3; BT-Drucks 19/860, S. 2.

341 *Deutscher Gewerkschaftsbund*, BT-Ausschussdrucks. 19(11)78, S. 3.

342 *Arbeitgeberverband Gesamtmetall*, BT-Ausschussdrucks. 18(11)432, S. 2.

343 *Berger*, BT-Ausschussdrucks. 18(11)429, S. 7.

344 *Rieble*, ZIP 2001, 133 (135).

der Arbeitnehmer käme. Es ist zu akzeptieren, wenn die Belegschaft einheitlich keinen Betriebsrat will. Darüber hinaus stünde eine Überrumpelung der Arbeitnehmer im Raum, die sich unmittelbar nach einer Informationsveranstaltung mit weiteren Wahlen beschäftigen müssten, obwohl sie unter Umständen im Rahmen der Informationsveranstaltung erstmalig mit der Thematik des Betriebsrats beschäftigt wurden. Der Prozess der Willensbildung könnte in einem so kurzen Zeitraum nicht fundiert stattfinden. Auch die Argumentation, durch eine derartige Beteiligung des Arbeitgebers an der Betriebsratsgründung würden Ängste und Befürchtungen der Arbeitnehmer abgebaut werden,[345] überzeugt nicht. Zwar mag dies unter Umständen zutreffen, jedoch kann eine derartig weitreichende Verpflichtung vom Gesetzgeber nicht gewollt sein, da sich der Schutz der Arbeitnehmer nach dem Betriebsverfassungsgesetz eben nicht als Schutz um jeden Preis versteht. Demjenigen, der geschützt werden will, können und müssen gewisse Schritte, welche zur Initialisierung des Schutzes notwendig sind, abverlangt werden. Infolgedessen haben die Arbeitnehmer eine Betriebsratsgründung zu initiieren, nicht der Arbeitgeber.

Auch der Hinweis[346] auf das Personalvertretungsrecht und die Regelung des § 21 BPersVG, nach der der Leiter der Dienststelle eine Personalversammlung zur Wahl des Wahlvorstandes einzuberufen hat, wenn kein Personalrat besteht, hilft darüber nicht hinweg. Dies sollte nicht auf das Betriebsverfassungsgesetz übertragen werden. Im Rahmen der Betriebsverfassung sollte der Arbeitgeber nicht aktiv in den Prozess der Abhaltung von Betriebsratswahlen eingebunden werden, sondern die Wahl weiterhin Ausdruck des Willens der Beschäftigten bleiben.[347] Das Prinzip der Selbstorganisation der Arbeitnehmer muss hier beibehalten werden, da sonst die Grenzen und die geforderte Initiative verwischt würden.[348] Betriebsverfassungsrecht und Personalvertretungsrecht haben durchaus Gemeinsamkeiten, sind jedoch dennoch verschieden. Die Betriebsverfassung ist dem Privatrecht zugeordnet, das Personalvertretungsrecht dagegen dem öffentlichen Recht.[349] Letzteres ist geprägt von einem Subordinationsverhältnis;

---

345 *Konzernbetriebsrat der Asklepios Kliniken GmbH*, BT-Ausschussdrucks. 18(11)428, S. 2.

346 *Berger*, BT-Ausschussdrucks. 18(11)429, S. 7; *Absenger/Priebe*, WSI Mitteilungen 3/2016, 192 (194 f.); *Klocke*, Rechtsgutachten, S. 80.

347 *Krause*, BT-Ausschussdrucks. 19(11)75, S. 3.

348 *Düwell*, BT-Ausschussdrucks. 18(11)426, S. 2; *Heilmann*, BT-Ausschussdrucks. 19(11)76, S. 2.

349 *Germelmann*, in: Münchener Handbuch zum Arbeitsrecht, Band 4, § 359 Rn. 51.

das Privatrecht hingegen nicht.[350] Zudem sind die Funktionen der Interessenvertretungen unterschiedlich.[351] Grundlegend verschieden sind einerseits die übergeordnete Funktion der privatwirtschaftlichen Unternehmenstätigkeit und das durch die öffentliche Verwaltung gesteuerte Handeln.[352] Im Gegensatz zum privatwirtschaftlichen Handeln hat die öffentliche Tätigkeit einen Gemeinwohlbezug.[353] Darüber hinaus beeinflussen die Personalvertretungsorgane durch die Beteiligungsrechte zumindest mittelbar die öffentlich-rechtlichen Aufgaben der Verwaltung, indem sie an den öffentlich-rechtlichen Entscheidungen der Dienststelle mitwirken.[354] Anders als die Tätigkeit des Betriebsrats, hat die Tätigkeit der Personalvertretungsorgane Einfluss auf die der Verwaltung nach der verfassungsmäßigen Ordnung übertragenen Aufgaben und somit auf die parlamentarische Verantwortlichkeit der Verwaltung.[355] Eine Vergleichbarkeit scheidet somit aus.

#### *(4) Stufe 4/5: Bestellung Wahlvorstand/Betriebsrat*

Darüberhinausgehende Verpflichtungen sind dem Arbeitgeber dementsprechend gleichermaßen unzumutbar.[356]

Abzulehnen ist daher eine Verpflichtung des Arbeitgebers im Sinne der Stufe 4, also ihn zu einer – sei es unmittelbar oder nach einem Antrag entsprechend § 17 Abs. 4 S. 1 BetrVG – Bestellung des Wahlvorstandes zu verpflichten.[357] Zwar hat schon der damalige § 23 Abs. 2 und 3 BRG 1920 vorgesehen, dass der Arbeitgeber einen aus den drei ältesten wahlberechtigten Arbeitnehmern bestehenden Wahlvorstand zu bestellen hat, wenn bis dato kein Betriebsrat bestanden hat, allerdings kann dies nicht überzeugen. Es stellt sich insbesondere erneut die Kandidatenfrage.[358] Im Hinblick auf eine Bestellung nach einem Antrag der Arbeitnehmer würde der Antrag eine Initiative darstellen, sodass es an dieser nicht mangeln würde; es kann mithin verlangt werden, dass die Arbeitnehmer zu einer Betriebsversammlung einladen – eine Bestellung durch den Arbeitgeber wäre nicht notwendig.

---

350 *Lobinger*, RdA 2011, 76 (85).
351 *Germelmann*, in: Münchener Handbuch zum Arbeitsrecht, Band 4, § 359 Rn. 51.
352 *Germelmann*, in: Münchener Handbuch zum Arbeitsrecht, Band 4, § 359 Rn. 51.
353 *Germelmann*, in: Münchener Handbuch zum Arbeitsrecht, Band 4, § 359 Rn. 51.
354 *Germelmann*, in: Münchener Handbuch zum Arbeitsrecht, Band 4, § 359 Rn. 51.
355 *Germelmann*, in: Münchener Handbuch zum Arbeitsrecht, Band 4, § 359 Rn. 51.
356 Siehe B.I.6.b)gg)(3), S. 97 ff.
357 Im Ergebnis auch *Klocke*, Rechtsgutachten, S. 80.
358 Siehe B.I.6.b)bb)(2), S. 82 f.

Gleichfalls insbesondere aufgrund der Kandidatenfrage[359] abzulehnen, ist eine Regelung entsprechend der Stufe 5; der Arbeitgeber sollte nicht zu einer Bestellung des Betriebsrats verpflichtet werden.[360] Darüber hinaus ist der Betriebsrat ein Organ von Arbeitnehmern für Arbeitnehmer, aus dessen Bestellung sich der Arbeitgeber heraushalten sollte, um diesen Charakter zu bewahren. Den Arbeitnehmern sollte der finale Schritt überlassen bleiben, sie entscheiden über einen Betriebsrat. Ferner wären bis zu einer Bestellung durch den Arbeitgeber alle vorherigen Gründungsschritte durch die verschiedenen Beteiligten versucht worden, und letztlich gescheitert. Dies würde bedeuten, dass durch die Arbeitnehmer keine Kandidaten für eine Betriebsratswahl gefunden wurden, oder eine Wahl nicht stattgefunden hat. Daraus folgt aber im Ergebnis, dass die Arbeitnehmer sich gegen einen Betriebsrat entschieden haben, weshalb es nicht sinnvoll wäre, ihnen einen Betriebsrat „aufzubrummen", wenn dies keiner (mehr) will. Zumal würde die Betriebsratsarbeit dann von Arbeitnehmern verrichtet werden, die keinen Betriebsrat (mehr) wollen. Dies würde sich in der Qualität der Betriebsratsarbeit niederschlagen und im Ergebnis der Wichtigkeit des Betriebsrats nicht gerecht werden.

Bei den Stufen 4 und 5 stellt sich zudem die Frage der verfassungsrechtlichen Grenzen des Gesetzgebers.[361] Aufgrund der gravierenden Unterschiede[362] zwischen der Betriebs- und der Personalratsverfassung – in letzterer ist Stufe 4 in § 21 BPersVG umgesetzt – scheidet eine Vergleichbarkeit aus. Die Unternehmensmitbestimmung hat das BVerfG[363] als noch verfassungsgemäß eingestuft. Ähnliche verfassungsrechtliche Bedenken wie bei der Unternehmensmitbestimmung würden wohl auch Maßnahmen der Stufen 4 und 5 in der Betriebsverfassung auslösen, insbesondere im Hinblick auf die Grundrechte des Arbeitgebers aus Art. 14 Abs. 1, Art. 12 Abs. 1 und Art. 2 Abs. 1 GG sowie die Koalitionsfreiheit des Art. 9 Abs. 3 GG. Ein näheres Eingehen hierauf unterbleibt allerdings, da Maßnahmen nach den Stufen 4 und 5 nicht in Betracht kommen.

---

359 Siehe B.I.6.b)bb)(2), S. 82 f.

360 Im Ergebnis auch *Klocke*, Rechtsgutachten, S. 80.

361 Zu den Grundrechten in der Betriebsverfassung: *Clodius*, Die Bedeutung der Grundrechte im Betriebsverfassungsgesetz, S. 23 ff, 34 ff.

362 Siehe B.I.6.b)gg)(3), S. 99 f.

363 BVerfG, Urteil vom 01.03.1979 – 1 BvR 532, 533/77, 419/78, 1 BvL 21/78, NJW 1979, 699.

### *(5) Zwischenergebnis*

Zusammenfassend sollte ein Ausbau der Verpflichtungen gemäß Stufe 2 erfolgen. Der Arbeitgeber sollte verpflichtet werden, einmal pro Kalenderjahr eine Informationsveranstaltung abzuhalten, sofern nicht der Gesamt- bzw. Konzernbetriebsrat bereits eine solche abgehalten hat. In dieser muss der Arbeitgeber zum einen über wesentliche Punkte, die im Rahmen einer Gründung Relevanz besitzen, informieren. Zum anderen muss er einen ersten Überblick über die Verantwortung des Betriebsrats und dessen Aufgaben geben. Darüberhinausgehende Verpflichtungen der Stufen 3 bis 5 sind dem Arbeitgeber nicht zumutbar und daher abzulehnen.

## *c) Erweiterung der arbeitsgerichtlichen Möglichkeiten*

Möglich, aber im Ergebnis abzulehnen, ist eine Erweiterung der Möglichkeiten des Arbeitsgerichts im Rahmen einer Betriebsratsgründung.

Nach § 17 Abs. 4 BetrVG bestellt das Arbeitsgericht auf Antrag von mindestens drei Arbeitnehmern oder einer im Betrieb vertretenen Gewerkschaft einen Wahlvorstand, wenn trotz Einladung keine Betriebsversammlung stattgefunden hat oder diese keinen Wahlvorstand gewählt hat. Der Antrag beim Arbeitsgericht ist somit ultima ratio, alle vorherigen Schritte des Gründungsversuchs müssen unternommen und gescheitert sein. Gerichtliche Hilfe soll erst dann in Anspruch genommen werden können, wenn anderenfalls keine Aussicht auf Erfolg besteht.

Vor diesem Hintergrund ist es abzulehnen, die Bestellung des Wahlvorstands durch das Arbeitsgericht allgemein zuzulassen, ohne dass vorher der Weg über die Betriebsversammlung beschritten werden muss. Die Gerichtsbarkeiten sind stets das letzte Mittel und nicht allgemeine Anlaufstelle. Dies sollte nicht geändert werden. Ferner spricht dagegen, dass für eine Bestellung des Wahlvorstands durch das Arbeitsgericht ein Antrag notwendig ist, der von mindestens drei Arbeitnehmern oder einer im Betrieb vertretenen Gewerkschaft gestellt werden muss. Dieser Antrag stellt jedoch eine Initiative zur Betriebsratsgründung dar; an einer Initiative würde es mithin nicht mangeln. Aus diesem Grund sollte der Initiative nachgegangen und wie bisher gefordert werden, zunächst die zur Verfügung stehenden Mittel (Betriebsversammlung) auszuschöpfen, ehe als ultima ratio arbeitsgerichtliche Hilfe in Anspruch genommen werden darf. Würde man generell eine Bestellung durch das Arbeitsgericht zulassen, müsste wohl zudem das Personal der Arbeitsgerichte aufgestockt werden, damit Anträge auch zeitnah bearbeitet werden können; die Arbeitsgerichte unterliegen einem hohen

Arbeitspensum. Demgegenüber gibt es jedoch effektivere Möglichkeiten Initiativen zu steigern,[364] die den Steuerzahler zudem weniger belasten.

Aus gleichen Gründen abzulehnen ist eine Bestellung des Betriebsrats durch das Arbeitsgericht. Der Betriebsrat ist ein Organ von Arbeitnehmern für Arbeitnehmer und gerichtliche Hilfe ultima ratio. Die Wahl eines Betriebsrats muss bei den Arbeitnehmern verbleiben.

## 7. Umsetzung

Die Verpflichtung des Arbeitgebers zu Informationsveranstaltungen sowie die Berechtigung des Gesamt- bzw. Konzernbetriebsrats hierzu, könnten durch nachfolgende Änderungen in das Betriebsverfassungsgesetz eingearbeitet werden:

### Neufassung des § 1 Abs. 1 S. 1 BetrVG

*In Betrieben mit in der Regel mindestens fünf ständigen wahlberechtigten Arbeitnehmern, von denen drei wählbar sind, sind Betriebsräte zu wählen.*

### Einfügung eines § 1a BetrVG – Informationsveranstaltung des Arbeitgebers

(1) *Besteht in einem Betrieb, der die Voraussetzungen des § 1 Abs. 1 Satz 1 erfüllt, kein Betriebsrat, ist der Arbeitgeber verpflichtet, einmal im Kalenderjahr für die Arbeitnehmer eine Informationsveranstaltung abzuhalten. Den Arbeitnehmern müssen dabei insbesondere Informationen über die Voraussetzungen und die Gründung eines Betriebsrats vermittelt sowie ein Überblick über die Verantwortung und Aufgaben des Betriebsrats gegeben werden, wobei jeweils auch auf den konkreten Betrieb einzugehen ist. Der Arbeitgeber darf sich hierzu Dritter bedienen.*

(2) *Der Arbeitgeber kann von der Informationsveranstaltung gemäß Abs. 1 absehen, wenn der Gesamtbetriebsrat oder, falls ein solcher nicht besteht, der Konzernbetriebsrat gemäß § 17 Abs. 1 Satz 3 im Kalenderjahr bereits eine solche Informationsveranstaltung abgehalten hat.*

### Einfügung eines § 17 Abs. 1 S. 3 BetrVG

*Hierzu ist es dem Gesamtbetriebsrat oder, falls ein solcher nicht besteht, dem Konzernbetriebsrat einmal im Kalenderjahr erlaubt, insbesondere Informationsveranstaltungen gemäß § 1a Abs. 1 Satz 2 durchzuführen.*

---

364 Siehe B.I.6.a), S. 75 f. sowie B.I.6.b)gg)(2), S. 87 ff.

## Neufassung des § 121 Abs. 1 BetrVG

*Ordnungswidrig handelt, wer eine der in § 1a Abs. 1, § 90 Abs. 1, 2 Satz 1, § 92 Abs. 1 Satz 1 auch in Verbindung mit Abs. 3, § 99 Abs. 1, § 106 Abs. 2, § 108 Abs. 5, § 110 oder § 111 bezeichneten Aufklärungs- oder Auskunftspflichten nicht, wahrheitswidrig, unvollständig oder verspätet erfüllt.*

## II. Kündigungsschutz

Der Kündigungsschutz für Mitbestimmungsträger im Rahmen der Betriebsverfassung ist hauptsächlich in § 15 KSchG geregelt. Weitere Schutznormen sind daneben insbesondere im Betriebsverfassungsgesetz zu finden. Bei näherer Betrachtung des Kündigungsschutzes offenbaren sich allerdings Schutzlücken. Zwar hat bereits das Betriebsrätemodernisierungsgesetz[365] im Ansatz damit begonnen, diese Lücken zu schließen, erreicht dies allerdings nicht.

### 1. Status quo

Betrachtet man den Lebenszyklus eines Betriebsrats, ergeben sich sieben verschiedene Funktionen von Arbeitnehmern, zwischen denen hinsichtlich des Kündigungsschutzes zu differenzieren ist. Hierzu zählen die Wahlinitiatoren, die Bewerber und (Ersatz)Mitglieder des Wahlvorstands sowie die Bewerber und (Ersatz)Mitglieder des Betriebsrats. § 15 KSchG schützt nicht jede dieser Funktionen.

#### *a) Schutzumfang des § 15 KSchG*

§ 15 KSchG gilt unabhängig von der Betriebsgröße. Geschützt werden auch Arbeitnehmer in Kleinbetrieben, da § 23 Abs. 1 S. 2 und 3 KSchG nur bestimmte Vorschriften des ersten Abschnitts von der Geltung ausklammert, nicht jedoch die des zweiten Abschnitts, zu welchen § 15 KSchG gehört.[366] Ausnahmen vom Sonderkündigungsschutz nach § 15 Abs. 1 bis 3a KSchG sind allerdings in § 15 Abs. 4 und 5 KSchG geregelt. Bei der Stilllegung eines gesamten Betriebs (§ 15 Abs. 4 KSchG) oder einzelner Betriebsabteilungen (§ 15 Abs. 5 KSchG) ist eine ordentliche Kündigung ausnahmsweise möglich. Ebenso gilt der Sonderkündigungsschutz nicht für Mitglieder des Betriebsrats und des Wahlvorstands, wenn die Beendigung von deren Mitgliedschaft auf einer gerichtlichen Entscheidung beruht (§ 15 Abs. 1 S. 2 HS. 2, Abs. 3 S. 2 HS. 2 KSchG).

Bei der Beurteilung des Sonderkündigungsschutzes gemäß § 15 KSchG, insbesondere ob und inwieweit ein solcher greift, ist auf den Zeitpunkt des Zugangs der Kündigung abzustellen.[367] Wurden Kündigungen ausgesprochen, bevor der

---

365 BGBl. 2021 I, S. 1762, gem. Art. 6 in Kraft getreten am 18.06.2021.

366 *Eylert/Sänger*, RdA 2010, 24 (25).

367 *Eylert/Sänger*, RdA 2010, 24 (27); *Grau/Schaut*, BB 2014, 757 (758).

Sonderkündigungsschutz eintritt, sind diese nicht vom Sonderkündigungsschutz erfasst, selbst wenn die Kündigungsfrist erst nach Eintreten des Schutzes endet.[368]

Wurde entgegen des § 15 KSchG eine unzulässige (außer)ordentliche Kündigung ausgesprochen, ist die Kündigung aufgrund Verstoßes gegen ein Schutzgesetz nach § 134 BGB unheilbar nichtig.[369] Die Darlegungs- und Beweislast hierfür trägt der Arbeitnehmer.[370]

Beim Schutzumfang des § 15 KSchG ist zwischen den sieben Funktionen der Arbeitnehmer zu unterscheiden.

### *aa) Mitglieder des Betriebsrats*

§ 15 Abs. 1 KSchG schützt die Mitglieder des Betriebsrats. Nach § 15 Abs. 1 S. 1 KSchG ist die Kündigung eines Betriebsratsmitglieds unzulässig, es sei denn, es liegen Tatsachen vor, die den Arbeitgeber zur Kündigung aus wichtigem Grund ohne Einhaltung einer Kündigungsfrist berechtigen, und dass die nach § 103 BetrVG erforderliche Zustimmung des Betriebsrats vorliegt oder durch das Arbeitsgericht ersetzt ist.[371] Es wird also nicht nur die ordentliche Kündigung ausgeschlossen, sondern es bedarf zur außerordentlichen Kündigung noch der Zustimmung des Betriebsrats oder deren Ersetzung nach § 103 BetrVG. Die Zustimmung des Betriebsrats ist Wirksamkeitsvoraussetzung für eine Kündigung. Betriebsratsmitgliedern wird damit ein Vollschutz gewährt.[372] Dieser Vollschutz setzt mit der Bekanntgabe des Wahlergebnisses oder, wenn zu diesem Zeitpunkt ein Betriebsrat noch besteht, mit Ablauf von dessen Amtszeit ein (§ 21 S. 2 BetrVG). Im letzteren Fall besteht im Zeitraum ab der Bekanntgabe des Wahlergebnisses bis zum Beginn der Amtszeit der nachwirkende Kündigungsschutz eines Wahlbewerbers nach § 15 Abs. 3 S. 2 KSchG. Dieser nachwirkende Kündigungsschutz wird um die analoge Anwendung des § 103 BetrVG ergänzt, damit dem gewählten Mandatsträger der nach dem Gesetz beabsichtigte effektive Kündigungsschutz (Vollschutz) gewährt werden kann.[373] Im Anschluss an

---

368 *Schindele/Söhl*, ArbRAktuell 2013, 124 (125).

369 BAG, Urteil vom 07.10.2004 – 2 AZR 81/04, in: NZA 2005, 156 (158); *Eylert/Sänger*, RdA 2010, 24 (25); *Grau/Schaut*, BB 2014, 757 (760).

370 BAG, Urteil vom 31.07.2014 – 2 AZR 505/13, in: NZA 2015, 245 (247); *Linck*, in: Ascheid/Preis/Schmidt, KSchG, § 15 Rn. 47.

371 Dazu eingehend *Richter*, ArbRAktuell 2016, 591; *Besgen*, NZA 2011, 133.

372 *Eylert/Sänger*, RdA 2010, 24 (25, 27).

373 *Kania*, in: Erfurter Kommentar, § 15 KSchG Rn. 17; *Linck*, in: Ascheid/Preis/Schmidt, KSchG, § 15 Rn. 58.

die Amtszeit kommt Betriebsratsmitgliedern für ein Jahr der nachwirkende Kündigungsschutz des § 15 Abs. 1 S. 2 KSchG zugute.[374] Hiernach ist die Kündigung eines Betriebsratsmitglieds innerhalb eines Jahres nach Beendigung der Amtszeit unzulässig, sofern sich der Arbeitgeber nicht auf einen wichtigen Grund für eine außerordentliche Kündigung stützen kann. Die ordentliche Kündigung bleibt zwar ausgeschlossen, jedoch ist die Zustimmung des Betriebsrats bzw. deren Ersetzung nach § 103 BetrVG nicht mehr notwendig.

#### *bb) Mitglieder des Wahlvorstands, Bewerber für den Betriebsrat*

§ 15 Abs. 3 KSchG widmet sich den Mitgliedern des Wahlvorstands sowie Wahlbewerbern. Gemäß § 15 Abs. 3 S. 1 KSchG ist die Kündigung eines Mitglieds des Wahlvorstands vom Zeitpunkt seiner Bestellung an, die Kündigung eines Wahlbewerbers vom Zeitpunkt der Aufstellung des Wahlvorschlags an, jeweils bis zur Bekanntgabe des Wahlergebnisses unzulässig, es sei denn, es liegen Tatsachen vor, die den Arbeitgeber zur Kündigung aus wichtigem Grund ohne Einhaltung einer Kündigungsfrist berechtigen, und dass die nach § 103 BetrVG erforderliche Zustimmung vorliegt oder durch eine gerichtliche Entscheidung ersetzt ist.[375] Sollte noch kein Betriebsrat bestehen, welcher eine Zustimmung erklären könnte, hat der Arbeitgeber unmittelbar ein Zustimmungsersetzungsverfahren vor dem Arbeitsgericht nach § 103 Abs. 2 BetrVG durchzuführen.[376] Hier wird somit auch ein Vollschutz gewährt. Weiter ordnet § 15 Abs. 3 S. 2 KSchG einen nachwirkenden Kündigungsschutz an. Danach ist die Kündigung eines Mitglieds des Wahlvorstands sowie eines Wahlbewerbers innerhalb von sechs Monaten nach Bekanntgabe des Wahlergebnisses unzulässig, es sei denn, es liegen Tatsachen vor, die den Arbeitgeber zur Kündigung aus wichtigem Grund ohne Einhaltung einer Kündigungsfrist berechtigen. Eine Zustimmung des Betriebsrats nach § 103 BetrVG ist nicht mehr nötig.

Der Kündigungsschutz für Mitglieder des Wahlvorstands greift ab deren Bestellung. Die Bestellung erfolgt durch den bestehenden Betriebsrat, den Gesamt- bzw. Konzernbetriebsrat oder das Arbeitsgericht (§§ 16, 17, 17a BetrVG). Im Falle der Bestellung durch das Arbeitsgericht beginnt der Sonderkündigungsschutz nach § 15 Abs. 3 S. 1 KSchG mit der Verkündung des Einsetzungsbeschlusses, nicht erst mit dessen Rechtskraft.[377] Sofern noch kein

---

374 *Eylert/Sänger*, RdA 2010, 24 (25, 27).

375 Auf Wahlbewerber eingehend: *Schindele/Söhl*, ArbRAktuell 2013, 124.

376 BAG, Urteil vom 30.05.1978 – 2 AZR 637/76, in: NJW 1980, 80 (80 f.).

377 BAG, Urteil vom 26. 11. 2009 – 2 AZR 185/08, in: NZA 2010, 443 (443 f.).

Betriebsrat besteht, gilt die Wahl auf einer Betriebs- oder Wahlversammlung als „Bestellung" im Sinne des § 15 Abs. 3 S. 1 KSchG.[378] Besondere Anforderungen über die Wahlberechtigung nach § 7 BetrVG hinaus werden nicht an Mitglieder des Wahlvorstands gestellt, sodass auch nicht wählbare Arbeitnehmer (bspw. Probezeit) den Sonderkündigungsschutz erlangen können.[379]

Als Wahlbewerber im Sinne der Vorschrift gelten jedoch nur solche, die für das Amt des Betriebsrats kandidieren, nicht diejenigen, die sich für den Wahlvorstand bewerben.[380] Für die Einordnung als Wahlbewerber und den damit zusammenhängenden Kündigungsschutz muss der im Zeitpunkt der Wahl[381] wählbare[382] Arbeitnehmer in einem Wahlvorschlag nach § 14 Abs. 3 BetrVG gelistet sein.[383] Weiter muss für die „Aufstellung" eines Wahlvorschlags ein Wahlvorstand bestellt sein und der Wahlvorschlag die nach § 14 Abs. 4 BetrVG erforderliche Anzahl von Stützunterschriften aufweisen.[384] Eine Begrenzung auf eine maximal zulässige Anzahl an Wahlbewerbern gibt es nicht.[385] Grenzen können jedoch unter Umständen durch Rechtsmissbrauch gesetzt werden,[386] wenn also Arbeitnehmer die an sich rechtlich mögliche Gestaltung in einer mit Treu und Glauben unvereinbaren Weise nur dazu verwenden, sich zum Nachteil eines anderen Vorteile zu verschaffen, die nach dem Zweck der Norm und des Rechtsinstituts nicht vorgesehen sind.[387]

Der Kündigungsschutz des § 15 Abs. 3 S. 1 KSchG endet mit der Bekanntgabe des Wahlergebnisses gemäß § 18 Abs. 3 BetrVG in Verbindung mit §§ 18, 3 Abs. 4 WO.[388]

---

378 BAG, Urteil vom 07.05.1986 – 2 AZR 349/85, in: NZA 1986, 753 (754).

379 *Windeln*, ArbRB 2017, 284 (285).

380 BAG, Urteil vom 31.07.2014 – 2 AZR 505/13, in: NZA 2015, 245 (247 f.).

381 BAG, Urteil vom 07.07.2011 – 2 AZR 377/10, in: NZA 2012, 107 (109 f.); *Grimm*, ArbRB 2012, 8.

382 BAG, Urteil vom 26.09.1996 – 2 AZR 528/95, in: NZA 1997, 666 (667).

383 *Schindele/Söhl*, ArbRAktuell 2013, 124 (124).

384 BAG, Urteil vom 07.07.2011 – 2 AZR 377/10, in: NZA 2012, 107 (107 f.); BAG, Urteil vom 19.04.2012 – 2 AZR 299/11, in: NJOZ 2012, 2181 (2182).

385 *Windeln*, ArbRB 2017, 284 (286); *Ziegler/Mosch*, NJW-Spezial 2010, 242 (242).

386 *Grau/Schaut*, BB 2014, 757 (757 f.).

387 BAG, Urteil vom 18.07.2012 – 7 AZR 443/09, in: NZA 2012, 1351 (1357).

388 *Grau/Schaut*, BB 2014, 757 (759); *Ziegler/Mosch*, NJW-Spezial 2010, 242 (242).

### *cc) Wahlinitiatoren*

Der Kündigungsschutz von Wahlinitiatoren war bis 17.06.2021 in § 15 Abs. 3a KSchG geregelt. Seit dem 18.06.2021, dem Inkrafttreten des Betriebsrätemodernisierungsgesetzes[389], werden Wahlinitiatoren zusätzlich über § 15 Abs. 3b KSchG geschützt.

Nach § 15 Abs. 3a S. 1 HS. 1 KSchG ist die Kündigung eines Arbeitnehmers, der zu einer Betriebs- oder Wahlversammlung einlädt oder die Bestellung eines Wahlvorstands beim Arbeitsgericht beantragt, vom Zeitpunkt der Einladung oder Antragstellung an, bis zur Bekanntgabe des Wahlergebnisses unzulässig, es sei denn, es liegen Tatsachen vor, die den Arbeitgeber zur Kündigung aus wichtigem Grund ohne Einhaltung einer Kündigungsfrist berechtigen. Wahlinitiatoren können demnach für sich keinen Vollschutz beanspruchen.[390] Zwar ist die ordentliche Kündigung ausgeschlossen, einer Zustimmung des Betriebsrats nach § 103 BetrVG oder deren Ersetzung bedarf es hingegen nicht. Allerdings kommt auch ihnen eine Art nachwirkender Schutz zugute. Nach § 15 Abs. 3a S. 2 KSchG besteht der Kündigungsschutz nach Satz 1 vom Zeitpunkt der Einladung oder Antragstellung an drei Monate, wenn kein Betriebsrat gewählt wird. Der Kündigungsschutz des § 15 Abs. 3a KSchG galt dabei bis 17.06.2021 jeweils für die ersten drei in der Einladung oder Antragstellung aufgeführten Arbeitnehmer (§ 15 Abs. 3a S. 1 HS. 2 KSchG). Durch das Betriebsrätemodernisierungsgesetz[391] gilt der Kündigungsschutz des § 15 Abs. 3a S. 1 HS. 1 KSchG nunmehr für die ersten sechs in der Einladung, oder die ersten drei in der Antragstellung aufgeführten Arbeitnehmer.

Der Kündigungsschutz des § 15 Abs. 3a S. 1 KSchG beginnt mit dem Zeitpunkt der Einladung zu einer Betriebs- oder Wahlversammlung bzw. der Antragstellung beim Arbeitsgericht. Eine Einladung in diesem Sinne liegt allerdings erst vor, wenn diese den Arbeitnehmern zugegangen ist, wie beispielsweise durch Aushang im Betrieb.[392] Für die Antragstellung wird auf den Zeitpunkt des Zugangs des Antrags beim Arbeitsgericht abgestellt.[393] Erst ab der Einladung bzw. Antragsstellung entfaltet eine Initiative eine merkliche Außenwirkung.[394] Die Einladung muss dabei mindestens drei Arbeitnehmer benennen,[395]

---

389 BGBl. 2021 I, S. 1762, gem. Art. 6 in Kraft getreten am 18.06.2021.

390 *Eylert/Sänger*, RdA 2010, 24 (25, 27).

391 BGBl. 2021 I, S. 1762, gem. Art. 6 in Kraft getreten am 18.06.2021.

392 *Schmid/Eckart*, DB 2017, 1649 (1653); *Ziegler/Mosch*, NJW-Spezial 2010, 242 (243).

393 *Ziegler/Mosch*, NJW-Spezial 2010, 242 (243).

394 *Nebeling/Tüx*, BB 2014, 1402 (1403).

395 *Thüsing*, in: Richardi, BetrVG, § 17 Rn. 14.

die Antragstellung hingegen von mindestens drei Arbeitnehmern unterzeichnet sein.[396]

Auch der Kündigungsschutz des § 15 Abs. 3a S. 1 KSchG endet mit Bekanntgabe des Wahlergebnisses gemäß § 18 Abs. 3 BetrVG in Verbindung mit §§ 18, 3 Abs. 4 WO.[397]

Neu durch das Betriebsrätemodernisierungsgesetz[398] eingeführt wurde nach § 15 Abs. 3b KSchG ein Kündigungsschutz für Vorfeld-Wahlinitiatoren. Hiernach ist die Kündigung eines Arbeitnehmers, der Vorbereitungshandlungen zur Errichtung eines Betriebsrats unternimmt und eine öffentlich beglaubigte Erklärung mit dem Inhalt abgegeben hat, er beabsichtige einen Betriebsrat zu errichten, unzulässig, soweit sie aus Gründen erfolgt, die in der Person oder in dem Verhalten des Arbeitnehmers liegen, es sei denn, es liegen Tatsachen vor, die den Arbeitgeber zur Kündigung aus wichtigem Grund ohne Einhaltung einer Kündigungsfrist berechtigen (§ 15 Abs. 3b S. 1 KSchG).[399] Auch hier wird somit kein Vollschutz gewährt. Nach § 15 Abs. 3b S. 2 KSchG gilt dieser Kündigungsschutz von der Abgabe der öffentlich beglaubigten Erklärung bis zum Zeitpunkt der Einladung zu einer Betriebs- oder Wahlversammlung, längstens jedoch für drei Monate.

Als Vorbereitungshandlung im Sinne des § 15 Abs. 3b S. 1 KSchG gilt dabei jedes für Dritte erkennbare Verhalten, das zur Vorbereitung einer Betriebsratswahl geeignet ist, wie beispielsweise Gespräche mit anderen Arbeitnehmern über gründungsrelevante Themen, oder eine Kontaktaufnahme zu Gewerkschaften zur Informationsbeschaffung.[400] Vorbereitungshandlungen, die zeitlich vor Beglaubigung der Absichtserklärung unternommen werden, sind nicht vom Schutzbereich umfasst.[401] Weiter muss die öffentlich beglaubigte Absichtserklärung den Anforderungen des § 129 BGB entsprechen. Sie kann vom Arbeitnehmer selbst verfasst sein, muss jedoch als Informationen dessen Namen, Geburtsdatum, Adresse, die möglichst konkrete Bezeichnung des Unternehmens und dessen Betrieb, in dem der Arbeitnehmer die Betriebsratsgründung anstrebt, sowie die Erklärung der Absicht hierzu enthalten, wobei die Unterschrift notariell beglaubigt werden muss und die Absichtserklärung daher

---

396 *Eylert/Sänger*, RdA 2010, 24 (27).
397 *Ziegler/Mosch*, in: NJW-Spezial 2010, 242; *Grau/Schaut*, in: BB 2014, 757 (759).
398 BGBl. 2021 I, S. 1762, gem. Art. 6 in Kraft getreten am 18.06.2021.
399 Dazu eingehend *Reinartz*, NZA-RR 2022, 457 (469 f.).
400 BT-Drucks. 19/28899, S. 24.
401 BT-Drucks. 19/28899, S. 25.

nach Nummer 25100 KV GNotKG Kosten zwischen EUR 20,00 und EUR 70,00 zuzüglich Umsatzsteuer auslösen wird.[402]

### *dd) Ersatzmitglieder des Betriebsrats*

Ersatzmitglieder werden in § 15 KSchG nicht ausdrücklich erwähnt. Die Funktion als Ersatzmitglied gewährt als solche noch keinen Sonderkündigungsschutz.[403]

Ersatzmitglieder des Betriebsrats (§ 25 BetrVG) verfügen jedoch zunächst über den nachwirkenden Kündigungsschutz eines nicht gewählten Wahlbewerbers im Sinne des § 15 Abs. 3 S. 2 KSchG.[404] Sobald ein Ersatzmitglied für ein ausgeschiedenes Betriebsratsmitglied nachrückt, fällt es unter den Kündigungsschutz des § 15 Abs. 1 S. 1 KSchG (Vollschutz).[405] Dies gilt ebenso für den Fall der Vertretung eines nur zeitweilig verhinderten Betriebsratsmitglieds.[406] Der Sonderkündigungsschutz beginnt jeweils mit dem Eintritt des Verhinderungsfalles, wobei unter Umständen eine kurze Vorbereitungszeit hinzukommen kann.[407] Weiter tritt der Sonderkündigungsschutz unabhängig von einer Kenntnis[408] ein und besteht für die gesamte Vertretungszeit[409]. Endet die zeitweise Vertretung durch Wegfall der Verhinderung, endet der Kündigungsschutz des § 15 Abs. 1 S. 1 KSchG.[410] Allerdings können sich vorübergehend nachgerückte Ersatzmitglieder im Anschluss auf den nachwirkenden Kündigungsschutz des § 15 Abs. 1 S. 2 KSchG berufen, sofern sie während der Vertretung tatsächlich Betriebsratsaufgaben wahrgenommen haben.[411] Der Kündigungsschutz wird durch jeden Vertretungsfall aufs Neue ausgelöst.[412]

---

402 BT-Drucks. 19/28899, S. 24.

403 *Eylert/Sänger*, RdA 2010, 24 (26); *Wertheimer*, in: Löwisch/Schlünder/Spinner/Wertheimer, KSchG, § 15 Rn. 34; dazu eingehend: *Oehlschläger*, NZA 2021, 396.

404 *Ziegler/Mosch*, NJW-Spezial 2010, 242 (243).

405 *Uhlmann*, NZA 2000, 576 (576, 582); *Ziegler/Mosch*, NJW-Spezial 2010, 242 (243).

406 *Eylert/Sänger*, RdA 2010, 24 (26); *Ziegler/Mosch*, NJW-Spezial 2010, 242 (243).

407 BAG, Urteil vom 17.01.1979 – 5 AZR 891/77, in: AP KSchG 1969 § 15 Nr. 5; *Uhlmann*, NZA 2000, 576 (582); *Ziegler/Mosch*, NJW-Spezial 2010, 242 (243).

408 *Eylert/Sänger*, RdA 2010, 24 (26); *Uhlmann*, NZA 2000, 576 (582).

409 BAG, Urteil vom 17.01.1979 – 5 AZR 891/77, in: AP KSchG 1969 § 15 Nr. 5; *Uhlmann*, NZA 2000, 576 (582); *Ziegler/Mosch*, NJW-Spezial 2010, 242 (243).

410 *Uhlmann*, NZA 2000, 576 (582).

411 BAG, Urteil vom 19.04.2012 – 2 AZR 233/11, in: NZA 2012, 1449 (1451); *Niklas*, ArbRB 2020, 250 (252); *Ziegler/Mosch*, NJW-Spezial 2010, 242 (243).

412 *Niklas*, ArbRB 2020, 250 (252).

### *ee) Bewerber und Ersatzmitglieder des Wahlvorstands*

Bewerber für den Wahlvorstand sind nicht von der Vorschrift des § 15 Abs. 3 KSchG erfasst, da hierunter nur Wahlbewerber für das Amt des Betriebsrats fallen.[413] Da Bewerber für den Wahlvorstand nicht in § 15 KSchG genannt sind, kann ihnen Sonderkündigungsschutz nach dieser Norm nur zukommen, wenn sie zugleich Wahlinitiatoren sind. Dann fallen sie unter den Schutz des § 15 Abs. 3a und/oder 3b KSchG. Anderenfalls sind sie nicht von § 15 KSchG geschützt.

Gleiches gilt für Ersatzmitglieder des Wahlvorstands. Diese können nach § 16 Abs. 1 S. 4 BetrVG bestellt werden, sind jedoch nicht in § 15 KSchG aufgeführt. Ihnen kommt nur in zwei Fällen Sonderkündigungsschutz nach § 15 KSchG zu. Zum einen derjenige des § 15 Abs. 3a und/oder 3b KSchG, wenn sie zugleich Wahlinitiatoren sind. Zum anderen derjenige des § 15 Abs. 3 KSchG, wenn die Ersatzmitglieder für ein verhindertes oder ausgeschiedenes Wahlvorstandsmitglied in den Wahlvorstand nachrücken. Der nachwirkende Kündigungsschutz endet dann jedoch nicht sechs Monate nach Bekanntgabe des Wahlergebnisses, sondern sechs Monate nach dem Ende der Tätigkeit.[414]

---

413 BAG, Urteil vom 31.07.2014 – 2 AZR 505/13, in: NZA 2015, 245 (247 f.).

414 BAG, Urteil vom 19.04.2012 – 2 AZR 233/11, NZA 2012, 1449 (1451).

### *b) Übersicht*

Hieraus ergibt sich folgende Übersicht über den Sonderkündigungsschutz des § 15 KSchG:

| | Amtsschutz | | Nachwirkender Schutz | | |
|---|---|---|---|---|---|
| | Dauer | Kündigung möglich, wenn | Dauer (Jahr) | Kündigung möglich, wenn | KSchG |
| Mitglieder Betriebsrat | Mitgliedschaft Betriebsrat | Grund für außerordentliche fristlose Kündigung + Zustimmung nach § 103 BetrVG oder Ersetzung | 1 | Grund für außerordentliche fristlose Kündigung | § 15 Abs. 1 |
| Ersatzmitglieder Betriebsrat | / | | / | | / |
| Bewerber Betriebsrat | Aufstellung Wahlvorschlag bis Bekanntgabe Wahlergebnis | Grund für außerordentliche fristlose Kündigung + Zustimmung nach § 103 BetrVG oder Ersetzung | ½ | Grund für Außerordentliche fristlose Kündigung | § 15 Abs. 3 |
| Mitglieder Wahlvorstand | Bestellung bis Bekanntgabe Wahlergebnis | Grund für außerordentliche fristlose Kündigung + Zustimmung nach § 103 BetrVG oder Ersetzung | ½ | Grund für außerordentliche fristlose Kündigung | § 15 Abs. 3 |
| Ersatzmitglieder Wahlvorstand | / | | / | | / |
| Bewerber Wahlvorstand | / | | / | | / |
| Wahlinitiatoren (die ersten sechs Einladenden oder die ersten drei Antragsteller) | Einladung/ Antragstellung bis Bekanntgabe Wahlergebnis | Grund für außerordentliche fristlose Kündigung | ¼ | Grund für außerordentliche fristlose Kündigung (Zeitraum gilt ab Einladung/ Antragstellung <u>nur</u> dann, wenn kein Betriebsrat gewählt wird) | § 15 Abs. 3a |
| Wahlinitiatoren (Vss.: Vorbereitungshandlung + Absichtserklärung) | Abgabe der Absichtserklärung bis Einladung | betriebsbedingt <u>oder</u> Grund für außerordentliche fristlose Kündigung | ¼ | betriebsbedingt <u>oder</u> Grund für außerordentliche fristlose Kündigung (Zeitraum gilt ab Abgabe der Absichtserklärung) | § 15 Abs. 3b |

## 2. Entwicklung des § 15 KSchG

Die heutige Fassung des § 15 KSchG hat sich in über 100 Jahren und insgesamt acht Schritten entwickelt. Dies zeigt, dass der Sonderkündigungsschutz von Beginn an lückenhaft war und die jeweiligen Nachbesserungen nicht ausgereicht haben.

Seinen Anfang nahm der Sonderkündigungsschutz von Organen der Betriebsverfassung 1920. Im damaligen § 96 Abs. 1 BRG 1920 war geregelt, dass es zur Kündigung des Dienstverhältnisses eines Mitglieds einer Betriebsvertretung durch den Arbeitgeber, oder zu seiner Versetzung in einen anderen Betrieb, der Zustimmung der Betriebsvertretung bedarf. Dieser Zustimmung bedurfte es gemäß § 96 Abs. 2 BRG 1920 nicht, wenn es sich um Entlassungen handelte, die auf einer gesetzlichen oder tarifvertraglichen oder durch Schiedsspruch eines Schlichtungsausschusses oder einer vereinbarten Einigungs- oder Schiedsstelle auferlegten Verpflichtung beruhen, oder bei Entlassungen, die durch Stilllegung des Betriebs erforderlich waren. Ferner war die Zustimmung bei fristlosen Kündigungen aus einem Grund, der nach dem Gesetz zur Kündigung des Dienstverhältnisses ohne Einhaltung einer Kündigungsfrist berechtigte, obsolet. Der Arbeitgeber konnte zudem gemäß § 97 BRG 1920 die Ersetzung einer versagten Zustimmung beantragen. Geschützt waren ursprünglich somit nur Mitglieder der Betriebsvertretung.

Das Betriebsrätegesetz[415] wurde durch das Gesetz zur Ordnung der nationalen Arbeit (AOG) vom 20.01.1934[416] ausgesetzt, welches wiederum vom Kontrollratsgesetz Nr. 40 vom 30.11.1946[417] aufgehoben wurde. In der Folgezeit entwickelten die einzelnen Länder eigene Regelungen zum Kündigungsschutz, weswegen eine Rechtszersplitterung des Sonderkündigungsschutzes eintrat.

Diese Rechtszersplitterung wurde durch § 13 des Kündigungsschutzgesetzes vom 10.08.1951[418] behoben. Danach war die Kündigung eines Betriebsratsmitglieds unzulässig, es sei denn, es lag ein Grund vor, der den Arbeitgeber nach dem Gesetz zur Kündigung des Arbeitsverhältnisses ohne Einhaltung einer Kündigungsfrist berechtigte (Abs. 1). Ausnahmen hiervon wurden im Falle der Stilllegung des Betriebs (Abs. 2) oder einer Betriebsabteilung (Abs. 3) gemacht. Dabei wurde allerdings entgegen des BRG 1920 davon abgesehen, die Kündigung von der Zustimmung des Betriebsrats abhängig zu machen. Dies erfolgte mit

---

415 RGBl. 1920 I, S. 147, gem. § 106 in Kraft getreten am 04.02.1920.

416 RGBl. 1934 I, S. 45, gem. § 64 in Kraft getreten am 23.01.1934.

417 Kontrollrats-Amtsblatt 1947 Nr. 12, S. 229.

418 BGBl. 1951 I., S. 499, gem. § 26 in Kraft getreten am 14.08.1951.

der Begründung, die Einschaltung könne zu Konflikten innerhalb des Betriebsrats führen und die Unparteilichkeit könne nicht in allen Fällen mit Sicherheit unterstellt werden.[419] Somit wurde den Betriebsratsmitgliedern der Vollschutz genommen.

Durch das Kündigungsschutzgesetz vom 25.08.1969[420] wurde der Kündigungsschutz in § 15 verschoben und Abs. 1 zur Fassung von 1951 dahingehend abgeändert, dass eine Kündigung unzulässig war, wenn kein wichtiger Grund vorlag, der den Arbeitgeber nach § 626 BGB zur Kündigung berechtigte.

Erst durch das Betriebsverfassungsgesetz vom 15.01.1972[421] wurde der Kündigungsschutz umfassend reformiert und ausgeweitet. § 103 BetrVG wurde geschaffen, der eine außerordentliche Kündigung von Mitgliedern des Betriebsrats und des Wahlvorstands sowie von Wahlbewerbern nur mit Zustimmung des Betriebsrats oder der Ersetzung der Zustimmung durch das Arbeitsgericht erlaubte. Weiter wurde in § 123 Nr. 3 BetrVG 1972 der Kündigungsschutz des § 15 KSchG teilweise in seinen heutigen Wortlaut abgeändert. § 15 Abs. 1 S. 1 KSchG 1972 regelte fortan, dass die Kündigung eines Betriebsratsmitglieds unzulässig war, es sei denn, es lagen Tatsachen vor, die den Arbeitgeber zur Kündigung aus wichtigem Grund ohne Einhaltung einer Kündigungsfrist berechtigten und dass die nach § 103 BetrVG erforderliche Zustimmung vorlag oder ersetzt wurde. § 15 Abs. 1 S. 2 KSchG 1972 ergänzte Satz 1 für die Dauer von einem Jahr um einen nachwirkenden Kündigungsschutz, in dem die Kündigung eines Betriebsratsmitglieds nur aus wichtigem Grund zulässig war, sofern die Beendigung der Mitgliedschaft nicht auf einer gerichtlichen Entscheidung beruhte. In § 15 Abs. 2 KSchG 1972 wurde erstmalig der Sonderkündigungsschutz für Mitglieder des Wahlvorstands ab deren Bestellung geschaffen, sowie für Wahlbewerber ab deren Aufstellung. Bis zur Bekanntgabe des Wahlergebnisses war deren Kündigung unzulässig, außer es lagen Tatsachen für eine Kündigung aus wichtigem Grund ohne Einhaltung einer Kündigungsfrist sowie die nach § 103 BetrVG erforderliche Zustimmung oder deren Ersetzung vor (§ 15 Abs. 2 S. 1 KSchG 1972). Für die Dauer von sechs Monaten nach Bekanntgabe des Wahlergebnisses wurde für Mitglieder des Wahlvorstands sowie für Wahlbewerber ebenfalls ein nachwirkender Kündigungsschutz wie bei Betriebsratsmitgliedern geschaffen. Die Ausnahmen bei der Stilllegung des Betriebs oder einer

419 BT-Drucks. I/2090, S. 16, Entwurf eines Kündigungsschutzgesetzes.
420 BGBl. 1969 I., S. 1317, gem. § 26 in Kraft getreten am 28.08.1969.
421 BGBl. 1972 I, S. 13, gem. § 132 in Kraft getreten am 19.01.1972.

Betriebsabteilung wurden in § 15 Abs. 3 und 4 KSchG 1972 beibehalten. Somit wurde erstmalig ein umfassender Sonderkündigungsschutz anerkannt.

Durch § 114 Ziffer IV. des Bundespersonalvertretungsgesetzes vom 15.03.1974[422] wurde zwischen den bisherigen Absätzen 1 und 2 des § 15 KSchG ein neuer Absatz 2 eingefügt, der einen Kündigungsschutz für Organe des Bundespersonalvertretungsgesetzes schuf. Die bisherigen Absätze 2 ff. wurden daraufhin entsprechend angepasst und verschoben.

Durch Art. 7 Nr. 1 des Gesetzes zur Reform des Betriebsverfassungsgesetzes vom 23.07.2001[423] wurde § 15 KSchG abermals geändert und mit Abs. 3a der Kündigungsschutz für Wahlinitiatoren geschaffen. Dieser wurde aus dem Entwurf der Bundesregierung, der dessen Fehlen als Schutzlücke erkannte,[424] ohne Stellungnahme[425] unverändert angenommen.

Die letzten Änderungen wurden durch das Betriebsrätemodernisierungsgesetz vom 14.06.2021[426] mit Wirkung zum 18.06.2021 eingefügt. Zum einen wurde der Schutzumfang der Wahlinitiatoren aus § 15 Abs. 3a KSchG ausgeweitet. Zum anderen wurde mit der Einführung von § 15 Abs. 3b KSchG ein Sonderkündigungsschutz für Vorfeld-Wahlinitiatoren geschaffen.

### 3. Schutzzweck des § 15 KSchG

Der Sonderkündigungsschutz der Betriebsratsmitglieder nach § 15 Abs. 1 S. 1 KSchG soll jede Störung der Betriebsratstätigkeit verhindern.[427] Weiter soll der nachwirkende Kündigungsschutz aus § 15 Abs. 1 S. 2 KSchG ermöglichen, dass Betriebsratsmitglieder ohne Sorge um ihren Arbeitsplatz wieder den beruflichen Anschluss erlangen und sich eventuelle während der betriebsverfassungsrechtlichen Tätigkeit aufgetretene Kontroversen mit dem Arbeitgeber abkühlen.[428]

Der Sonderkündigungsschutz für Mitglieder des Wahlvorstands und Wahlbewerber gemäß § 15 Abs. 3 KSchG wurde damit begründet, dass dieser Personenkreis im Hinblick auf mögliche Interessenkonflikte mit dem Arbeitgeber für die Zeit der Wahl in ähnlicher Weise schutzbedürftig sei wie Betriebsratsmitglieder.[429]

---

422 BGBl. 1974 I., S. 693, gem. § 119 in Kraft getreten am 01.04.1974.
423 BGBl. 2001 I, S. 1852, gem. Art. 14 in Kraft getreten am 28.07.2001.
424 BT-Drucks. 14/5741.
425 BT-Drucks. 14/6352.
426 BGBl. 2021 I, S. 1762, gem. Art. 6 in Kraft getreten am 18.06.2021.
427 BT-Drucks. I/2090, S. 16.
428 BT-Drucks. VI/1786, S. 60.
429 BT-Drucks. VI/1786, S. 60.

Mit dem Schutz sollte eine Erleichterung der Durchführung der Betriebsratswahlen bezweckt werden, da sich Kandidaten nunmehr eher für eine Beteiligung bereit erklären würden.[430] Mit dem Schutz für Wahlbewerber sollte zudem verhindert werden, dass der Arbeitgeber ihm nicht genehme Wahlbewerber durch gezielte Kündigungen von der Wahl ausschließt.[431] Auch bei Mitgliedern des Wahlvorstands und Wahlbewerbern soll der nachträgliche Kündigungsschutz aus § 15 Abs. 3 S. 2 KSchG ermöglichen, dass sich etwaige während der Wahl aufgetretene Kontroversen abkühlen können.[432]

§ 15 Abs. 1 und 3 KSchG dienen damit der Sicherung der Wahl der Betriebsverfassungsorgane und der Kontinuität ihrer Arbeit.[433] Durch die nötige Zustimmung des Betriebsrats soll eine durch willkürliche außerordentliche Kündigungen herbeigeführte Entfernung von Mandatsträgern sowie eine mögliche Verschleppung des (Kündigungsschutz-)Verfahrens durch Rechtsmittel vermieden werden, da sich hierdurch Mandatsträger zum Betrieb entfremden und somit deren Chancen auf eine (Wieder-)Wahl schwinden könnten.[434]

Gleichermaßen zur Sicherung der Betriebsverfassungsorgane wurde der Sonderkündigungsschutz für Wahlinitiatoren nach § 15 Abs. 3a KSchG eingeführt, da Wahlinitiatoren im Hinblick auf mögliche Interessenkonflikte mit dem Arbeitgeber für die Zeit der Wahl in ähnlicher Weise schutzbedürftig sind wie Mitglieder des Wahlvorstands und Wahlbewerber.[435] Hierzu wurde der Sonderkündigungsschutz ins Vorfeld der Betriebsratswahlen verlagert.[436] Zugleich sollte damit zu einer größeren Bereitschaft der Arbeitnehmer beigetragen werden, insbesondere in betriebsratslosen Betrieben die Initiative für die Wahl von Betriebsräten zu ergreifen.[437] Die mit dem Betriebsrätemodernisierungsgesetz[438] eingeführte Erhöhung des Schutzes von den ersten drei auf die ersten sechs in der Einladung genannten Arbeitnehmer soll es mehr Arbeitnehmern ermöglichen, sich offen für die Betriebsratswahl zu engagieren und verhindern,

---

430 BT-Drucks. VI/1786, S. 60.

431 BT-Drucks. VI/1786, S. 60; *Linck*, in: Ascheid/Preis/Schmidt, KSchG, § 15 Rn. 50.

432 BT-Drucks. VI/1786, S. 60.

433 BT-Drucks. 14/5741, S. 55.

434 *Linck*, in: Ascheid/Preis/Schmidt, KSchG, § 15 Rn. 2.

435 BT-Drucks. 14/5741, S. 55; *Hergenröder*, in: Münchener Kommentar, KSchG, § 15 Rn. 1.

436 *Linck*, in: Ascheid/Preis/Schmidt, KSchG, § 15 Rn. 52.

437 BT-Drucks. 14/5741, S. 55.

438 BGBl. 2021 I, S. 1762, gem. Art. 6 in Kraft getreten am 18.06.2021.

dass Ersatzkandidaten fehlen, wenn ein beteiligter Arbeitnehmer sein Engagement aufgibt.[439]

Der ebenfalls mit dem Betriebsrätemodernisierungsgesetz[440] neu eingeführte § 15 Abs. 3b KSchG bezweckt den Schutz derjenigen Wahlinitiatoren, die zeitlich vor Veröffentlichung des Einladungsschreibens Vorbereitungshandlungen für die Betriebsratsgründung unternehmen (im Gesetzesentwurf der Bundesregierung[441] als sog. „Vorfeld-Initiatoren" bezeichnet) und soll deren gezielte Behinderung an diesen Vorbereitungen verhindern.[442] Dem liegt die Überlegung des Gesetzgebers zugrunde, dass es sich hier um eine höchst riskante Phase für den Arbeitnehmer handelt, der mit Repressalien rechnen muss, wenn er vom Arbeitgeber entdeckt wird.[443] Geschützt werden soll mithin die Vorbereitung der Betriebsratsgründung.

Insgesamt schützt § 15 KSchG die Interessen der betriebsverfassungsrechtlichen Gremien und so die Interessen der gesamten Belegschaft.[444] Mandatsträger sollen uneingeschränkt und nachhaltig die Interessen der Belegschaft vertreten können, ohne Repressalien des Arbeitgebers befürchten zu müssen.[445] Gewährleistet werden soll die Unabhängigkeit der Amtsausübung.[446] Es soll verhindert werden, dass das Arbeitsverhältnis eines Mandatsträgers gekündigt wird, sobald durch die Amtsausübung eine Konfliktsituation mit dem Arbeitgeber entsteht.[447] Ebenso soll die personelle Zusammensetzung der Gremien (und diesbezüglich Kontinuität) gewahrt werden,[448] die unumgänglich für eine effiziente Amtsausführung ist.[449] Verhindert werden soll die Gefahr einer personellen Auszehrung.[450] Ferner soll auch die Bereitschaft der Arbeitnehmer gefördert werden, sich betriebsverfassungsrechtlich einzusetzen und eine der Funktionen zu übernehmen.[451] Hierbei soll gewährleistet werden, dass sie keine Gefahr laufen, ihren

---

439 BT-Drucks. 19/28899, S. 24.
440 BGBl. 2021 I, S. 1762, gem. Art. 6 in Kraft getreten am 18.06.2021.
441 BT-Drucks. 19/28899, S. 24.
442 BT-Drucks. 19/28899, S. 24.
443 BT-Drucks. 19/18899, S. 24.
444 *Eylert/Sänger*, RdA 2010, 24 (25).
445 *Hergenröder*, in: Münchener Kommentar, KSchG, § 15 Rn. 1.
446 *Richter*, ArbRAktuell 2016, 591 (591).
447 *Richter*, ArbRAktuell 2016, 591 (591).
448 *Nebeling/Tüx*, BB 2014, 1402 (1402); *Richter*, ArbRAktuell 2016, 591 (591).
449 *Hergenröder*, in: Münchener Kommentar, KSchG, § 15 Rn. 1.
450 *Linck*, in: Ascheid/Preis/Schmidt, KSchG, § 15 Rn. 1.
451 *Eylert/Rinck*, BB 2018, 308 (308).

Arbeitsplatz zu verlieren, und allein aus Furcht vor Kündigungen zurückschrecken.[452] In diesem Zusammenhang dient die Abkühlungsphase nach der Amtsausübung dazu, dass sich etwaige Streitigkeiten mit dem Arbeitgeber aus der Amtsausübung schlichten lassen oder sich beruhigen können.[453] Darüber hinaus soll der nachträgliche Kündigungsschutz für Betriebsratsmitglieder zusätzlich den beruflichen Anschluss und die Rückkehr in den normalen Arbeitsalltag ermöglichen.[454]

In seiner Gesamtheit schützt § 15 KSchG daher primär das kollektive Interesse der Arbeitnehmer an einer unabhängigen und durch willkürliche Maßnahmen des Arbeitgebers bedrohten Amts- bzw. Funktionsausübung.[455] Von dem Sonderkündigungsschutz profitieren zudem die einzelnen Arbeitnehmer. Vor diesem Hintergrund handelt es sich um kein Schutzgesetz im Sinne des § 823 Abs. 2 BGB.[456]

Der Sonderkündigungsschutz des § 15 KSchG verdrängt zum einen den Kündigungsschutz aus § 1 KSchG.[457] Zum anderen ist er eine Spezialregelung des Verbots der Bevorzugung oder Benachteiligung wegen des Amtes gemäß § 78 S. 2 BetrVG.[458] Weiter handelt es sich um zwingendes Recht, welches nicht abbedungen werden kann.[459]

## 4. Kündigungsschutz außerhalb des § 15 KSchG

Sofern Arbeitnehmer nicht dem Sonderkündigungsschutz aus § 15 KSchG unterfallen, sind sie dem Arbeitgeber in der Theorie gleichwohl nicht völlig schutzlos ausgesetzt. Vielmehr gibt es neben § 15 KSchG einen Kündigungsschutz, der sich auf verschiedene Normen – vor allem im Betriebsverfassungsgesetz – verteilt.

### *a) § 20 Abs. 1 und 2 BetrVG*

§ 20 Abs. 1 BetrVG regelt, dass niemand die Wahl des Betriebsrats behindern darf (S. 1), insbesondere kein Arbeitnehmer in der Ausübung des aktiven und

---

452 *Eylert/Rinck*, BB 2018, 308 (308); *Eylert/Sänger*, RdA 2010, 24 (25).
453 *Hergenröder*, in: Münchener Kommentar, KSchG, § 15 Rn. 4.
454 *Hergenröder*, in: Münchener Kommentar, KSchG, § 15 Rn. 4.
455 ArbG Frankfurt, Urteil vom 09.04.2002 – 20 Ca 8024/01, Rn. 27 – zitiert nach Juris; *Nebeling/Tüx*, BB 2014, 1402 (1402).
456 *Eylert/Sänger*, RdA 2010, 24 (25); *Linck*, in: Ascheid/Preis/Schmidt, KSchG, § 15 Rn. 3.
457 *Quecke*, in: Henssler/Willemsen/Kalb, KSchG, § 15 Rn. 2.
458 *Kiel*, in: Erfurter Kommentar, § 15 KSchG Rn. 1; *Eylert/Rinck*, BB 2018, 308 (308).
459 *Quecke*, in: Henssler/Willemsen/Kalb, KSchG, § 15 Rn. 2.

passiven Wahlrechts beschränkt werden darf (Satz 2). Zudem darf gemäß § 20 Abs. 2 BetrVG niemand die Wahl des Betriebsrats beeinflussen, indem er Arbeitnehmern Nachteile zufügt bzw. androht, oder Vorteile gewährt bzw. verspricht.

§ 20 Abs. 1 und 2 BetrVG schützen die Wahl im ganzen Bereich ihrer Durchführung[460], insbesondere alle mit der Wahl zusammenhängenden bzw. ihr dienenden Handlungen.[461] Dabei handelt es sich einerseits um gesetzliche Verbote im Sinne des § 134 BGB, weswegen rechtsgeschäftliche Handlungen, die den Verboten widersprechen (z.B. Kündigungen), nichtig sind.[462] Andererseits stellen diese Bestimmungen Schutzgesetze im Sinne des § 823 Abs. 2 BGB dar.[463]

Eine Behinderung im Sinne des § 20 Abs. 1 S. 1 BetrVG liegt vor, wenn die Einleitung oder Durchführung der Wahl durch ein rechtswidriges Verhalten erschwert oder unmöglich gemacht wird.[464] Davon erfasst ist insbesondere jedes aktive Tun des Arbeitgebers, mit welchem dieser das Wahlrecht beschränken will.[465] Unwirksam ist demnach die Kündigung eines Arbeitnehmers, wenn sie bezweckt, diesen an der Vorbereitung der Wahl eines Wahlvorstands zu hindern[466] oder dessen Kandidatur zu vereiteln[467]. Geschützt ist die freie Willensbetätigung.[468] Dagegen schützt § 20 Abs. 2 BetrVG die innere Willensbildung und will eine freie Willensbildung des Arbeitnehmers gewährleisten.[469] Vom Wahlschutz des § 20 Abs. 1 und 2 BetrVG sind alle Wahlbeteiligten erfasst.[470]

Greift der Sonderkündigungsschutz des § 15 KSchG nicht, kann sich daher aus § 20 Abs. 1 BetrVG ein relativer Kündigungsschutz ergeben.[471] Eine Kündigung wird dabei vom relativen Kündigungsschutz erfasst, wenn sie anlässlich einer Betätigung für die Betriebsratswahl oder im Zusammenhang mit ihr

---

460 *Schulze/Pfeffer*, ArbRAktuell 2017, 615 (617); *Thüsing*, in: Richardi, BetrVG, § 20 Rn. 5.

461 *Fitting*, BetrVG, § 20 Rn. 7.

462 *Fitting*, BetrVG, § 20 Rn. 33; *Thüsing*, in: Richardi, BetrVG, § 20 Rn. 30.

463 *Fitting*, BetrVG, § 20 Rn. 34.

464 *Thüsing*, in: Richardi, BetrVG, § 20 Rn. 7.

465 *Thüsing*, in: Richardi, BetrVG, § 20 Rn. 11.

466 LAG Düsseldorf, Urteil vom 05.02.1963 – 8 Sa 5/63, in: DB 1963, 1055 (1055).

467 BAG, Urteil vom 13.10.1977 – 2 AZR 387/76, in: AP KSchG 1969 § 1 Verhaltensbedingte Kündigung Nr. 1.

468 *Koch*, in: Erfurter Kommentar, § 20 KSchG Rn. 1.

469 *Koch*, in: Erfurter Kommentar, § 20 KSchG Rn. 1; *Thüsing*, in: Richardi, BetrVG, § 20 Rn. 15.

470 *Schulze/Pfeffer*, ArbRAktuell 2017, 615 (617 f.).

471 BAG, Urteil vom 13.10.1977 – 2 AZR 387/76, in: AP KSchG 1969 § 1 Verhaltensbedingte Kündigung Nr. 1.

gerade deswegen ausgesprochen wurde, um die Wahl des Arbeitnehmers zu verhindern, oder um den Arbeitnehmer wegen seines Einsatzes bei der Betriebsratswahl zu maßregeln.[472] Auch § 20 Abs. 2 BetrVG bietet Schutz, da unter das Verbot der unzulässigen Wahlbeeinflussung auch der Ausspruch einer darauf zielenden Kündigung fällt.[473]

Die Darlegungs- und Beweislast dafür, dass der Arbeitgeber gekündigt hat, um die Wahl zu behindern oder zu beeinflussen, trägt der Arbeitnehmer; allerdings besteht ein Anscheinsbeweis, dass der Arbeitnehmer nur wegen der Wahlvorbereitung gekündigt wurde, wenn er plausibel einen Zusammenhang zwischen seiner Handlung und der Kündigung darlegen kann.[474] Indes kann eine Kündigung nicht gegen § 20 Abs. 1 und 2 BetrVG verstoßen, wenn sie nach § 1 Abs. 2 KSchG sozial gerechtfertigt ist.[475]

Sofern bereits § 15 KSchG greift, braucht nicht auf § 20 BetrVG zurückgegriffen werden, da dieser weniger schutzintensiv und nachrangig ist.[476]

### *b) § 78 BetrVG*

§ 78 BetrVG regelt, dass Mitglieder des Betriebsrats nicht in der Ausübung ihrer Tätigkeit gestört oder behindert werden dürfen (Satz 1) und sie wegen ihrer Tätigkeit nicht benachteiligt oder begünstigt werden dürfen (Satz 2). Die Vorschrift gilt gleichermaßen für amtierende Ersatzmitglieder des Betriebsrats.[477]

Satz 1 schützt die Amtsführung, also die Ausübung der Tätigkeit im Rahmen der Betriebsverfassung.[478] Das Benachteiligungs- bzw. Begünstigungsverbot aus Satz 2 dient insbesondere der inneren und äußeren Unabhängigkeit der Betriebsratsmitglieder, die ohne Furcht vor Maßregelungen und Sanktionen des

---

472 BAG, Urteil vom 13.10.1977 – 2 AZR 387/76, in: AP KSchG 1969 § 1 Verhaltensbedingte Kündigung Nr. 1.

473 BAG, Urteil vom 26.11.2009 – 2 AZR 185/08, in: NZA 2010, 443 (444).

474 *Fitting*, BetrVG, § 20 Rn. 33.

475 BAG, Urteil vom 13.10.1977 – 2 AZR 387/76, in: AP KSchG 1969 § 1 Verhaltensbedingte Kündigung Nr. 1; BAG, Urteil vom 17.02.2000 – 2 AZR 927/98, Rn. 36 – zitiert nach Juris.

476 *Thüsing*, in: Richardi, BetrVG, § 78 Rn. 23.

477 BAG, Urteil vom 05.12.2012 – 7 AZR 698/11, in: NZA 2013, 515 (521); *Fitting*, KSchG, § 78 Rn. 2; *Kania*, in: Erfurter Kommentar, § 78 BetrVG Rn. 1.

478 *Fitting*, KSchG, § 78 Rn. 1.

Arbeitgebers ihr Amt ausüben können sollen.[479] § 78 S. 2 BetrVG gilt als Schutzgesetz im Sinne des § 823 Abs. 2 BGB.[480]

Beide Sätze des § 78 BetrVG erfassen Kündigungen, die wegen der Tätigkeit als (Ersatz-)Mitglied des Betriebsrats ausgesprochen wurden.[481] § 78 BetrVG gewährt einen relativen Kündigungsschutz.[482] Verstoßen Kündigungen gegen diesen Schutz, sind sie nach § 134 BGB nichtig.[483] Eine Kündigung ist allerdings nur dann vom Schutzbereich erfasst, wenn sie den Zweck verfolgt, die geschützten Mandatsträger bei der ordnungsgemäßen Wahrnehmung ihrer Befugnisse und Aufgaben zu behindern, zu stören, oder wegen der Tätigkeit zu benachteiligen.[484] Die Darlegungs- und Beweislast trägt der Arbeitnehmer.[485]

Da bei Mitgliedern des Betriebsrats der effektivere und vorrangige Sonderkündigungsschutz des § 15 Abs. 1 KSchG gilt, braucht bei Kündigungen nicht auf § 78 BetrVG zurückgegriffen werden.[486]

### *c) § 119 BetrVG*

§ 119 BetrVG enthält grundsätzlich keine Kündigungsschutzvorschriften und hat auch nicht den Zweck, vor Kündigungen zu schützen. Jedoch steht § 119 Abs. 1 BetrVG in unmittelbarem Zusammenhang mit den Schutzvorschriften der §§ 20 Abs. 1 und 2, 78 BetrVG,[487] welche vor Kündigungen schützen.

§ 119 Abs. 1 BetrVG sichert diesen Schutz zusätzlich ab, indem er Straftatbestände normiert. Gemäß § 119 Abs. 1 Nr. 1 BetrVG wird ein Verstoß gegen § 20 Abs. 1 und 2 BetrVG bestraft. § 119 Abs. 1 Nr. 2 BetrVG stellt Verstöße gegen § 78 S. 1 BetrVG unter Strafe, § 119 Abs. 1 Nr. 3 BetrVG Verstöße gegen § 78 S. 2 BetrVG.

Die Taten werden jedoch nach § 119 Abs. 2 BetrVG nur auf Antrag verfolgt und setzen Vorsatz voraus.

---

479 BAG, Beschluss vom 20.01.2010 – 7 ABR 68/08, in: NZA 2010, 777 (777); BAG, Urteil vom 05.12.2012 – 7 AZR 698/11, in: NZA 2013, 515 (521).

480 BAG, Urteil vom 25.06.2014 – 7 AZR 847/12, in: NZA 2014, 1209 (1211); *Fitting*, KSchG, § 78 Rn. 21.

481 *Thüsing*, in: Richardi, BetrVG, § 78 Rn. 23.

482 *Thüsing*, in: Richardi, BetrVG, § 78 Rn. 23.

483 *Künzl*, in: Ascheid/Preis/Schmidt, KSchG, § 78 Rn. 17; *Thüsing*, in: Richardi, BetrVG, § 78 Rn. 37.

484 *Thüsing*, in: Richardi, BetrVG, § 78 Rn. 23.

485 BAG, Urteil vom 25.06.2014 – 7 AZR 847/12, in: NZA 2014, 1209 (1212).

486 *Thüsing*, in: Richardi, BetrVG, § 78 Rn. 23.

487 Siehe B.II.4.a), S. 119 ff. sowie B.II.4.b), S. 121 f.

### d) Weitere Schutzvorschriften

Neben den im Betriebsverfassungsgesetz enthaltenen Vorschriften, die vor einer Kündigung schützen, findet sich ein Kündigungsschutz noch in § 612a BGB.

§ 612a BGB normiert ein allgemein anwendbares Maßregelungsverbot. Danach darf der Arbeitgeber einen Arbeitnehmer bei einer Vereinbarung oder einer Maßnahme nicht benachteiligen, weil der Arbeitnehmer in zulässiger Weise seine Rechte ausübt. Daraus ergibt sich das Verbot der Benachteiligung eines Arbeitnehmers für dessen Beteiligung an der Wahl eines Betriebsrats.[488]

Hierbei ist allerdings ein unmittelbarer Zusammenhang zwischen der Benachteiligung und der Rechtsausübung dergestalt erforderlich, dass die zulässige Rechtsausübung der tragende Grund, also das wesentliche Motiv der Benachteiligung sein muss, und nicht nur deren äußerer Anlass (Maßregelungsabsicht[489]).[490] Dies sind hohe Voraussetzungen.

Die Darlegungs- und Beweislast trägt der Arbeitnehmer.[491] Gelingt es ihm, den Beweis zu führen, ist eine Kündigung gemäß § 134 BGB nichtig.[492]

Im Übrigen gibt es insbesondere den Kündigungsschutz gemäß § 1 KSchG oder sonstigen Sonderkündigungsschutz[493], sofern dessen Voraussetzungen jeweils erfüllt sind.

### e) Übersicht

Hieraus ergibt sich zusammenfassend folgende Übersicht über den Kündigungsschutz:

---

488 *Thüsing*, in: Richardi, BetrVG, § 20 Rn. 22.

489 *Thüsing*, NZA 1994, 728 (732).

490 BAG, Urteil vom 17.03.2010 – 5 AZR 168/09, in: NZA 2010, 696 (698); *Weidenkaff*, in: Grüneberg, § 612a BGB Rn. 2.

491 *Weidenkaff*, in: Grüneberg, § 612a BGB Rn. 2.

492 *Thüsing*, NZA 1994, 728 (729); *Weidenkaff*, in: Grüneberg, § 612a BGB Rn. 2.

493 Einen Überblick über Sonderkündigungsschutz geben: *Eylert/Sänger*, RdA 2010, 24 ff.

| | § 15 KSchG | § 20 BetrVG | § 78 BetrVG | § 119 BetrVG | § 612a BGB |
|---|---|---|---|---|---|
| Initiator | + | + | - | + | + |
| Bewerber Wahlvorstand | - | + | - | + | + |
| Mitglied Wahlvorstand | + | + | - | + | + |
| Ersatzmitglied Wahlvorstand | - | + | - | + | + |
| Bewerber Betriebsrat | + | + | - | + | + |
| Mitglied Betriebsrat | + | + | + | + | + |
| Ersatzmitglied Betriebsrat | - | + | + | + | + |

Dies mag den Anschein erwecken, der Kündigungsschutz im Rahmen einer Betriebsratswahl sei in Bezug auf alle betriebsverfassungsrechtlichen Funktionen der Arbeitnehmer gut ausgeprägt. Dieser Anschein trügt jedoch.

## 5. Ausreichender Kündigungsschutz

Überwiegend besteht tatsächlich ein ausreichender Kündigungsschutz. (Ersatz)Mitglieder und Bewerber des Betriebsrats sowie (Ersatz)Mitglieder und Bewerber des Wahlvorstands verfügen angesichts ihrer Aufgaben und Stellung über einen effektiven Schutz vor Kündigungen während und/oder nach ihrer Amtszeit.

### *a) (Ersatz)Mitglieder des Betriebsrats*

Mitglieder des Betriebsrats sind durch § 15 Abs. 1 KSchG ausreichend vor Kündigungen geschützt. Der ihnen während der Amtszeit als Vollschutz gewährte Sonderkündigungsschutz kann Störungen der Betriebsratstätigkeit effektiv verhindern sowie die Unabhängigkeit und Kontinuität der Amtsausübung gewährleisten.[494] Der nachwirkende Sonderkündigungsschutz für die Dauer eines Jahres ist zudem ausreichend lang bemessen, damit Betriebsratsmitglieder wieder den beruflichen Anschluss erlangen und sich eventuelle während ihrer Amtszeit aufgetretene Kontroversen mit dem Arbeitgeber abkühlen können.[495]

494 BT-Drucks. I/2090, S. 16.
495 BT-Drucks. VI/1786, S. 60.

Ebenso haben Ersatzmitglieder des Betriebsrats einen ausreichenden Kündigungsschutz. Ein Ersatzmitglied des Betriebsrats tritt in dieser Funktion zunächst nicht gegenüber dem Arbeitgeber in Erscheinung. Ihm sind noch keine Aufgaben übertragen, weshalb hierauf basierend keine Meinungsverschiedenheiten oder Spannungen mit dem Arbeitgeber zu erwarten sind. Daher ist es zunächst ausreichend, Ersatzmitgliedern für sechs Monate lediglich den nachwirkenden Kündigungsschutz des § 15 Abs. 3 S. 2 KSchG als Wahlbewerber zukommen zu lassen. Obendrein sind sie in ihrer Funktion als Ersatzmitglied mit dem Schutz des § 78 BetrVG ausgestattet und dürfen insbesondere wegen ihrer Tätigkeit nicht benachteiligt werden (z.B. durch eine Kündigung).[496] Ferner können sie dem Schutz des § 20 BetrVG unterfallen.[497] Rückt ein Ersatzmitglied (zeitweise) für ein verhindertes Betriebsratsmitglied in den Betriebsrat nach, wird ihm der Sonderkündigungsschutz eines Betriebsratsmitglieds nach § 15 Abs. 1 KSchG gewährt.

### *b) Bewerber für den Betriebsrat*

Bewerber für das Amt des Betriebsrats sind ebenfalls ausreichend vor Kündigungen geschützt. Ab dem Zeitpunkt der Aufstellung des Wahlvorschlags haben sie den Sonderkündigungsschutz des § 15 Abs. 3 S. 1 KSchG, da sie aufgrund der potenziellen Interessenkonflikte für die Zeit der Wahl ähnlich schutzbedürftig sind wie Betriebsratsmitglieder.[498] Dieser Vollschutz sichert in ausreichendem Maß die Wahl und Kontinuität der Betriebsverfassungsorgane.[499] Ferner verhindert der Vollschutz von Wahlbewerbern, dass der Arbeitgeber ihm nicht genehme Wahlbewerber durch gezielte Kündigungen von der Wahl ausschließt.[500] Ab Bekanntgabe des Wahlergebnisses haben nicht gewählte Wahlbewerber für sechs Monate den nachwirkenden Kündigungsschutz des § 15 Abs. 3 S. 2 KSchG. Die Dauer des nachwirkenden Kündigungsschutzes ist mit sechs Monaten ausreichend bemessen, damit sich eventuelle aus der Kandidatur herrührende Kontroversen mit dem Arbeitgeber abkühlen können.[501] Darüber hinaus ist die Zeitspanne ihrer Kandidatur wesentlich kürzer als sechs Monate und das Konfliktpotential deutlich geringer als bei einem Betriebsratsmitglied,

496 Siehe B.II.4.b), S. 121 f.
497 Siehe B.II.4.a), S. 119 ff.
498 BT-Drucks. VI/1786, S. 60.
499 BT-Drucks. 14/5741, S. 55.
500 BT-Drucks. VI/1786, S. 60; *Linck*, in: Ascheid/Preis/Schmidt, KSchG, § 15 Rn. 50.
501 BT-Drucks. VI/1786, S. 60.

welches grundsätzlich über vier Jahre Aufgaben wahrnimmt, die in der Regel auch Konflikte mit dem Arbeitgeber bedingen.[502]

Insofern sind die Teilanträge der Fraktion DIE LINKE[503] abzulehnen, mit welchen die Dauer des nachträglichen Kündigungsschutzes des § 15 Abs. 3 S. 2 KSchG von sechs auf 24 Monate verlängert werden sollte. Dafür wurde ausgeführt, die Verlängerung helfe, Arbeitnehmer vor Arbeitgebern und Union-Busting zu schützen.[504] Ferner würde dadurch ein höheres Schutzniveau geschaffen und zu einer größeren Bereitschaft seitens der Arbeitnehmer beigetragen, sich in der Mitbestimmung zu engagieren.[505] Andere lehnten zwar eine Verlängerung auf 24 Monate ab, sprachen sich aber aus gleichen Gründen für eine Verlängerung auf 12 Monate aus.[506] Überwiegend wurden die Anträge jedoch richtigerweise abgelehnt. Vielfach wurde dagegen vorgebracht, dass eine Ausweitung nicht notwendig oder unverhältnismäßig sei.[507] Ebenso wurde argumentiert, dass ein entsprechendes Schutzbedürfnis, welches eine Verlängerung über die bestehenden sechs Monate hinaus rechtfertigen könnte, nicht vorläge und nicht nachgewiesen sei.[508] Diesbezüglich würde eine Schutzdauer von 24 Monaten weit über die notwendige Abkühlungsphase hinausreichen und einseitig zu Lasten der Arbeitgeber gehen.[509] Schließlich sei auch der nachträgliche Kündigungsschutz von Betriebsratsmitgliedern nach § 15 Abs. 1 S. 2 KSchG auf 12 Monate begrenzt.[510] Vor diesem Hintergrund ist aufgrund der vorzunehmenden Differenzierung zu Betriebsratsmitgliedern eine Verlängerung auf 24 oder 12 Monate abzulehnen. Eine Verlängerung über sechs Monate hinaus würde die gegenseitigen Interessen nicht angemessen ausgleichen.

---

502 So auch *Talkenberg*, BT-Protokoll-Nr. 18/51, S. 885 (889).

503 BT-Drucks. 18/5327; BT-Drucks. 19/860.

504 *Düwell*, BT-Ausschussdrucks. 18(11)426, S. 3; *Heilmann*, BT-Ausschussdrucks. 19(11)76, S. 2.

505 *Berger*, BT-Ausschussdrucks. 18(11)429, S. 10.

506 *Hugo Sinzheimer Institut für Arbeitsrecht*, BT-Ausschussdrucks. 18(11)422, S. 2.

507 *Bundesarbeitgeberverband Chemie e.V.*, BT-Ausschussdrucks. 18(11)423, S. 2; *Zentralverband des Deutschen Handwerks*, BT-Ausschussdrucks. 18(11)424, S. 3; *Die Familienunternehmer e. V. – ASU*, BT-Ausschussdrucks. 18(11)425, S. 2; *Arbeitgeberverband Gesamtmetall*, BT-Ausschussdrucks. 18(11)432, S. 2; *Schreck*, BT-Ausschussdrucks. 19(11)64, S. 2; *Mallmann*, BT-Ausschussdrucks. 19(11)65, S. 1, 4.

508 *Krause*, BT-Ausschussdrucks. 19(11)75, S. 4.

509 *Kummert*, BT-Ausschussdrucks. 19(11)79, S. 6.

510 *Krause*, BT-Ausschussdrucks. 19(11)75, S. 4.

Weiter ist ein Arbeitnehmer für den Zeitraum, in dem er sich zur Kandidatur für den Betriebsrat entscheidet, bis zur Aufstellung seines Wahlvorschlags ausreichend durch das Behinderungs- und Beeinflussungsverbot des § 20 Abs. 1 und 2 BetrVG sowie § 612a BGB geschützt.[511] Dies liegt in der Konkretisierung des besonderen Schutzbedürfnisses eines Wahlbewerbers erst mit der Aufstellung seines Wahlvorschlags begründet. Bis zu diesem Zeitpunkt liegen die Voraussetzungen für eine Kandidatur noch nicht vor. Daraus folgt, dass eine Wahlbewerbung und ein Auftreten bzw. in Erscheinung treten erst mit der Aufstellung eines Wahlvorschlags beginnt. Konflikte mit dem Arbeitgeber, die einen über den § 20 Abs. 1 und 2 BetrVG hinausgehenden Kündigungsschutz verlangen, sind daher nicht wahrscheinlich. Darüber hinaus kann für den Zeitraum bis zur Aufstellung des Wahlvorschlags der Vollschutz des § 15 Abs. 3 S. 1 KSchG greifen, wenn der Wahlbewerber zugleich Mitglied des Wahlvorstands ist.

### *c) (Ersatz)Mitglieder des Wahlvorstands*

Einen ausreichenden Kündigungsschutz haben auch Mitglieder des Wahlvorstands. Ihnen wird ab dem Zeitpunkt ihrer Bestellung bzw. Wahl[512] bis zur Bekanntgabe des Wahlergebnisses der Vollschutz des § 15 Abs. 3 S. 1 KSchG gewährt. Dieser Vollschutz resultiert daraus, dass sie für die Zeit der Wahl im Hinblick auf mögliche Interessenkonflikte mit dem Arbeitgeber in ähnlicher Weise schutzbedürftig sind, wie Betriebsratsmitglieder.[513] Der Schutz dient der Kontinuität ihrer Arbeit.[514] Zudem ermöglicht der Vollschutz, dass sie ihr Amt unabhängig und ohne Furcht vor Repressalien des Arbeitgebers ausüben können.[515] Während der gesamten Amtsdauer besteht somit ein umfassender Schutz. Auf § 20 Abs. 1 und 2 BetrVG oder § 612a BGB braucht nicht zurückgegriffen werden.[516] Nach der Amtszeit greift für die Dauer von sechs Monaten zudem der nachwirkende Kündigungsschutz des § 15 Abs. 3 S. 2 KSchG. Die Dauer des nachwirkenden Kündigungsschutzes ist ausreichend bemessen. Etwaige Kontroversen, die sich während der Wahl ergeben haben könnten, können sich in den sechs Monaten des nachträglichen Kündigungsschutzes abkühlen.[517]

---

511 Siehe B.II.4.a), S. 119 ff. sowie B.II.4.d), S. 123; a.A. *Klocke*, Rechtsgutachten, S. 36.

512 BAG, Urteil vom 07.05.1986 – 2 AZR 349/85, in: NZA 1986, 753 (754).

513 BT-Drucks. VI/1786, S. 60.

514 BT-Drucks. 14/5741, S. 55.

515 *Richter*, ArbRAktuell 2016, 591 (591); *Hergenröder*, in: Münchener Kommentar, KSchG, § 15 Rn. 1.

516 Siehe B.II.4.a), S. 119 ff. sowie B.II.4.d), S. 123.

517 BT-Drucks. VI/1786, S. 60.

Dies gilt einerseits, weil die Amtszeit eines Wahlvorstands wesentlich kürzer als sechs Monate ist, andererseits, weil das Konfliktpotential deutlich geringer als bei einem Betriebsratsmitglied ausgeprägt ist.[518]

Aufgrund dessen sind die Teilanträge der Fraktion BÜNDNIS 90/DIE GRÜNEN[519] abzulehnen, mit welchen Mitglieder des Wahlvorstands für den Zeitraum bis zur nächsten Betriebsratswahl in die §§ 78, 119 Abs. 1 Nr. 3 BetrVG aufgenommen werden sollten. Dies solle eine unabhängige und benachteiligungsfreie Arbeit des Wahlvorstandes und seiner Mitglieder sicherstellen.[520] Weiter wurde argumentiert, dass die Erweiterung des Schutzes aufgrund der zu geringen Schutzdauer des § 15 Abs. 3 KSchG, der Eigenschaft des § 78 BetrVG als Schutzgesetz im Sinne des § 823 Abs. 2 BGB, zum Erwerb eines Unterlassungs- und Beseitigungsanspruchs sowie zum Abbau von etwaigen Bedenken der Arbeitnehmer, notwendig sei.[521] Betont wurde dabei das Schutzbedürfnis von Wahlvorstandsmitgliedern nach deren Amtszeit, wobei darauf hingewiesen wurde, dass die Wahrscheinlichkeit von Repressalien durch den Arbeitgeber mit zunehmender Zeit abnehme.[522] An anderer Stelle wurde eine Erweiterung des § 78 BetrVG aufgrund der Beweislastverteilung[523] als nicht ausreichend angesehen und darauf hingewiesen, Mitglieder des Wahlvorstands seien bereits nach §§ 119 Abs. 1 Nr. 3, 20 Abs. 1 und 2 BetrVG geschützt.[524] Dies verfängt jedoch insgesamt nicht. Wie bereits ausgeführt,[525] ist der bestehende Kündigungsschutz von Mitgliedern des Wahlvorstands ausreichend.[526] Insbesondere der sechsmonatige nachwirkende Kündigungsschutz dient einer Abkühlung etwaiger Konflikte.[527] Wieso hier eine Ausweitung des § 78 BetrVG stattfinden soll, ist nicht

---

518 *Grimm/Brock/Windeln*, DB 2006, 156 (157).

519 BT-Drucks. 18/2750; BT-Drucks. 19/1710.

520 *dbb beamtenbund und tarifunion*, BT-Ausschussdrucks. 18(11)427, S. 4.

521 *Berger*, BT-Ausschussdrucks. 18(11)429, S. 3.

522 *Krause*, BT-Ausschussdrucks. 19(11)75, S. 4.

523 Siehe B.II.4.b), S. 123.

524 *Krause*, BT-Ausschussdrucks. 19(11)75, S. 4; *Heilmann*, BT-Ausschussdrucks. 19(11)76, S. 2.

525 Siehe B.II.1.a)bb), S. 107 f.

526 *Bundesarbeitgeberverband Chemie e. V.*, BT-Ausschussdrucks. 18(11)423, S. 1; *Zentralverband des Deutschen Handwerks, BT-Ausschussdrucks. 18(11)424, S. 2; Die Familienunternehmer e. V. – ASU*, BT-Ausschussdrucks. 18(11)425, S. 2; *Bundesvereinigung der Deutschen Arbeitgeberverbände*, BT-Ausschussdrucks. 18(11)430, S. 2; *Mallmann*, BT-Ausschussdrucks. 19(11)65, S. 4.

527 BT-Drucks. VI/1786, S. 60.

nachvollziehbar. Konflikte zwischen einem ehemaligen Mitglied des Wahlvorstands und dem Arbeitgeber aufgrund der Funktion als Wahlvorstand sind nach über sechs Monaten nach Bekanntgabe des Wahlergebnisses unwahrscheinlich. Darüber hinaus besteht bereits derzeit ein Schutz über §§ 20 Abs. 1 und 2, 119 Abs. 1 Nr. 1 BetrVG, wobei § 20 Abs. 1 und 2 BetrVG ebenso Schutzgesetze im Sinne des § 823 Abs. 2 BGB darstellen sowie hierüber auch Unterlassungs- und Beseitigungsansprüche geltend gemacht werden können.[528] Das bestehende Schutzniveau über §§ 20 Abs. 1 und 2, 119 Abs. 1 Nr. 1 BetrVG ist somit nicht geringer als das der §§ 78, 119 Abs. 1 Nr. 3 BetrVG, weswegen keine Verbesserung eintritt, zumal diese nicht notwendig ist.[529]

Ersatzmitglieder des Wahlvorstands unterfallen dagegen nicht dem Kündigungsschutz des § 15 KSchG. Dies ist nur dann der Fall, wenn sie in den Wahlvorstand nachrücken (dann greift § 15 Abs. 3 KSchG) oder zugleich Wahlinitiatoren sind (dann greifen § 15 Abs. 3a und/oder 3b KSchG). Als reines Ersatzmitglied können sie sich allein auf § 20 Abs. 1 und 2 BetrVG oder § 612a BGB berufen.[530] Zwar ist dies ein Weniger an Kündigungsschutz, jedoch ist dieser Schutz dennoch ausreichend.[531] Ersatzmitglieder des Wahlvorstands treten gegenüber dem Arbeitgeber nicht in Erscheinung und tragen mit diesem keine Konflikte aus.[532] Ein umfassender Schutz wie bei Mitgliedern des Wahlvorstandes ist somit nicht notwendig. Sie können sich zwar ebenso wenig auf einen nachwirkenden Kündigungsschutz berufen, jedoch ist dieser nicht erforderlich, da ohne ein Nachrücken in den Wahlvorstand keine Aufgaben übernommen werden, die zu einem etwaigen Konfliktpotential führen könnten.[533]

### *d) Bewerber für den Wahlvorstand*

Bewerber für den Wahlvorstand sind nicht gesondert durch § 15 KSchG geschützt. Dies ist jedoch in Anbetracht ihrer Aufgaben und Stellung nicht notwendig.[534]

Wird der Wahlvorstand durch den bestehenden Betriebsrat, den Gesamt- bzw. Konzernbetriebsrat, oder das Arbeitsgericht bestellt (§§ 16, 17, 17a BetrVG),

---

528 Siehe B.II.4.a), S. 119 ff.

529 *Kummert*, BT-Ausschussdrucks. 19(11)79, S. 5 f.

530 Siehe B.II.4.a), S. 119 ff sowie B.II.4.d), S. 123.

531 Siehe B.II.1.a)ee), S. 112; a.A. wohl *Klocke*, Rechtsgutachten, S. 38.

532 *Grimm/Brock/Windeln*, DB 2006, 156 (157).

533 *Grimm/Brock/Windeln*, DB 2006, 156 (157).

534 A.A. wohl *Klocke*, Rechtsgutachten, S. 37.

treten die Bewerber nicht gegenüber dem Arbeitgeber in Erscheinung. Insbesondere gibt es keine Werbungsphase, die etwaige Konflikte mit dem Arbeitgeber auslösen kann, da keine Wähler mobilisiert werden müssen. Durch das zuständige Gremium werden in eigener Verantwortung vielmehr solche Arbeitnehmer als Mitglieder des Wahlvorstands eingesetzt, die dieses Gremium für geeignet hält.[535] Aufgrund dessen ist der bestehende Kündigungsschutz nach § 20 Abs. 1 und 2 BetrVG und § 612a BGB ausreichend, gleichwohl die Beweislast hier den Arbeitnehmer trifft.[536] Ein weitergehender Schutz ist hier nicht zweckmäßig.

Wird der Wahlvorstand gemäß §§ 17 Abs. 2, 17a Nr. 3 S. 1 BetrVG auf einer Betriebs- oder Wahlversammlung gewählt, weil es noch keinen Betriebsrat gibt, ist dies nur unwesentlich anders zu betrachten. Zwar kann es sein, dass ein Kandidat im Vorfeld der Wahl in Erscheinung tritt, ein potenziell konfliktträchtiger Wahlkampf findet jedoch nicht statt.

Im normalen Wahlverfahren können die zur Betriebsversammlung – in der der Wahlvorstand gewählt wird – Einladenden gemäß § 17 Abs. 3 BetrVG Vorschläge für die Zusammensetzung des Wahlvorstands machen. Im zweistufigen vereinfachten Verfahren können bei der Einladung zur Wahlversammlung – in der der Wahlvorstand gewählt wird – gemäß § 28 Abs. 1 S. 1 WO und §§ 17 Abs. 3, 17a Nr. 3 S. 2 BetrVG von der einladenden Stelle ebenfalls Vorschläge für die Zusammensetzung des Wahlvorstands gemacht werden. Dabei muss die Einladung gemäß § 28 Abs. 1 S. 2 WO im zweistufigen vereinfachten Verfahren mindestens sieben Tage vor dem Tag der Wahlversammlung erfolgen. Eine gesetzliche Ladungsfrist im normalen Verfahren fehlt zwar, jedoch muss für eine rechtzeitige Unterrichtung der Einladung über Termin und Gegenstand Sorge getragen werden, was grundsätzlich bei einer an § 28 Abs. 1 S. 2 WO angelehnten Frist von sieben Tagen der Fall ist.[537] Im Übrigen gilt sowohl für das normale, als auch für das vereinfachte Verfahren, dass Arbeitnehmer in der Betriebs- oder Wahlversammlung, zusätzlich zu den Wahlvorschlägen der einladenden Stelle, eigene Wahlvorschläge zur Wahl des Wahlvorstandes unterbreiten können.[538] Im letzteren Fall, also wenn Wahlvorschläge erst in der Betriebs- oder Wahlversammlung eingebracht werden, erfährt der Arbeitgeber von den Wahlvorschlägen nichts. Der Arbeitgeber hat kein Recht, der Betriebs- oder Wahlversammlung

535 BAG, Urteil vom 31.07.2014 – 2 AZR 505/13, in: NZA 2015, 245 (247).
536 Siehe B.II.4.a), S. 121 sowie B.II.4.d), S. 123.
537 *Fitting*, BetrVG, § 17 Rn. 16.
538 *Fitting*, BetrVG, § 17 Rn. 19, 21; *Thüsing*, in: Richardi, BetrVG, § 17 Rn. 25.

beizuwohnen.[539] Auch wird sich hieraus kein Konflikt mit dem Arbeitgeber entwickeln, da der Status als Bewerber für den Wahlvorstand am Ende der Betriebs- oder Wahlversammlung bereits wieder entfallen ist. Der Bewerber für den Wahlvorstand tritt außerhalb der Betriebs- oder Wahlversammlung mithin nicht in Erscheinung. Es handelt sich daher um einen sehr kurzfristigen und wenig belastenden Status. Er ist weder mit gewählten Mitgliedern des Wahlvorstands, noch mit Bewerbern für den Betriebsrat, noch mit Wahlinitiatoren zu vergleichen oder ähnlich schutzbedürftig.[540] Selbst, wenn es sich um einen Bewerber für den Wahlvorstand handelt, der gemäß §§ 17 Abs. 3, 17a Nr. 3 S. 2 BetrVG und § 28 Abs. 1 S. 1 WO bereits aus einem Wahlvorschlag der einladenden Stelle resultiert, bringt dies nur einen zu vernachlässigenden Unterschied. In diesem Fall kann es zwar sein, dass der Bewerber für den Wahlvorstand bereits mit der Einladung bekannt ist und infolgedessen auch Außenwirkung hat. Diese Außenwirkung ist jedoch wiederum begrenzt. Zum einen in zeitlicher Sicht, zum anderen im Umfang. Zwischen der Einladung zur Betriebs- oder Wahlversammlung und der Abhaltung dieser Versammlung liegt in der Regel eine Woche.[541] Dies ist ein sehr kurzer Zeitraum. In diesem Zeitraum veranstaltet ein Wahlbewerber für den Wahlvorstand in der Praxis zudem wohl keine Wahlwerbung; dies erscheint erst in der Betriebs- oder Wahlversammlung sinnvoll. Ein großes Konfliktpotential mit dem Arbeitgeber, oder eine Vergleichbarkeit mit gewählten Mitgliedern des Wahlvorstands, Bewerbern für den Betriebsrat oder Wahlinitiatoren, ist damit nicht vorhanden. Ein ähnlich gelagerter Schutz ist somit nicht notwendig, da das Ziel einer möglichst reibungslosen und erfolgreichen Wahl des Betriebsrats nicht gefährdet ist.[542] Der Interessensausgleich gebietet somit kein weitergehendes Schutzbedürfnis. Stattdessen ist der bestehende Kündigungsschutz nach § 20 Abs. 1 und 2 BetrVG sowie § 612a BGB[543] ausreichend.[544] Dem Bewerber für den Wahlvorstand ist die Darlegungs- und Beweislast[545] zumutbar.

---

539 *Thüsing*, in: Richardi, BetrVG, § 17 Rn. 18; a.A. LAG Berlin, Beschluss vom 10.02.1986 – 9 TaBV 5/85, Leitsatz 3, zitiert nach Juris; *Fitting*, BetrVG, § 17 Rn. 26.

540 BAG, Urteil vom 31.07.2014 – 2 AZR 505/13, in: NZA 2015, 245 (248).

541 Siehe B.II.5.d), S. 130.

542 BAG, Urteil vom 31.07.2014 – 2 AZR 505/13, in: NZA 2015, 245 (248).

543 Siehe B.II.4.a), S. 119 ff. sowie B.II.4.d), S. 123.

544 BAG, Urteil vom 31.07.2014 – 2 AZR 505/13, in: NZA 2015, 245 (248); a.A. wohl *Klocke*, Rechtsgutachten, S. 37.

545 Siehe B.II.4.a), S. 121 sowie B.II.4.d), S. 123.

Abzulehnen sind aus diesen Gründen die Teilanträge von der Fraktion DIE LINKE[546], den Kündigungsschutz nach § 15 Abs. 3 KSchG ab dem Zeitpunkt ihrer Bewerbung auf Bewerber für den Wahlvorstand zu erweitern. Vorgebracht wurde dafür einerseits, diese Erweiterung sei geeignet, um die Befürchtungen der Arbeitnehmer vor ihrem Arbeitgeber und vor Union-Busting abzumildern.[547] Andererseits könne damit die Bereitschaft der Arbeitnehmer zur Übernahme der Funktion gesteigert werden.[548] Dies mag zwar in Teilen richtig sein, jedoch ist eine derartige Ausweitung nicht notwendig, da Bewerber für den Wahlvorstand ausreichend geschützt sind.[549] Weiter wurde ausgeführt, Bewerber für den Wahlvorstand seien mit Mitgliedern des Wahlvorstands vergleichbar, jedoch entgegen diesen schutzlos.[550] Dem ist jedoch gerade nicht so.[551] Ferner wurde argumentiert, die Ausweitung auf Bewerber für den Wahlvorstand biete sich an, um die Frühphase einer Betriebsratswahl besser zu schützen.[552] Der Antrag wurde jedoch auch kritisch gesehen bzw. abgelehnt.[553] Vielfach wurde dagegen vorgebracht, dass es nicht notwendig sei, den Schutz derart auszuweiten und es an der Vergleichbarkeit mit den übrigen Funktionen fehle, insbesondere mit Betriebsräten, da Bewerber für den Wahlvorstand keine Interessen gegenüber dem Arbeitgeber vertreten.[554] Dem ist insgesamt zuzustimmen. Bewerber für den Wahlvorstand sind in Anbetracht der ihnen angedachten Funktion und der dadurch möglichen Risiken ausreichend vor etwaigen Kündigungen geschützt. Eine Erweiterung des § 15 Abs. 3 KSchG auf sie ist abzulehnen.

---

546 BT-Drucks. 18/5327; BT-Drucks. 19/860.

547 *Düwell*, BT-Ausschussdrucks. 18(11)426, S. 3.

548 *Konzernbetriebsrat der Asklepios Kliniken GmbH*, BT-Ausschussdrucks. 18(11)428, S. 2; *Berger*, BT-Ausschussdrucks. 18(11)429, S. 10.

549 Siehe B.II.5.d), S. 129 ff.

550 *Berger*, BT-Ausschussdrucks. 18(11)429, S. 10.

551 Siehe B.II.5.d), S. 129 ff.

552 *Krause*, BT-Ausschussdrucks. 19(11)75, S. 4.

553 *Bundesarbeitgeberverband Chemie e.V.*, BT-Ausschussdrucks. 18(11)423, S. 2; *Die Familienunternehmer e. V. – ASU*, BT-Ausschussdrucks. 18(11)425, S. 2; *dbb beamtenbund und tarifunion*, BT-Ausschussdrucks. 18(11)427, S. 4.

554 *Arbeitgeberverband Gesamtmetall*, BT-Ausschussdrucks. 18(11)432, S. 2; *Bundesvereinigung der Deutschen Arbeitgeberverbände*, BT-Ausschussdrucks. 18(11)430, S. 2; *Bundesvereinigung der Deutschen Arbeitgeberverbände*, BT-Ausschussdrucks. 19(11)81, S. 3; *Mallmann*, BT-Ausschussdrucks. 19(11)65, S. 1, 4; *Schreck*, BT-Ausschussdrucks. 19(11)64, S. 2; *Zentralverband des Deutschen Handwerks*, BT-Ausschussdruck s. 18(11)424, S. 3.

## 6. Schutzlücken bei Wahlinitiatoren

Anders sieht es hingegen bei Wahlinitiatoren aus. Der ihnen zur Verfügung stehende Sonderkündigungsschutz weist im Hinblick auf deren wichtige Rolle anlässlich der Betriebsratsgründung – trotz des Ausbaus durch das Betriebsrätemodernisierungsgesetz[555] – Schutzlücken auf. Die §§ 15 Abs. 3a und 3b KSchG bieten viel Angriffsfläche für den Arbeitgeber, die der Schutz über § 20 Abs. 1 und 2 BetrVG sowie § 612a BGB nicht kompensieren kann. Für einen effektiven Kündigungsschutz hat der Gesetzgeber diese Schutzlücken zu schließen. Mögliche Ansatzpunkte hierzu finden sich in § 15 Abs. 3a und 3b KSchG, in §§ 78, 119 Abs. 1 Nr. 1 BetrVG sowie in § 20 Abs. 1 und 2 BetrVG.

### *a) Ausbau des § 15 KSchG*

Der Sonderkündigungsschutz von sich betriebsverfassungsrechtlich engagierenden Arbeitnehmern findet sich hauptsächlich in § 15 KSchG. In § 15 Abs. 3a und 3b KSchG ist der Sonderkündigungsschutz der Wahlinitiatoren ausgestaltet. Zwar finden sich darin diverse Schutzlücken, es bietet sich jedoch an, diese Schutzlücken über Gesetzesänderungen der § 15 Abs. 3a und 3b KSchG zu beheben, um den Regelungsort des Sonderkündigungsschutzes zu belassen.

#### *aa) Schutzumfang*

Eine durch das Betriebsrätemodernisierungsgesetz[556] inzwischen größtenteils geschlossene Schutzlücke war der Zeitpunkt des Schutzbeginns. Vor Einführung des § 15 Abs. 3b KSchG waren Wahlinitiatoren nur nach § 15 Abs. 3a S. 1 KSchG geschützt. Allerdings nimmt § 15 Abs. 3b KSchG betriebsbedingte Kündigungen aus dem Anwendungsbereich heraus. Dies ermöglicht weiterhin Kündigungen.

##### *(1) Vorbereitungshandlungen*

Nach § 15 Abs. 3a S. 1 KSchG beginnt der Kündigungsschutz im Zeitpunkt der Einladung zu einer Betriebs- oder Wahlversammlung, oder der Antragstellung beim Arbeitsgericht. Eine Einladung liegt erst vor, wenn sie den Arbeitnehmern zugegangen ist, beispielsweise durch einen Aushang im Betrieb.[557] Eine Antragstellung liegt mit dem Zugang des Antrags beim Arbeitsgericht vor.[558] Zudem

555 BGBl. 2021 I, S. 1762, gem. Art. 6 in Kraft getreten am 18.06.2021.
556 BGBl. 2021 I, S. 1762, gem. Art. 6 in Kraft getreten am 18.06.2021.
557 *Schmid/Eckart*, DB 2017, 1649 (1653); *Ziegler/Mosch*, NJW-Spezial 2010, 242 (243).
558 *Ziegler/Mosch*, NJW-Spezial 2010, 242 (243).

setzt die Einladung eine Nennung von drei Arbeitnehmern, bzw. der Antrag beim Arbeitsgericht eine Unterzeichnung durch mindestens drei Arbeitnehmer, voraus.[559] Dies bedeutet, dass der Sonderkündigungsschutz erst einsetzt, wenn die Wahlinitiative bereits vollständig ausgereift ist und alle notwendigen Vorbereitungen getroffen wurden. Der Weg bis dahin kann jedoch langwierig, kompliziert und gefährlich sein, was vom Gesetzgeber bislang ignoriert wurde. Dabei ist gerade diese Vorbereitungsphase wichtig und schutzbedürftig.[560]

### *(a) Schutzbedürfnis*

Eine Wahlinitiative beginnt nicht erst mit der Einladung oder Antragstellung dreier Arbeitnehmer, sondern bereits bei einem einzigen Arbeitnehmer. Der Arbeitnehmer fängt an, sich mit der Thematik des Betriebsrats zu beschäftigen und Wissen anzueignen. In einem nächsten Schritt vertraut er sich seinen Kollegen an und bespricht mit diesen die Möglichkeit einer Betriebsratsgründung. Der Arbeitnehmer sucht nach Kollegen, die seinen Plan unterstützen und mit denen er eine Betriebsratsgründung einleiten kann.

Bereits ab dem Zeitpunkt, in welchem sich ein Arbeitnehmer seinen Kollegen anvertraut, kursiert die Thematik des Betriebsrats im Betrieb. Ein Arbeitgeber, der keinen Betriebsrat möchte, wird nicht lange warten, ehe er Gegenmaßnahmen zur Verhinderung einer Betriebsratsgründung einleitet.[561] Als Mittel hierzu sind Versetzungen, Kündigungen oder sonstige Konsequenzen denkbar, die selbst dann ein hohes Belastungspotential aufweisen können, wenn sie unwirksam sind. Dies kann zudem abschreckende Wirkung auf andere Arbeitnehmer haben und diese einschüchtern.[562] Unter Umständen kann bereits die Androhung einer Kündigung ausreichen, um Arbeitnehmer einzuschüchtern und von einer Betriebsratsgründung abzuhalten.

Verfolgt der Arbeitnehmer seinen Plan und findet Unterstützter, werden die Wahlinitiatoren die Einladung zur Betriebs- oder Wahlversammlung vorbereiten. Sie können bereits zu diesem Zeitpunkt nach Kandidaten für den Wahlvorstand suchen und diese mit in die Einladung aufnehmen. Im Rahmen der Vorbereitung der Einladung kann es mithin zu Konflikten mit dem Arbeitgeber

---

559 *Eylert/Sänger*, RdA 2010, 24 (27); *Thüsing*, in: Richardi, BetrVG, § 17 Rn. 14.

560 *Klebe*, NZA-Beilage 2017, 77 (83); *Deutscher Gewerkschaftsbund Bundesvorstand*, Offensive Mitbestimmung – Vorschläge zur Weiterentwicklung der Mitbestimmung, Berlin, 2015, S. 5.

561 *Klebe*, NZA-Beilage 2017, 77 (83); *Düwell*, BT-Protokoll-Nr. 18/51, S. 885 (891).

562 *Behrens*, BT-Ausschussdrucks. 19(11)82, S. 3.

kommen, etwa wenn Listen von den im Betrieb beschäftigten Arbeitnehmern benötigt werden, oder wenn es um Art/Ort der Bekanntmachung der Einladung geht, oder bei der Frage, wo die Betriebs- oder Wahlversammlung stattfinden kann. In dieser Phase kann sich ein Arbeitgeber stärker als zuvor mit einer möglichen Betriebsratsgründung konfrontiert sehen, weswegen die Wahrscheinlichkeit von Repressalien steigen kann.

Erst am Ende dieser Vorbereitungsphase geht die Einladung den Arbeitnehmern beispielsweise durch Aushang im Betrieb zu, was den Sonderkündigungsschutz des § 15 Abs. 3a S. 1 KSchG auslöst. Gleich verhält es sich bei der Antragstellung beim Arbeitsgericht. Falsch ist insoweit die Behauptung, Arbeitnehmer seien bereits durch § 15 Abs. 3a KSchG ab dem ersten Schritt auf dem Weg zum Betriebsrat geschützt.[563] Geschützt wird durch § 15 Abs. 3a S. 1 KSchG bildlich gesprochen erst ab einem Zeitpunkt, in welchem der Stein bereits rollt. Effektiv geschützt werden müssen Wahlinitiatoren allerdings bereits ab dem Zeitpunkt, in welchem diese die Kraft aufwenden, den Stein überhaupt erst ins Rollen zu bringen.

Wahlinitiatoren waren in der Theorie zwar nicht völlig schutzlos, da ihnen neben einem allgemeinen Kündigungsschutz – sofern dessen Voraussetzungen vorliegen – ein gewisser Kündigungsschutz durch § 20 Abs. 1 und 2 BetrVG oder § 612a BGB gewährt wird. Dieser Schutz ist jedoch im Verhältnis zum Sonderkündigungsschutz des § 15 Abs. 3a S. 1 KSchG deutlich schwächer.[564]

§ 20 Abs. 1 und 2 BetrVG regeln ein Behinderungs- und Beeinflussungsverbot und sind gesetzliche Verbote im Sinne des § 134 BGB.[565] Das Behinderungs- und Beeinflussungsverbot greift auch schon im Vorfeld einer Wahl, also bei Vorbereitungen.[566] Kündigungen, die bezwecken, dass ein Arbeitnehmer in der Vorbereitung der Wahl eines Wahlvorstands behindert wird,[567] die Einleitung oder Durchführung der Wahl erschwert oder unmöglich gemacht wird,[568] oder die den Arbeitnehmer wegen seines Einsatzes bei der Betriebsratswahl maßregeln,[569] verstoßen gegen das Behinderungsverbot des § 20 Abs. 1

563 So aber *Nebeling/Tüx*, BB 2014, 1402 (1403).

564 BAG, Urteil vom 26.11.2009 – 2 AZR 185/08, in: NZA 2010, 443 (444); *Kummert*, BT-Ausschussdrucks. 19(11)79, S. 4.

565 Siehe B.II.4.a), S. 119 ff.

566 *Fitting*, BetrVG, § 20 Rn. 7; *Thüsing*, in: Richardi, BetrVG, § 20 Rn. 5.

567 LAG Düsseldorf, Urteil vom 05.02.1963 – 8 Sa 5/63, in: DB 1963, 1055 (1055).

568 *Thüsing*, in: Richardi, BetrVG, § 20 Rn. 7, 11.

569 BAG, Urteil vom 13.10.1977 – 2 AZR 387/76, in: AP KSchG 1969 § 1 Verhaltensbedingte Kündigung Nr. 1.

BetrVG und sind nichtig.[570] Ebenso nichtig sind Kündigungen, die gegen das Beeinflussungsverbot des § 20 Abs. 2 BetrVG verstoßen, also einen Eingriff in die freie Willensbildung des Arbeitnehmers und in die Wahl bezwecken.[571] Hierunter kann beispielsweise eine mit Rücksicht auf die Wahlbeteiligung ausgesprochene Änderungskündigung fallen, mit der ein Arbeitnehmer auf einen anderen Arbeitsplatz versetzt wird.[572] Allerdings trägt der Arbeitnehmer bei § 20 Abs. 1 und 2 BetrVG die Darlegungs- und Beweislast.[573] Der Wahlinitiator muss mithin den Kündigungszweck darlegen und beweisen; die Kündigung also zu dem Zweck erfolgt ist, die Betriebsratsgründung mitsamt der Wahl zu behindern oder zu beeinflussen.[574] Diesen Beweis wird der Wahlinitiator wohl selten erbringen können.

Gleichermaßen ineffektiv ist der Schutz des § 612a BGB, nach welchem der Arbeitgeber einen Arbeitnehmer nicht maßregeln darf, wenn dieser in zulässiger Weise seine Rechte ausübt.[575] Die Kündigung eines Wahlinitiators aufgrund dessen Beteiligung an einer Betriebsratsgründung ist verboten und gemäß § 134 BGB nichtig.[576] Allerdings trifft auch hier den gekündigten Wahlinitiator die Darlegungs- und Beweislast.[577] Dieser muss den unmittelbaren Zusammenhang zwischen der Kündigung und der Rechtsausübung dergestalt darlegen und beweisen, dass die zulässige Rechtsausübung der tragende Grund, also das wesentliche Motiv der Kündigung ist, und nicht nur deren äußerer Anlass (Maßregelungsabsicht[578]).[579] Die Anforderungen an den Beweis sind damit hoch.

Der gekündigte Wahlinitiator kann durch die hohe Beweishürde im Grunde nicht auf einen Kündigungsschutz nach § 20 Abs. 1 und 2 BetrVG oder § 612a BGB bauen, sodass er vor dem Inkrafttreten des Betriebsrätemodernisierungsgesetzes[580] im Ergebnis nahezu schutzlos gestellt war.

---

570 *Fitting*, BetrVG, § 20 Rn. 33; *Thüsing*, in: Richardi, BetrVG, § 20 Rn. 30.

571 BAG, Urteil vom 26.11.2009 – 2 AZR 185/08, in: NZA 2010, 443 (444).

572 *Thüsing*, in: Richardi, BetrVG, § 20 Rn. 15.

573 Siehe B.II.4.a), S. 121.

574 *Fitting*, BetrVG, § 20 Rn. 33; *Thüsing*, in: Richardi, BetrVG, § 20 Rn. 30.

575 Siehe B.II.4.d), S. 123.

576 *Thüsing*, in: Richardi, BetrVG, § 20 Rn. 22; *Thüsing*, NZA 1994, 728 (729); *Weidenkaff*, in: Grüneberg, § 612a BGB Rn. 2.

577 *Weidenkaff*, in: Grüneberg, § 612a BGB Rn. 2.

578 *Thüsing*, NZA 1994, 728 (732).

579 BAG, Urteil vom 17.03.2010 – 5 AZR 168/09, in: NZA 2010, 696 (698); *Weidenkaff*, in: Grüneberg, § 612a BGB Rn. 2.

580 BGBl. 2021 I, S. 1762, gem. Art. 6 in Kraft getreten am 18.06.2021.

### *(b) Der Weg des Gesetzgebers mit § 15 Abs. 3b KSchG*

Grundsätzlich widerspricht dies aber der Intention des Gesetzgebers. Eingeführt wurde der Kündigungsschutz für Wahlinitiatoren nach § 15 Abs. 3a KSchG aufgrund der (An-)Erkenntnis des Gesetzgebers, dass Wahlinitiatoren im Hinblick auf mögliche Interessenkonflikte mit dem Arbeitgeber für die Zeit der Wahl in ähnlicher Weise schutzbedürftig sind, wie Mitglieder des Wahlvorstands und Wahlbewerber.[581] Überdies sollte die Bereitschaft der Arbeitnehmer gesteigert werden, in betriebsratslosen Betrieben die Initiative für die Gründung von Betriebsräten zu ergreifen.[582]

Der Gesetzgeber wollte Wahlinitiatoren somit effektiv vor Kündigungen schützen und durch den Kündigungsschutz gleichzeitig signalisieren, dass einem sich für eine Betriebsratsgründung einsetzenden Arbeitnehmer nichts passiere.[583] Ohne Furcht vor Konsequenzen sollten sich Wahlinitiatoren um die Betriebsratswahl kümmern können.[584] Dies ist jedoch nur teilweise gelungen. Der Kündigungsschutz des § 15 Abs. 3a KSchG setzt zu einem zu späten Zeitpunkt an. Ein Arbeitgeber konnte den Kündigungsschutz des § 15 Abs. 3a S. 1 KSchG leicht umgehen, indem er die Kündigung schlichtweg rechtzeitig, also in der langen Vorbereitungsphase vor der Einladung bzw. Antragstellung, ausgesprochen hat. § 15 Abs. 3a S. 1 KSchG greift zu diesem Zeitpunkt noch nicht. Aufgrund der hohen Beweishürden[585] wird die Kündigung zumeist auch nicht an § 20 Abs. 1 und 2 BetrVG oder § 612a BGB scheitern. Den Wahlinitiatoren war damit nicht geholfen. Dabei sind es gerade sie, die für einen Ausbau der Betriebsratsstruktur und eine Eindämmung der weißen Flecken[586] essenziell sind. Dies hat inzwischen der Gesetzgeber erkannt[587], und versucht, mit § 15 Abs. 3b KSchG Abhilfe zu schaffen. Der Schutzbereich wurde somit ausgedehnt.

Diskutiert wurde bereits in der Vergangenheit, ob der Schutzbeginn vorverlagert werden sollte. Da es vor der Einladung bzw. Antragstellung allerdings keinen formellen Akt eines Wahlinitiators gibt, war jedoch der Zeitpunkt fraglich. Der Beginn des Sonderkündigungsschutzes hätte entweder in ersten nachweisbaren

---

581 BT-Drucks. 14/5741, S. 55; *Hergenröder*, in: Münchener Kommentar, KSchG, § 15 Rn. 1.

582 BT-Drucks. 14/5741, S. 55.

583 *Nebeling/Tüx*, BB 2014, 1402 (1403).

584 *Nebeling/Tüx*, BB 2014, 1402 (1403).

585 Siehe B.II.4.a), S. 119 ff. sowie B.II.4.d), S. 123.

586 BT-Drucks. 14/5741, S. 23.

587 BT-Drucks. 19/28899, S. 14, 24.

Handlungen eines Wahlinitiators zur Ingangsetzung einer Betriebsratswahl, oder in einer Meldung der Initiative bei einer zu definierenden neutralen dritten Stelle gesucht werden können.

Das Abstellen auf erste nachweisbare Handlungen eines Wahlinitiators wirft bereits auf den ersten Blick sehr viele Fragen auf. Zunächst hätte definiert werden müssen, welche Handlungen ausreichen. Weiter stellt sich die Frage der Nachweisbarkeit etwaiger Handlungen. Auch muss vor einem möglichen Rechtsmissbrauch geschützt werden. Dennoch hat die Fraktion DIE LINKE bereits zwei Anträge[588] in den Bundestag eingebracht, nach denen der Sonderkündigungsschutz mit dem Zeitpunkt der ersten belegbaren Aktivitäten zur Vorbereitung einer Betriebsratswahl beginnen sollte. Als Vorbereitungshandlungen wurden beispielhaft die Suche nach Kandidierenden für den Wahlvorstand oder Gespräche mit möglichen Kandidaten genannt.[589] Trotz der aufgeworfenen Fragen hat dieser Antrag teilweise Zustimmung gefunden.[590] Vereinzelt wurde zwar ausgeführt, dass der Schutz so früher einsetzen würde, jedoch wurde gleichzeitig bezüglich des Begriffs der belegbaren Aktivitäten auf die entstehenden Beweisprobleme hingewiesen, da letztlich der Wahlinitiator die Darlegungs- und Beweislast trägt.[591] An anderer Stelle wurde der Antrag aufgrund dieser Beweisprobleme abgelehnt.[592] Die überwiegende Mehrheit hat sich aufgrund dessen gegen den Beginn des Sonderkündigungsschutzes mit dem Zeitpunkt der ersten belegbaren Aktivitäten gestellt.[593] Ebenfalls nicht sinnvoll sei es, nur auf eine subjektive Absicht des Wahlinitiators, also dessen inneren Willen, abzustellen, da dieser vom Arbeitsgericht festgestellt werden müsste, und dies erhebliche Beweisprobleme mit sich bringen würde.[594]

---

588 BT-Drucks. 18/5327; BT-Drucks. 19/860.

589 BT-Drucks. 18/5327, S. 4; BT-Drucks. 19/860, S. 4

590 *Berger*, BT-Ausschussdrucks. 18(11)429, S. 10; *dbb beamtenbund und tarifunion*, BT-Ausschussdrucks. 18(11)427, S. 4; *Deutscher Gewerkschaftsbund*, BT-Ausschussdrucks. 19(11)78, S. 4; *Kummert*, BT-Ausschussdrucks. 19(11)79, S. 6.

591 *Berger*, BT-Ausschussdrucks. 18(11)429, S. 10.

592 *Düwell*, BT-Ausschussdrucks. 18(11)426, S. 3; *Fischer*, BT-Protokoll Protokoll-Nr. 18/51, S. 885 (898); *Krause*, BT-Ausschussdrucks. 19(11)75, S. 4.

593 *Arbeitgeberverband Gesamtmetall*, BT-Ausschussdrucks. 18(11)432, S. 2; *Bundesvereinigung der Deutschen Arbeitgeberverbände*, BT-Ausschussdrucks. 18(11)430, S. 2; *Die Familienunternehmer e. V. – ASU*, BT-Ausschussdrucks. 18(11)425, S. 2; *Schreck*, BT-Ausschussdrucks. 19(11)64, S. 2; *Zentralverband des Deutschen Handwerks*, BT-Ausschussdrucks. 18(11)424, S. 3.

594 *Reinartz*, NZA-RR 2021, 457 (469).

Dagegen hat es grundsätzlich überzeugt, den Sonderkündigungsschutz mit dem Zeitpunkt der Meldung der Initiative bei einer neutralen dritten Stelle beginnen zu lassen.[595] Hierauf hat auch die Fraktion BÜNDNIS 90/DIE GRÜNEN in zwei Anträgen abgestellt und dies damit begründet, dass Wahlinitiatoren mit der Meldung bei der dritten Stelle im Streitfall einen Nachweis für ihre Initiative haben, ohne die Initiative in der wichtigen Vorbereitungsphase gleich insgesamt betriebsöffentlich machen zu müssen.[596] Dies wurde vereinzelt mit dem Hinweis auf fehlende Notwendigkeit und Missbrauchsmöglichkeiten abgelehnt.[597] Ebenso wurden die Anträge abgelehnt, da diese zum einen keine Regelungen für den Fall der ausbleibenden Betriebsratswahl enthielten, zum anderen bereits Gewerkschaften eine Initiative starten könnten.[598] Insbesondere Letzteres überzeugt nicht, da Wahlinitiatoren vom Gesetz geschützt werden sollen.[599] Zudem will der Gesetzgeber die Bereitschaft der Arbeitnehmer steigern, in betriebsratslosen Betrieben die Initiative für die Betriebsratsgründung zu ergreifen.[600] Es liegt somit nicht im Sinne des Gesetzgebers, dass Arbeitnehmer auf Initiativen von Gewerkschaften warten sollen. Zudem stellt ein Abwarten keinen vom Gesetzgeber beabsichtigten Schutz dar. Die Anträge dürften daher praxistauglich sein. Dadurch würde Wahlinitiatoren ermöglicht, sich bereits in der Vorbereitungsphase für einen Betriebsrat einzusetzen, ohne eine Kündigung des Arbeitgebers fürchten zu müssen.[601] Die Meldung an eine neutrale dritte Stelle als formaler Akt schafft diesbezüglich Rechtssicherheit.[602] Auch im Übrigen hat der Antrag Befürworter gefunden.[603] Als neutrale dritte Stelle wurden insbesondere die Arbeitsgerichte, die Bundesagentur für Arbeit,

595 So auch *Deutscher Gewerkschaftsbund Bundesvorstand*, Offensive Mitbestimmung – Vorschläge zur Weiterentwicklung der Mitbestimmung, Berlin, 2015, S. 5.

596 BT-Drucks. 18/2750, S. 2, 4; BT-Drucks. 19/1710, S. 2, 4.

597 *Bundesarbeitgeberverband Chemie e.V.*, BT-Ausschussdrucks. 18(11)423, S. 2; *Bundesvereinigung der Deutschen Arbeitgeberverbände*, BT-Ausschussdrucks. 18(11)430, S. 2; *Zentralverband des Deutschen Handwerks*, BT-Ausschussdrucks. 18(11)424, S. 3.

598 *Arbeitgeberverband Gesamtmetall*, BT-Ausschussdrucks. 18(11)432, S. 2.

599 BT-Drucks. 14/5741, S. 55;

600 BT-Drucks. 14/5741, S. 55.

601 *Deutscher Gewerkschaftsbund*, BT-Ausschussdrucks. 18(11)431, S. 3.

602 *dbb beamtenbund und tarifunion*, BT-Ausschussdrucks. 18(11)422, S. 2; *Hugo Sinzheimer Institut für Arbeitsrecht*, *Krause*, BT-Ausschussdrucks. 19(11)75, S. 4.

603 *Berger*, BT-Ausschussdrucks. 18(11)429, S. 4; *dbb beamtenbund und tarifunion*, BT-Ausschussdrucks. 18(11)427, S. 2; *Düwell*, BT-Ausschussdrucks. 18(11)426, S. 3; *Kummert*, BT-Ausschussdrucks. 19(11)79, S. 5.

die für die Verfolgung des § 121 BetrVG jeweils zuständigen Behörden, oder eine neue, analog zu den Aufsichtsbehörden nach § 38 BDSG zu schaffende Stelle vorgeschlagen.[604] Der einfachste Weg dürfte hier über die Bundesagentur für Arbeit führen. Zum einen ist diese jedem Bürger bekannt, zum anderen sind die Agenturen in ihrer Anzahl verbreitet. Zudem verfügt die Bundesagentur für Arbeit bereits über digitale Meldemöglichkeiten, weshalb eine Meldung keine große Hürde darstellen würde. Die Arbeitsgerichte sowie die für die Verfolgung des § 121 BetrVG jeweils zuständigen Behörden sollten mit der Meldung nicht befasst werden. Zwar würden etwaige Streitigkeiten letztlich vor dem Arbeitsgericht landen, jedoch sollten Gerichte nicht bereits im Vorfeld von Streitigkeiten mit Aufgaben betraut werden. Zudem ist es nicht nötig, eine neue Stelle analog zu den Aufsichtsbehörden nach § 38 BDSG zu schaffen. Die Bundesagenturen für Arbeit dürften daher ein praxistauglicher Weg sein. Für den Fall des Rechtsmissbrauchs – der Arbeitnehmer will durch die vorgeschobene Meldung bei der neutralen dritten Stelle lediglich den Sonderkündigungsschutz erwerben, ohne eine eigentliche Wahlinitiative in Gang zu setzen – bleibt der Sonderkündigungsschutz verwehrt. Dieser soll nur gewährt werden, wenn nach der Meldung in einer zumutbaren Zeit tatsächlich Wahlvorbereitungshandlungen (nachweisbar) vorgenommen werden.[605]

Der Gesetzgeber hat sich mit § 15 Abs. 3b S. 1 KSchG indes für eine Kombinationslösung entschieden und setzt sowohl auf die Meldung bei einer neutralen dritten Stelle, als auch auf die Vornahme von Vorbereitungshandlungen. Als neutrale dritte Stelle hat der Gesetzgeber das Notariat eingesetzt. Dies hat den Vorteil einem möglichen Rechtsmissbrauch vorzubeugen, da der Arbeitnehmer für den Kündigungsschutz eine Kostenlast, die der öffentlichen Beglaubigung seiner Absichtserklärung, tragen muss. Diese Kosten können nicht als Kosten der Betriebsratswahl im Sinne des § 20 Abs. 3 S. 1 BetrVG eingeordnet werden.[606] Insofern ist die Kombinationslösung ein praxistauglicher Weg. Es ist den Arbeitnehmern zuzumuten, ihre Gründungsabsicht bei einem Notar öffentlich beglaubigen zu lassen, um so Kündigungsschutz zu erhalten. Die für einen effektiven Schutz notwendige Vorverlegung des Schutzbeginns wurde im Gesetzgebungsverfahren überwiegend begrüßt.[607]

---

604 *Berger*, BT-Ausschussdrucks. 18(11)429, S. 4; *Krause*, BT-Ausschussdrucks. 19(11)75, S. 4.

605 *Kummert*, BT-Ausschussdrucks. 19(11)79, S. 5.

606 *Reinartz*, NZA-RR 2021, 457 (469); *Schipp/Baumgarth*, ArbRB 2021, 340 (343); a.A. *Eicke*, ArbRAktuell 2021, 313 (317).

607 BT-Ausschussdrucks. 19(11)1135.

### (2) *Betriebsbedingte Kündigung*

Eine Einschränkung existiert jedoch dergestalt, dass sich der Kündigungsschutz des § 15 Abs. 3b S. 1 KSchG nur auf verhaltens- oder personenbedingte ordentliche Kündigungen bezieht. Kein Schutz besteht hingegen für betriebsbedingte Kündigungen. Diese sind trotz öffentlich beglaubigter Absichtserklärung und der Vornahme von Vorbereitungshandlungen weiterhin möglich.[608]

Hierfür wird angeführt, dass dies einen möglichen Rechtsmissbrauch bzw. Konstellationen verhindere, in denen sich bei beispielsweise anstehenden betrieblichen Umstrukturierungen eine Vielzahl an Arbeitnehmern taktisch aus dem Kreise der Sozialauswahl herausnimmt.[609] Weiter wird argumentiert, dass diese Ausnahme notwendig sei, da der Kündigungsschutz bereits in einem sehr frühen Stadium ansetze.[610] Dies kann jedoch nicht überzeugen und stellt weiterhin eine Schutzlücke dar.[611] Die Herausnahme von betriebsbedingten Kündigungen führt zu der begründeten Annahme, Arbeitgeber könnten diese Lücke ausnutzen und zur Verhinderung von Betriebsratswahlen auf vorgeschobene betriebsbedingte Gründe ausweichen, was nicht unüblich ist.[612]

Für eine betriebsbedingte Kündigung muss zunächst eine Beschäftigungsmöglichkeit weggefallen sein, zweitens muss eine Weiterbeschäftigungsmöglichkeit fehlen, drittens ist eine Interessensabwägung vorzunehmen, bzw. sofern mehrere vergleichbare Arbeitnehmer betroffen sind, eine Sozialauswahl.[613] Der Ausspruch einer Kündigung ist zunächst leicht, da in der Kündigung keine Gründe angegeben werden müssen. Der Arbeitnehmer muss die Kündigung also mittels Kündigungsschutzklage vor dem Arbeitsgericht anfechten, um in der Güteverhandlung deren Begründung zu erfahren. Bis dahin werden wohl bereits ein bis zwei Monate seit Ausspruch der Kündigung vergangen sein. Bereits hierdurch kann eine Initiative ins Stocken geraten. Mit Ausspruch der Kündigung wird der Arbeitgeber den Arbeitnehmer wohl zugleich freistellen oder ihm den Zutritt zum Betrieb verwehren.

---

608 BT-Drucks. 19/28899, S. 25.

609 *Deutscher Anwaltverein*, Stellungnahme Nr. 05/2021 zum Referentenentwurf des Bundesministeriums für Arbeit und Soziales eines Gesetzes zur Förderung der Betriebsratswahlen und Stärkung der Betriebsräte (Betriebsrätestärkungsgesetz) vom 11.12.2020, Berlin, 2021, S. 9; *Gaul/Kaule*, ArbRB 2021, 176 (179).

610 *Gaul/Kaule*, ArbRB 2021, 176 (179).

611 *Hans-Böckler-Stiftung*, BT-Ausschussdrucks. 19(11)1128, S. 4.

612 *Deutscher Gewerkschaftsbund*, BT-Ausschussdrucks. 19(11)1121, S. 41; *Schrader*, BT-Ausschussdrucks. 19(11)1127, S. 8.

613 *Linck*, in: Schaub, Arbeitsrechts-Handbuch, § 134 Rn. 2.

Wenn es sich bei dem Arbeitnehmer um den einzigen Wahlinitiator gehandelt hat, ist die Initiative damit zu Fall gebracht. Sollte es neben dem gekündigten Wahlinitiator noch weitere Wahlinitiatoren gegeben haben, ist anzunehmen, dass diese durch die Kündigung abgeschreckt werden. Dies kann die weitere Umsetzung der Initiative verhindern. Dabei will der Gesetzgeber Wahlinitiatoren zu Betriebsratsgründungen anreizen, sie dabei schützen, und deren gezielte Behinderung an diesen Vorbereitungen verhindern.[614] Der Gesetzgeber hat eigentlich erkannt, dass es sich bei der Wahlvorbereitung um eine höchst riskante Phase für den Wahlinitiator handelt, der mit Repressalien rechnen muss, wenn er vom Arbeitgeber entdeckt wird.[615] Im Ausschluss von betriebsbedingten Kündigungen findet sich dies jedoch nicht wieder. Ein betriebsbedingter Grund lässt sich zumindest im ersten Anschein stets darlegen, insbesondere in der Güteverhandlung vor dem Arbeitsgericht. Dies kann durch den Arbeitgeber als Start für Verhandlungen mit dem Wahlinitiator über einen Beendigungsvergleich genutzt werden. Wird ein solcher geschlossen, ist die Initiative des einzelnen Wahlinitiators endgültig verhindert. Bei mehreren Wahlinitiatoren dürfte die tatsächliche Beendigung des Arbeitsverhältnisses des Gekündigten eine hohe Abschreckungswirkung haben und wohl ebenfalls für ein Ende der Initiative sorgen. Kommt dagegen kein Vergleich zustande, muss der Arbeitgeber im weiteren Verfahren schriftsätzlich seine Kündigungsgründe darlegen. Hierdurch hat er selbst lange nach Ausspruch der Kündigung noch Zeit, nach betriebsbedingten Gründen zu suchen oder diese zu konstruieren. Gleichwohl die betriebsbedingte Kündigung eines gezielten Arbeitnehmers durchaus mit Schwierigkeiten in der Darlegung des Kündigungsgrundes verbunden ist, ist diese dennoch nicht unmöglich. Letztlich ist die Argumentationstiefe des Arbeitgebers jedoch egal, da der Wahlinitiator das Urteil des Arbeitsgerichts abwarten muss, was im Schnitt vermutlich zwischen sechs und neun Monate dauert. Ungeachtet dessen könnte das Verfahren in der Berufungsinstanz vor dem Landesarbeitsgericht fortgesetzt werden. Schließlich ist es wahrscheinlich, dass in dem Urteil die Unwirksamkeit der Kündigung festgestellt wird, sofern nicht tatsächlich betriebsbedingte Gründe bestanden haben. Dennoch hätte der Arbeitgeber damit die Initiative wohl zu Fall gebracht. Einerseits aufgrund des Zeitablaufs, andererseits wird der gekündigte Wahlinitiator abgeschreckt sein und von weiteren Initiativen Abstand nehmen. Eine offensichtliche Unwirksamkeit etwaiger Kündigungen wäre eben nicht gegeben. Der Arbeitgeber hätte

614 BT-Drucks. 14/5741, S. 55; BT-Drucks. 19/28899, S. 24.
615 BT-Drucks. 19/18899, S. 24.

damit auch andere Arbeitnehmer vor Initiativen abgeschreckt. Durch die vorgeschobene betriebsbedingte Kündigung hat der Arbeitgeber die Initiative und eine Betriebsratsgründung leicht verhindert und sein Ziel erreicht. Die Herausnahme von betriebsbedingten Kündigungen verhindert aus diesem Grund einen effektiven Kündigungsschutz von Wahlinitiatoren, obwohl diesen auch aus Sicht des Gesetzgebers eine wichtige Rolle zukommt.[616] Wahlinitiatoren sind daher noch immer nicht effektiv geschützt; das Betriebsrätemodernisierungsgesetz[617] greift zu kurz.

Um einen effektiven und gut durchsetzsetzbaren Sonderkündigungsschutz für Wahlinitiatoren in deren aktiver Phase zu gewährleisten, ist daher in einem ersten Schritt[618] die Zulässigkeit von ordentlichen, betriebsbedingten Kündigungen aus § 15 Abs. 3b S. 1 KSchG zu entfernen. Diese sind mithin gleichermaßen für unzulässig zu erklären. Stattdessen sind Wahlinitiatoren im Sinne des § 15 Abs. 3b KSchG in § 15 Abs. 4 und 5 KSchG aufzunehmen.

### *bb) Anzahl der geschützten Wahlinitiatoren*

Eine weitere durch das Betriebsrätemodernisierungsgesetz[619] teilweise geschlossene Schutzlücke findet sich in der Anzahl der geschützten Wahlinitiatoren. § 15 Abs. 3a S. 1 HS. 2 KSchG schützt nunmehr die ersten sechs in der Einladung oder die ersten drei in der Antragstellung aufgeführten Arbeitnehmer. Demgegenüber enthält § 15 Abs. 3b KSchG keine zahlenmäßige Begrenzung des Kündigungsschutzes.

Vor Inkrafttreten des Betriebsrätemodernisierungsgesetzes[620] wurden gemäß § 15 Abs. 3a S. 1 HS. 2 KSchG aF. lediglich die ersten drei in der Einladung oder Antragstellung aufgeführten Arbeitnehmer geschützt.

#### *(1) Erhöhung auf sechs Einladende*

Haben sich in der Vergangenheit mehr als drei Arbeitnehmer zusammengeschlossen, um einen Betriebsrat zu gründen, waren nur die ersten drei in der Einladung aufgeführten Arbeitnehmer vom Sonderkündigungsschutz erfasst.[621]

---

616 BT-Drucks. 14/5741, S. 55; BT-Drucks. 19/28899, S. 24.

617 BGBl. 2021 I, S. 1762, gem. Art. 6 in Kraft getreten am 18.06.2021.

618 Weiter sind Wahlinitiatoren in § 103 BetrVG aufzunehmen, siehe B.II.6.a)cc), S. 149 ff.

619 BGBl. 2021 I, S. 1762, gem. Art. 6 in Kraft getreten am 18.06.2021.

620 BGBl. 2021 I, S. 1762, gem. Art. 6 in Kraft getreten am 18.06.2021.

621 *Linck*, in: Ascheid/Preis/Schmidt, KSchG, § 15 Rn. 52; *Löwisch*, DB 2002, 1503 (1503); *Wertheimer*, in: Löwisch/Schlünder/Spinner/Wertheimer, KSchG, § 15 Rn. 54.

Allen weiteren blieb allein der Schutz des § 20 Abs. 1 und 2 BetrVG und des § 612a BGB. Diese Ungleichbehandlung bzw. Bevorzugung der ersten drei Arbeitnehmer war nicht nachvollziehbar. Gemäß §§ 17 Abs. 3, 17a Nr. 3 S. 2 BetrVG können drei wahlberechtigte Arbeitnehmer zur Betriebs- oder Wahlversammlung, auf der ein Wahlvorstand gewählt werden soll, einladen. Nach §§ 17 Abs. 4 S. 1, 17a Nr. 4 BetrVG können mindestens drei wahlberechtigte Arbeitnehmer die Einsetzung eines Wahlvorstands beim Arbeitsgericht beantragen. Dabei spricht § 17 Abs. 4 S. 1 BetrVG explizit von drei Arbeitnehmern als Mindestanzahl. Auch im Rahmen des § 17 Abs. 3 BetrVG ist die Anzahl der notwendigen Arbeitnehmer als Mindestanzahl zu verstehen. Dies bedeutet, es müssen mindestens drei Arbeitnehmer sein, deren Anzahl kann jedoch auch (weit) über drei liegen. Hiervon geht auch das Gesetz aus. Von diesen Wahlinitiatoren ist grundsätzlich jeder gleich wichtig, da sie als Kollektiv auftreten. Der Gesetzgeber will Wahlinitiatoren (einzeln und als Kollektiv) zudem vor Kündigungen schützen, da er erkannt hat, dass sie für die Zeit der Wahl in ähnlicher Weise schutzbedürftig sind wie Mitglieder des Wahlvorstands und Wahlbewerber.[622] Nach der Gesetzesbegründung des § 15 Abs. 3a KSchG aF. wurde der Sonderkündigungsschutz auf die erforderliche Mindestzahl der einladenden bzw. antragstellenden Arbeitnehmer begrenzt.[623] Vorgebeugt werden sollte damit einem Rechtsmissbrauch.[624] Eine Mindestanzahl rechtfertigt jedoch keine derartige Begrenzung des Schutzes. Darüber hinaus ist die Behauptung des Rechtsmissbrauchs[625] lediglich pauschal. Sollten Arbeitnehmer tatsächlich rechtsmissbräuchlich handeln, wäre der Arbeitgeber nicht schutzlos, da er sich auf den Rechtsmissbrauch berufen könnte und dem Wahlinitiator damit der Schutz verwehrt bliebe. Eine weitere Rechtfertigung dieser Ungleichbehandlung wurde nicht geliefert. Dies wurde als Willkür des Gesetzgebers aufgefasst.[626]

Art. 3 Abs. 1 GG regelt den allgemeinen Gleichheitsgrundsatz. Dieser ist verletzt, wenn eine Gruppe von Normadressaten im Vergleich zu anderen Normadressaten anders behandelt wird, obwohl zwischen beiden Gruppen

---

622 BT-Drucks. 14/5741, S. 55; *Hergenröder*, in: Münchener Kommentar, KSchG, § 15 Rn. 1.

623 BT-Drucks. 14/5741, S. 55.

624 *Linck*, in: Ascheid/Preis/Schmidt, KSchG, § 15 Rn. 52; *Löwisch*, in DB 2002, 1503 (1503); *Nebeling/Tüx*, BB 2014, 1402 (1403).

625 *Linck*, in: Ascheid/Preis/Schmidt, KSchG, § 15 Rn. 52; *Löwisch*, in DB 2002, 1503 (1503); *Nebeling/Tüx*, BB 2014, 1402 (1403).

626 *Deutscher Gewerkschaftsbund Bundesvorstand*, Offensive Mitbestimmung – Vorschläge zur Weiterentwicklung der Mitbestimmung, Berlin, 2015, S. 5.

keine Unterschiede von solcher Art und solchem Gewicht bestehen, dass sie die ungleiche Behandlung rechtfertigen könnten.[627] Vorliegend behandelt § 15 Abs. 3a S. 1 HS. 2 KSchG die ersten drei (bzw. sechs) gelisteten Wahlinitiatoren anders als die danach folgenden Wahlinitiatoren, da letzteren der Sonderkündigungsschutz verwehrt bleibt. Der einzige Unterschied zwischen den Wahlinitiatoren ist jedoch ihre Listung in der Einladung bzw. Antragstellung. Es liegt somit eine Ungleichbehandlung von wesentlichem Gleichem vor, die einer Rechtfertigung durch ein legitimes Regelungsziel bedarf.[628] Dabei besteht im Arbeitsrecht ein breiter Gestaltungs- und Differenzierungsbedarf zur Verwirklichung unterschiedlicher wirtschafts-, beschäftigungs-, sozial- und gesellschaftspolitischer Vorstellungen, bei deren Umsetzung der Gesetzgeber weitgehende Freiheit hat.[629] Vorliegend handelt es sich aufgrund des Einflusses der Wahlinitiatoren auf die Rangfolge um verhaltensbezogene Unterschiede.[630] Im Rahmen der Rechtfertigung der Ungleichbehandlung ist aufgrund dessen lediglich eine Willkürprüfung vorzunehmen; eine ungerechtfertigte Ungleichbehandlung liegt vor, wenn die Unsachlichkeit der Differenzierung evident ist.[631] Gleichwohl dem Gesetzgeber Willkür vorgeworfen wird,[632] liegt kein Verstoß gegen Art. 3 Abs. 1 GG vor. Mit der konkreten Ausgestaltung der Regelung wollte der Gesetzgeber den Sonderkündigungsschutz auf die erforderliche Mindestzahl der einladenden bzw. antragstellenden Arbeitnehmer begrenzen.[633] Aus diesem Ziel ergibt sich keine evidente Unsachlichkeit der Differenzierung.

Dabei hat es durchaus Vorteile für eine Betriebsratsgründung, wenn sich mehr als drei Wahlinitiatoren zusammenschließen. Dies liegt daran, dass eine größere Gruppe stärker ist, dem Arbeitgeber besser entgegentreten und sich selbst bestärken kann. Zudem können Kompetenzen noch effizienter aufgeteilt werden. Ferner ist die erforderliche Mindestanzahl bei drei Wahlinitiatoren schnell unterschritten, wenn der Arbeitgeber einen der Wahlinitiatoren erfolgreich einschüchtert, oder ein Wahlinitiator erkrankt. Sind es dagegen mehr als drei Wahlinitiatoren, kann dies helfen, selbst bei unvorhergesehenen

627 BVerfG, Beschluss vom 27.02.2007 – 1 BvL 10/00, BVerfGE 117, 272 (300).

628 *Schmidt*, in: Erfurter Kommentar, Art. 3 GG, Rn. 35.

629 *Schmidt*, in: Erfurter Kommentar, Art. 3 GG, Rn. 36.

630 BVerfG, Beschluss vom 18.9.2013 – 1 BvR 924/12, NJW 2014, 139 (140).

631 BVerfG, Urteil vom 10.01.1995 – 1 BvF 1/90, 1 BvR 342, 348/90, NZA 1995, 272 (276 f.).

632 *Deutscher Gewerkschaftsbund Bundesvorstand*, Offensive Mitbestimmung – Vorschläge zur Weiterentwicklung der Mitbestimmung, Berlin, 2015, S. 5.

633 BT-Drucks. 14/5741, S. 55.

Vorkommnissen insbesondere die Betriebs- oder Wahlversammlung abhalten zu können.[634] Der Schutz sollte daher nicht auf drei Arbeitnehmer begrenzt sein. Dies hat der Gesetzgeber erkannt und den Schutz bei Einladenden auf die ersten sechs erhöht.[635] Der Gesetzgeber wollte damit mehr Arbeitnehmern ermöglichen, sich offen für eine Betriebsratswahl zu engagieren.[636]

### *(2) Schutzbedürfnis bei sieben Einladenden bzw. vier Antragstellern*

Die Erhöhung auf sechs Einladende ist im Ansatz positiv zu bewerten. Es bleiben jedoch zwei Fragen offen. Zum einen ist unklar, warum gerade auf die Anzahl von sechs Arbeitnehmern erhöht wurde. Zum anderen ist fraglich, warum die Anzahl nicht auch bei den antragstellenden Arbeitnehmern erhöht wurde.

Die Gesetzesbegründung[637] liefert hierzu keine Antwort. Der vom Gesetzgeber gewählte Weg erscheint willkürlich. Eine Sachlichkeit der Differenzierung ist schwerer zu erkennen.[638] Ab dem siebten Einladenden, bzw. dem vierten Antragsteller, besteht weiterhin eine Schutzlücke. Es ist nicht nachvollziehbar, wieso die Grenze bei sechs Arbeitnehmern liegen soll; wobei jede andere feste Zahlengrenze gleichermaßen fraglich wäre. Es kann keinen Wert geben, ab dem die Anzahl der Einladenden nicht mehr als förderlich anzusehen ist, da jeder Arbeitnehmer bestimmte Aufgaben übernimmt. Ist letzteres nicht der Fall, handelt ein Arbeitnehmer rechtsmissbräuchlich und kann sich nicht auf den Schutz berufen. Zudem kann vermutet werden, dass ein Arbeitnehmer, der in einem Kollektiv von Wahlinitiatoren keine Aufgaben übernimmt und sich nicht einbringt, von den aktiven Wahlinitiatoren keine Unterstützung bekommt, sollte es in einem Verfahren um die Frage des Rechtsmissbrauchs des passiven Wahlinitiators gehen. Der Arbeitgeber wird also den Beweis erbringen können. Im Übrigen ist es unwahrscheinlich, dass sich alle Arbeitnehmer als Kollektiv ausschließlich in den Kündigungsschutz retten wollen, zumal hier erneut rechtsmissbräuchliches Handeln vorliegen würde. Ebenso unverständlich ist, weshalb der Gesetzgeber auf eine Erhöhung der Anzahl bei den Antragstellern verzichtet hat und diese bei drei Arbeitnehmern belassen hat. Diese Differenzierung

---

634 *Deutscher Gewerkschaftsbund Bundesvorstand*, Offensive Mitbestimmung – Vorschläge zur Weiterentwicklung der Mitbestimmung, Berlin, 2015, S. 5.

635 BT-Drucks. 19/28899, S. 14.

636 BT-Drucks. 19/28899, S. 24.

637 BT-Drucks. 19/28899, S. 24 f.

638 BVerfG, Urteil vom 10.01.1995 – 1 BvF 1/90, 1 BvR 342, 348/90, NZA 1995, 272 (276 f.).

erscheint zweifelhaft, besteht doch gleichermaßen auch hier die Gefahr, dass der Arbeitgeber mindestens einen der drei Antragsteller abhalten kann, die Wahlinitiative weiter zu verfolgen, sei es, dass er ihn einschüchtert oder ihm Vorteile verspricht. Der Gesetzgeber wollte dies eigentlich verhindern,[639] hat es mit den Änderungen im Betriebsrätemodernisierungsgesetz[640] allerdings nicht geschafft, da diese nicht weit genug reichen. Zwar mag kein verfassungsrechtlicher Verstoß gegen Art. 3 Abs. 1 GG vorliegen, dennoch ist diese Ungleichbehandlung rechtspolitisch verfehlt.

Der Gesetzgeber erkennt zwar an, dass es mehr als sechs Einladende bzw. drei Antragsteller geben kann, und begrüßt dies auch.[641] Dennoch bietet er diesen keinen adäquaten Schutz, obwohl deren Schutzbedürfnis gleichermaßen stark ist, wie das der ersten sechs Einladenden bzw. drei Antragsteller. Die vom Gesetzgeber gewählte Anzahl erscheint willkürlich und sollte abgeändert werden. Zwar hat es im Gesetzgebungsverfahren bereits Gegenstimmen gegen die Erhöhung auf sechs Einladende gegeben, diese haben jedoch lediglich den Vorwurf des Rechtsmissbrauchs entgegengehalten.[642] An anderer Stelle wurde vorgebracht, dass die unsachgemäße Differenzierung zwischen Einladenden und Antragstellern vermieden werde, und die Anzahl der Antragsteller ebenfalls auf sechs erhöht werden sollte.[643] Ferner wurde im Gesetzgebungsverfahren auf die Willkür des Gesetzgebers hingewiesen und gefordert, dass die Anzahl weiter nach oben angepasst wird, da Wahlinitiatoren bei einer größeren Anzahl anderenfalls die zu Schützenden künstlich aus sich heraus bestimmen müssten.[644]

In diesem Sinne hat die Fraktion DIE LINKE[645] bereits zweimal beantragt, dass der Sonderkündigungsschutz des § 15 Abs. 3a KSchG von den ersten drei Arbeitnehmern auf alle in der Einladung bzw. Antragstellung genannten Arbeitnehmer erweitert wird. Auf der einen Seite wurde dies mit dem Verweis auf vermeintlichen Rechtsmissbrauch und ein fehlendes Schutzbedürfnis abgelehnt, da anderenfalls der Weg für alle Arbeitnehmer zum Sonderkündigungsschutz

---

639 BT-Drucks. 19/28899, S. 1.

640 BGBl. 2021 I, S. 1762, gem. Art. 6 in Kraft getreten am 18.06.2021.

641 BT-Drucks. 14/5741, S. 55; BT-Drucks. 19/28899, S. 24.

642 *Bundesvereinigung der Deutschen Arbeitgeberverbände*, BT-Ausschussdrucks. 19(11)1100, S. 10; *Die Deutsche Kreditwirtschaft*, BT-Ausschussdrucks. 19(11)1133, S. 9.

643 *Deutscher Gewerkschaftsbund*, BT-Ausschussdrucks. 19(11)1121, S. 40.

644 *Schrader*, BT-Ausschussdrucks. 19(11)1127, S. 9.

645 BT-Drucks. 18/5327; BT-Drucks. 19/860.

eröffnet werde.[646] Diese Einwände sind jedoch jeweils nicht nachvollziehbar, zumal einem Arbeitnehmer der Sonderkündigungsschutz bei rechtsmissbräuchlichem Verhalten verwehrt bleibt. Auf der anderen Seite wurde der Erweiterung zugestimmt, da diese sinnvoll und notwendig sei.[647] Begründet wurde dies mit der vermuteten Bereitschaftssteigerung der Arbeitnehmer, einen Betriebsrat zu initiieren.[648] Zudem könne ein Arbeitnehmer nicht abschätzen, an welcher Stelle er in der Einladung bzw. Antragstellung genannt wird und ob er daher dem Sonderkündigungsschutz unterfällt; dies könne Initiativen verhindern.[649]

Aufgrund dessen sollte die Beschränkung des § 15 Abs. 3a S. 1 HS. 2 KSchG auf die ersten sechs in der Einladung oder ersten drei in der Antragstellung aufgeführten Arbeitnehmer aufgehoben werden. Eine Beschränkung sollte es nicht geben. Einzig das Korrektiv des Rechtsmissbrauchs sollte regulierend greifen. In Kleinbetrieben vermag die Aufhebung der Beschränkung zwar größere Auswirkungen zu haben, dies ist jedoch aufgrund des gesetzlichen Zwecks, der Förderung von Wahlinitiativen, hinzunehmen.[650]

Schafft es ein Arbeitnehmer nicht, in der Vorbereitungsphase zwei weitere Arbeitnehmer von einer Betriebsratsgründung zu überzeugen, bedeutete dies, dass der Sonderkündigungsschutz des § 15 Abs. 3a KSchG aF. nicht greift, selbst wenn zwei Wahlinitiatoren zu einer Betriebs- oder Wahlversammlung eingeladen oder einen Antrag beim Arbeitsgericht gestellt haben.[651] Da sie zu zweit die Voraussetzungen der §§ 17 Abs. 3 und 4 S. 1, 17a Nr. 3 S. 2 und Nr. 4 BetrVG nicht erfüllt haben, war die Einladung bzw. Antragstellung unwirksam, eine darauf erfolgte Wahl gegebenenfalls anfechtbar.[652] Gleiches galt, wenn der

---

646 *Bundesarbeitgeberverband Chemie e.V.*, BT-Ausschussdrucks. 18(11)423, S. 2; *Die Familienunternehmer e. V. – ASU*, BT-Ausschussdrucks. 18(11)425, S. 2; *Schreck*, BT-Ausschussdrucks. 19(11)64, S. 2; *Mallmann*, BT-Ausschussdrucks. 19(11)65, S. 1, 4; *Zentralverband des Deutschen Handwerks*, BT-Ausschussdrucks. 18(11)424, S. 3.

647 *Deutscher Gewerkschaftsbund*, BT-Ausschussdrucks. 18(11)431, S. 3; *Deutscher Gewerkschaftsbund*, BT-Ausschussdrucks. 19(11)78, S. 4; *Düwell*, BT-Ausschussdrucks. 18(11)426, S. 3.; *dbb beamtenbund und tarifunion*, BT-Ausschussdrucks. 18(11)427, S. 4; *Kummert*, BT-Ausschussdrucks. 19(11)79, S. 6.

648 *Berger*, BT-Ausschussdrucks. 18(11)429, S. 10.

649 *Berger*, BT-Ausschussdrucks. 18(11)429, S. 10.

650 BT-Drucks. 19/28899, S. 1.

651 *Eylert/Rinck*, BB 2018, 308 (310); *Linck*, in: Ascheid/Preis/Schmidt, KSchG, § 15 Rn. 53; *Löwisch*, DB 2002, 1503 (1503); *Wertheimer*, in: Löwisch/Schlünder/Spinner/Wertheimer, KSchG, § 15 Rn. 54.

652 *Koch*, in: Erfurter Kommentar, § 17 KSchG Rn. 2; *Wertheimer*, in: Löwisch/Schlünder/Spinner/Wertheimer, KSchG, § 15 Rn. 54.

Arbeitnehmer allein versucht hat eine Betriebsratsgründung umzusetzen.[653] Dieses Ergebnis war in gewisser Weise paradox. Ein Arbeitnehmer, der die vom Gesetzgeber gewünschte Initiative ergreift, darf nicht schutzlos Kündigungen ausgesetzt sein, auch wenn er als Wahlinitiator allein bleibt. Nur so kann tatsächlich ein Anreiz für Arbeitnehmer geschaffen werden, die Initiative für die Gründung eines Betriebsrats zu ergreifen. Als Gegenargument wurde Rechtsmissbrauch angeführt, und der Schutz durch § 20 Abs. 1 und 2 BetrVG und § 612a BGB als ausreichend angesehen.[654] Als Beispiel wurde genannt, dass ein Arbeitnehmer, der mit einer ordentlichen Kündigung rechne, lediglich schnell eine Einladung zu einer Betriebs- oder Wahlversammlung aussprechen müsse, um sich durch den Sonderkündigungsschutz zumindest für drei Monate vor der Kündigung zu retten.[655] Dieser Einwand überzeugt jedoch nicht: Zum einen könnte dem Arbeitnehmer in einem solchen Fall Rechtsmissbrauch angelastet werden, welcher den Sonderkündigungsschutz ausschließt. Zum anderen kann ein Arbeitnehmer nicht auf die Schnelle eine Einladung zu einer Betriebs- oder Wahlversammlung aussprechen. Dies bedarf Vorbereitungen, die eine gewisse Zeit in Anspruch nehmen. Der Arbeitnehmer muss sich überhaupt erst einmal in die Materie einarbeiten und sich mit den Voraussetzungen sowie etwaigen Besonderheiten befassen, ehe er überhaupt eine Einladung zu einer Betriebs- oder Wahlversammlung aussprechen kann. Ferner wird er die gemäß § 28 Abs. 1 S. 2 WO in der Regel sieben Tage nach der Einladung stattfindende Wahlversammlung wohl zunächst zu leiten haben ehe unter Umständen ein anderer Versammlungsleiter bestimmt wird. Der Kündigungsschutz des § 20 Abs. 1 und 2 BetrVG und § 612a BGB ist aufgrund seiner Hürden unzureichend, insbesondere bei der Beweislast.[656] Entsprechendes gilt für die Antragsteller. Die Begrenzung auf sechs Einladende bzw. drei Antragsteller ist insofern aufzuheben.

#### *cc) Zustimmung nach § 103 BetrVG*

In engem Zusammenhang mit § 103 BetrVG zeigt sich eine weitere Problematik. Hiernach bedarf die außerordentliche Kündigung eines Mitglieds des Betriebsrats oder Wahlvorstands sowie eines Wahlbewerbers der Zustimmung des Betriebsrats (Abs. 1) bzw. deren Ersetzung durch das Arbeitsgericht (Abs. 2

---

653 *Eylert/Rinck*, BB 2018, 308 (310); *Löwisch*, DB 2002, 1503 (1503); *Wertheimer*, in: Löwisch/Schlünder/Spinner/Wertheimer, KSchG, § 15 Rn. 54.

654 *Löwisch*, DB 2002, 1503 (1503).

655 *Löwisch*, DB 2002, 1503 (1503).

656 Siehe B.II.4.a), S. 121 sowie B.II.4.d), S. 123.

S. 1). § 103 Abs. 1 BetrVG gilt nur in der aktiven Phase dieser Funktionen, was sich zum einen aus den entsprechenden Regelungen in § 15 Abs. 1 S. 1, Abs. 3 S. 1 KSchG ergibt, zum anderen aus dem Wortlaut „Kündigung von Mitgliedern". Nach der aktiven Phase greift der nachwirkende Kündigungsschutz des § 15 Abs. 1 S. 2, Abs. 3 S. 2 KSchG, bei dem das Zustimmungserfordernis wegfällt. Eine Kündigung ist nach der aktiven Phase somit möglich, wenn ein Grund zur außerordentlichen fristlosen Kündigung vorliegt. Dabei dient das Zustimmungserfordernis dazu, jedwede Störungen zu verhindern, die Durchführung der Betriebsratswahlen zu erleichtern und die Kontinuität der Arbeit der entsprechenden Funktionen zu sichern.[657] Bei Wahlinitiatoren ist dies hingegen anders.

*(1) Schutzbedürfnis*

Im Rahmen des § 15 Abs. 3a KSchG ist die Kündigung sowohl in deren aktiven Phase, als auch danach möglich, wenn ein Grund zur außerordentlichen fristlosen Kündigung vorliegt, wobei der nachwirkende Kündigungsschutz des § 15 Abs. 3a S. 2 KSchG nur gewährt wird, wenn keine Betriebsratswahl stattfindet. Bei § 15 Abs. 3b KSchG ist neben der außerordentlichen fristlosen Kündigung jederzeit eine ordentliche betriebsbedingte Kündigung möglich, wobei der Kündigungsschutz generell nur im Zeitraum der Absichtserklärung bis zur Einladung zur Betriebs- oder Wahlversammlung gilt, längstens für drei Monate. Die Zustimmung des Betriebsrats, bzw. deren Ersetzung durch das Arbeitsgericht, bedarf es somit für die Kündigung eines Wahlinitiators zu keiner Zeit. Dennoch wollte der Gesetzgeber mit dem Sonderkündigungsschutz von Wahlinitiatoren deren Funktion sichern und deren Arbeit erleichtern, da er erkannt hat, dass Wahlinitiatoren im Hinblick auf mögliche Interessenkonflikte mit dem Arbeitgeber ähnlich schutzbedürftig sind, wie Mitglieder des Wahlvorstands und Wahlbewerber.[658] Dies ist jedoch nicht gelungen.

Obwohl der Arbeitgeber das Arbeitsverhältnis eines Wahlinitiators im Sinne des § 15 Abs. 3a KSchG nur außerordentlich fristlos kündigen kann, bzw. bei Wahlinitiatoren im Sinne des § 15 Abs. 3b KSchG zusätzlich ordentlich betriebsbedingt, wurde damit noch kein effektiver Kündigungsschutz geschaffen oder deren Funktion bzw. die Wahl effektiv gesichert. Einer Zustimmung des Betriebsrats bzw. deren Ersetzung durch das Arbeitsgericht bedarf der Arbeitgeber nicht.

---

657 BT-Drucks. I/2090, S. 16; BT-Drucks. VI/1786, S. 60; BT-Drucks. 14/5741, S. 55.
658 BT-Drucks. 14/5741, S. 55; *Hergenröder*, in: Münchener Kommentar, KSchG, § 15 Rn. 1.

Es steht ihm mithin frei, außerordentliche Kündigungen schlichtweg auszusprechen – ungeachtet der Erfolgsaussichten. Bereits hierdurch sendet der Arbeitgeber klare Signale in Richtung der Wahlinitiatoren und stört eine effiziente Amtsausführung nachhaltig. Ob die Kündigung letztlich einer Überprüfung durch das Arbeitsgericht standhält oder nicht, mag manchem Arbeitgeber wohl zweitrangig sein. Denn bereits durch den bloßen Ausspruch einer außerordentlichen fristlosen Kündigung hat der Arbeitgeber die Arbeit der Wahlinitiatoren und die Durchführung der Betriebsratswahl erheblich gestört. Gibt es drei Wahlinitiatoren, von denen einer außerordentlich fristlos gekündigt wird, fehlt der Gekündigte für die weitere Arbeit der Wahlinitiatoren. Darüber hinaus erfüllen die verbliebenen zwei Wahlinitiatoren nicht mehr die gesetzlichen Voraussetzungen der §§ 17 Abs. 3 und 4 S. 1, 17a Nr. 3 S. 2, Nr. 4 BetrVG. Die beiden verbliebenen Wahlinitiatoren müssen mithin einen Ersatz für den Gekündigten finden. Die Bereitschaft der übrigen Arbeitnehmer, sich als Wahlinitiator einzusetzen, dürfte aufgrund der Kenntnis der Kündigung jedoch sehr gering sein. Darüber hinaus ist es wahrscheinlich, dass auch die beiden verbliebenen Wahlinitiatoren durch die Kündigung des Kollegen eingeschüchtert wurden. Dies kann eine Wahlinitiative zu Fall bringen und die Ziele des Gesetzgebers[659] konterkarieren. Für den gekündigten Wahlinitiator bedeutet dies, dass er eine Kündigungsschutzklage erheben muss. Die Unwirksamkeit der Kündigung wird allerdings nicht unbedingt offensichtlich sein. Vielmehr wird deren Unwirksamkeit erst am Ende des lange dauernden Kündigungsschutzverfahrens feststehen, welches der Arbeitgeber wohl aufgrund der Beweislast für den Kündigungsgrund verliert, wenn nicht sogar ein Beendigungsvergleich geschlossen wird.[660] Der Arbeitgeber hätte hierdurch die Sicherung der Wahl umgangen.[661] Gleiches gilt in der Vorbereitungsphase.

Anders wäre dies, wenn die Kündigung eines Wahlinitiators in der aktiven Phase unter die zusätzliche Voraussetzung der Zustimmung des Betriebsrats, bzw. deren unmittelbare Ersetzung durch das Arbeitsgericht, gestellt würde. Dann wäre die vom Arbeitgeber verursachte Störung wesentlich geringer, da eine hiergegen verstoßende Kündigung ganz offensichtlich keinen Bestand hat und nichtig ist. Zudem könnte ein Beschäftigungsanspruch auf dieser Basis leicht durchgesetzt werden. Die Bestandsgefahr für ein Arbeitsverhältnis wäre bei willkürlichen Kündigungen ausgeschlossen.[662] Dies würde zu einer

659 Siehe B.II.3., S. 116 ff.

660 *Kummert*, BT-Ausschussdrucks. 19(11)79, S. 4.

661 *Kummert*, BT-Ausschussdrucks. 19(11)79, S. 5.

662 *Linck*, in: Ascheid/Preis/Schmidt, KSchG, § 15 Rn. 2.

effektiven Sicherung der Funktion von Wahlinitiatoren und deren Arbeit führen, da Wahlinitiatoren die Interessen der Belegschaft vertreten könnten, ohne Repressalien des Arbeitgebers fürchten zu müssen.[663] Zwar kann der Arbeitgeber trotz der Voraussetzungen weiterhin willkürliche Kündigungen aussprechen, die dann mit einer Kündigungsschutzklage angegriffen werden müssen. Jedoch wird die Angst der Arbeitnehmer hiervor vermutlich sinken, da etwaige Kündigungen bereits offensichtlich unwirksam sind und darauf basierend ein Weiterbeschäftigungsanspruch geltend gemacht werden kann.[664] Dieser Unterschied bedarf zwar weitergehender Kenntnisse der Arbeitnehmer, diese können jedoch erwartet werden. Letzteres liegt insbesondere daran, dass der Arbeitgeber in den ihm aufzuerlegenden Informationsveranstaltungen die Arbeitnehmer auch über die Voraussetzungen und Wirkungen des Sonderkündigungsschutzes informieren muss.[665] Hierdurch werden den Arbeitnehmern Kenntnisse betreffend die Voraussetzungen einer Kündigung vermittelt und dies auch dem Arbeitgeber nochmals vor Augen geführt. Durch das Zustimmungserfordernis kann somit ein Anreiz für Arbeitnehmer geschaffen werden, in Betrieben verstärkt die Initiative für einen Betriebsrat zu ergreifen.[666] Darüber hinaus sprechen keine schützenswerten Interessen des Arbeitgebers dagegen. Liegen Gründe für eine außerordentliche fristlose Kündigung vor, kann der Arbeitgeber die notwendige Zustimmung in betriebsratslosen Betrieben unmittelbar durch das Arbeitsgericht ersetzen lassen. Daher sollte das Zustimmungserfordernis unabhängig von einem von dem Arbeitgeber vermuteten Rechtsmissbrauch des Wahlinitiators greifen, also einen unbedingten Schutz darstellen. Würde man hier einen Weg für den Arbeitgeber dergestalt eröffnen, dass die Zustimmung nicht erforderlich ist, wenn der Vorwurf des Rechtsmissbrauchs im Raum steht, bestünde die Gefahr, dass sich der Arbeitgeber vermehrt auf Rechtsmissbrauch berufen könnte, um Kündigungen leichter aussprechen zu können. Dann müsste der Arbeitnehmer die Kündigung mit einer Kündigungsschutzklage angreifen, könnte sich jedoch nicht auf eine offensichtliche Unwirksamkeit berufen, da eine Zustimmung nicht erforderlich war. Stattdessen stünde erst am Ende des lange dauernden Verfahrens fest, dass kein rechtsmissbräuchliches Verhalten des Wahlinitiators vorgelegen hat. Gleichwohl hätte der Arbeitgeber die Wahl behindert, wenn nicht sogar verhindert. Dies würde dem Schutzbedürfnis von Wahlinitiatoren sowie der

---

663 *Hergenröder*, in: Münchener Kommentar, KSchG, § 15 Rn. 1.
664 Zum Weiterbeschäftigungsanspruch: *Lingemann/Steinhauser*, NJW 2014, 3765.
665 Siehe B.I.6.b)gg)(2)(a), S. 89 f.
666 BT-Drucks. 14/5741, S. 55.

Wahl und dem Zweck des Zustimmungserfordernisses zuwiderlaufen.[667] Es ist dem Arbeitgeber zuzumuten die notwendige Zustimmung einzuholen, da diese in einem Fall des tatsächlichen Rechtsmissbrauchs erteilt wird (sofern überhaupt Kündigungsgründe vorliegen).

*(2) Ersetzung der Zustimmung*

Aufgrund dessen hat die Fraktion DIE LINKE beantragt, die außerordentliche fristlose Kündigung eines Wahlinitiators nach § 15 Abs. 3a S. 1 KSchG analog § 103 BetrVG unter die Voraussetzung der Zustimmung des Betriebsrats bzw. deren Ersetzung zu stellen.[668] Hiergegen wurde vorgebracht, dass eine Erweiterung des vermeintlich komplizierten Verfahrens auf Wahlinitiatoren weder angemessen noch notwendig sei, zumal noch kein Betriebsrat bestehe.[669] Letzteres überzeugt bereits nicht, da ein Zustimmungsersetzungsverfahren unmittelbar durchgeführt werden kann,[670] was mittlerweile in § 103 Abs. 2a BetrVG verankert ist. Durch die bereits zum damaligen Zeitpunkt debattierte Vorverlagerung des Schutzbeginns von Wahlinitiatoren ist die Schutzdauer ausreichend lang, um sie ins Verhältnis zu § 103 BetrVG zu setzen.[671] Für das Zustimmungserfordernis bei Wahlinitiatoren spricht, dass hierdurch ein höheres Schutzniveau sowie ein verbesserter Rechtsschutz entstehen würden, und dies zu mehr Wahlinitiatoren und somit zu mehr Betriebsräten führen könnte.[672] Darüber hinaus wäre die Koppelung an § 103 BetrVG konsequent, da der Gesetzgeber das ähnliche Schutzbedürfnis von Wahlinitiatoren zu Mitgliedern des Wahlvorstands und Wahlbewerbern erkannt hat,[673] deren Schutz somit an diese angleichen sollte.[674] Nur durch die Verbindung zu § 103 BetrVG könnten die Funktion der Wahlinitiatoren sowie die Wahl effektiv geschützt werden, weil insbesondere der Beschäftigungsanspruch eines Wahlinitiators im Falle einer Kündigung leichter durchgesetzt und die Initiative besser fortgesetzt/umgesetzt werden könnte.[675]

---

667 BT-Drucks. 14/5741, S. 55.

668 BT-Drucks. 18/5327; BT-Drucks. 19/860.

669 *Mallmann*, BT-Ausschussdrucks. 19(11)65, S. 1, 4.

670 *dbb beamtenbund und tarifunion*, BT-Ausschussdrucks. 18(11)427, S. 4; *Heilmann*, BT-Ausschussdrucks. 19(11)76, S. 2.

671 *Düwell*, BT-Ausschussdrucks. 18(11)426, S. 3.

672 *Berger*, BT-Ausschussdrucks. 18(11)429, S. 11.

673 BT-Drucks. 14/5741, S. 55; *Hergenröder*, in: Münchener Kommentar, KSchG, § 15 Rn. 1.

674 *Berger*, BT-Ausschussdrucks. 18(11)429, S. 11.

675 *Kummert*, BT-Protokoll-Nr. 19/13, S. 215 (223 f.).

Dies hat auch das Bundesministerium für Arbeit und Soziales erkannt und im Referentenentwurf des Betriebsrätemodernisierungsgesetzes[676] (damals noch Betriebsrätestärkungsgesetz genannt) einen zweistufigen Kündigungsschutz für Wahlinitiatoren nach § 15 Abs. 3a und 3b KSchG vorgesehen. Nach dem Entwurf sollte in § 103 Abs. 1 BetrVG angefügt werden, dass Satz 1 entsprechend für Wahlinitiatoren nach § 15 Abs. 3a KSchG gelte.[677] Daran anknüpfend sollte nach dem Referentenentwurf § 15 Abs. 3a S. 1 KSchG um den Passus ergänzt werden, dass eine Kündigung unzulässig ist, außer es liegen Tatsachen vor, die den Arbeitgeber zur Kündigung aus wichtigem Grund ohne Einhaltung einer Kündigungsfrist berechtigen und dass die nach § 103 BetrVG erforderliche Zustimmung vorliegt oder durch eine gerichtliche Entscheidung ersetzt ist.[678] Ferner enthielt der Referentenentwurf in § 15 Abs. 3b S. 1 KSchG-E eine Regelung, die eine Kündigung aus wichtigem Grund ohne Einhaltung einer Kündigungsfrist nur dann für zulässig erklärte, wenn zuvor das Arbeitsgericht auf Antrag des Arbeitgebers der Kündigung zugestimmt hat.[679] Die Zustimmung des Arbeitsgerichts war nach dem Referentenentwurf zu erteilen, wenn die Kündigung unter Berücksichtigung aller Umstände gerechtfertigt wäre.[680] Für Wahlinitiatoren sollte damit ein zweistufiger Schutz geschaffen werden.

Der Referentenentwurf hat somit die Möglichkeit von Arbeitgebern erkannt, engagierte Arbeitnehmer mit unbegründeten außerordentlichen fristlosen Kündigungen bis zu einer langwierigen gerichtlichen Klärung aus dem Betrieb zu

---

676 *Bundesministerium für Arbeit und Soziales*, Referentenentwurf eines Gesetzes zur Förderung der Betriebsratswahlen und zur Stärkung der Betriebsräte (Betriebsrätestärkungsgesetz), S. 8, 14.

677 *Bundesministerium für Arbeit und Soziales*, Referentenentwurf eines Gesetzes zur Förderung der Betriebsratswahlen und zur Stärkung der Betriebsräte (Betriebsrätestärkungsgesetz), S. 8.

678 *Bundesministerium für Arbeit und Soziales*, Referentenentwurf eines Gesetzes zur Förderung der Betriebsratswahlen und zur Stärkung der Betriebsräte (Betriebsrätestärkungsgesetz), S. 8.

679 *Bundesministerium für Arbeit und Soziales*, Referentenentwurf eines Gesetzes zur Förderung der Betriebsratswahlen und zur Stärkung der Betriebsräte (Betriebsrätestärkungsgesetz), S. 8.

680 *Bundesministerium für Arbeit und Soziales*, Referentenentwurf eines Gesetzes zur Förderung der Betriebsratswahlen und zur Stärkung der Betriebsräte (Betriebsrätestärkungsgesetz), S. 8.

entfernen, und hierdurch die Betriebsratswahl gezielt zu sabotieren.[681] Ferner hat der Referentenentwurf den diesbezüglich fehlenden Schutz der Arbeitnehmer erkannt.[682] Die Ergänzung in § 15 Abs. 3a S. 1 KSchG-E sollte den gezielten Ausspruch außerordentlicher fristloser Kündigungen gegen Wahlinitiatoren verhindern, diese gleichwohl nicht unmöglich machen.[683] Entsprechend sollten nach dem Referentenentwurf Wahlinitiatoren im Sinne des § 15 Abs. 3b KSchG geschützt werden.[684]

Die Regelungen wurden jedoch nicht in den Gesetzesentwurf der Bundesregierung[685] übernommen. Dort war ein zweistufiger Kündigungsschutz für Wahlinitiatoren nicht vorgesehen, obwohl der Gesetzesentwurf die Arbeitnehmer schützen wollte, die sich für die erstmalige Wahl eines Betriebsrats einsetzen.[686] Gegen einen zweistufigen Kündigungsschutz wurde einerseits argumentiert, dass dieser die Flucht in den Kündigungsschutz beflügele, und somit rechtsmissbräuchliches Handeln fördere.[687] Andererseits wurde ein zweistufiger Schutz unter Verweis auf das strafbewehrte Behinderungsverbot als unverhältnismäßige Beschränkung des arbeitgeberseitigen Kündigungsrechts nach § 626 BGB angesehen.[688] Abseits des Gesetzgebungsverfahrens wurde kritisiert, dass das Bundesministerium für Arbeit und Soziales über das Ziel hinausgeschossen sei, da durch einen zweistufigen Schutz nur Missbrauch begünstigt würde und der bestehende Schutz ausreichend sei.[689] Dies vermag nicht zu überzeugen. Zum einen ist der Arbeitgeber ausreichend vor Rechtsmissbrauch geschützt, zum

---

681 *Bundesministerium für Arbeit und Soziales*, Referentenentwurf eines Gesetzes zur Förderung der Betriebsratswahlen und zur Stärkung der Betriebsräte (Betriebsrätestärkungsgesetz), S. 14.

682 *Bundesministerium für Arbeit und Soziales*, Referentenentwurf eines Gesetzes zur Förderung der Betriebsratswahlen und zur Stärkung der Betriebsräte (Betriebsrätestärkungsgesetz), S. 14.

683 *Bundesministerium für Arbeit und Soziales*, Referentenentwurf eines Gesetzes zur Förderung der Betriebsratswahlen und zur Stärkung der Betriebsräte (Betriebsrätestärkungsgesetz), S. 27.

684 *Bundesministerium für Arbeit und Soziales*, Referentenentwurf eines Gesetzes zur Förderung der Betriebsratswahlen und zur Stärkung der Betriebsräte (Betriebsrätestärkungsgesetz), S. 28.

685 BT-Drucks. 19/28899.

686 BT-Drucks. 19/28899, S. 12.

687 *Bundesvereinigung der Deutschen Arbeitgeberverbände*, BT-Ausschussdrucks. 19(11) 1100, S. 4.

688 *Die Deutsche Kreditwirtschaft*, BT-Ausschussdrucks. 19(11)1133, S. 10.

689 *Keitel/Busch*, BB 2021, 564 (565).

anderen wird ihm das außerordentliche Kündigungsrecht nicht gänzlich genommen. Eine höhere Hürde in Form der zwingenden Zustimmung zur Kündigung ist ihm zum Schutze der Funktion der Wahlinitiatoren sowie zur Sicherung der Wahl zuzumuten, insbesondere in Anbetracht der Wichtigkeit und Gefährdung von Wahlinitiatoren sowie dem gesetzlichen Schutzzweck[690]. Daher wird angemerkt, dass nur mit einem zweistufigen Kündigungsschutz für Wahlinitiatoren überhaupt von einem Sonderkündigungsschutz gesprochen werden könne.[691] Erst dann besteht ein effektiver Schutz der Wahl vor Sabotageversuchen des Arbeitgebers.[692] Würden Wahlinitiatoren nicht in § 103 BetrVG aufgenommen, wäre ihr Schutz lediglich fragmentarisch.[693]

Insofern ist der zweistufige Sonderkündigungsschutz für Wahlinitiatoren einzuführen. Bei Wahlinitiatoren nach § 15 Abs. 3a KSchG ist die außerordentliche fristlose Kündigung unter die Zustimmung des Betriebsrats bzw. deren Ersetzung durch das Arbeitsgericht nach § 103 BetrVG zu stellen. Diese Ausgestaltung ist §§ 16 Abs. 2 S. 1, 63 Abs. 3, 115 Abs. 2 Nr. 8 S. 1 und 2 BetrVG geschuldet. Bei Wahlinitiatoren nach § 15 Abs. 3b KSchG ist die außerordentliche fristlose Kündigung dementsprechend unmittelbar unter die Zustimmung des Arbeitsgerichts zu stellen, da insofern kein Betriebsrat besteht.

#### *dd) Nachwirkender Kündigungsschutz des § 15 Abs. 3a S. 2 KSchG*

Ebenso offenbart der „nachwirkende" Kündigungsschutz des § 15 Abs. 3a S. 2 KSchG Schutzlücken. Sofern kein Betriebsrat gewählt wird, ist die Kündigung eines Wahlinitiators hiernach für den Zeitraum von drei Monaten ab der Einladung bzw. Antragstellung unzulässig, es sei denn, der Arbeitgeber ist zum Ausspruch einer außerordentlichen fristlosen Kündigung berechtigt. Problematisch sind hierbei Beginn, Bedingung und Dauer des nachwirkenden Kündigungsschutzes.

##### *(1) Beginn*

Die Regelung des § 15 Abs. 3a S. 2 KSchG dient dazu, einen alternativen Endzeitpunkt des Kündigungsschutzes zu benennen, da es mangels Betriebsratswahl zu

---

690 Siehe B.II.3., S. 116 ff.

691 *Kummert*, BT-Ausschussdrucks. 19(11)1119, S. 7.

692 *Düwell*, BT-Ausschussdrucks. 19(11)1134, S. 3; *Geyer*, BT-Ausschussdrucks. 19(11)1131, S. 7 f.; *Reinartz*, NZA-RR 2021, 457 (469); *Schrader*, BT-Ausschussdrucks. 19(11) 1127, S. 8.

693 *Hans-Böckler-Stiftung*, BT-Ausschussdrucks. 19(11)1128, S. 4.

keiner Bekanntgabe des Wahlergebnisses im Sinne des § 15 Abs. 3a S. 1 KSchG kommt. Ein echter nachwirkender Kündigungsschutz wie in § 15 Abs. 1 S. 2, Abs. 3 S. 2 KSchG wird hingegen nicht begründet.[694] § 15 Abs. 1 S. 2 KSchG gewährt Betriebsratsmitgliedern für die Dauer eines Jahres nach Beendigung der Amtszeit nachwirkenden Kündigungsschutz, § 15 Abs. 3 S. 2 KSchG Mitgliedern des Wahlvorstands und Wahlbewerbern für die Dauer von sechs Monaten nach Bekanntgabe des Wahlergebnisses. Obwohl es im Rahmen des § 15 Abs. 3 S. 2 KSchG sein kann, dass kein Betriebsrat gewählt wird,[695] wird für den Beginn des nachwirkenden Kündigungsschutzes trotzdem an die Bekanntgabe des Wahlergebnisses angeknüpft. Dabei ist die Regelung diesbezüglich mit § 15 Abs. 3a S. 2 KSchG vergleichbar. Wahlinitiatoren sind ähnlich schutzbedürftig wie Mitglieder des Wahlvorstands und Wahlbewerber.[696] Bei einem Mitglied des Wahlvorstands oder einem Bewerber für den Betriebsrat verschiebt sich der Beginn des nachwirkenden Kündigungsschutzes aufgrund teleologischer Reduktion nach vorne, wenn es vorzeitig ausscheidet, das Amt niederlegt, oder den Wahlvorschlag zurückzieht.[697] Hieran zeitlich anknüpfend wird der sechsmonatige nachwirkende Kündigungsschutz gewährt. Dies könnte auch bei Wahlinitiatoren so gehandhabt werden. Sowohl bei § 15 Abs. 3 S. 2 KSchG, als auch bei § 15 Abs. 3a S. 2 KSchG, kann eine Wahl ausbleiben. Dennoch wird für den Beginn des nachwirkenden Kündigungsschutzes an unterschiedliche Zeitpunkte angeknüpft. Deutlicher zeigt sich dieser Unterschied darin, dass der sechsmonatige nachwirkende Kündigungsschutz für Mitglieder des Wahlvorstands und Wahlbewerber grundsätzlich erst mit der Bekanntgabe des Wahlergebnisses beginnt, also zu einem Zeitpunkt, in dem der dreimonatige „nachwirkende“ Kündigungsschutz von Wahlinitiatoren bereits beendet sein kann. Einzig, wenn drei Monate nach der Einladung bzw. Antragstellung noch nicht feststeht, ob letztlich ein Betriebsrat gewählt wird oder nicht (insbesondere bei gerichtlichen Verfahren), kann sich der Sonderkündigungsschutz von Wahlinitiatoren bis zu dem Zeitpunkt verlängern, in dem feststeht, dass kein Betriebsrat gewählt wird.[698] Es erscheint nicht gerechtfertigt, dass im Rahmen der Absätze 3 und 3a an unterschiedliche

694 *Nebeling/Tüx*, BB 2014, 1402 (1403).

695 BAG, Urteil vom 09.10.1986 – 2 AZR 650/85, in: AP KSchG 1969 § 15 Nr. 23.

696 *Hergenröder*, in: Münchener Kommentar, KSchG, § 15 Rn. 1.

697 BAG, Urteil vom 09.10.1986 – 2 AZR 650/85, in: AP KSchG 1969 § 15 Nr. 23; *Hergenröder*, in: Münchener Kommentar KSchG, § 15 Rn. 66.

698 *Linck*, in: Ascheid/Preis/Schmidt, KSchG, § 15 Rn. 53; *Nägele/Nestel*, BB 2002, 354 (356 f.); generell auf die Problematik eingehend: *Nebeling/Tüx*, BB 2014, 1402 (1404); *Schmid/Eckert*, DB 2017, 1649 (1655).

Zeitpunkte angeknüpft wird. Streng genommen wird Wahlinitiatoren gemäß § 15 Abs. 3a S. 2 KSchG allerdings kein nachwirkender Kündigungsschutz gewährt, da eine Nachwirkung die Beendigung des Amts bzw. der Funktion voraussetzt. Bei einem Wahlinitiator ist dies jedoch grundsätzlich erst der Fall, wenn ein Wahlvorstand gewählt oder durch das Arbeitsgericht bestellt ist. Hiervon ist man jedoch im Zeitpunkt des § 15 Abs. 3a S. 2 KSchG, also der Einladung oder Antragstellung, weit entfernt. Wenn kein Betriebsrat gewählt wird, sind Wahlinitiatoren nachträglich jedoch ebenso schutzbedürftig wie Mitglieder des Wahlvorstands oder Wahlbewerber. Der nachwirkende Kündigungsschutz von Mitgliedern des Wahlvorstands und Wahlbewerbern dient zur Abkühlung etwaiger Kontroversen mit dem Arbeitgeber im Anschluss an deren Amt bzw. Funktion.[699] Es ist anerkannt, dass bereits die bloße Mitteilung, in einer Funktion für den Betriebsrat tätig sein zu wollen, Spannungen mit dem Arbeitgeber auslösen kann, die eine Abkühlungsphase notwendig machen.[700] Dies ist bei Wahlinitiatoren nicht anders. Dennoch wurde ihnen kein echter nachwirkender Kündigungsschutz zugesprochen. Eine Abkühlungsphase gibt es bei Wahlinitiatoren demnach nicht. Sind seit der Einladung bzw. Antragstellung mehr als drei Monate vergangen, steht Wahlinitiatoren nur der ineffektivere[701] Schutz der § 20 Abs. 1 und 2 BetrVG und § 612a BGB zur Verfügung. Wahlinitiatoren sind jedoch im Hinblick auf mögliche Interessenkonflikte mit dem Arbeitgeber ähnlich schutzbedürftig wie Mitglieder des Wahlvorstands und Wahlbewerber.[702]

§ 15 Abs. 3a S. 2 KSchG stellt vor diesem Hintergrund für den Beginn des „nachwirkenden" Kündigungsschutzes auf den falschen Zeitpunkt ab. Insofern ist für den Beginn des nachwirkenden Sonderkündigungsschutzes – wie bei Mitgliedern des Wahlvorstands und Wahlbewerbern – auf den Zeitpunkt der Bekanntgabe des Wahlergebnisses abzustellen.[703] Sollte kein Betriebsrat gewählt werden, ist für den Beginn des nachwirkenden Sonderkündigungsschutzes – entsprechend der Rechtsprechung zu Mitgliedern des Wahlvorstands und Wahlbewerbern[704] – auf den Zeitpunkt abzustellen, ab dem feststeht, dass kein Betriebsrat gewählt wird.

---

699 BT-Drucks. VI/1786, S. 60.

700 BAG, Urteil vom 09.10.1986 – 2 AZR 650/85, in: AP KSchG 1969 § 15 Nr. 23; *Hergenröder*, in: Münchener Kommentar KSchG, § 15 Rn. 66.

701 Siehe B.II.4.a), S. 119 ff. sowie B.II.4.d), S. 123.

702 *Hergenröder*, in: Münchener Kommentar, KSchG, § 15 Rn. 1.

703 *Kummert*, BT-Ausschussdrucks. 19(11)79, S. 6.

704 BAG, Urteil vom 09.10.1986 – 2 AZR 650/85, in: AP KSchG 1969 § 15 Nr. 23.

*(2) Bedingung*

Der nachwirkende Kündigungsschutz des § 15 Abs. 3a S. 2 KSchG ist für Wahlinitiatoren nur vorgesehen, wenn kein Betriebsrat gewählt wird. Anders sieht es wiederum bei § 15 Abs. 3 S. 2 KSchG aus: Mitgliedern des Wahlvorstands und (nicht gewählten) Wahlbewerbern wird der nachwirkende Kündigungsschutz unabhängig davon gewährt, ob es zu einer Betriebsratswahl kommt oder nicht. Wird ein Betriebsrat gewählt, erhalten Wahlinitiatoren hingegen keinen nachwirkenden Kündigungsschutz. Vielmehr endet ihr Kündigungsschutz mit dem Zeitpunkt der Bekanntgabe des Wahlergebnisses. Diese Ungleichbehandlung ist jedoch rechtspolitisch nicht gerechtfertigt. Eine gegen Art. 3 Abs. 1 GG verstoßende Ungleichbehandlung liegt hingegen nicht vor. Aufgrund des im Arbeitsrecht bestehenden breiten Gestaltungs- und Differenzierungsbedarfs zur Verwirklichung der unterschiedlichen wirtschafts-, beschäftigungs-, sozial- und gesellschaftspolitischen Vorstellungen, bei deren Umsetzung der Gesetzgeber weitgehende Freiheit hat,[705] ist die vom Gesetzgeber hier vorgenommene Ungleichbehandlung verfassungskonform. Der Gesetzgeber erachtet Wahlinitiatoren nur für die Zeit der Wahl in ähnlicher Weise schutzbedürftig wie Mitglieder des Wahlvorstands und Wahlbewerber, nicht hingegen nach der Wahl.[706] Hieraus ergibt sich jedoch nicht, dass die Unsachlichkeit der Differenzierung evident ist, weshalb Verfassungsrecht nicht verletzt ist.[707]

Der nachwirkende Kündigungsschutz soll es ermöglichen, dass sich etwaige durch die Wahrnehmung betriebsverfassungsrechtlicher Funktionen entstandene Spannungen gegenüber dem Arbeitgeber abkühlen können.[708] Wieso eine solche Abkühlung bei Mitgliedern des Wahlvorstands und Wahlbewerbern notwendig ist, bei Wahlinitiatoren hingegen nicht, wird nicht klar. Derartige Spannungen können gleichermaßen zwischen Wahlinitiatoren und dem Arbeitgeber entstehen, da hierfür die Mitteilung ausreichen kann, eine Funktion im Rahmen der Betriebsratswahl ausüben zu wollen.[709] Im Hinblick auf mögliche Interessenkonflikte mit dem Arbeitgeber sind Wahlinitiatoren ähnlich schutzbedürftig wie Mitglieder des Wahlvorstands und Wahlbewerber.[710] Ihnen

705 *Schmidt*, in: Erfurter Kommentar, Art. 3 GG, Rn. 36.

706 BT-Drucks. 14/5741, S. 55.

707 BVerfG, Urteil vom 10.01.1995 – 1 BvF 1/90, 1 BvR 342, 348/90, NZA 1995, 272 (276 f.).

708 BT-Drucks. VI/1786, S. 60.

709 BAG, Urteil vom 09.10.1986 – 2 AZR 650/85, in: AP KSchG 1969 § 15 Nr. 23; *Hergenröder*, in: Münchener Kommentar KSchG, § 15 Rn. 66.

710 *Hergenröder*, in: Münchener Kommentar, KSchG, § 15 Rn. 1.

eine Abkühlungsphase nach Bekanntgabe des Wahlergebnisses zu enthalten und ihren Schutz enden zu lassen überzeugt daher nicht. Wird ein Betriebsrat gewählt, ist das Schutzbedürfnis von Wahlinitiatoren nach der Wahl nicht geringer als das von Mitgliedern des Wahlvorstands und Wahlbewerbern. Schließlich waren es die Wahlinitiatoren, die den Stein ins Rollen gebracht haben und für die Wahl des Betriebsrats verantwortlich sind. Hierdurch können Kontroversen mit dem Arbeitgeber entstehen. Diese haben sich mit der Wahl eines Betriebsrats jedoch nicht unbedingt abgekühlt, sondern können über die Bekanntgabe des Wahlergebnisses fortbestehen. Auch nach der Wahl kann das Verhältnis zwischen Wahlinitiator und Arbeitgeber noch angespannt und eine Abkühlungsphase mithin notwendig sein.

Darüber hinaus sind Wahlinitiatoren nach Bekanntgabe des Wahlergebnisses die einzig Angreifbaren, da ihnen der notwendige Sonderkündigungsschutz fehlt. Zwar muss bei einer Kündigung der neu gewählte Betriebsrat gemäß § 102 Abs. 1 S. 1 BetrVG angehört werden, allerdings resultiert hieraus kein Kündigungsschutz. Gemäß § 102 Abs. 2 S. 1 und 3 BetrVG kann der Betriebsrat dem Arbeitgeber Bedenken gegen eine (außer)ordentliche Kündigung mitteilen. Gemäß § 102 Abs. 3 kann der Betriebsrat einer ordentlichen Kündigung unter bestimmten Gründen zudem widersprechen. Gleichwohl ist der Arbeitgeber in seiner Entscheidung frei. Trotz etwaiger Bedenken oder eines Widerspruchs des Betriebsrats kann er den Arbeitnehmer kündigen (§ 102 Abs. 4 BetrVG). Der Widerspruch des Betriebsrats begründet nach § 102 Abs. 5 S. 1 BetrVG lediglich einen Weiterbeschäftigungsanspruch während des Kündigungsschutzverfahrens. Ein Kündigungsschutz wird dadurch nicht gewährt.

Nach aktueller Gesetzeslage steht einem Wahlinitiator nach der Bekanntgabe des Wahlergebnisses lediglich der Kündigungsschutz nach § 20 Abs. 1 und 2 BetrVG und § 612a BGB zur Verfügung. Aufgrund des Konfliktpotentials, das die Funktion als Wahlinitiator innehat sowie der Wichtigkeit von Wahlinitiatoren, damit überhaupt eine Betriebsratswahl in Gang gesetzt wird, ist der bestehende Schutz nicht ausreichend. Wahlinitiatoren sind nach einer erfolgten Betriebsratswahl nicht weniger schutzbedürftig, als wenn keine Wahl stattfindet.[711] Der nachträgliche Sonderkündigungsschutz des § 15 Abs. 3a S. 2 KSchG ist daher von der Bedingung der nicht zustande gekommenen Betriebsratswahl zu lösen. Wahlinitiatoren ist somit auch dann ein nachträglicher Sonderkündigungsschutz zu gewähren, wenn ein Betriebsrat gewählt wird.

---

711 Im Ergebnis auch: *Düwell*, BT-Ausschussdrucks. 18(11)426, S. 3; *Berger*, BT-Ausschussdrucks. 18(11)429, S. 10.

### *(3) Dauer*

Ferner unterscheidet der Gesetzgeber hinsichtlich der Dauer des nachwirkenden Kündigungsschutzes. Für Mitglieder des Betriebsrats beträgt diese ein Jahr (§ 15 Abs. 1 S. 2 KSchG), für Mitglieder des Wahlvorstands und Wahlbewerber sechs Monate (§ 15 Abs. 3 S. 2 KSchG), für Wahlinitiatoren – sofern kein Betriebsrat gewählt wird – drei Monate (§ 15 Abs. 3a S. 2 KSchG).

Eine gewisse Differenzierung ist durchaus verständlich und angebracht. Dies allerdings nur in Bezug auf Mitglieder des Betriebsrats. Deren nachwirkender Kündigungsschutz von einem Jahr rechtfertigt sich insbesondere aus zwei Gründen: Zum einen ist das Konfliktpotential eines Betriebsratsmitglieds zum Arbeitgeber aufgrund seiner Aufgaben um ein Vielfaches höher als bei allen anderen Funktionen. Zum anderen dauert die Amtszeit eines Betriebsratsmitglieds mit in der Regel vier Jahren mit großem Abstand am längsten. Insofern haben Mitglieder des Betriebsrats gegenüber den anderen Funktionen ein Alleinstellungsmerkmal, welches diesbezüglich eine Differenzierung rechtfertigt. Der einjährige nachwirkende Kündigungsschutz ist notwendig, damit Betriebsratsmitglieder ohne Sorge um ihren Arbeitsplatz wieder den beruflichen Anschluss erlangen und sich eventuelle während der betriebsverfassungsrechtlichen Tätigkeit aufgetretene Kontroversen mit dem Arbeitgeber abkühlen können.[712]

Demgegenüber ist es ungerechtfertigt, dass Mitgliedern des Wahlvorstands und Wahlbewerber mit sechs Monaten ein doppelt so langer nachwirkender Kündigungsschutz gewährt wird, wie Wahlinitiatoren. Wahlinitiatoren sind für die Betriebsratsgründung in betriebsratslosen Betrieben essenziell. Es ist ihre Aufgabe die Initiative zu ergreifen und eine Betriebsratswahl einzuleiten. Die Wichtigkeit von Wahlinitiatoren hat der Gesetzgeber erkannt und verfolgt das Ziel, die Bereitschaft der Arbeitnehmer zu steigern, eine Initiative für eine Betriebsratsgründung zu ergreifen.[713] Wahlinitiatoren sind für die Einladung zur Betriebs- oder Wahlversammlung bzw. Antragstellung (inklusive des sich daran anschließenden Gerichtsverfahrens) verantwortlich. Mitglieder des Wahlvorstands dagegen leiten die Wahl des Betriebsrats (§ 1 Abs. 1 WO). Insbesondere erstellen sie die Wählerliste sowie das Wahlausschreiben, überprüfen Vorschlagslisten, und organisieren, überwachen und werten die Betriebsratswahl aus (§§ 2 ff. WO). Auf der anderen Seite haben Wahlbewerber keine wirkliche Aufgabe. Sie kandidieren für den Betriebsrat und machen in dieser Funktion Werbung für sich. Allerdings ergibt sich gerade daraus ein Konfliktpotential mit

---

712 BT-Drucks. VI/1786, S. 60.
713 BT-Drucks. 14/5741, S. 55.

dem Arbeitgeber. Der Gesetzgeber erachtet Mitglieder des Wahlvorstands und Wahlbewerber im Hinblick auf mögliche Interessenkonflikte mit dem Arbeitgeber für die Zeit der Wahl in ähnlicher Weise schutzbedürftig wie Betriebsratsmitglieder.[714] Zudem erachtet er Wahlinitiatoren für die Zeit der Wahl in ähnlicher Weise schutzbedürftig wie Mitglieder des Wahlvorstands und Wahlbewerber.[715] In der Konsequenz bedeutet dies, dass der Gesetzgeber Wahlinitiatoren für die Zeit der Wahl Wahlinitiatoren in ähnlicher Weise schutzbedürftig wie Betriebsratsmitglieder erachtet. Allen drei Funktionen ist somit ein großes Konfliktpotential gemein. Gerade dieses Konfliktpotential ist ausschlaggebend für den nachwirkenden Kündigungsschutz. Dieser soll ermöglichen, dass sich etwaige während der Wahl aufgetretene Kontroversen abkühlen können.[716]

Wahlinitiatoren sind hierbei zwischen Mitgliedern des Wahlvorstands und Wahlbewerbern anzusiedeln. Vor diesem Hintergrund ist es rechtspolitisch ungerechtfertigt, ihnen lediglich einen nachwirkenden Kündigungsschutz von drei Monaten zukommen zu lassen, Wahlbewerbern dagegen sechs Monate. Dies ist auch nicht damit zu rechtfertigen, dass die aktive Phase von Wahlinitiatoren bereits früher beendet ist als diejenige von Mitgliedern des Wahlvorstands oder Wahlbewerbern, sodass Wahlinitiatoren hierdurch bereits eine Abkühlungs- und Schutzphase zukommt. Zum einen wird die dreimonatige Schutzphase von derzeit nur gewährt, wenn kein Betriebsrat gewählt wird. Zum anderen beginnt die dreimonatige Schutzphase bereits ab der Einladung bzw. Antragstellung.

Insofern ist die Schutzdauer bei Wahlinitiatoren aufgrund der Vergleichbarkeit zu Mitgliedern des Wahlvorstands und Wahlbewerbern von drei auf sechs Monate zu verlängern.

Eine derartige Verlängerung hat auch die Fraktion BÜNDNIS 90/DIE GRÜNEN mit der Begründung beantragt, dass hierdurch der Schutz engagierter Beschäftigter erhöht und Hemmschwellen sowie Ängste der Beschäftigten verringert würden.[717]

### *ee) Nachwirkender Kündigungsschutz des § 15 Abs. 3b S. 2 KSchG*

Der „nachwirkende" Kündigungsschutz des § 15 Abs. 3b S. 2 KSchG ist gleichermaßen unvollständig wie der des § 15 Abs. 3a S. 2 KSchG.[718] § 15 Abs. 3b

---

714 BT-Drucks. VI/1786, S. 60.

715 BT-Drucks. 14/5741, S. 55.

716 BT-Drucks. VI/1786, S. 60.

717 BT-Drucks. 19/1710.

718 Zum nachwirkenden Kündigungsschutz des § 15 Abs. 3a S. 2 KSchG: siehe B.II.6.a) dd), S. 156 ff.

S. 2 KSchG gewährt Wahlinitiatoren einen einstufigen Kündigungsschutz vom Zeitpunkt der Abgabe der öffentlich beglaubigten Absichtserklärung bis zum Zeitpunkt der Einladung zu einer Betriebs- oder Wahlversammlung, längstens jedoch für drei Monate. Mit diesem bestimmbaren Zeitraum wollte der Gesetzgeber Klarheit für Arbeitnehmer und Arbeitgeber schaffen.[719] Da nicht zwischen der aktiven und passiven Phase unterschieden wird, handelt es sich um keinen echten nachwirkenden Kündigungsschutz.

Wie bereits ausgeführt,[720] ist Wahlinitiatoren nach § 15 Abs. 3b KSchG ein zweistufiger Kündigungsschutz zu gewähren und die Kündigung in der aktiven Phase an die Zustimmung des Arbeitsgerichts zu knüpfen. In zeitlicher Hinsicht sollte dieser entsprechend der derzeitigen Regelung ausgestaltet werden. Der Zustimmung des Arbeitsgerichts sollte es daher für den Zeitraum ab der Abgabe der öffentlich beglaubigten Absichtserklärung bis zur Einladung zu einer Betriebs- oder Wahlversammlung bedürfen. Ein darüber hinausgehendes Schutzbedürfnis für den Zustimmungsvorbehalt besteht nicht.

Wahlinitiatoren nach § 15 Abs. 3b KSchG haben zudem, ebenso wie Wahlinitiatoren nach § 15 Abs. 3a KSchG, ein Bedürfnis nach einem echten nachwirkenden Kündigungsschutz, in dem nur eine außerordentliche Kündigung zulässig ist.[721] Deren Tätigkeit macht es notwendig, dass ihnen gleichermaßen eine Abkühlungsphase zukommt, in der sich etwaige Kontroversen mit dem Arbeitgeber abkühlen können. Die Ausführungen[722] zu Wahlinitiatoren nach § 15 Abs. 3a KSchG gelten entsprechend. Allerdings ist bei Wahlinitiatoren nach § 15 Abs. 3b KSchG für den Beginn des nachwirkenden Kündigungsschutzes nicht auf den Zeitpunkt der Bekanntgabe des Wahlergebnisses abzustellen. Stattdessen ist bei ihnen – im Gegensatz zu Wahlinitiatoren nach § 15 Abs. 3a KSchG – auf den Zeitpunkt der Einladung oder Antragstellung abzustellen. Wahlinitiatoren nach § 15 Abs. 3b KSchG brauchen nur dann einen nachwirkenden Kündigungsschutz, wenn ihr Engagement nicht über die bloße Vorbereitung der Einladung hinausgeht. Anderenfalls fallen sie unter den weiteren Kündigungsschutz des § 15 Abs. 3a KSchG. Die bloße Vorbereitung der Einladung macht es aufgrund ihrer geringeren Intensität nicht notwendig, dass für den Beginn des nachwirkenden Kündigungsschutzes erst auf die Bekanntgabe des Wahlergebnisses abgestellt wird. Vielmehr sind sie bereits ausreichend

---

719 BT-Drucks. 19/28899, S. 25.

720 Siehe B.II.6.a)cc), S. 149 ff.

721 *Deutscher Gewerkschaftsbund*, BT-Ausschussdrucks. 19(11)1121, S. 5, 39.

722 Siehe B.II.6.a)dd)(2), S. 159 f.

geschützt, wenn hierfür an den Zeitpunkt der Einladung angeknüpft wird. Die Dauer des nachwirkenden Kündigungsschutzes ist allerdings wie bei Wahlinitiatoren nach § 15 Abs. 3a KSchG von drei auf sechs Monate zu verlängern, da insoweit das gleiche Schutzbedürfnis besteht.[723]

Überdies sind Wahlinitiatoren, die Vorbereitungshandlungen für die Antragstellung zum Arbeitsgericht unternehmen, in den Regelungsbereich aufzunehmen. Derzeit sind Vorbereitungshandlungen lediglich bis zum Zeitpunkt der Einladung zu einer Betriebs- oder Wahlversammlung geschützt. Dies führt zu einer Schutzlücke. Unternimmt ein neuer Wahlinitiator Vorbereitungshandlungen für die Antragstellung zum Arbeitsgericht, unterfällt er weder dem Schutzbereich des § 15 Abs. 3a KSchG, noch dem des § 15 Abs. 3 KSchG. Unter den Schutz des § 15 Abs. 3a KSchG fällt er nicht, da dieser zeitlich nur bis zur Einladung zu einer Betriebs- oder Wahlversammlung reicht. Vorbereitungshandlungen für die Antragstellung kommen jedoch nur zum Tragen, wenn in der Betriebs- oder Wahlversammlung kein Wahlvorstand gewählt wurde, also bereits nach dem zeitlichen Ende des Schutzes. § 15 Abs. 3a KSchG hilft somit nicht weiter. Ferner greift § 15 Abs. 3 KSchG nicht, da der neue Wahlinitiator nicht zu der Betriebs- oder Wahlversammlung eingeladen hat. Er ist somit schutzlos gestellt, obwohl der Gesetzgeber Vorbereitungshandlungen schützen will, da es sich um eine riskante Phase für den Arbeitnehmer handelt.[724] Um diese Lücke zu schließen, ist ein Wahlinitiator, der erst nach der durch Dritte erfolgten Einladung eine öffentlich beglaubigte Absichtserklärung abgibt und Vorbereitungshandlungen für eine Antragstellung unternimmt, in § 15 Abs. 3b KSchG aufzunehmen.

#### *b) Ausbau der §§ 78, 119 Abs. 1 Nr. 3 BetrVG*

Teilweise wird vorgeschlagen, den Schutz von Wahlinitiatoren nicht über § 15 KSchG auszubauen, sondern über die §§ 78, 119 Abs. 1 Nr. 3 BetrVG.[725] Dies kann jedoch nicht überzeugen.

Die Fraktion BÜNDNIS 90/DIE GRÜNEN[726] hat beantragt, dass Wahlinitiatoren unter die Schutzbestimmung des § 78 BetrVG gestellt, sowie als zu schützende Personen in § 119 Abs. 1 Nr. 3 BetrVG aufgenommen werden. Begründet wurde dies zum einen mit einem stärkeren Schutz der Wahlinitiatoren vor

---

723 Siehe B.II.6.a)dd)(3), S. 161 f.

724 BT-Drucks. 19/28899, S. 24.

725 BT-Drucks. 18/2750; BT-Drucks. 19/1710.

726 BT-Drucks. 18/2750; BT-Drucks. 19/1710.

Benachteiligungen unter § 78 BetrVG, der Hemmschwellen und Ängste der Arbeitnehmer verringern, und ordnungsgemäße Betriebsratswahlen ermöglichen würde.[727] Zum anderen würde der Schutz von Wahlinitiatoren durch die Aufnahme in § 119 Abs. 1 Nr. 3 BetrVG erhöht.[728] Dies wurde als wichtiger Schritt dargetan, da Wahlinitiatoren aufgrund ihrer Anfälligkeit in der Vorbereitungsphase ein vergleichbares Schutzbedürfnis wie die in § 78 BetrVG aufgeführten Personen hätten.[729] Zudem wurde § 612a BGB als ineffektiv und mit zu geringem Schutzumfang erachtet, weshalb das höhere Schutzniveau des § 78 BetrVG zu einem größeren Engagement seitens der Arbeitnehmer führen würde, und somit zu mehr Betriebsräten.[730] Daher wären Wahlinitiatoren in der Konsequenz als folgerichtig in § 119 Abs. 1 Nr. 3 BetrVG aufzunehmen.[731]

Dem ist jedoch nicht beizupflichten. Durch eine entsprechende Änderung ergibt sich kein nennenswerter Mehrwert für Wahlinitiatoren. Diese sind bereits nach derzeitiger Gesetzeslage vom Schutz der §§ 20 Abs. 1 und 2, 119 Abs. 1 Nr. 1 BetrVG erfasst. § 20 Abs. 1 und 2 BetrVG enthalten ebenfalls ein Behinderungs- und Benachteiligungsverbot, sind Schutzgesetze im Sinne des § 823 Abs. 2 BGB, und begründen Unterlassungs- und Beseitigungsansprüche.[732] Somit ist der beantragte Schutz nach §§ 78, 119 Abs. 1 Nr. 3 BetrVG nicht nennenswert größer als der bereits nach §§ 20 Abs. 1 und 2, 119 Abs. 1 Nr. 1 BetrVG bestehende.[733] Aufgrund dessen wurden die Anträge vielfach als unzureichend abgelehnt, insbesondere da ein Ausbau des § 15 KSchG erfolgversprechender sei.[734] Überwiegend wurden die Anträge abgelehnt, da sie weder effektiv, noch praxistauglich seien.[735] Darüber hinaus sind die Anträge auch inkonsequent, da

---

727 BT-Drucks. 18/2750, S. 4; BT-Drucks. 19/1710, S. 4.

728 BT-Drucks. 18/2750, S. 4; BT-Drucks. 19/1710, S. 4.

729 *Berger*, BT-Ausschussdrucks. 18(11)429, S. 3.

730 *Berger*, BT-Ausschussdrucks. 18(11)429, S. 3 f.

731 *Berger*, BT-Ausschussdrucks. 18(11)429, S. 4.

732 Siehe B.II.4.a), S. 119 ff.

733 *Heilmann*, BT-Ausschussdrucks. 19(11)76, S. 2; *Kummert*, BT-Ausschussdrucks. 19(11)79, S. 5 f.

734 *Deutscher Gewerkschaftsbund*, BT-Ausschussdrucks. 18(11)431, S. 3; *Deutscher Gewerkschaftsbund*, BT-Ausschussdrucks. 19(11)78, S. 6 f.; *Heilmann*, BT-Ausschussdrucks. 19(11)76, S. 2; *Kummert*, BT-Ausschussdrucks. 19(11)79, S. 5 f.

735 *Arbeitgeberverband Gesamtmetall*, BT-Ausschussdrucks. 18(11)432, S. 1 f.; *Bundesvereinigung der Deutschen Arbeitgeberverbände*, BT-Ausschussdrucks. 18(11)430, S. 1 f.; *Bundesvereinigung der Deutschen Arbeitgeberverbände*, BT-Ausschussdrucks. 19(11)81, S. 1 ff. *Die Familienunternehmer e. V. – ASU*, BT-Ausschussdrucks. 18(11)425, S. 2; *Hugo Sinzheimer Institut für Arbeitsrecht*, BT-Ausschussdrucks. 18(11)422, S. 2;

sie zwar die Aufnahme von Wahlinitiatoren in den gesamten Schutzbereich des § 78 BetrVG erstreben, des Weiteren aber nur die Aufnahme in § 119 Abs. 1 Nr. 3 BetrVG. Letzterer regelt nur das Benachteiligungs- und Begünstigungsverbot des § 78 S. 2 BetrVG, nicht jedoch das Behinderungsverbot des § 78 S. 1 BetrVG, welches sich in § 119 Abs. 1 Nr. 2 BetrVG widerspiegelt. In der Begründung der Anträge[736] wird dann nur vom Schutz vor Benachteiligungen, also eigentlich § 78 S. 2 BetrVG, gesprochen, aber die Norm nicht korrekt genannt. Insofern ist der Antrag schlicht nicht durchdacht.

### *c) Ausbau des § 20 Abs. 1 BetrVG*

Gleichermaßen abzulehnen ist die vereinzelt vertretene Auffassung[737], den Schutz von Wahlinitiatoren über § 20 Abs. 1 BetrVG auszubauen.

Hiernach soll der Kündigungsschutz in § 20 Abs. 1 BetrVG aufgenommen werden, da Kündigungen Wahlbehinderungen darstellen und nicht aus dem Anwendungsbereich des § 20 BetrVG herauszunehmen seien.[738] Dabei soll jedes Verhalten geschützt werden, das ernsthaft Bestrebungen zu einer Betriebsratsgründung erkennen lässt.[739] Hierfür soll an den Begriff des „Erörterns" angeknüpft werden, der als das ausführliche (und oft ins Einzelne gehende) über einen noch nicht geklärten Sachverhalt Sprechen definiert wird.[740] Ferner wird ausgeführt, dass jedes Erörtern der Betriebsratsbildung geschützt sein soll, ein tatsächlich stattgefundenes Gespräch, oder ein Gedankenaustausch, hingegen nicht erforderlich sei.[741] Damit widerspricht diese Ansicht ihrer eigenen Begriffsdefinition des „Erörterns" als ein „Sprechen". Der Schutzbereich bleibt im Ergebnis somit unklar.

Kündigungen, die in einem Zeitraum von 14 Tagen nach einer Erörterung ausgesprochen werden, sollen als widerrechtliche Wahlbeeinträchtigung

*Mallmann*, BT-Ausschussdrucks. 19(11)65, S. 1, 5; *Zentralverband des Deutschen Handwerks*, BT-Ausschussdrucks. 18(11)424, S. 3.

736 BT-Drucks. 18/2750, S. 4; BT-Drucks. 19/1710, S. 4.

737 *Deutscher Gewerkschaftsbund*, BT-Ausschussdrucks. 19(11)78, S. 5; *Klocke*, Rechtsgutachten, S. 51 ff., 105 f.

738 *Deutscher Gewerkschaftsbund*, BT-Ausschussdrucks. 19(11)78, S. 5; *Klocke*, Rechtsgutachten, S. 52 ff., 105.

739 *Klocke*, Rechtsgutachten, S. 52.

740 *Klocke*, Rechtsgutachten, S. 52.

741 *Klocke*, Rechtsgutachten, S. 52.

gelten und gemäß § 134 BGB nichtig sein.[742] Dies soll nicht gelten, wenn sich der Arbeitgeber auf einen Grund zur außerordentlichen fristlosen Kündigung berufen kann und bereits in den vorangegangenen sechs Monaten die Bildung eines Wahlvorstands gescheitert ist, oder der Wahlvorstand das Scheitern der Betriebsratswahl bekannt gemacht hat.[743] Dies überzeugt nicht, insbesondere da der Zeitraum von 14 Tagen zu kurz bemessen ist, um einen wirklichen Schutz bieten zu können.

Zudem soll nach dieser Auffassung in § 20 Abs. 1 BetrVG ein neuer Weiterbeschäftigungsanspruch geschaffen werden.[744] Ebenfalls soll der Schutz von Wahlinitiatoren über § 103 BetrVG ausgebaut und dort ein weiterer Weiterbeschäftigungsanspruch etabliert werden.[745] Dem ist entgegenzutreten. Es sollten keine neuen Weiterbeschäftigungsansprüche geschaffen werden, da der allgemeine Weiterbeschäftigungsanspruch ausreichend ist.

Insgesamt kann diese Auffassung nicht überzeugen. Statt Probleme zu lösen, werden nur neue Fragen und Probleme aufgeworfen. Ein Schutz für Wahlinitiatoren wird damit nicht geschaffen.

## 7. Umsetzung

Es lässt sich somit festhalten, dass der Kündigungsschutz für Bewerber und (Ersatz)Mitglieder des Wahlvorstands sowie Bewerber und (Ersatz)Mitglieder des Betriebsrats ausreichend ausgeformt ist. Auf Wahlinitiatoren trifft dies nicht zu. Deren Sonderkündigungsschutz ist unzureichend. Daran hat das Betriebsrätemodernisierungsgesetz[746] wenig geändert, sondern allenfalls kleine Verbesserungen gebracht, die sich erst noch bewähren müssen.[747]

Insgesamt sind im Zusammenhang mit dem Sonderkündigungsschutz des § 15 Abs. 3a und 3b KSchG somit folgende Regelungsinhalte umzusetzen:

---

742 *Deutscher Gewerkschaftsbund*, BT-Ausschussdrucks. 19(11)78, S. 5; *Klocke*, Rechtsgutachten, S. 53 f.

743 *Deutscher Gewerkschaftsbund*, BT-Ausschussdrucks. 19(11)78, S. 5; *Klocke*, Rechtsgutachten, S. 53 f.

744 *Deutscher Gewerkschaftsbund*, BT-Ausschussdrucks. 19(11)78, S. 5; *Klocke*, Rechtsgutachten, S. 54, 106.

745 *Deutscher Gewerkschaftsbund*, BT-Ausschussdrucks. 19(11)78, S. 5; *Klocke*, Rechtsgutachten, S. 57, 106.

746 BGBl. 2021 I, S. 1762, gem. Art. 6 in Kraft getreten am 18.06.2021.

747 *Althoff*, ArbRAktuell 2021, 151 (152); *Eicke*, ArbRAktuell 2021, 313 (317); *Schulze*, ArbRAktuell 2021, 211 (211, 214).

- Einführung eines zweistufigen Sonderkündigungsschutzes (Vollschutz nach § 103 BetrVG bzw. Zustimmung des Arbeitsgerichts sowie nachwirkender Schutz)
- Aufhebung der Beschränkung in § 15 Abs. 3a S. 1 KSchG auf die ersten sechs in der Einladung oder die ersten drei in der Antragstellung genannten Arbeitnehmer
- Beginn des nachwirkenden Sonderkündigungsschutzes des § 15 Abs. 3a S. 2 KSchG mit dem Zeitpunkt der Bekanntgabe des Wahlergebnisses oder dem Zeitpunkt, in dem feststeht, es wird kein Betriebsrat gewählt
- Verlängerung des nachwirkenden Sonderkündigungsschutzes des § 15 Abs. 3a S. 2 KSchG auf sechs Monate
- Gewährung des nachwirkenden Sonderkündigungsschutzes des § 15 Abs. 3a S. 2 KSchG auch bei Zustandekommen einer Betriebsratswahl
- Herausnahme der Zulässigkeit von betriebsbedingten Kündigungen bei Wahlinitiatoren nach § 15 Abs. 3b S. 1 KSchG
- Aufnahme von Wahlinitiatoren, die Vorbereitungshandlungen für die Antragstellung zum Arbeitsgericht unternehmen, in den Regelungsbereich des § 15 Abs. 3b KSchG
- Gewährung eines nachwirkenden Kündigungsschutzes für Wahlinitiatoren nach § 15 Abs. 3b KSchG für sechs Monate ab dem Zeitpunkt der Einladung bzw. Antragstellung
- Aufnahme von Wahlinitiatoren nach § 15 Abs. 3b S. 1 KSchG in die Ausnahmeregelungen des § 15 Abs. 4, 5 KSchG

Dies kann durch folgende Änderungen umgesetzt werden:

**Neufassung des § 15 Abs. 3a KSchG**

*Die Kündigung eines Arbeitnehmers, der zu einer Betriebs-, Wahl- oder Bordversammlung nach § 17 Abs. 3, § 17a Nr. 3 Satz 2, § 115 Abs. 2 Nr. 8 Satz 1 des Betriebsverfassungsgesetzes einlädt oder die Bestellung eines Wahlvorstands nach § 16 Abs. 2 Satz 1, § 17 Abs. 4, § 17a Nr. 4, § 63 Abs. 3, § 115 Abs. 2 Nr. 8 Satz 2 oder § 116 Abs. 2 Nr. 7 Satz 5 des Betriebsverfassungsgesetzes beantragt, ist vom Zeitpunkt der Einladung oder Antragstellung an bis zur Bekanntgabe des Wahlergebnisses unzulässig, es sei denn, dass Tatsachen vorliegen, die den Arbeitgeber zur Kündigung aus wichtigem Grund ohne Einhaltung einer Kündigungsfrist berechtigen, und dass die nach § 103 des Betriebsverfassungsgesetzes erforderliche Zustimmung vorliegt oder durch gerichtliche Entscheidung ersetzt ist. Innerhalb von sechs Monaten nach Bekanntgabe des Wahlergebnisses ist die Kündigung unzulässig, es sei denn, dass Tatsachen vorliegen, die den Arbeitgeber zur Kündigung aus wichtigem Grund ohne Einhaltung einer Kündigungsfrist berechtigen. Wird ein Betriebsrat, eine Jugend- und Auszubildendenvertretung, eine Bordvertretung oder ein Seebetriebsrat nicht gewählt, besteht der Kündigungsschutz nach Satz 2 vom dem Zeitpunkt an, ab dem feststeht, dass keine Wahl stattfindet.*

## Neufassung des § 15 Abs. 3b KSchG

*Die Kündigung eines Arbeitnehmers, der Vorbereitungshandlungen zur Errichtung eines Betriebsrats oder einer Bordvertretung unternimmt und eine öffentlich beglaubigte Erklärung mit dem Inhalt abgegeben hat, dass er die Absicht hat, einen Betriebsrat oder eine Bordvertretung zu errichten, ist unzulässig, es sei denn, dass Tatsachen vorliegen, die den Arbeitgeber zur Kündigung aus wichtigem Grund ohne Einhaltung einer Kündigungsfrist berechtigen und zuvor das Arbeitsgericht auf Antrag des Arbeitgebers der Kündigung zugestimmt hat. Der Kündigungsschutz gilt von der Abgabe der Erklärung nach Satz 1 bis zum Zeitpunkt der Einladung zu einer Betriebs-, Wahl- oder Bordversammlung nach § 17 Abs. 3, § 17a Nr. 3 Satz 2, § 115 Abs. 2 Nr. 8 Satz 1 des Betriebsverfassungsgesetzes oder der Antragstellung nach § 17 Abs. 4, § 17a Nr. 4, § 115 Abs. 2 Nr. 8 Satz 2 des Betriebsverfassungsgesetzes. Innerhalb von sechs Monaten nach der Einladung oder Antragstellung ist die Kündigung unzulässig, es sei denn, dass Tatsachen vorliegen, die den Arbeitgeber zur Kündigung aus wichtigem Grund ohne Einhaltung einer Kündigungsfrist berechtigen. Wird ein Betriebsrat oder eine Bordvertretung nicht gewählt, besteht der Kündigungsschutz nach Satz 3 vom dem Zeitpunkt an, ab dem feststeht, dass keine Einladung oder Antragstellung stattfindet.*

## Neufassung des § 15 Abs. 4 KSchG

*Wird der Betrieb stillgelegt, so ist die Kündigung der in den Absätzen 1 bis 3b genannten Personen frühestens zum Zeitpunkt der Stilllegung zulässig, es sei denn, dass ihre Kündigung zu einem früheren Zeitpunkt durch zwingende betriebliche Erfordernisse bedingt ist.*

## Neufassung des § 15 Abs. 5 KSchG

*Wird eine der in den Absätzen 1 bis 3b genannten Personen in einer Betriebsabteilung beschäftigt, die stillgelegt wird, so ist sie in eine andere Betriebsabteilung zu übernehmen. Ist dies aus betrieblichen Gründen nicht möglich, so findet auf ihre Kündigung die Vorschrift des Absatzes 4 über die Kündigung bei Stilllegung des Betriebs sinngemäß Anwendung.*

## Neufassung des § 103 Abs. 1 BetrVG

*Die außerordentliche Kündigung von Mitgliedern des Betriebsrats, der Jugend- und Auszubildendenvertretung, der Bordvertretung und des Seebetriebsrats, des Wahlvorstands sowie von Wahlbewerbern bedarf der Zustimmung des Betriebsrats. Für Wahlinitiatoren nach § 15 Abs. 3a KSchG gilt Satz 1 entsprechend.*

## Einfügung des § 103 Abs. 2b BetrVG

*Die außerordentliche Kündigung von Wahlinitiatoren nach § 15 Abs. 3b KSchG bedarf der Zustimmung des Arbeitsgerichts. Diese ist zu erteilen, wenn die außerordentliche Kündigung unter Berücksichtigung aller Umstände gerechtfertigt ist.*

## III. Strafbarkeit der Wahlbehinderung /-beeinflussung

Ein Grund für die geringe Verbreitung von Betriebsräten ist darin zu finden, dass Betriebsratsgründungen insbesondere durch den Arbeitgeber oder sonstige Vorgesetzte behindert und beeinflusst werden.[748] Dabei sind Wahlen nach § 20 Abs. 1 und 2 BetrVG besonders geschützt und eine Wahlbehinderung und -beeinflussung nach § 119 Abs. 1 Nr. 1 BetrVG strafbar. Die Strafbarkeit von Wahlbehinderungen und -beeinflussungen hat sich seit der Schaffung des Betriebsrätegesetzes[749] allerdings nur geringfügig verändert. Der Gesetzgeber hat somit seither keinen wesentlichen Reformbedarf erkannt. Jedoch steht die Ausgestaltung der Strafnorm einer effektiven Strafverfolgung entgegen, da der Schutz lückenhaft ist.

### 1. Status quo

Besonders häufig kommt es in inhabergeführten Unternehmen zu Wahlbehinderungen und -beeinflussungen.[750] Führungsetagen bringen vor allem drei negative Grundhaltungen gegen betriebliche Mitbestimmung vor.[751] Erstens heißt es, die Führungsetage sei der bessere Problemlöser, und ein Betriebsrat infolgedessen überflüssig.[752] Zweitens wird behauptet, ein Betriebsrat sei eine Gefahr für den Betriebsfrieden, da er hauptsächlich egoistische, ideologisch motivierte Ziele verfolge.[753] Drittens seien Betriebsräte zu teuer.[754] Unterstützung gegen die Gründung und Etablierung eines Betriebsrats finden Arbeitgeber dabei häufig in darauf spezialisierten Anwaltskanzleien.[755] Der Maßnahmenkatalog eines Arbeitgebers gegen die Betriebsratsgründung ist vielseitig. Mögliche Kandidaten für den Wahlvorstand oder den Betriebsrat werden eingeschüchtert,

---

748 *Wirtschafts- und Sozialwissenschaftlichen Institut*, Behinderung von Betriebsratsgründungen: keineswegs nur Einzelfälle, besonders häufig Probleme bei inhabergeführten Unternehmen, Pressemitteilung vom 17.08.2020; https://www.wsi.de/de/pressemitteilungen-15991-behinderung-von-betriebsratsgrundungen-25757.htm, letzter Abruf am 04.06.2022.

749 RGBl. 1920 I, S. 147, gem. § 106 in Kraft getreten am 04.02.1920.

750 *Behrens/Dribbusch*, WSI-Mitteilungen 2/2014, 140 (140).

751 *Behrens/Dribbusch*, WSI-Mitteilungen 2/2014, 140 (142).

752 *Behrens/Dribbusch*, WSI-Mitteilungen 2/2014, 140 (142).

753 *Behrens/Dribbusch*, WSI-Mitteilungen 2/2014, 140 (142).

754 *Behrens/Dribbusch*, WSI-Mitteilungen 2/2014, 140 (142).

755 *Behrens/Dribbusch*, WSI-Mitteilungen 2/2014, 140 (145); *Bormann*, WSI-Mitteilungen 1/2008, 45 (45); *Wigand*, Mitbestimmung 3/2014, 15 (15).

herausgekauft oder gekündigt, Mitwirkungspflichten des Arbeitgebers nicht erfüllt, in verpflichtenden Arbeitgeberveranstaltungen gegen einen Betriebsrat argumentiert oder auch Betriebe kurzfristig umstrukturiert.[756]

Derartige Wahlbehinderungen und -beeinflussungen sollen grundsätzlich durch die §§ 20 Abs. 1 und 2, 119 Abs. 1 Nr. 1 BetrVG verhindert werden. § 20 Abs. 1 und 2 BetrVG bieten einen Wahlschutz, § 119 Abs. 1 Nr. 1 BetrVG stellt Verstöße gegen diesen Schutz unter Strafe. Der in der Theorie bestehende Schutz vermag in der Praxis jedoch nicht zu überzeugen. § 20 Abs. 1 und 2 BetrVG schrecken potenzielle Täter nicht ausreichend ab; § 119 BetrVG kommt in der Praxis nur selten zur Anwendung und hat kaum praktische Bedeutung – Verurteilungen nach dieser Vorschrift bilden die absolute Ausnahme.[757]

### a) *Wahlschutz nach § 20 Abs. 1 und 2 BetrVG*

Auf die Schutznormen des § 20 Abs. 1 und 2 BetrVG wurde bereits im Rahmen des Kündigungsschutzes eingegangen.[758] § 20 Abs. 1 und 2 BetrVG verbieten neben Kündigungen alle anderen Arten der Wahlbehinderung und -beeinflussung. Sie schützen die Wahl im ganzen Bereich ihrer Durchführung,[759] mit allen mit der Wahl zusammenhängenden bzw. ihr dienenden Handlungen.[760]

Nach § 20 Abs. 1 BetrVG darf niemand die Wahl des Betriebsrats behindern (Satz 1), insbesondere kein Arbeitnehmer in der Ausübung des aktiven und passiven Wahlrechts beschränkt werden (Satz 2). Eine Behinderung im Sinne des § 20 Abs. 1 S. 1 BetrVG ist bei allen Handlungen, Maßnahmen und Erklärungen gegeben, die die Vorbereitung oder Durchführung der Wahl stören oder beeinträchtigen könnten.[761] Geschützt werden soll vor der Vereitelung des „Ob" der Wahl, sowohl insgesamt, als auch teilweise durch beispielsweise eine Verzögerung.[762] § 20 Abs. 1 BetrVG behandelt die äußere Willensbetätigung.[763]

---

756 *Behrens/Dribbusch*, WSI-Mitteilungen 2/2014, 140 (144); *Wigand*, Mitbestimmung 3/2014, 15 (16 f.).

757 *Bormann*, WSI-Mitteilungen 1/2008, 45 (48 f.); *Pletke/Lepper*, ArbRAktuell 2018, 247 (247, 250).

758 Siehe B.II.4.a), S. 119 ff.

759 *Thüsing*, in: Richardi, BetrVG, § 20 Rn. 5.

760 *Fitting*, BetrVG, § 20 Rn. 7.

761 *Besgen*, in: Handbuch Betrieb und Personal, Fach 16 Rn. 58; *Löwisch/Kaiser*, BetrVG, § 20 Rn. 3.

762 *Rieble*, ZfA 2003, 283 (288).

763 *Koch*, in: Erfurter Kommentar, § 20 KSchG Rn. 1; *Reichold*, in: Henssler/Willemsen/Kalb, BetrVG, § 20 Rn. 1.

Nach § 20 Abs. 2 BetrVG darf die Wahl des Betriebsrats nicht durch Zufügung oder Androhung von Nachteilen, oder durch Gewährung oder Versprechen von Vorteilen beeinflussen werden. Geschützt wird hierdurch die Freiheit der Wahlen in Bezug auf die innere Willensbildung.[764] Sämtliche Beteiligten sollen allein nach dem eigenen Willen entscheiden können und ihre Wahlbefugnisse nicht im Interesse eines Dritten ausüben.[765]

Insgesamt findet sich in § 20 Abs. 1 und 2 BetrVG der Grundsatz der freien Wahl wieder.[766] Dagegen ist in § 20 Abs. 2 BetrVG kein absolutes Neutralitätsgebot dergestalt enthalten, dass sich der Arbeitgeber als Gegenspieler des Betriebsrats jeglichen Einflusses zu enthalten und sich strikt neutral zu verhalten habe.[767] Es ist dem Arbeitgeber demnach erlaubt Wahlempfehlungen auszusprechen oder sich negativ zu einzelnen Listen zu äußern.[768]

Der hohe Stellenwert der Freiheit der Wahlen in Bezug auf die äußere Willensbetätigung (§ 20 Abs. 1 BetrVG) und die innere Willensbildung (§ 20 Abs. 2 BetrVG) zeigt sich auch durch die geschaffene Strafbewehrung in § 119 Abs. 1 Nr. 1 BetrVG.[769]

### *b) Strafbarkeit nach § 119 BetrVG*

§ 119 BetrVG schützt die Wahlen des Betriebsrats (Abs. 1 Nr. 1), die Tätigkeit des Betriebsrats (Abs. 2 Nr. 2) sowie die unabhängige Tätigkeit der (Ersatz)Mitglieder des Betriebsrats (Abs. 1 Nr. 3).[770]

---

764 *Löwisch/Kaiser*, BetrVG, § 20 Rn. 9; *Reichold*, in: Henssler/Willemsen/Kalb, BetrVG, § 20 Rn. 1; *Weller*, BB 2018, 1341 (1342).

765 *Besgen*, in: Handbuch Betrieb und Personal, Fach 16 Rn. 59; *Löwisch/Kaiser*, BetrVG, § 20 Rn. 9.

766 BAG, Beschluss vom 06.12.2000 – 7 ABR 34/99, in: AP BetrVG 1972 § 19 Nr. 48; *Löwisch*, BB 2014, 117 (118).

767 BAG Beschluss vom 25.10.2017 – 7 ABR 19/16, in: NZA 2018, 458 (459 f.); *Preis/Greiner*, Kollektivarbeitsrecht, § 144 Rn. 1877; *Weller*, BB 2018, 1341 (1342 f.); *Wichert*, DB 2018, 381 (385); a.A. BGH, Beschluss vom 13.09.2010 – 1 StR 220/09, in: NJW 2011, 88 (94); *Fitting*, BetrVG, § 20 Rn. 24; *Koch*, in: Erfurter Kommentar, § 20 BetrVG Rn. 7; *Maschmann*, BB 2010, 245 (250 ff.).

768 *Wichert*, DB 2018, 381 (385).

769 *Reichold*, in: Henssler/Willemsen/Kalb, BetrVG, § 20 Rn. 1.

770 BGH, Beschluss vom 13.09.2010 – 1 StR 220/09, in: NJW 2011, 88 (91 f.); *Kudlich*, in: Löwisch/Kaiser/Klumpp, BetrVG, § 119 Rn. 1; *Schemmel/Slowinski*, BB 2009, 830 (830).

Schutzzweck der in § 119 Abs. 1 BetrVG normierten Straftaten ist die Sicherstellung der im öffentlichen Recht – in der Verwirklichung des Sozialstaatsprinzips – wurzelnden Beteiligungsrechte der Arbeitnehmer und Arbeitnehmervertreter zur Schaffung eines Ausgleichs zwischen der unternehmerischen Entscheidungsfreiheit auf der einen Seite und dem Recht auf Selbstbestimmung der in einer fremdbestimmten Arbeitsorganisation tätigen Arbeitnehmer auf der anderen Seite.[771] Insgesamt ist die Mitbestimmung nach dem Betriebsverfassungsgesetz Schutzgut des § 119 BetrVG.[772] Verstöße gegen diesen Schutz der Gründung, der Wahl und der Arbeitsfähigkeit des Betriebsrats werden mit einer Kriminalstrafe belegt.[773]

Darüber hinaus liegt der Schutzzweck von § 119 Abs. 1 Nr. 1 BetrVG in der Integrität der Betriebsratswahl, namentlich der Freiheit der Willensbetätigung der Wahlbeteiligten im Sinne des § 20 BetrVG.[774] Dabei schützt § 119 Abs. 1 Nr. 1 Var. 1 BetrVG ebenso wie § 20 Abs. 1 BetrVG den äußeren Ablauf der Wahl bzw. die äußere Willensbetätigung, wohingegen § 119 Abs. 1 Nr. 1 Var. 2 BetrVG wie § 20 Abs. 2 BetrVG die innere Willensbildung umfasst.[775] Geschützt wird nicht die Betriebsratswahl um ihrer selbst willen, sondern um die Beteiligung der Arbeitnehmer an der innerbetrieblichen Willensbildung über den Betriebsrat sicherzustellen.[776]

§ 119 Abs. 1 Nr. 1 BetrVG steht in engem Zusammenhang mit § 20 Abs. 1 und 2 BetrVG, § 119 Abs. 1 Nr. 2 BetrVG mit § 78 S. 1 BetrVG und § 119 Abs. 1 Nr. 3 BetrVG mit § 78 S. 2 BetrVG.[777] § 119 BetrVG verstärkt die in den §§ 20 Abs. 1 und 2, 78 BetrVG enthaltenen Schutzvorschriften für die betriebsverfassungsrechtlichen Organe.[778] Allerdings handelt es sich bei § 119 BetrVG nicht um ein Blankettgesetz, welches nur unterstützend durch die §§ 20 Abs. 1 und 2, 78 BetrVG ausgelegt werden kann.[779] Vielmehr ist § 119 BetrVG im Rahmen der nach Art. 103 Abs. 2 GG gebotenen restriktiven Auslegung aus sich heraus selbstständig und enger als die §§ 20 Abs. 1 und 2, 78 BetrVG zu handhaben.[780]

---

771 BGH, Urteil vom 17.09.2009 – 5 StR 521/08, in: NJW 2010, 92 (97).

772 *Richter*, in: Arbeitsstrafrecht, 2. Kapitel Rn. 1131; *Kudlich*, in: Löwisch/Kaiser/Klumpp, BetrVG, § 119 Rn. 1.

773 *Janssen*, jurisPR-StrafR 19/2008 Anm. 4.

774 BGH, Beschluss vom 13.09.2010 – 1 StR 220/09, in: NJW 2011, 88 (91).

775 *Kania*, in: Erfurter Kommentar, § 119 BetrVG Rn. 2; siehe auch B.II.4.a), S. 119 ff.

776 *Kudlich*, in: Löwisch/Kaiser/Klumpp, BetrVG, § 119 Rn. 1.

777 *Meyer*, BB 2016, 2421 (2421).

778 *Besgen*, in: Handbuch Betrieb und Personal, Fach 16 Rn. 450.

779 *Kudlich*, in: Löwisch/Kaiser/Klumpp, BetrVG, § 119 Rn. 3.

780 *Kudlich*, in: Löwisch/Kaiser/Klumpp, BetrVG, § 119 Rn. 3.

Diese asymmetrische Akzessorietät bedeutet, dass nicht jeder Verstoß gegen die Schutzvorschriften der §§ 20 Abs. 1 und 2, 78 BetrVG gleichzeitig strafwürdiges Unrecht darstellt.[781]

Auf subjektiver Tatbestandsebene muss das Verhalten des Täters zielgerichtet sein, der Täter also zumindest mit bedingtem Vorsatz handeln.[782] Der Vorsatz muss dabei nicht nur die Behinderung, Beeinflussung, Störung, Benachteiligung bzw. Begünstigung als Tathandlung umfassen, sondern sich ebenfalls auf den Taterfolg erstrecken.[783] Fahrlässigkeit genügt für die Erfüllung des Tatbestands nicht.[784] Relevant im Rahmen des § 119 BetrVG sind auch die strafrechtlichen Irrtümer nach §§ 16, 17 StGB.[785]

§ 119 BetrVG ist eine Vorschrift des Nebenstrafrechts, die in der Praxis nur selten zur Anwendung kommt.[786] Im Arbeitsstrafrecht sollen krasse Verstöße gegen elementare Arbeitsrechtsnormen bestraft werden, wobei die strafrechtliche Sanktionierung des Arbeitgebers grundsätzlich die Ausnahme ist, da dadurch das fortbestehende Arbeitsverhältnis bzw. die Arbeitgeberfunktion stark belastet wird.[787] Aufgrund dessen kann das Arbeitsstrafrecht nicht als Machtinstrument zwischen Arbeitgeber und Arbeitnehmer, und der Strafantrag nicht als Erziehungsmittel zur Disziplinierung des Arbeitgebers angesehen werden.[788]

#### *aa) § 119 Abs. 1 Nr. 1 BetrVG*

§ 119 Abs. 1 Nr. 1 BetrVG stellt Verstöße gegen die Wahlschutzvorschriften des § 20 Abs. 1 und 2 BetrVG unter Strafe, mit denen ein enger sachlicher Zusammenhang besteht.[789] Ferner ist § 119 Abs. 1 Nr. 1 BetrVG eine Spezialisierung und Privilegierung gegenüber § 240 StGB – eine Strafbarkeit wegen versuchter Nötigung scheidet daher aus, wenn § 119 Abs. 1 Nr. 1 BetrVG nicht verwirklicht

---

781 *Kudlich*, in: Löwisch/Kaiser/Klumpp, BetrVG, § 119 Rn. 3.

782 *Kania*, in: Erfurter Kommentar, § 119 BetrVG Rn. 2; *Schulze/Pfeffer*, ArbRAktuell 2017, 615 (617).

783 *Hohenstatt/Dzida*, in: Henssler/Willemsen/Kalb, BetrVG, § 119 Rn. 2; *Richardi*, BetrVG, § 119 Rn. 16.

784 *Meyer*, BB 2016, 2421 (2422).

785 Einzelheiten zu Tatbestands- und Verbotsirrtum bei § 119 BetrVG: *Meyer*, BB: 2016, 2421 ff.

786 *Janssen*, jurisPR-StrafR 19/2008 Anm. 4.

787 *Rieble*, ZfA 2003, 283 (309).

788 *Rieble*, ZfA 2003, 283 (310).

789 BGH, Beschluss vom 13.09.2010 – 1 StR 220/09, in: NJW 2011, 88 (95); *Richter*, in: Arbeitsstrafrecht, 2. Kapitel Rn. 1133.

ist.[790] § 119 Abs. 1 Nr. 1 BetrVG ist die im Rahmen von Betriebsratswahlen hauptsächlich anzuwendende Strafvorschrift, wobei mitunter Idealkonkurrenz zu § 119 Abs. 1 Nr. 2 BetrVG bestehen kann.[791]

§ 119 Abs. 1 Nr. 1 BetrVG stellt denjenigen unter Strafe, der eine Wahl des Betriebsrats behindert oder durch Zufügung oder Androhung von Nachteilen oder durch Gewährung oder Versprechen von Vorteilen beeinflusst. Der Wortlaut der Norm ist dabei teilweise identisch mit dem des Wahlschutzes aus § 20 Abs. 1 und 2 BetrVG. Vereinzelt wird gegen § 119 Abs. 1 Nr. 1 BetrVG vorgebracht, es handele sich um einen unter dem Aspekt des Bestimmtheitsgrundsatzes bedenklich weit gefassten Wortlaut, da eine Strafbarkeit bestehe, wenn irgendwer irgendwann an irgendwen Vorteile leiste, sofern sich dies nur irgendwie mittelbar auf die Wahl auswirke.[792] Der Bestimmtheitsgrundsatz ist jedoch nicht verletzt, da eine unzulässige Tatbestandsüberdehnung erst dort beginnt, wo die äußerste Grenze des Wortsinns eines Merkmals überschritten wird und der Begriff der Wahl im allgemeinen Sprachgebrauch neben dem eigentlichen Abstimmungsvorgang diese vor- und nachbereitenden Maßnahmen umfasst.[793]

§ 119 Abs. 1 Nr. 1 Var. 1 BetrVG enthält ein Behinderungsverbot, § 119 Abs. 1 Nr. 1 Var. 2 BetrVG ein Beeinflussungsverbot. Dabei ist das strafbewehrte Einflussnahmeverbot nicht auf den bloßen Abstimmungsvorgang, also die unmittelbaren Wahlen, beschränkt, sondern umfasst gleichermaßen auch Vor- und Nachbereitungshandlungen der Wahlen.[794]

Bei § 119 Abs. 1 Nr. 1 BetrVG handelt es sich um ein Erfolgsdelikt.[795] Für eine Verurteilung muss folglich ein Behinderungs- oder Beeinflussungserfolg nachgewiesen werden.[796] Zu beachten ist hierbei, dass die Behinderung oder Beeinflussung eine gewisse Erheblichkeit besitzen muss, da die Strafnorm des § 119 Abs. 1 Nr. 1 BetrVG enger als § 20 Abs. 1 und 2 BetrVG auszulegen ist

790 *Zwiehoff*, jurisPR-ArbR 21/2009 Anm. 6.

791 *Richter*, in: Arbeitsstrafrecht, 2. Kapitel Rn. 1168.

792 *Zwiehoff*, jurisPR-ArbR 4/2012 Anm. 6.

793 BGH, Beschluss vom 13.09.2010 – 1 StR 220/09, in: NJW 2011, 88 ff., Rn. 51; LG Nürnberg-Fürth, Urteil vom 24.11.2008 – 3 KLs 501 Js 1777/08; *Kudlich*, in: Löwisch/Kaiser/Klumpp, BetrVG, § 119 Rn. 3.

794 *Richardi*, BetrVG, § 119 Rn. 12; *Richter*, in: Arbeitsstrafrecht, 2. Kapitel Rn. 1135; *Vogt*, in: Münchener Handbuch zum Arbeitsrecht, Band 4, § 353 Rn. 5.

795 *Richardi*, BetrVG, § 119 Rn. 13; *Richter*, in: Arbeitsstrafrecht, 2. Kapitel Rn. 1136; *Rieble/Klebeck*, NZA 2006, 758 (767); a.A. *Trümner*, in: Däubler/Klebe/Wedde, BetrVG, § 119 Rn. 2.

796 *Rieble/Klebeck*, NZA 2006, 758 (767).

(asymmetrische Akzessorietät[797]) und daher nicht jeder Verstoß gegen die Schutzvorschriften des § 20 Abs. 1 und 2 BetrVG zugleich einen strafrechtlich relevanten Sachverhalt darstellt.[798]

Eine Wahlbehinderung im Sinne des § 119 Abs. 1 Nr. 1 Var. 1 BetrVG liegt vor, wenn Wahlbeteiligte unmittelbar oder mittelbar in der Ausübung ihrer betriebsverfassungsrechtlichen Rechte und Pflichten dauernd oder vorübergehend eingeschränkt werden.[799] Da es sich um ein Erfolgsdelikt handelt, muss es zu einer tatsächlichen Behinderung der Wahl gekommen sein. Dies bedeutet allerdings nicht, dass die Wahl vereitelt werden muss, sondern es genügt vielmehr eine objektive zeitliche Verzögerung oder tatsächliche Erschwerung der Wahl.[800] Die Behinderung muss allerdings tatsächlich eingetreten sein; es reicht daher nicht aus, wenn eine Behinderung lediglich möglich gewesen wäre.[801] Beispielhaft ist die Androhung einer Kündigung wegen Beteiligung an der Wahlvorbereitung[802] als strafbare Wahlbehinderung anzusehen, ebenso wie die Verweigerung von Zutrittsrechten.[803]

Als Wahlbeeinflussung im Sinne des § 119 Abs. 1 Nr. 1 Var. 2 BetrVG gilt jede sachwidrige Einflussname durch Zufügung bzw. Androhung von Nachteilen oder durch Gewährung bzw. Versprechen von Vorteilen, die in sittlich anstößiger Weise erfolgt und geeignet ist, die freie Willensbildung zu erschweren oder auszuschließen.[804] Wahlberechtigte dürfen keinem unzulässigen Druck ausgesetzt werden.[805] Für den Tatbestand ist es weder erforderlich, dass sich die Beeinflussung im Wahlergebnis niedergeschlagen hat, noch dass es überhaupt

797 *Kudlich*, in: Löwisch/Kaiser/Klumpp, BetrVG, § 119 Rn. 3.

798 *Richter*, in: Arbeitsstrafrecht, 2. Kapitel Rn. 1139.

799 *Richter*, in: Arbeitsstrafrecht, 2. Kapitel Rn. 1137; *Werner*, in: BeckOK Arbeitsrecht, BetrVG, § 119 Rn. 2.

800 *Richardi*, BetrVG, § 119 Rn. 13; *Rieble/Klebeck*, NZA 2006, 758 (767); *Werner*, in: BeckOK Arbeitsrecht, BetrVG, § 119 Rn. 2.

801 *Vogt*, in: Münchener Handbuch zum Arbeitsrecht, Band 4, § 353 Rn. 6.

802 LG Marburg, Urteil vom 10.05.2007 – 2 Ns 2 Js 18719/05, in: BeckRS 2011, 11826; AG Emmendingen, Urteil vom 24.07.2008 – 5 Cs 440 Js 26354, AK 329/07, in: BeckRS 2008, 19154.

803 LG Siegen 13.11.1986 – 6 Ls 25 Js 354/84 S 2/85, in: AiB 1992, 41.

804 BAG, Beschluss vom 08.03.1957 – 1 ABR 5/55, in: AP BetrVG § 19 Nr. 1; *Richter*, in: Arbeitsstrafrecht, 2. Kapitel Rn. 1141 f.; *Werner*, in: BeckOK Arbeitsrecht, BetrVG, § 119 Rn. 3.

805 BAG, Beschluss vom 06.12.2000 – 7 ABR 34/99, in: AP BetrVG 1972 § 19 Nr. 48.

zu der Begünstigung oder Benachteiligung gekommen ist.[806] Ersteres ist bereits deshalb irrelevant, da sich ein etwaiger Kausalitätsnachweis aufgrund der nach § 14 Abs. 1 BetrVG geheimen Wahl des Betriebsrats in der Regel nicht führen lässt.[807] Der Begriff der Beeinflussung ist somit weit zu verstehen.[808] Für den notwendigen Erfolgseintritt genügt es, wenn sich die Beeinflussungshandlung im Verhalten der Wahlberechtigten auch nur irgendwie ausgewirkt hat.[809] Der Wahlberechtigte muss hierbei nicht zwingend unmittelbar beeinflusst worden sein; eine mittelbare Beeinflussung reicht aus.[810] Durch die Strafbewehrung soll ausgeschlossen werden, dass das Wahlergebnis in einer nicht von der Rechtsordnung gebilligten Weise beeinflusst wird.[811] Als strafbare Wahlbeeinflussung gilt es beispielsweise, wenn einer Wahlvorschlagsliste durch Zuwendung von Geldmitteln durch den Arbeitgeber ermöglicht wird, sich bei Wahlen nachhaltiger als sonst möglich zu präsentieren und die finanzielle Unterstützung durch den Arbeitgeber verschleiert wird.[812]

Potenzielle Täter sind nicht nur der Arbeitgeber oder dessen Vertreter, sondern vielmehr jedermann.[813] Der Tatbestand des § 119 Abs. 1 BetrVG kann ebenso durch Arbeitnehmer, Betriebsangehörige, leitende Angestellte oder Funktionäre der Gewerkschaften verwirklicht werden.[814] Gleichermaßen können sich die Mitglieder der durch § 119 Abs. 1 Nr. 1 BetrVG geschützten Organe wie dem Betriebsrat strafbar machen.[815]

#### *bb) § 119 Abs. 1 Nr. 2 und 3 BetrVG*

Bei § 119 Abs. 1 Nr. 2 und 3 BetrVG handelt es sich gleichermaßen um Erfolgsdelikte.[816] Zwischen den Nummern 2 und 3 kann Idealkonkurrenz bestehen.[817]

---

806 *Richter*, in: Arbeitsstrafrecht, 2. Kapitel Rn. 1141; *Werner*, in: BeckOK Arbeitsrecht, BetrVG, § 119 Rn. 3.

807 BGH, Beschluss vom 13.09.2010 – 1 StR 220/09, in: NJW 2011, 88 (95).

808 *Dzida/Mehrens*, NZA 2013, 753 (753 f.); *Vogt*, in: Münchener Handbuch zum Arbeitsrecht, Band 4, § 353 Rn. 7.

809 *Brand/Lotz*, RdA 2012, 73 (77).

810 BGH, Beschluss vom 13.09.2010 – 1 StR 220/09, in: NJW 2011, 88 (93 f.); *Dzida/Mehrens*, NZA 2013, 753 (753 f.).

811 BGH, Beschluss vom 13.09.2010 – 1 StR 220/09, in: NJW 2011, 88 (93).

812 BGH, Beschluss vom 13.09.2010 – 1 StR 220/09, in: NJW 2011, 88 ff.

813 *Richter*, in: Arbeitsstrafrecht, 2. Kapitel Rn. 1131.

814 *Richter*, in: Arbeitsstrafrecht, 2. Kapitel Rn. 1131.

815 *Richter*, in: Arbeitsstrafrecht, 2. Kapitel Rn. 1131; *Rieble/Klebeck*, NZA 2006, 758 (767).

816 *Pletke/Lepper*, ArbRAktuell 2018, 247 (247).

817 *Richter*, in: Arbeitsstrafrecht, 2. Kapitel Rn. 1168.

Nach § 119 Abs. 1 Nr. 2 BetrVG wird bestraft, wer die Tätigkeit des Betriebsrats behindert oder stört. Erfasst sind davon alle gezielten Maßnahmen, die einen unzulässigen Eingriff in die Geschäftsführung des Betriebsrats darstellen oder dessen Tätigkeit erheblich erschweren bzw. vorübergehend oder endgültig verhindern sollen.[818] Nicht ausreichend für die Annahme einer Behinderung oder Störung ist es allerdings, wenn beispielsweise durch den Arbeitgeber Mitbestimmungs- oder Mitwirkungsrechte des Betriebsrats lediglich missachtet werden, da für eine Strafbarkeit notwendig ist, dass der Arbeitgeber in diesem Fall durch die Missachtung der Rechte des Betriebsrats vorsätzlich eine Behinderung oder Störung herbeiführen will.[819] Dies kann bei einer beharrlichen Nicht- und Missbeachtung von Beteiligungsrechten des Betriebsrats in Gestalt eines bewussten Beiseiteschiebens der Fall sein.[820] Der Täterkreis ist wiederum nicht beschränkt, sodass sich neben dem Arbeitgeber auch Arbeitnehmer oder einzelne Betriebsratsmitglieder strafbar machen können.[821]

Dagegen stellt § 119 Abs. 1 Nr. 3 BetrVG denjenigen unter Strafe, der ein (Ersatz)Mitglied des Betriebsrats um seiner Tätigkeit willen benachteiligt oder begünstigt. Schutzzweck der Norm ist es, die Freiheit der betrieblichen Amtstätigkeit zu sichern, um eine Gefährdung der Effektivität und Sachlichkeit der Amtsführung zu verhindern.[822] § 119 Abs. 1 Nr. 3 BetrVG stellt die in der Praxis wohl relevanteste Vorschrift dar.[823] Der bekannteste Fall drehte sich um den Betriebsrat der Volkswagen AG.[824] Für die Erfüllung des Tatbestands muss die Benachteiligung/Begünstigung in einem ursächlichen Zusammenhang mit der Amtstätigkeit stehen, sich also auf die persönliche Rechtsstellung des Mitglieds beziehen.[825] Die bloße Vorteilsannahme durch ein Betriebsratsmitglied ist allerdings nicht nach § 119 Abs. 1 Nr. 3 BetrVG strafbar.[826] Dies liegt darin begründet, dass es sich um einen Fall der notwendigen Teilnahme handelt.[827]

---

818 *Hohenstatt/Dzida*, in: Henssler/Willemsen/Kalb, BetrVG, § 119 Rn. 3; *Rieble/Klebeck*, NZA 2006, 758 (767).

819 *Hohenstatt/Dzida*, in: Henssler/Willemsen/Kalb, BetrVG, § 119 Rn. 3.

820 *Rieble/Klebeck*, NZA 2006, 758 (767).

821 *Rieble/Klebeck*, NZA 2006, 758 (767).

822 *Schemmel/Slowinski*, BB 2009, 830 (830).

823 *Krug/Pannenborg*, ArbRAktuell 2019, 269 (272).

824 BGH, Urteil vom 17.09.2009 – 5 StR 521/08, in: NJW 2010, 92 ff.

825 LG Braunschweig, Urteil vom 25.01.2007 – 6 KLs 48/06, in: BeckRS 2007, 16961; *Hohenstatt/Dzida*, in: Henssler/Willemsen/Kalb, BetrVG, § 119 Rn. 4.

826 *Rieble/Klebeck*, NZA 2006, 758 (767); *Schemmel/Slowinski*, BB 2009, 830 (830).

827 *Cosack*, ZRP 2016, 177 (178).

Eine Strafbarkeit des Betriebsratsmitglieds kann allerdings als Anstiftung oder Beihilfe nach § 119 Abs. 1 Nr. 3 BetrVG i. V. m. §§ 26, 27 StGB gewertet werden, wenn es einen Vorteil nicht nur annimmt, sondern zuvor ausdrücklich gefordert hat, da es dann die Grenze der notwendigen Teilnahmehandlung überschritten hat.[828]

## 2. Entwicklung des § 119 BetrVG

Ihren Ursprung hat die Regelung des § 119 BetrVG in §§ 95, 99 Abs. 1 BRG 1920. Danach war es Arbeitgebern und ihren Vertretern untersagt, Arbeitnehmer in der Ausübung ihres Wahlrechts oder in der Übernahme und Ausübung der Betriebsvertretung zu beschränken oder sie deswegen zu benachteiligen (§ 95 BRG 1920). Vorsätzliche Verstöße hiergegen konnten auf Antrag der Betriebsvertretung mit Geldstrafe oder Haft bestraft werden (§ 99 Abs. 1 und 5 BRG 1920).

Den grundsätzlich heute noch bestehenden Wortlaut hat die Strafnorm durch § 78 BetrVG 1952[829] erhalten. Dieser setzte die heutigen Nr. 1 bis 3 des § 119 Abs. 1 BetrVG erstmalig dergestalt unter Strafe. Der damalige Strafrahmen reichte allerdings nur von Geldstrafe bis zu sechsmonatigem Gefängnis, obwohl bereits im damaligen Gesetzesentwurf[830] ein Strafrahmen von bis zu einem Jahr Freiheitsstraße gefordert wurde. Mit § 119 BetrVG 1972 hat die Regelung ihren heutigen gesetzlichen Standort gefunden. Zudem wurden inhaltlich weitere Organe abseits des Betriebsrats in den Strafschutz und die Antragsberechtigung aufgenommen. Ferner wurde der Strafrahmen auf bis zu einem Jahr Freiheitsstrafe erweitert.

## 3. (In)Effektivität der Strafnorm

Die in der Theorie grundsätzlich bestehende Möglichkeit, Straftaten nach § 119 Abs. 1 BetrVG zu ahnden, findet sich in der Praxis kaum wieder. Eine effektive Strafverfolgung, insbesondere von Straftaten nach § 119 Abs. 1 Nr. 1 BetrVG, ist in der Praxis kaum anzutreffen.[831] Verurteilungen bilden die Ausnahme, da – sofern es überhaupt zu Ermittlungen und einer Anklage kommt – Verfahren

828 *Cosack*, ZRP 2016, 177 (178); *Krug/Pannenborg*, ArbRAktuell 2019, 269 (272); *Rieble/Klebeck*, NZA 2006, 758 (767).

829 BGBl. 1952 I, S. 681, gem. § 92 in Kraft getreten am 14.11.1952.

830 BT-Drucks. I/1546, S. 31, 66.

831 *Richter*, in: Arbeitsstrafrecht, 2. Kapitel Rn. 1130; *Rieble/Klebeck*, NZA 2006, 758 (767).

häufig (gegen Auflagen) eingestellt werden.[832] Daher wird mahnend angeführt, Saboteure von Betriebsräten müssten keine Strafe fürchten.[833]

Diese Behauptung ist wenigstens teilweise begründet. Verstöße insbesondere gegen das Verbot der Wahlbehinderung oder Wahlbeeinflussung nach § 119 Abs. 1 Nr. 1 BetrVG sind keine Seltenheit und dürften in der Praxis jedem Rechtsanwalt, der im Arbeitsrecht tätig ist, hinreichend bekannt sein.[834] Eine Studie des Wirtschafts- und Sozialwissenschaftlichen Instituts (WSI) der Hans-Böckler-Stiftung hat festgestellt, dass allein zwischen 2013 und 2015 fast 140 Neugründungen von Betriebsräten behindert wurden, wobei sich dies einzig auf den Organisationsbereich von IG Metall und IG BCE bezog.[835] In einer neuerlichen Studie für den Zeitraum zwischen 2016 und 2018 hat das WSI festgestellt, dass es im Organisationsbereich von IG Metall, IG BCE und NGG von 924 Neugründungsversuchen bei etwa 15,6 Prozent (144 Fälle) zu Wahlbehinderungen und -beeinflussungen gekommen ist.[836]

Dagegen sind Anklagen und Verurteilungen nach der Vorschrift selten. Wegen § 119 BetrVG (Nummern 1 bis 3!) wurden nach der Strafverfolgungsstatistik des Statistischen Bundesamtes im Zeitraum von 2007 bis 2020 im gesamten Bundesgebiet gerade einmal 78 Personen angeklagt.[837] Verurteilt wurden davon lediglich 15 Personen, was einer Freispruchs- bzw. Einstellungsquote von über 80 Prozent entspricht.[838] Bei allen Verurteilungen wurde eine Geldstrafe verhängt; nur in einem einzigen Fall wurde eine Geldstraße von mehr als 90

832 *Janssen*, jurisPR-StrafR 19/2008 Anm. 4; *Zwiehoff*, jurisPR-ArbR 21/2009 Anm. 6.

833 *Tornau*, Mitbestimmung 4/2018, 33 (33).

834 *Tornau*, Mitbestimmung 4/2018, 33 (33).

835 *Tornau*, Mitbestimmung 4/2018, 33 (33).

836 *Behrens/Dribbusch*, WSI-Mitteilungen 4/2020, 286 (288 f.); *Wirtschafts- und Sozialwissenschaftlichen Institut*, Behinderung von Betriebsratsgründungen: keineswegs nur Einzelfälle, besonders häufig Probleme bei inhabergeführten Unternehmen, Pressemitteilung vom 17.08.2020; https://www.wsi.de/de/pressemitteilungen-15991-behinderung-von-betriebsratsgrundungen-25757.htm, letzter Abruf am 04.06.2022.

837 *Statistisches Bundesamt*, Fachserie 10 Reihe 3, Strafverfolgungsstatistiken der Jahre 2007 bis 2020, https://www.statistischebibliothek.de/mir/receive/DESerie_mods_00000107, letzter Abruf am 04.06.2022.

838 *Statistisches Bundesamt*, Fachserie 10 Reihe 3, Strafverfolgungsstatistiken der Jahre 2007 bis 2020, https://www.statistischebibliothek.de/mir/receive/DESerie_mods_00000107, letzter Abruf am 04.06.2022.

Tagessätzen verhängt,[839] sodass diese nach § 32 Abs. 2 Nr. 5 lit. a) BZRG in einem Führungszeugnis enthalten war. Ernsthafte Konsequenzen sind folglich selten.

Dennoch gibt es Fälle, die in der Vergangenheit mediale Aufmerksamkeit erlangt haben. Bekanntheit hat insbesondere der Fall des Drogeriediscounters Schlecker erlangt, da dort über Jahre hinweg Betriebsratsgründungen systematisch erfolgreich behindert und beeinflusst wurden.[840] Verurteilungen sind dagegen kaum erfolgt.[841] In einem Berufungsverfahren vor dem LG Marburg[842] wurden drei Angeklagte unter anderem wegen Verstoßes gegen § 119 Abs. 1 Nr. 1 BetrVG schuldig gesprochen und ihnen eine Geldstrafe von 80, 85 und 90 Tagessätzen auferlegt. Das AG Marburg[843] als erste Instanz hatte eine Strafbarkeit nach § 119 Abs. 1 Nr. 1 BetrVG nicht angenommen, die Angeklagten allerdings wegen Nötigung nach § 240 StGB zu Geldstrafen von 130, 110 und 100 Tagessätzen verurteilt. In der zweiten Instanz wurde somit zwar eine Verurteilung nach § 119 Abs.1 Nr. 1 BetrVG in den Schuldspruch aufgenommen, die Strafen hingegen erheblich gesenkt, sodass die Führungszeugnisse der Verurteilten nach § 32 Abs. 2 Nr. 5 lit. a) BZRG ohne Eintragung waren.

Großes mediales Interesse hat auch der Fall Siemens[844] auf sich gezogen, in dem ein Strafverfahren gegen den ehemaligen Vorsitzenden der AUB und des Betriebsrats am Standort Erlangen sowie gegen einen ehemaligen kaufmännischen Vorstand geführt wurde. Dem Fall lag die Förderung und Finanzierung der AUB über ein umfassendes Konstrukt durch die Siemens AG zugrunde, womit die Absicht verfolgt wurde, ein Gegengewicht zur IG Metall zu schaffen und eine Betriebsräteorganisation zu fördern, die sich kooperativer gegenüber dem Arbeitgeber zeigt.[845] Über die Jahre wurden der AUB Beträge in Millionenhöhe zur Verfügung gestellt, um arbeitgebernahe Betriebsräte zu organisieren.[846] Das LG Nürnberg-Fürth[847] nahm einen Verstoß gegen § 119 Abs. 1 Nr. 1

839 *Statistisches Bundesamt*, Fachserie 10 Reihe 3, Strafverfolgungsstatistiken der Jahre 2007 bis 2020, https://www.statistischebibliothek.de/mir/receive/DESerie_mods_00000107, letzter Abruf am 04.06.2022.

840 *Behrens/Dribbusch*, WSI-Mitteilungen 2/2014, 140 (142); *Bormann*, WSI-Mitteilungen 1/2008, 45 (45, 47 ff.).

841 *Bormann*, WSI-Mitteilungen 1/2008, 45 (48).

842 LG Marburg, Urteil vom 10.05.2007 – 2 Ns 2 Js 18719/05, zitiert nach Juris.

843 AG Marburg, Urteil vom 21.12.2006 – 59 Ds – 2 Js 18719/05, https://openjur.de/u/84198.html, letzter Abruf am 04.06.2022.

844 BGH, Beschluss vom 13.09.2010 – 1 StR 220/09, in: NJW 2011, 88 ff.

845 LG Nürnberg-Fürth, Urteil vom 24.11.2008 – 3 KLs 501 Js 1777/08, zitiert nach Juris.

846 LG Nürnberg-Fürth, Urteil vom 24.11.2008 – 3 KLs 501 Js 1777/08, zitiert nach Juris.

847 LG Nürnberg-Fürth, Urteil vom 24.11.2008 – 3 KLs 501 Js 1777/08, zitiert nach Juris.

BetrVG an, welchen der BGH[848] bestätigte. Eine diesbezügliche Verurteilung ist jedoch nicht erfolgt. Die Angeklagten wurden stattdessen insbesondere wegen mehrfacher Fälle des Betrugs und der Steuerhinterziehung verurteilt.[849] § 119 Abs. 1 Nr. 1 BetrVG spielte somit lediglich im Rahmen der Wertungen der anderen Taten eine Rolle.

Weitere bekannte Beispiele für Wahlbehinderung /-beeinflussung sind das Modehaus H&M, der Lebensmittelhändler LIDL und der Elektronikhändler Media Markt.[850] Media Markt beschäftigte im Jahr 2011 etwa 17.000 Mitarbeiter in 230 Filialen; einen Betriebsrat gab es allerdings nur in zwei dieser Filialen.[851] Dies war wohl das Ergebnis erfolgreicher Wahlbehinderung /-beeinflussung, wobei Strafverfahren unbekannt sind.[852] Bei H&M waren Wahlbehinderungen und -beeinflussungen – im Gegensatz zu Strafverfahren – ebenfalls keine Seltenheit, wodurch nur wenige Filialen über einen Betriebsrat verfügten.[853] Das gleiche Bild ergibt sich bei LIDL. 2005 gab es in bundesweit 2.600 LIDL-Filialen lediglich acht Betriebsräte.[854] Modernes Beispiel ist das des Lebensmittel-Lieferdienstes Gorillas. Die Geschäftsführung des Unternehmens mit rund 10.000 Mitarbeitern hat 2021 Betriebsratsgründungen bzw. deren Versuche konsequent behindert/beeinflusst, ohne sich Verfahren nach § 119 Abs. 1 Nr. 1 BetrVG gegenüber zu sehen.[855]

Dies veranschaulicht, dass § 119 Abs. 1 Nr. 1 BetrVG ein stumpfes Schwert im Kampf gegen etwaige Wahlbehinderungen und -beeinflussungen ist.

## 4. Schutzlücken

Wahlbehinderungen und -beeinflussungen werden in der Praxis strafrechtlich nicht effektiv verfolgt. Wenn sie überhaupt zur Anklage gebracht werden und zu einer Verurteilung führen, ist die ausgesprochene Strafe gering. Teilweise fehlt sogar eine Strafbarkeit. Dadurch entfaltet die Vorschrift des § 119 Abs. 1 Nr. 1 BetrVG nahezu keine abschreckende Wirkung gegenüber potenziellen Tätern.

---

848 BGH, Beschluss vom 13.09.2010 – 1 StR 220/09, in: NJW 2011, 88 ff.

849 BGH, Beschluss vom 13.09.2010 – 1 StR 220/09, in: NJW 2011, 88 ff.; LG Nürnberg-Fürth, Urteil vom 24.11.2008 – 3 KLs 501 Js 1777/08, zitiert nach Juris.

850 *Behrens/Dribbusch*, WSI-Mitteilungen 2/2014, 140 (142).

851 *Behrens/Dribbusch*, WSI-Mitteilungen 2/2014, 140 (142); *Weber*, Betriebsratsfreie Zone.

852 *Behrens/Dribbusch*, WSI-Mitteilungen 2/2014, 140 (142); *Weber*, Betriebsratsfreie Zone.

853 *Köhnen*, Unternehmenskultur und Personalpolitik, S. 33 ff.

854 *Schallenberg*, Prominenz schaut Lidl auf die Finger.

855 *Groß*, Dreist, dreister, Gorillas.

### a) *Strafantragserfordernis*

Gemäß § 119 Abs. 2 BetrVG wird die Tat nur auf Antrag der darin abschließend aufgezählten Antragsberechtigten verfolgt. Ein Strafantrag liegt bei der ausdrücklichen Erklärung des Antragsberechtigten vor, die Strafverfolgung zu wünschen.[856] Dagegen ist eine Strafanzeige, unter der die bloße Mitteilung eines Sachverhalts zu verstehen ist, der aus Sicht des Mitteilenden einen Anlass zur Strafverfolgung bietet,[857] nicht ausreichend.[858] Einen für die Verfolgung notwendigen Strafantrag können gemäß § 119 Abs. 2 BetrVG der Betriebsrat, der Gesamt- oder Konzernbetriebsrat, die Bordvertretung, der Seebetriebsrat, eine der in § 3 Abs. 1 BetrVG bezeichneten Vertretungen der Arbeitnehmer, der Wahlvorstand, der Unternehmer oder eine im Betrieb vertretene Gewerkschaft stellen. § 119 BetrVG stellt damit ein absolutes Antragsdelikt dar. Dies bedeutet, dass eine Tat nur dann von der Staatsanwaltschaft verfolgt wird, wenn einer der Antragsberechtigten innerhalb der Strafantragsfrist von drei Monaten ab Kenntnis der Tat und der Person des Täters einen wirksamen Strafantrag gestellt hat (§ 77b Abs. 1 S. 1, Abs. 2 S. 1 StGB). Ein einmal gestellter Strafantrag kann allerdings gemäß § 77d Abs. 1 StGB bis zum rechtskräftigen Abschluss des Strafverfahrens zurückgenommen werden, ein nochmaliger Strafantrag ist ausgeschlossen. In diesem Zusammenhang ist die Verjährung einer Straftat nach § 119 BetrVG zu beachten, die gemäß § 78 Abs. 3 Nr. 5 StGB nach drei Jahren eintritt.

Neben absoluten Antragsdelikten wie § 119 BetrVG gibt es relative Antragsdelikte sowie Offizialdelikte. Bei einem relativen Antragsdelikt ist grundsätzlich ebenso ein Strafantrag zur Strafverfolgung notwendig. Liegt dieser nicht vor, kann die Strafverfolgungsbehörde die Tat dennoch verfolgen und zur Anklage bringen, wenn sie ein besonderes öffentliches Interesse an der Strafverfolgung bejaht.[859] Ein Strafantrag ist bei einem relativen Antragsdelikt somit nicht zwingend erforderlich. Bei Offizialdelikten dagegen ist ein Strafantrag generell unnötig, da die Strafverfolgung hier stets von Amts wegen erfolgt.[860]

Für eine Strafbarkeit nach § 119 BetrVG bedeutet dies das zwingende Erfordernis eines wirksam gestellten Strafantrags. Liegt ein solcher nicht vor, ist eine

---

856 BGH, Urteil vom 16.01.1951 – 3 StR 45/50, in: NJW 1951, 368 (368); *Köhler*, in: Meyer-Goßner/Schmitt, StPO, § 158 Rn. 4.

857 *Köhler*, in: Meyer-Goßner/Schmitt, StPO, § 158 Rn. 2.

858 *Richter*, in: Arbeitsstrafrecht, 2. Kapitel Rn. 1162.

859 *Gertler*, in: BeckOK StPO, RiStBV 6 Rn. 9.

860 *Dallmeyer*, in: BeckOK StGB, § 77 StGB Rn. 3.

Verurteilung nach dieser Norm ausgeschlossen, da in dem fehlenden Strafantrag ein nicht zu heilendes Verfahrenshindernis besteht.[861] Gleichermaßen verhält es sich, wenn zwar ein Strafantrag vorliegt, dieser aber unwirksam ist, weil er beispielsweise die formellen Voraussetzungen (insb. Einhaltung der Strafantragsfrist, ordnungsgemäßer Betriebsratsbeschluss) nicht erfüllt. Dies ist häufig der Fall.[862] Mangels wirksamen Strafantrags schied eine Verurteilung beispielsweise im Strafverfahren gegen den ehemaligen Vorsitzenden des Konzernbetriebsrats, Gesamtbetriebsrats und Betriebsrats der Volkswagen AG sowie einen Abteilungsleiter aus.[863] Dem Fall zugrunde lagen Betriebsratsbegünstigungen im Sinne des § 119 Abs. 1 Nr. 3 BetrVG in Millionenhöhe.[864] Der für eine Verurteilung zwingend erforderliche Strafantrag wurde nicht wirksam gestellt, weswegen der BGH in seiner Entscheidung die noch von der ersten Instanz[865] ausgesprochenen Verurteilungen in diesem Punkt aufgehoben hat.[866]

In der Konsequenz bedeutet dies, dass begangenes Unrecht im Rahmen des § 119 Abs. 1 BetrVG ohne einen wirksamen Strafantrag nicht sanktioniert werden kann, selbst wenn ein besonderes öffentliches Interesse an der Strafverfolgung anzunehmen wäre. Täter entgehen dadurch trotz Vollendung der Tat einer Strafbarkeit, sofern nicht andere Straftatbestände verwirklicht sind. Diese Lücke des § 119 BetrVG ist nicht gerechtfertigt.

Würde es sich bei § 119 BetrVG nicht um ein absolutes Antragsdelikt, sondern ein relatives Antragsdelikt handeln, hätte im Verfahren betreffend die Beteiligten der Volkswagen AG trotz des formell unwirksamen Strafantrags eine Verurteilung erfolgen können, da die Staatsanwaltschaft im konkreten Fall wohl ein besonderes öffentliches Interesse an der Strafverfolgung angenommen hätte. Dieses hätte sich insbesondere durch das damalige mediale Interesse offenbart.

Mit dem zwingenden Erfordernis des Strafantrags werden vom Gesetzgeber unterschiedliche Zwecke verfolgt.[867] Das zwingende Antragserfordernis soll bei manchen Tatbeständen enge zwischenmenschliche Beziehungen schützen (§ 247 StGB) oder persönliche Interessen des Verletzten wahren (§§ 123 Abs. 2, 205

861 *Dallmeyer*, in: BeckOK StGB, § 77 StGB Rn. 1; *Gertler*, in: BeckOK StPO, RiStBV 6 Rn. 9.

862 *Tornau*, Mitbestimmung 4/2018, 33 (34).

863 BGH, Urteil vom 17.09.2009 – 5 StR 521/08, in: NJW 2010, 92 ff.

864 BGH, Urteil vom 17.09.2009 – 5 StR 521/08, in: NJW 2010, 92 (97 f.).

865 LG Braunschweig, Urteil vom 25.01.2007 – 6 KLs 48/06, in: BeckRS 2007, 16961; LG Braunschweig, Urteil vom 22.02.2008 – 6 KLs 20/07, in: BeckRS 2009, 29834.

866 BGH, Urteil vom 17.09.2009 – 5 StR 521/08, in: NJW 2010, 92 ff.

867 *Dallmeyer*, in: BeckOK StGB, § 77 StGB Rn. 6.

Abs. 1 StGB).[868] An anderer Stelle (§ 248a StGB) sollen die Staatsanwaltschaften entlastet werden. Da das staatliche Interesse an der strafrechtlichen Sanktionierung in diesen Fällen als gering angesehen wird, tritt dieses zurück, sofern der Wille nach einer Sanktionierung nicht vom Verletzten deutlich gemacht wird.[869]

Dies überzeugt im Hinblick auf § 119 BetrVG nicht. Der Gesetzgeber will eine großflächige Vertretung der Arbeitnehmer durch Betriebsräte herbeiführen, die betriebliche Mitbestimmung im Interesse der Beteiligung stärken und die zunehmende Erosion der betrieblichen Mitbestimmung stoppen.[870] Zudem will der Gesetzgeber die Fälle der Behinderungen von Betriebsratswahlen reduzieren.[871] Dies gelingt jedoch nicht, wenn Täter selbst bei besonderem öffentlichem Interesse nicht belangt werden können. Wahlbehinderungen bzw. Wahlbeeinflussungen kommen in der Praxis häufig vor.[872] Durch die fehlende Möglichkeit der Staatsanwaltschaft begangenes Unrecht nach § 119 Abs. 1 BetrVG zur Anklage zu bringen, bedingt durch das zwingende Erfordernis des Strafantrags, wird das Ziel des Gesetzgebers konterkariert. Selbst, wenn eine Staatsanwaltschaft Hinweise für eine massive Wahlbehinderung bzw. -beeinflussung erhält und ein erhebliches besonderes öffentliches Interesse an der Strafverfolgung bestünde, kann sie die Tat ohne wirksamen Strafantrag nicht (effektiv) verfolgen. Auf Basis der aktuellen Gesetzeslage können somit selbst die schwersten Fälle von Wahlbehinderung und -beeinflussung nicht von Amts wegen verfolgt werden.[873] Dies stößt zu Recht auf Unverständnis.[874] Ein effektiver Schutz wird hierdurch gerade entgegen dem ausdrücklichen Willen des Gesetzgebers, Betriebsratsbehinderungen reduzieren zu wollen,[875] nicht geschaffen.

---

868 *Dallmeyer*, in: BeckOK StGB, § 77 StGB Rn. 6.

869 *Dallmeyer*, in: BeckOK StGB, § 77 StGB Rn. 6.

870 BT-Drucks. 14/5741, S. 1 f.

871 BT-Drucks. 19/28899, S. 1.

872 *Behrens/Dribbusch*, WSI-Mitteilungen 2/2014, 140 (140); *Behrens/Dribbusch*, WSI-Mitteilungen 4/2020, 286 (288 f.); *Tornau*, Mitbestimmung 4/2018, 33 (33); *Wirtschafts- und Sozialwissenschaftlichen Institut*, Behinderung von Betriebsratsgründungen: keineswegs nur Einzelfälle, besonders häufig Probleme bei inhabergeführten Unternehmen, Pressemitteilung vom 17.08.2020; https://www.wsi.de/de/pressemitteilungen-15991-behinderung-von-betriebsratsgrundungen-25757.htm, letzter Abruf am 04.06.2022.

873 *Rieble*, CCZ 2008, 121 (125).

874 *Bolte/Fischer/Thannisch*, WSI-Mitteilungen 8/2016, 641 (642).

875 BT-Drucks. 19/28899, S. 1.

Vor diesem Hintergrund fällt auch die Regelung der Antragsberechtigten ins Gewicht. Antragsberechtigt sind gemäß § 119 Abs. 2 BetrVG der Betriebsrat, der Gesamt- oder Konzernbetriebsrat, die Bordvertretung, der Seebetriebsrat, eine der in § 3 Abs. 1 BetrVG bezeichneten Vertretungen der Arbeitnehmer, der Wahlvorstand, der Unternehmer oder eine im Betrieb vertretene Gewerkschaft. Wenn man die Antragsberechtigten auf die Grundstrukturen begrenzt, können lediglich der Wahlvorstand, der Betriebsrat, der Unternehmer und eine Gewerkschaft einen Strafantrag stellen. Bedenkt man allerdings, dass diese insbesondere im Rahmen der § 119 Abs. 1 Nr. 2 und 3 BetrVG typischerweise die an einer Straftat Beteiligten (Täter und Begünstigte) sind,[876] wirkt dies paradox. Diese haben aufgrund dessen kein Strafverfolgungsinteresse, weswegen eine effektive Strafverfolgung mangels Strafantrag nicht stattfindet.[877] Soll erstmalig ein Betriebsrat gewählt werden und ist ein Wahlvorstand noch nicht gewählt bzw. bestellt, so sind die Antragsberechtigten rar. Einzig, wenn ein Arbeitnehmer Gewerkschaftsmitglied ist, könnte ein wirksamer Strafantrag durch die Gewerkschaft gestellt werden. Handelt es sich dagegen um kein Gewerkschaftsmitglied, wird sich in der Praxis kein Antragsberechtigter finden. Durch diese rechtspolitische Verfehlung des zwingenden Strafantrags entsteht eine Strafbarkeitslücke.[878]

Aufgrund dessen sollte § 119 BetrVG aus dem Kreis der absoluten Antragsdelikte herausgenommen werden. Die Änderung in ein Offizialdelikt sollte allerdings unterbleiben.[879] Dies zum einen deshalb, weil grundsätzlich Verbrechen, also Straftaten mit einer Mindeststrafe von einem Jahr (§ 12 Abs. 1 StGB), Offizialdelikte darstellen. Zum anderen sollte beibehalten werden, dass die Verfolgung einer Straftat nach § 119 Abs. 1 BetrVG in erster Linie durch die Beteiligten/Verletzten in Gang zu setzen ist, um diese in die Verantwortung zu nehmen.[880] § 119 BetrVG sollte zu einem relativen Antragsdelikt gemacht werden.[881] Dann

876 *Kudlich*, in: Löwisch/Kaiser/Klumpp, BetrVG, § 119 Rn. 48; *Rieble*, CCZ 2008, 121 (125 f.); *Rieble*, CCZ 2008, 32 (35).

877 *Kudlich*, in: Löwisch/Kaiser/Klumpp, BetrVG, § 119 Rn. 48.

878 *Hohenstatt/Dzida*, in: Henssler/Willemsen/Kalb, BetrVG, § 119 Rn. 5.

879 *Krause*, BT-Ausschussdrucks. 19(11)75, S. 4; a.A. *Deutscher Gewerkschaftsbund Bundesvorstand*, Offensive Mitbestimmung – Vorschläge zur Weiterentwicklung der Mitbestimmung, Berlin, 2015, S. 6; *Deutscher Gewerkschaftsbund*, BT-Ausschussdrucks. 19(11)78, S. 5, 7.

880 *Tornau*, Mitbestimmung 4/2018, 33 (35).

881 *Bolte/Fischer/Thannisch*, WSI-Mitteilungen 8/2016, 641 (642); *Fitting*, BetrVG, § 119 Rn. 12; *Hohenstatt/Dzida*, in: Henssler/Willemsen/Kalb, BetrVG, § 119 Rn. 5; *Kudlich*, in: Löwisch/Kaiser/Klumpp, BetrVG, § 119 Rn. 48; *Rieble*, CCZ 2008, 32 (37); *Rieble*, CCZ 2008, 121 (130); a.A. *Mallmann*, BT-Ausschussdrucks. 19(11)65, S. 6.

könnte die Staatsanwaltschaft bei einem besonderen öffentlichen Interesse an der Strafverfolgung ohne einen Strafantrag entsprechende Taten effektiv zur Anklage bringen. Hierdurch würde kein unnötiges Mehr an Belastung, sondern stattdessen ein Mehr an Möglichkeiten seitens der Staatsanwaltschaft geschaffen. Eine effektive Strafverfolgung könnte damit gesteigert werden. Hierdurch könnte eine Abschreckungswirkung gegenüber potenziellen Tätern erzeugt und Fälle der Betriebsratsbehinderung im Sinne des Gesetzgebers[882] reduziert werden. Eine dahingehende Änderung wurde auch in einem Antrag der Fraktion BÜNDNIS 90/DIE GRÜNEN[883] gefordert und von Sachverständigen begrüßt[884].

### *b) Strafantragsbefugnis*

Neben der Strafantragserfordernis bedarf die Strafantragsbefugnis einer Anpassung. Antragsberechtigt sind gemäß § 119 Abs. 2 BetrVG hauptsächlich der Wahlvorstand, der Betriebsrat, der Unternehmer und eine im Betrieb vertretene Gewerkschaft. Für einen Strafantrag des Betriebsrats oder des Wahlvorstands ist ein ordnungsgemäßer Beschluss erforderlich.[885] Ferner ist unter dem Unternehmer einzig der Betriebsinhaber bzw. bei juristischen Personen die Geschäftsleitung zu verstehen, da die Strafantragstellung eine Leitungsentscheidung darstellt, also eine unternehmerische Grundlagenentscheidung.[886] Eine Vertretung des Unternehmers beispielsweise durch Prokuristen ist daher ausgeschlossen.[887]

Die Regelung des § 119 Abs. 2 BetrVG gesteht somit weder dem einzelnen Betriebsrats- oder Wahlvorstandsmitglied (respektive dem Mitglied einer der anderen Arbeitnehmervertretungen), noch einem einzelnen Arbeitnehmer eine Strafantragsbefugnis zu.[888] Diese haben keine Möglichkeit einen Strafantrag zu stellen.

---

882 BT-Drucks. 19/28899, S. 1.

883 BT-Drucks. 19/1710.

884 *Behrens*, BT-Ausschussdrucks. 19(11)82, S. 4; *Heilmann*, BT-Ausschussdrucks. 19(11) 76, S. 2.

885 *Annuß*, in: Richardi, § 119 Rn. 31; *Hohenstatt/Dzida*, in: Henssler/Willemsen/Kalb, BetrVG, § 119 Rn. 5; *Kania*, in: Erfurter Kommentar, § 119 BetrVG Rn. 5.

886 BGH, Urteil vom 17.09.2009 – 5 StR 521/08, in: NJW 2010, 92 (98); *Zimmermann*, ArbRAktuell 2014, 278 (278).

887 BGH, Urteil vom 17.09.2009 – 5 StR 521/08, in: NJW 2010, 92 (98); *Bittmann*, NJW 2010, 92 (99).

888 *Cosack*, ZRP 2016, 177 (179); *Rüthers*, NJW 2007, 195 (196).

Antragsberechtigt ist im Strafrecht nach § 77 Abs. 1 StGB grundsätzlich der Verletzte.[889] Verletzter in diesem Sinne ist der Träger des durch die Tat unmittelbar verletzten Rechtsguts, also derjenige, in dessen Rechtskreis der Täter durch die verbotene Handlung eingegriffen hat.[890] Schutzgut des § 119 BetrVG ist insgesamt die Mitbestimmung nach dem Betriebsverfassungsgesetz, allerdings nicht um ihrer selbst willen.[891] Wie bereits ausgeführt,[892] liegt der Schutzzweck der Norm in der Sicherstellung der Beteiligungsrechte der Arbeitnehmer und Arbeitnehmervertreter zur Schaffung eines Ausgleichs zwischen der unternehmerischen Entscheidungsfreiheit und dem Recht auf Selbstbestimmung der in einer fremdbestimmten Arbeitsorganisation tätigen Arbeitnehmer.[893] § 119 Abs. 1 Nr. 1 BetrVG schützt zudem die Integrität der Betriebsratswahl und will die Beteiligung der Arbeitnehmer an der innerbetrieblichen Willensbildung über den Betriebsrat gewährleisten.[894] Hierdurch wird deutlich, dass § 119 Abs. 1 BetrVG demzufolge auch den einzelnen Arbeitnehmer schützt. Darüber hinaus kann der einzelne Arbeitnehmer, ebenso wie in der Konsequenz das einzelne Wahlvorstands- bzw. Betriebsratsmitglied, Opfer einer Wahlbehinderung oder Wahlbeeinflussung nach § 119 Abs. 1 Nr. 1 BetrVG sein. Gleichermaßen verhält es sich mit § 119 Abs. 1 Nr. 2 und 3 BetrVG i. V. m. § 78 BetrVG.[895] Da hierdurch deren Interesse an einer neutralen und unparteiischen Interessenvertretung geschützt wird, können die Arbeitnehmer bzw. die einzelnen Wahlvorstands- bzw. Betriebsratsmitglieder Geschädigte sein.[896]

Des Weiteren sind es die Arbeitnehmer, – wenn auch gemäß § 17 Abs. 3 BetrVG im Zusammenschluss von mindestens dreien – die die Gründung eines Betriebsrats initiieren können und sollen. Nach § 23 Abs. 1 S. 1 BetrVG kann ferner von einem Viertel der wahlberechtigten Arbeitnehmer bei einer groben Pflichtverletzung der Ausschluss eines einzelnen Betriebsratsmitglieds, sowie die Auflösung des gesamten Betriebsrats, beim Arbeitsgericht beantragt werden. Arbeitnehmer können demzufolge sowohl für den Anfang, als auch das Ende eines Betriebsrats verantwortlich sein, sich aber strafrechtlich nicht gegen

---

889 *Schweibert/Buse*, NZA 2007, 1080 (1085).

890 BGH, Urteil vom 18.01.1983 – 1 StR 490/82, in: NJW 1983, 1919 (1920).

891 *Kudlich*, in: Löwisch/Kaiser/Klumpp, BetrVG, § 119 Rn. 1; *Richter*, in: Arbeitsstrafrecht, 2. Kapitel Rn. 1131.

892 Siehe B.III.1.b), S. 173 f.

893 BGH, Urteil vom 17.09.2009 – 5 StR 521/08, in: NJW 2010, 92 (97).

894 BGH, Beschluss vom 13.09.2010 – 1 StR 220/09, in: NJW 2011, 88 (91).

895 *Rüthers*, NJW 2007, 195 (196).

896 *Schweibert/Buse*, NZA 2007, 1080 (1085).

Straftaten nach § 119 Abs. 1 BetrVG zu Ihren Lasten wehren. Selbst bei schweren Gesetzesverfehlungen gewährt § 119 Abs. 2 BetrVG den Arbeitnehmern keinen Einfluss auf die Einleitung eines Strafverfahrens gegen die Täter.[897]

Wenn es weder einen Betriebsrat, noch einen Wahlvorstand gibt, offenbart die Regelung des § 119 Abs. 2 BetrVG ihre Schutzlücke. Im Falle einer Wahlbehinderung bzw. -beeinflussung nach § 119 Abs. 1 Nr. 1 BetrVG wird sich in der Praxis niemand finden, der Interesse daran hat, einen Strafantrag zu stellen. Der Unternehmer ist entweder selbst Täter, oder die Tat liegt in seinem Interesse. Gibt es auch keinen Gesamt- oder Konzernbetriebsrat, so könnte lediglich noch eine Gewerkschaft einen Strafantrag stellen. Letzteres könnte geschehen, wenn der Arbeitnehmer Mitglied dieser Gewerkschaft ist. Wird jedoch ein gewerkschaftsunabhängiger Arbeitnehmer Opfer einer Wahlbehinderung bzw. -beeinflussung, wird ein Strafantrag mangels Antragsberechtigtem wohl nicht gestellt. Die diesem gegenüber begangene Straftat könnte somit nicht strafrechtlich verfolgt und zur Anklage gebracht werden, begangenes Unrecht bliebe folgenlos. Die bestehende Regelung des § 119 Abs. 2 BetrVG läuft leer. Dies überzeugt nicht, da der einzelne Arbeitnehmer vom Schutzzweck des § 119 Abs. 1 Nr. 1 BetrVG umfasst ist und der Gesetzgeber die Fälle der Behinderungen von Betriebsratswahlen reduzieren will.[898] § 119 Abs. 2 BetrVG ist mithin nicht effektiv.[899]

Ineffektivität trifft bei der Strafantragsberechtigung ebenso auf § 119 Abs. 1 Nr. 2 und 3 BetrVG zu. Arbeitnehmer sind nach § 119 Abs. 2 BetrVG nicht antragsberechtigt. Selbst bei Entscheidungen der von den Arbeitnehmern gewählten Interessenvertreter, die eine grobe Amtspflichtverletzung zum Schaden der Arbeitnehmer darstellen, kann der Arbeitnehmer keinen Strafantrag stellen.[900] Bei den derzeitig Strafantragsberechtigten, handelt es sich allerdings oftmals um die an den Straftaten Beteiligten, die beispielsweise in die Begünstigung verstrickt sind.[901] Der Betriebsrat bzw. dessen Mitglieder können Täter sein.[902] Nicht selten kommt ein Zusammenwirken von Unternehmen und

897 *Rüthers*, NJW 2007, 195 (197).

898 BT-Drucks. 19/28899, S. 1.

899 *Kudlich*, in: Löwisch/Kaiser/Klumpp, BetrVG, § 119 Rn. 48; *Rüthers*, NJW 2007, 195 (197); *Schweibert/Buse*, NZA 2007, 1080 (1085).

900 *Cosack*, ZRP 2016, 177 (179); *Rüthers*, NJW 2007, 195 (197).

901 *Cosack*, ZRP 2016, 177 (179); *Kudlich*, in: Löwisch/Kaiser/Klumpp, BetrVG, § 119 Rn. 48; *Rieble*, CCZ 2008, 32 (35); *Rieble*, CCZ 2008, 121 (125 f.); *Rüthers*, NJW 2007, 195 (197); *Vogt*, in: Münchener Handbuch zum Arbeitsrecht, Band 4, § 353 Rn. 10.

902 *Fischer*, BB 2007, 997 (999 f.); *Rieble/Klebeck*, NZA 2006, 758 (767); *Zimmermann*, ArbRAktuell 2014, 278 (278).

Betriebsrat im Rahmen einer Begünstigung vor, wobei dann keine der Parteien Interesse daran hat, dieses Fehlverhalten öffentlich zu machen oder einen Strafantrag zu stellen.[903] Dies wurde bei Ausgestaltung der Antragsberechtigung wohl nicht bedacht.[904] Auch ein Interesse einer Gewerkschaft, einen Strafantrag gegen die eigenen Mitglieder zu stellen, liegt nicht nahe.[905] Anders verhält es sich vermutlich nur, wenn es sich um Mitglieder einer konkurrierenden Gewerkschaft handelt.[906]

In der Konsequenz bedeutet dies, dass oftmals Strafverfahren gegen die Täter – obwohl eine Strafbarkeit grundsätzlich bejaht werden würde – aufgrund eines fehlenden Strafantrags eingestellt bzw. überhaupt nicht eingeleitet werden, da ohne einen wirksamen Strafantrag ein Verfahrenshindernis vorliegt.[907] Eine effektive Strafverfolgung wird hierdurch verhindert und gesetzgeberische Ziele konterkariert.[908] Die rechtspolitische Verfehlung in Bezug auf die Strafantragsbefugnis führt zu einer Regelungs- und Strafbarkeitslücke.[909] Aufgrund dessen wird § 119 BetrVG insgesamt auch als stumpfes Schwert und Papiertiger bezeichnet.[910] Um die bestehende Lücke des § 119 Abs. 2 BetrVG zu schließen ist es notwendig, den begrenzten Kreis der Strafantragsberechtigten zu erweitern.[911]

In erster Linie hat dies dergestalt zu erfolgen, dass auch Arbeitnehmer in § 119 Abs. 2 BetrVG als strafantragsberechtigt aufgenommen werden.[912] Eine von einer Mehrheitsentscheidung unabhängige Möglichkeit der Strafantragsstellung für Arbeitnehmer erhöht die Wahrscheinlichkeit, dass Straftaten nach

---

903 *Kudlich*, in: Löwisch/Kaiser/Klumpp, BetrVG, § 119 Rn. 48; *Schweibert/Buse*, NZA 2007, 1080 (1085).

904 *Cosack*, ZRP 2016, 177 (179).

905 *Rüthers*, NJW 2007, 195 (197); *Schweibert/Buse*, NZA 2007, 1080 (1085).

906 *Kudlich*, in: Löwisch/Kaiser/Klumpp, BetrVG, § 119 Rn. 2.

907 *Vogt*, in: Münchener Handbuch zum Arbeitsrecht, Band 4, § 353 Rn. 10.

908 BT-Drucks. 19/28899, S. 1; *Kudlich*, in: Löwisch/Kaiser/Klumpp, BetrVG, § 119 Rn. 48.

909 *Fischer*, BB 2007, 997 (1000 f.); *Hohenstatt/Dzida*, in: Henssler/Willemsen/Kalb, BetrVG, § 119 Rn. 5; *Rüthers*, NJW 2007, 195 (197); *Schweibert/Buse*, NZA 2007, 1080 (1085).

910 *Schweibert/Buse*, NZA 2007, 1080 (1085).

911 *Cosack*, ZRP 2016, 177 (179).

912 *Absenger/Priebe*, WSI-Mitteilungen 3/2016, 192 (195); *Cosack*, ZRP 2016, 177 (179); *Fischer*, BB 2007, 997 (1000); *Hohenstatt/Dzida*, in: Henssler/Willemsen/Kalb, BetrVG, § 119 Rn. 5; *Kudlich*, in: Löwisch/Kaiser/Klumpp, BetrVG, § 119 Rn. 2, 48; *Schweibert/Buse*, NZA 2007, 1080 (1085); *Vogt*, in: Münchener Handbuch zum Arbeitsrecht, Band 4, § 353 Rn. 10.

§ 119 Abs. 1 BetrVG aufgedeckt und strafrechtlich verfolgt werden, was zu einem effektiveren Schutz führt.[913] Dadurch könnte das Ziel des Gesetzgebers, Wahlbehinderungen zu reduzieren, erreicht werden.[914] An anderer Stelle wird ein Ausbau der Strafantragsbefugnis dahingehend gefordert, dass entsprechend des § 17 Abs. 3 BetrVG drei wahlberechtigte Arbeitnehmer zusammen einen Strafantrag stellen können.[915] Ebenso wird eine Regelung entsprechend § 14 Abs. 4 BetrVG gefordert, die Strafantragsbefugnis gemeinsam einem Zwanzigstel der Arbeitnehmer zuzusprechen.[916] Diese beiden Forderungen überzeugen bereits deshalb nicht, weil auch der einzelne Arbeitnehmer von § 119 Abs. 1 BetrVG geschützt wird und „Verletzter" im Sinne der Norm sein kann. Somit sollte es einem einzelnen Arbeitnehmer möglich sein, die Verfolgung dieser Straftaten mittels eines Strafantrags einzuleiten. Zwar kann ein Arbeitsverhältnis durch einen Strafantrag belastet werden, jedoch sollte es dem Arbeitnehmer überlassen werden, ob er diesen Schritt geht. Dies betrifft insbesondere gewerkschaftslose Arbeitnehmer, deren Anzahl zunimmt, da Gewerkschaften immer weniger Mitglieder haben.[917]

Klarstellend sollten die Mitglieder des Betriebsrats sowie der weiteren in § 119 Abs. 2 BetrVG genannten betriebsverfassungsrechtlichen Organe in den Kreis strafantragsberechtigter Personen aufgenommen werden.[918] Durch den damit verbundenen Wegfall des bis dato erforderlichen Beschlusses wird eine Selbstkontrolle innerhalb der Arbeitnehmervertretung ermöglicht.[919] Eine Missbrauchsgefahr dahingehend, dass einzelne Mitglieder innerhalb der Arbeitnehmervertretung bei Meinungsverschiedenheiten ihre Interessen mit der Drohung mit einem Strafantrag durchzusetzen versuchen, erscheint gering. Darüber hinaus muss niemand einen Strafantrag gegen sich fürchten, der sich nichts zu Schulden kommen lassen hat. Im gegenteiligen Fall, dass sich ein Mitglied tatsächlich einer Straftat schuldig gemacht hat, wäre der Strafantrag dann ohnehin berechtigt.

---

913 *Vogt*, in: Münchener Handbuch zum Arbeitsrecht, Band 4, § 353 Rn. 10.

914 BT-Drucks. 19/28899, S. 1.

915 *Rüthers*, NJW 2007, 195 (197); *Rüthers*, in: FAZ vom 20.12.2006, Nr. 296, S. 23.

916 *Fischer*, BB 2007, 997 (1001).

917 Schnabel, Wirtschaftsdienst 2016, S. 426 ff.

918 *Cosack*, ZRP 2016, 177 (179); *Fischer*, BB 2007, 997 (1000).

919 *Cosack*, in: Untreue von Betriebsräten gegenüber Arbeitnehmern, Rn. 501 f.; *Cosack*, ZRP 2016, 177 (179).

### c) *Versuchsstrafbarkeit*

Bei Straftaten nach § 119 Abs. 1 BetrVG handelt es sich gemäß § 12 Abs. 2 StGB um Vergehen, da die Mindeststrafandrohung geringer als ein Jahr ist. Bestraft wird mit Freiheitsstrafe bis zu einem Jahr oder mit Geldstrafe. Dies hat gemäß § 23 Abs. 1 StGB die Straflosigkeit des Versuchs einer Straftat nach § 119 Abs. 1 BetrVG zur Konsequenz, weil das Gesetz nichts Anderweitiges bestimmt hat.

Die Ausgestaltung des § 119 Abs. 1 Nr. 1 BetrVG als Erfolgsdelikt führt somit dazu, dass die erfolglose Einflussnahme auf das Wahlgeschehen nicht strafbar ist.[920] Der potenzielle Täter kann versuchen, die Wahl zu verhindern oder zu beeinflussen. Erreicht der Täter sein Ziel der Wahlbehinderung oder -beeinflussung nicht, ist der für eine Strafbarkeit notwendige tatbestandsmäßige Erfolg nicht eingetreten, weswegen keine Straftat nach § 119 Abs. 1 Nr. 1 BetrVG begangen wurde. Sein Verhalten hat aufgrund dessen keine Konsequenzen für ihn, der Versuch ist nicht strafbar. Erreicht der Täter dagegen sein avisiertes Ziel, die Wahl zu behindern oder zu beeinflussen, hat er zwar eine Straftat nach § 119 Abs. 1 Nr. 1 BetrVG verwirklicht, auf der anderen Seite jedoch selten Konsequenzen zu befürchten. Sofern überhaupt die Hürde des Strafantrags überwunden ist, findet eine effektive Strafverfolgung gleichwohl nicht statt.[921] Sollte es dennoch in einem der seltenen Fälle zu einer Verurteilung kommen, sind die ausgesprochenen Strafen nicht abschreckend.[922] Aufgrund der einerseits fehlenden Versuchsstrafbarkeit, sowie der andererseits fehlenden praktischen Umsetzung der Norm, unterliegt der potenzielle Täter keinem allzu großen Risiko.

Es ist, wie vorliegend bei § 119 Abs. 1 BetrVG, nicht jeder Versuch einer Straftat strafbar. Vielmehr hat die Versuchsstrafbarkeit einen bestimmten Grund. Nach der Rechtsprechung und der von ihr vertretenen subjektiven Theorie, liegt der Strafgrund des Versuchs in dem vom Täter betätigten rechtsfeindlichen Willen, also dem durch in der Außenwelt in Erscheinung tretende Handlungen manifest gewordenem Verbrechensvorsatz.[923] Die Literatur fordert nach der Eindruckstheorie, dass zusätzlich zum betätigten rechtsfeindlichen Willen das Vertrauen der Allgemeinheit in die Geltung der Rechtsordnung und das Gefühl

920 *Kudlich*, in: Löwisch/Kaiser/Klumpp, BetrVG, § 119 Rn. 10.

921 Siehe B.III.3., S. 180 ff.

922 Siehe B.III.4.d), S. 196 f.

923 BGH, Urteil vom 29.04.1958 – 5 StR 28/58, in: BGHSt 11, 324 (327); *Kühl*, in: Lackner/Kühl, StGB, § 22 Rn. 11.

der Rechtssicherheit bzw. des Rechtsfriedens durch die Willensäußerung des Täters erschüttert werden kann.[924]

Dies hat der Gesetzgeber im Rahmen des § 119 Abs. 1 BetrVG nicht angenommen, weswegen er von einer Strafbarkeit insbesondere der versuchten Wahlbehinderung bzw. -beeinflussung abgesehen hat. Keinen strafbaren Versuch gibt es ebenso wie bei § 119 BetrVG beispielsweise bei Hausfriedensbruch (§ 123 StGB), Beleidigung (§ 185), übler Nachrede (§ 186 StGB), Verleumdung (§ 187 StGB), Verletzung von Privatgeheimnissen (§ 203 StGB) oder Verletzung des Post- oder Fernmeldegeheimnisses (§ 206 StGB). Dagegen ist der Versuch einer Wahlbehinderung (§ 107 StGB), Wahlfälschung (§ 107a StGB), Wählernötigung (§ 108 StGB) oder Wählertäuschung (§ 108a StGB) auf parlamentarischer Ebene strafbar. Ferner ist beispielsweise der Versuch der Verletzung der Vertraulichkeit des Wortes (§ 201 StGB), der Sachbeschädigung (§ 303 StGB) oder der Vorteilsannahme (§ 331 StGB) strafbar.

Vor diesem Hintergrund erscheint die fehlende Versuchsstrafbarkeit der Wahlbehinderung bzw. -beeinflussung von Betriebsratswahlen falsch. Die Wahlbehinderung bzw. -beeinflussung von Betriebsratswahlen ist nicht vergleichbar mit den anderweitig oben genannten Straftaten, bei welchen eine Versuchsstrafbarkeit fehlt. Gleichermaßen gilt dies für § 119 Abs. 1 Nr. 2 und 3 BetrVG. Gegen eine Vergleichbarkeit spricht bereits der Schutzzweck des § 119 BetrVG.[925] Die darin normierten Straftaten sollen insbesondere die im öffentlichen Recht – in der Verwirklichung des Sozialstaatsprinzips – wurzelnden Beteiligungsrechte der Arbeitnehmer und Arbeitnehmervertreter zur Schaffung eines Ausgleichs zwischen der unternehmerischen Entscheidungsfreiheit auf der einen Seite und dem Recht auf Selbstbestimmung der in einer fremdbestimmten Arbeitsorganisation tätigen Arbeitnehmer auf der anderen Seite sicherstellen.[926] Darüber hinaus will der Gesetzgeber die betriebliche Mitbestimmung im Interesse der Beteiligung, gleichermaßen wie die Motivation der Arbeitnehmer, stärken, die zunehmende Erosion der betrieblichen Mitbestimmung stoppen und die Vertretung der Arbeitnehmer durch Betriebsräte ausbauen.[927] Zudem will der Gesetzgeber die Fälle der Wahlbehinderung reduzieren.[928] Diesem Schutzzweck

924 *Kühl*, in: Lackner/Kühl, StGB, § 22 Rn. 11 (m. w. N.); *Cornelius*, in: BeckOK StGB, § 22 Rn. 3, 5.
925 Siehe B.III.1.b), S. 173 f.
926 BGH, Urteil vom 17.09.2009 – 5 StR 521/08, in: NJW 2010, 92 (97).
927 BT-Drucks. 14/5741, S. 1 f.
928 BT-Drucks. 19/28899, S. 1.

sowie dem Willen des Gesetzgebers bzgl. des § 119 Abs. 1 BetrVG steht die fehlende Versuchsstrafbarkeit entgegen. Tritt der Erfolg der Wahlbehinderung bzw. -beeinflussung nicht ein, bleibt die Tat straflos, da sie nicht über das Stadium des Versuchs hinaustritt. Dennoch hat der Täter durch Handlungen seinen Verbrechensvorsatz an den Tag gelegt und versucht die Wahl zu behindern bzw. zu beeinflussen (subjektive Theorie[929]). Zudem kann dadurch das Vertrauen der Allgemeinheit, insbesondere der Arbeitnehmer, in die Geltung der Rechtsordnung und das Gefühl der Rechtssicherheit erschüttert werden (Eindruckstheorie[930]). Insbesondere kann der Eindruck entstehen, der Arbeitgeber könne die Betriebsratswahl ohne Konsequenzen behindern bzw. beeinflussen, was Arbeitnehmer aus Angst vor Repressalien von einer Beteiligung abhalten könnte.

Aufgrund dessen ist bei § 119 BetrVG eine Versuchsstrafbarkeit einzuführen. Zum einen ist dies für einen umfassenden Schutz notwendig.[931] Es muss möglich sein, bereits frühzeitig strafrechtlich gegen etwaige Wahlbehinderungen bzw. -beeinflussungen (sowie die weiteren Delikte des § 119 Abs. 1 BetrVG) vorgehen zu können.[932] Zum anderen wird durch eine Versuchsstrafbarkeit die Abschreckungswirkung erhöht.[933] Darüber hinaus liegt hier im Vergleich zu anderen Strafvorschriften mit einem ähnlichen Schutzzweck eine nicht zu rechtfertigende Privilegierung.[934]

### d) *Strafrahmen*

Es wurde bereits aufgezeigt,[935] dass Betriebsratswahlen, insbesondere bei der Neugründung von Betriebsräten, oftmals behindert bzw. beeinflusst werden. Straftaten nach § 119 BetrVG sind demnach keine Seltenheit.[936] Eine effektive Strafverfolgung ist jedoch in der Praxis kaum anzutreffen.[937] Eine Straftat nach § 119 Abs. 1 BetrVG wird mit Freiheitsstrafe bis zu einem Jahr oder mit

---

929 BGH, Urteil vom 29.04.1958 – 5 StR 28/58, in: BGHSt 11, 324 (327); *Kühl*, in: Lackner/Kühl, StGB, § 22 Rn. 11.

930 *Kühl*, in: Lackner/Kühl, StGB, § 22 Rn. 11 (m. w. N.); *Cornelius*, in: BeckOK StGB, § 22 Rn. 3, 5.

931 *Vogt*, in: Münchener Handbuch zum Arbeitsrecht, Band 4, § 353 Rn. 10.

932 *Berger*, BT-Ausschussdrucks. 18(11)429, S. 5.

933 *Tornau*, Mitbestimmung 4/2018, 33 (35).

934 *Berger*, BT-Ausschussdrucks. 18(11)429, S. 5.

935 Siehe B.III.3., S. 180 ff.

936 *Tornau*, Mitbestimmung 4/2018, 33 (33).

937 *Richter*, in: Arbeitsstrafrecht, 2. Kapitel Rn. 1130; *Rieble/Klebeck*, NZA 2006, 758 (767).

Geldstrafe bestraft. Gemäß § 40 Abs. 1 S. 2 StGB ist bei einer Geldstrafe die Verhängung von bis zu 360 Tagessätzen möglich. Der vom Gesetzgeber angesetzte Strafrahmen ist somit bereits grundsätzlich gering. Verurteilungen bilden die Ausnahme, da – sofern es überhaupt zu Ermittlungen und einer Anklage kommt – Verfahren häufig (gegen Auflagen) eingestellt werden.[938]. Falls ein Täter tatsächlich verurteilt wird, wird der vorgesehene Strafrahmen nicht ausgenutzt. Verurteilungen halten sich zumeist am untersten Ende des Strafrahmens, wie der Auswertung der Strafverfolgungsstatistik des Statistischen Bundesamtes für die Jahre 2007 bis 2020 zu entnehmen ist:

| Jahr | Anklagen | Einstellung / Freispruch | Verurteilung | davon Tagessatzanzahl ≤ 90 / 91 - 180 / 181 ≤ |
|---|---|---|---|---|
| | | | | |
| 2007 | 6 | 3 / 0 | 3 | 3 / 0 / 0 |
| 2008 | 11 | 7 / 3 | 1 | 1 / 0 / 0 |
| 2009 | 12 | 11 / 1 | 0 | - |
| 2010 | 5 | 5 / 0 | 0 | - |
| 2011 | 6 | 4 / 0 | 2 | 1 / 1 / 0 |
| 2012 | 2 | 2 / 0 | 0 | - |
| 2013 | 1 | 1 / 0 | 0 | - |
| 2014 | 7 | 2 / 2 | 3 | 3 / 0 / 0 |
| 2015 | 6 | 6 / 0 | 0 | - |
| 2016 | 7 | 5 / 0 | 2 | 2 / 0 / 0 |
| 2017 | 6 | 3 / 0 | 3 | 3 / 0 / 0 |
| 2018 | 3 | 3 / 0 | 0 | - |
| 2019 | 4 | 3 / 0 | 1 | 1 / 0 / 0 |
| 2020 | 2 | 2 / 0 | 0 | - |
| Gesamt | 78 | 57 / 6 | 15 | 14 / 1 / 0 |

Quelle: *Statistisches Bundesamt*, Fachserie 10 Reihe 3, Strafverfolgungsstatistiken der Jahre 2007 bis 2020, https://www.statistischebibliothek.de/mir/receive/DESerie_mods_00000107, letzter Abruf am 04.06.2022.

Dies veranschaulicht, dass in der gesamten Bundesrepublik zwischen 2007 und 2020 insgesamt lediglich 78 Personen aufgrund von Straftaten nach § 119 BetrVG angeklagt wurden. Davon wurden nur 15 Personen verurteilt, wobei stets eine Geldstrafe ausgesprochen wurde. Nur in einem einzigen Fall wurde eine Geldstraße von mehr als 90 Tagessätzen verhängt, sodass diese nach § 32 Abs. 2 Nr. 5 lit. a) BZRG in einem Führungszeugnis enthalten ist. Dies entspricht

938 *Janssen*, jurisPR-StrafR 19/2008 Anm. 4; *Zwiehoff*, jurisPR-ArbR 21/2009 Anm. 6.

einer Freispruchs- bzw. Einstellungsquote von über 80 Prozent. Der Norm des § 119 BetrVG wird seitens der Gerichtsbarkeit somit vermutlich keine große Aufmerksamkeit und Bedeutung geschenkt.

Ein weiteres Problem im Zusammenhang mit dem geringen Strafrahmen des § 119 Abs. 1 BetrVG ist § 154a StPO. Hat der Angeklagte neben einer Straftat nach § 119 Abs. 1 BetrVG gleichzeitig andere Straftaten verwirklicht, wird die Verfolgung der begangenen Straftaten im Einzelfall wohl nach § 154a StPO auf die anderen Straftaten beschränkt bleiben, da § 119 Abs. 1 BetrVG aufgrund des geringen Strafrahmens nicht beträchtlich ins Gewicht fällt.[939] Eine Ahndung der Straftat nach § 119 Abs. 1 BetrVG unterbleibt mithin.

Setzt man den Strafrahmen des § 119 Abs. 1 BetrVG mit anderen Straftatbeständen aus dem Strafgesetzbuch ins Verhältnis, wird deutlich, dass der vom Gesetzgeber gewählte Strafrahmen zu niedrig und der Tat nicht angemessen ist.

Gleichermaßen über einen Strafrahmen bis zu einem Jahr Freiheitsstrafe oder Geldstrafe verfügen beispielsweise Hausfriedensbruch (§ 123 StGB), Missbrauch von Titeln (§ 132a StGB), Verletzung amtlicher Bekanntmachungen (§ 134 StGB), Verstrickungs- und Siegelbruch (§ 136 StGB), Verstoß gegen das Berufsverbot (§ 145c StGB), Beleidigung (§ 185 StGB), üble Nachrede (§ 186 StGB), Verletzung des Briefgeheimnisses (§ 202 StGB), Verletzung des Privatgeheimnisses (§ 203 StGB), Erschleichen von Leistungen (§ 265a StGB), Fälschung von Gesundheitszeugnissen (§ 277 StGB) oder Gebrauch unrichtiger Gesundheitszeugnisse (§ 279 StGB).

Einen mit bis zu zwei Jahren doppelt so hohen Strafrahmen gibt es beispielsweise bei Verletzung des Wahlgeheimnisses (§ 107c StGB), Wählertäuschung (§ 108a StGB), schwerem Hausfriedensbruch (§ 124 StGB), Amtsanmaßung (§ 132 StGB), Verwahrungsbruch (§ 133 StGB), Verleumdung (§ 187 StGB), Verunglimpfung des Andenkens Verstorbener (§ 189 StGB), Ausstellen unrichtiger Gesundheitszeugnisse (§ 278 StGB) oder Sachbeschädigung (§ 303 StGB).

Einen Strafrahmen von bis zu drei Jahren haben die Straftatbestände der Verletzung der Vertraulichkeit des Wortes (§ 201 StGB) oder Vorteilsannahme (§ 331 StGB). Ebenfalls einen Strafrahmen bis zu drei Jahren gibt es bei der Nötigung (§ 240 StGB), gegenüber der § 119 Abs. 1 Nr. 1 BetrVG eine Spezialisierung und Privilegierung darstellt.[940]

Bei Wahlbehinderung (§ 107 StGB), Wahlfälschung (§ 107a StGB), Wählernötigung (§ 108 StGB), jeweils auf parlamentarischer Ebene, oder Verletzung

939 *Kudlich*, in: Löwisch/Kaiser/Klumpp, BetrVG, § 119 Rn. 2.
940 *Zwiehoff*, jurisPR-ArbR 21/2009 Anm. 6.

des Post- oder Fernmeldegeheimnisses (§ 206 StGB) drohen bis zu fünf Jahre Freiheitsstrafe.

Dies veranschaulicht einerseits, dass weniger schwerwiegende Straftaten als § 119 BetrVG dennoch über den gleichen Strafrahmen verfügen. Andererseits verfügen dem § 119 BetrVG ähnliche Straftaten über einen (teilweise viel) höheren Strafrahmen. Dies ist mit dem Schutzzweck des § 119 BetrVG nicht zu vereinbaren.[941]

Zwar geht es bei der Strafandrohung im Rahmen des § 119 BetrVG primär nicht um den repressiven Effekt, sondern vielmehr um den präventiven Effekt der Strafvorschrift.[942] Dieser erzielt aber dann keine Wirkung, wenn die Strafvorschrift, insbesondere die Strafandrohung, nicht abschreckend genug ist; § 119 BetrVG verfügt nur über eine sehr geringe Abschreckungswirkung.[943] Der mit § 119 Abs. 1 BetrVG 1972[944] eingeführte Strafrahmen ist der Wichtigkeit der Tat und dem Schutzzweck der Norm nicht angemessen. Aufgrund dessen wird der Strafrahmen des § 119 Abs. 1 BetrVG zu Recht kritisiert und eine Erhöhung dessen gefordert.[945] Der Strafrahmen ist somit anzuheben.

In Anbetracht der überwiegenden Vergleichbarkeit zu den genannten Straftaten mit einem Strafrahmen von bis zu zwei Jahren Freiheitsstrafe sollte der Strafrahmen des § 119 Abs. 1 BetrVG ebenfalls auf bis zu zwei Jahre angehoben werden. Dies steht auch mit dessen Eigenschaft als Spezialisierung und Privilegierung des Straftatbestands der Nötigung nach § 240 StGB im Einklang, da diese einen Strafrahmen von bis zu drei Jahren vorsieht, also nach wie vor eine Privilegierung in der Strafhöhe gegeben ist.

### *e) Sensibilität der Staatsanwaltschaft*

Eine weitere sich in der Praxis ergebende Problematik ist die wohl fehlende Sensibilität der Staatsanwaltschaften für arbeitsrechtliche Sachverhalte.[946] Insbesondere die strafrechtlich relevanten Normen des Betriebsverfassungsgesetzes wie § 119 BetrVG sind zumeist unbekanntes Terrain.[947] Mit den sich ergebenden

---

941 Siehe B.III.1.b), S. 173 f.

942 *Cosack*, ZRP 2016, 177 (180).

943 Siehe B.III.4.d), S. 196 f.

944 BGBl. 1972 I, S. 13, gem. § 132 in Kraft getreten am 19.01.1972.

945 *Berger*, BT-Ausschussdrucks. 18(11)429, S. 5; *Absenger/Priebe*, WSI-Mitteilungen 3/2016, 192 (195); *Kudlich*, in: Löwisch/Kaiser/Klumpp, BetrVG, § 119 Rn. 1a; *Rieble*, CCZ 2008, 32 (37); *Rieble*, CCZ 2008, 121 (130).

946 *Absenger/Priebe*, WSI-Mitteilungen 3/2016, 192 (195).

947 *Tornau*, Mitbestimmung 4/2018, 33 (35).

Problemen und dem arbeitsrechtlichen Zusammenhang ist die Staatsanwaltschaft nicht vertraut, weswegen die strafrechtliche Verfolgung in ihrer Effektivität vermindert ist.[948] Letzteres insbesondere deshalb, weil Straftaten gegen Betriebsräte häufig nicht mit dem gleichen Nachdruck verfolgt werden wie solche gegen öffentliche Amts- und Mandatsträger.[949] So kann die Staatsanwaltschaft bei Straftaten nach § 119 BetrVG die Entscheidung über eine öffentliche Anklage oder Einstellung bis zur Klärung arbeitsrechtlicher Vorfragen nach § 154d StPO aussetzen, anders als das Strafgericht, welches arbeitsrechtliche Vorfragen nach § 262 Abs. 1 StPO selbst klären muss.[950] Die Staatsanwaltschaft muss sich somit bei Unkenntnis nicht unmittelbar mit der Thematik beschäftigen.

Daher werden teilweise Schwerpunktstaatsanwaltschaften für arbeitsrechtliche Straftaten gefordert.[951] Diese Forderung, beschränkt auf die Vergehen allein nach dem Betriebsverfassungsgesetz, war im Bundestag bereits in den Jahren 2015[952], 2018[953] und 2020[954] in Anträgen der Fraktion DIE LINKE, sowie in den Jahren 2014[955] und 2018[956] in Anträgen der Fraktion BÜNDNIS 90/DIE GRÜNEN enthalten. Für Schwerpunktstaatsanwaltschaften wurde vereinzelt vorgebracht, arbeitsrechtliche Vorschriften seien für die Staatsanwaltschaften ein unbekanntes Gelände, wogegen Schwerpunktstaatsanwaltschaften helfen würden.[957] Dies würde zu einer Verstärkung der arbeitsrechtlichen Kompetenz führen.[958] Überwiegend wurden die Anträge von den Sachverständigen jedoch

948 *Deutscher Gewerkschaftsbund Bundesvorstand*, Offensive Mitbestimmung – Vorschläge zur Weiterentwicklung der Mitbestimmung, Berlin, 2015, S. 6; *Tornau*, Mitbestimmung 4/2018, 33 (35).

949 *Tornau*, Mitbestimmung 4/2018, 33 (35).

950 *Rieble/Klebeck*, NZA 2006, 758 (759).

951 *Absenger/Priebe*, WSI-Mitteilungen 3/2016, 192 (195); *Bolte/Fischer/Thannisch*, WSI-Mitteilungen 8/2016, 641 (642); *Deutscher Gewerkschaftsbund Bundesvorstand*, Offensive Mitbestimmung – Vorschläge zur Weiterentwicklung der Mitbestimmung, Berlin, 2015, S. 6.

952 BT-Drucks. 18/5327.

953 BT-Drucks. 19/860.

954 BT-Drucks. 19/17104.

955 BT-Drucks. 18/2750.

956 BT-Drucks. 19/1710.

957 *Berger*, BT-Ausschussdrucks. 18(11)429, S. 5, 11; *Hugo Sinzheimer Institut für Arbeitsrecht*, BT-Ausschussdrucks. 18(11)422, S. 2.

958 *Deutscher Gewerkschaftsbund*, BT-Ausschussdrucks. 19(11)78, S. 4.

zu Recht abgelehnt.[959] Zwar mag es durchaus sein, dass die arbeitsrechtlichen Kenntnisse und die Sensibilisierung der Staatsanwaltschaften bezüglich der arbeitsrechtlichen Besonderheiten zumeist fehlen mögen, die Einrichtung von Schwerpunktstaatsanwaltschaften geht jedoch über das notwendige Maß weit hinaus. Zudem ist die Bildung von Schwerpunktstaatsanwaltschaften gemäß Art. 70 ff. GG allein Sache der zuständigen Länder. Die Sensibilisierung der Staatsanwaltschaften sowie die Vermittlung des für eine effiziente Verfolgung notwendigen Fachwissens sollte vielmehr über Schulungen der Staatsanwaltschaften stattfinden. Auf die arbeitsrechtlichen Besonderheiten und die Komplexität der Betriebsverfassung sollte daher explizit eingegangen werden im Rahmen von verpflichtenden Schulungen oder Fortbildungen.[960] Ein Mehr an Maßnahmen ist nicht nötig.

## 5. Zwischenergebnis

Die Strafnorm des § 119 Abs. 1 Nr. 1 BetrVG offenbart diverse Schutzlücken, die einer effektiven Strafverfolgung im Weg stehen. Die Norm stellt ein absolutes Antragsdelikt dar, mit der Konsequenz, dass eine Strafverfolgung nur mit einem Strafantrag einer nach § 119 Abs. 2 BetrVG antragsberechtigten Person stattfindet. Die Staatsanwaltschaft kann sich hierüber nicht hinwegsetzen. Daher sollte die Norm zu einem relativen Antragsdelikt umgestaltet werden, damit die Staatsanwaltschaft bei Vorliegen eines besonderen öffentlichen Interesses an der Strafverfolgung auch ohne einen Strafantrag agieren kann.[961] Arbeitnehmer können generell keinen Strafantrag stellen. Gibt es keinen Betriebsrat oder Wahlvorstand, läuft die Vorschrift der Antragsberechtigten leer, ein berechtigter Strafantragssteller wird sich im Katalog des § 119 Abs. 2 BetrVG oftmals wohl nicht finden. Dadurch könnte begangenes Unrecht nicht verfolgt werden. Ferner sind im Rahmen des § 119 Abs. 1 Nr. 2 und 3 BetrVG derzeit hauptsächlich Täter und

---

959 *Arbeitgeberverband Gesamtmetall*, BT-Ausschussdrucks. 18(11)432, S. 1; *Bundesvereinigung der Deutschen Arbeitgeberverbände*, BT-Ausschussdrucks. 18(11)430, S. 1; *dbb beamtenbund und tarifunion*, BT-Ausschussdrucks. 18(11)427, S. 4; *Bundesvereinigung der Deutschen Arbeitgeberverbände*, BT-Ausschussdrucks. 19(11)81, S. 1; *Die Familienunternehmer e. V. – ASU*, BT-Ausschussdrucks. 18(11)425, S. 2; *Mallmann*, BT-Ausschussdrucks. 19(11)65, S. 2, 5; *Schreck*, BT-Ausschussdrucks. 19(11)64, S. 1, 5 f.; *Zentralverband des Deutschen Handwerks*, BT-Ausschussdrucks. 18(11)424, S. 1.

960 So auch *Hugo Sinzheimer Institut für Arbeitsrecht*, BT-Ausschussdrucks. 18(11)422, S. 2.

961 Siehe B.III.4.a), S. 184 ff.

Begünstigte Antragsberechtigte, nicht jedoch die eigentlichen Geschädigten, die Arbeitnehmer.[962] Arbeitnehmer sollten daher in den Kreis der Antragsberechtigten aufgenommen werden.[963] Gleichermaßen sollte eine Versuchsstrafbarkeit geschaffen werden.[964] Bei der derzeitigen Gesetzeslage, insbesondere der Ausgestaltung als Erfolgsdelikt, ist die erfolglose Einflussnahme auf das Wahlgeschehen nicht strafbar.[965] Erneut kann begangenes Unrecht nicht verfolgt werden. Eine Versuchsstrafbarkeit könnte dies ändern und würde die Abschreckungswirkung der Norm erhöhen. Letztlich sollte auch der Strafrahmen an der Wahlbehinderung bzw. -beeinflussung ähnliche Delikte angepasst und somit auf bis zu zwei Jahre Freiheitsstrafe erhöht werden.[966] Auf Schwerpunktstaatsanwaltschaften sollte verzichtet werden. Durch eine Schulung der bestehenden Staatsanwaltschaften im Bereich des Arbeitsstrafrechts können diese ausreichend für die Materie sensibilisiert werden.[967] Für eine effektive Strafverfolgung muss mithin das Strafrecht verschärft werden.[968]

## 6. Umsetzung

Insgesamt sind im Rahmen des § 119 BetrVG folgende Regelungsinhalte umzusetzen:

- Umformung des § 119 Abs. 2 BetrVG von einem absoluten zu einem relativen Antragsdelikt, bei dem die Staatsanwaltschaft bei einem besonderen öffentlichen Interesse an der Strafverfolgung ohne einen Strafantrag Anklage erheben kann

962 *Cosack*, ZRP 2016, 177 (179); *Kudlich*, in: Löwisch/Kaiser/Klumpp, BetrVG, § 119 Rn. 48; *Rieble*, CCZ 2008, 32 (35); *Rieble*, CCZ 2008, 121 (125 f.); *Rüthers*, NJW 2007, 195 (197); *Vogt*, in: Münchener Handbuch zum Arbeitsrecht, Band 4, § 353 Rn. 10.

963 Siehe B.III.4.b), S. 188 ff.

964 Siehe B.III.4.c), S. 193 ff.

965 *Kudlich*, in: Löwisch/Kaiser/Klumpp, BetrVG, § 119 Rn. 10.

966 Siehe B.III.4.d), S. 195 ff.

967 Siehe B.III.4.e), S. 198 f.

968 Dies wirft zu Recht die Frage auf, ob die Einordnung als unentgeltliches Ehrenamt sowie das Entgeltausfallprinzip (§ 37 Abs. 1, 2 BetrVG) noch angemessen sind, hierzu: *Byers*, NZA 2014, 65; *Fischer*, NZA 2014, 71; *Franzen*, ZAAR Schriftenreihe Band 10, S. 48 ff.; *Jacobs*, NZA 2009, 1606; *Rieble*, NZA 2008, 276; *Röhrborn*, ArbRAktuell 2015, 573.

- Aufnahme der Arbeitnehmer sowie der Mitglieder der bereits in § 119 Abs. 2 BetrVG genannten betriebsverfassungsrechtlichen Organe in den Kreis der Strafantragsberechtigten
- Einführung einer Versuchsstrafbarkeit
- Anhebung des Strafrahmens in § 119 Abs. 1 BetrVG von Freiheitsstrafe bis zu einem Jahr auf Freiheitsstrafe bis zu zwei Jahren oder Geldstrafe

Dies kann durch folgende Änderungen umgesetzt werden:

**Neufassung des § 119 BetrVG**

(1) *Mit Freiheitsstrafe bis zu zwei Jahren oder mit Geldstrafe wird bestraft, wer*
   1. *eine Wahl des Betriebsrats, der Jugend- und Auszubildendenvertretung, der Bordvertretung, des Seebetriebsrats oder der in § 3 Abs. 1 Nr. 1 bis 3 oder 5 bezeichneten Vertretungen der Arbeitnehmer behindert oder durch Zufügung oder Androhung von Nachteilen oder durch Gewährung oder Versprechen von Vorteilen beeinflusst,*
   2. *die Tätigkeit des Betriebsrats, des Gesamtbetriebsrats, des Konzernbetriebsrats, der Jugend- und Auszubildendenvertretung, der Gesamt-Jugend- und Auszubildendenvertretung, der Konzern-Jugend- und Auszubildendenvertretung, der Bordvertretung, des Seebetriebsrats, der in § 3 Abs. 1 bezeichneten Vertretungen der Arbeitnehmer, der Einigungsstelle, der in § 76 Abs. 8 bezeichneten tariflichen Schlichtungsstelle, der in § 86 bezeichneten betrieblichen Beschwerdestelle oder des Wirtschaftsausschusses behindert oder stört, oder*
   3. *ein Mitglied oder ein Ersatzmitglied des Betriebsrats, des Gesamtbetriebsrats, des Konzernbetriebsrats, der Jugend- und Auszubildendenvertretung, der Gesamt-Jugend- und Auszubildendenvertretung, der Konzern-Jugend- und Auszubildendenvertretung, der Bordvertretung, des Seebetriebsrats, der in § 3 Abs. 1 bezeichneten Vertretungen der Arbeitnehmer, der Einigungsstelle, der in § 76 Abs. 8 bezeichneten Schlichtungsstelle, der in § 86 bezeichneten betrieblichen Beschwerdestelle oder des Wirtschaftsausschusses um seiner Tätigkeit willen oder eine Auskunftsperson nach § 80 Absatz 2 Satz 4 um ihrer Tätigkeit willen benachteiligt oder begünstigt.*

(2) *Der Versuch ist strafbar.*

(3) *Die Tat wird nur auf Antrag eines Arbeitnehmers, des Betriebsrats, des Gesamtbetriebsrats, des Konzernbetriebsrats, der Bordvertretung, des Seebetriebsrats, einer der in § 3 Abs. 1 bezeichneten Vertretungen der Arbeitnehmer, des Wahlvorstands, eines Mitglieds dieser betriebsverfassungsrechtlichen Organe, des Unternehmers oder einer im Betrieb vertretenen Gewerkschaft verfolgt, es sei denn, dass die Strafverfolgungsbehörde wegen des besonderen öffentlichen Interesses an der Strafverfolgung ein Einschreiten von Amts wegen für geboten hält.*

## IV. Elektronische Betriebsratswahl

Mit das wichtigste Element im Rahmen der Gründung eines Betriebsrats ist die Betriebsratswahl; ohne Wahl gibt es keinen Betriebsrat. Die Wahl unterliegt diversen Wahlgrundsätzen, wobei diese nur teilweise unmittelbar gesetzlich geregelt sind. Die allgemein fortschreitende Digitalisierung hat bisweilen nur unzulänglich Einzug in die Betriebsratswahl gefunden. Die Wahl findet größtenteils ausschließlich analog statt, digitale Möglichkeiten gibt es kaum. Auch die COVID-19-Pandemie hat bislang grundsätzlich nur außerhalb der Wahl für digitale Fortschritte gesorgt.[969] Dabei steht Digitalisierung auch für Flexibilisierung und ist notwendig. Ein besonderer Blick ist auf die Möglichkeit der derzeit unzulässigen[970] elektronischen Betriebsratswahl zu werfen und zu hinterfragen, ob dies so bleiben sollte.

### 1. Wahlgrundsätze der Betriebsverfassung

Die Wahl des Betriebsrats unterliegt Wahlgrundsätzen. Gemäß § 14 Abs. 1 BetrVG wird der Betriebsrat in geheimer und unmittelbarer Wahl gewählt. Darüber hinaus hat die Wahl frei, allgemein und gleich zu erfolgen, obwohl diese weiteren Grundsätze nicht unmittelbar im Betriebsverfassungsgesetz geregelt sind.[971] Die Wahlgrundsätze dienen allerdings der Integrität einer demokratischen Wahl.[972] Gleiches gilt für die Wahl zur Personalvertretung.[973] § 19 Abs. 1 BPersVG sowie die jeweiligen Landespersonalvertretungsgesetze regeln die geheime und unmittelbare Wahl. Ausnahmen hiervon sind Baden-Württemberg und Sachsen. In der Überschrift von § 20 BW-LPVG ist zusätzlich die Freiheit der Wahl genannt, gleichwohl darin die Wahlbehinderung geregelt wird. Nach § 19 Abs. 1 SächsPersVG hat die Wahl unmittelbar, frei, gleich und geheim zu erfolgen. Für die Wahlen zu Betriebsräten oder Personalräten gibt es grundsätzlich weder im Grundgesetz, noch in den Landesverfassungen, ein verfassungsrechtliches Gebot, dass diese, wie in Art. 38 Abs. 1, 28 Abs. 1 S. 2 GG geregelt, zudem frei, allgemein und gleich zu erfolgen hätten. Ausnahmen bilden Bremen

---

969 Siehe B.IV.3.c), S. 223 ff.

970 LAG Hamburg, Beschluss vom 15.02.2018 – 8 TaBV 5/17, in: BeckRS 2018, 20356; *Naumann/Groschischka/Bendix*, ArbRAktuell 2022, 63 (63); *Fündling/Sorber*, NZA 2017, 552 (554 f.).

971 *Besgen*, in: BeckOK Arbeitsrecht, § 14 BetrVG Rn. 2.

972 *Stück*, ArbRAktuell 2013, 284 (287).

973 *Löwisch*, BB 2014, 117 (117).

und Hessen. Nach Art. 47 Abs. 1 der Bremer Verfassung werden die Betriebsvertretungen in allgemeiner, gleicher, geheimer und unmittelbarer Wahl gewählt. In Hessen werden die Betriebsvertretungen gemäß Art. 47 Abs. 1 der Hessischen Verfassung in allgemeiner, gleicher, freier, geheimer und unmittelbarer Wahl gewählt. Trotz der fehlenden Regelungen gibt es bezüglich der Wahlgrundsätze keine gesetzgeberische Freiheit, da die Betriebsverfassung Ausprägung des Demokratie- und Sozialstaatsprinzips ist.[974] Dennoch können die für politische Wahlen bestimmten Grundsätze der Art. 38 Abs. 1, 28 Abs. 1 S. 2 GG nicht einfach auf die Betriebs- und Personalratswahlen übertragen werden.[975] Allerdings beruhen die Betriebs- und Personalverfassung auf Gesetzen, die an das Grundgesetz (sowie Landespersonalvertretungsgesetze an Landesverfassungen) gebunden sind und somit Grundrechte zu wahren haben.[976] Für die Freiheit der Wahl sind insbesondere Art. 12 Abs. 1 GG (Berufsfreiheit) und Art. 9 Abs. 3 GG (Koalitionsfreiheit) zu beachten, für die Gleichheit der Wahl die Diskriminierungsverbote und das allgemeine Willkürverbot des Art. 3 GG.[977] Dabei stellt die Betriebsverfassung eine Regelung der Berufsausübung im Sinne des Art. 12 GG dar; im Sinne der Berufsausübungsfreiheit kann der Arbeitnehmer sein aktives/passives Wahlrecht nutzen, oder bewusst darauf verzichten.[978] Das Wahlrecht kann im Hinblick auf Art. 3 GG zudem grundsätzlich nicht beschränkt oder versagt werden.[979] Aufgrund dessen hat die Betriebsratswahl geheim, unmittelbar, frei, allgemein und gleich zu erfolgen. Diese Wahlgrundsätze sind bei jeder Betriebsratswahl zu beachten und wären daher auch bei einer elektronischen Wahl zu wahren.

Die Wahl ist geheim. Hierdurch soll ein Schutz vor jeglichem sozialem Druck gewährt werden.[980] Damit wird sichergestellt, dass jeder Arbeitnehmer seine Wahl aufgrund der ihm bekannten Tatsachen und Meinungen nach seiner freien Überzeugung treffen kann.[981] Daher hat die Stimmabgabe so zu erfolgen, dass kein Dritter erkennen kann, für welche Liste oder welchen Kandidaten der

974 BAG, Beschluss vom 10.12.2002 – 1 ABR 7/02, in: NZA 2004, 223 (227); aA. *Löwisch*, BB 2014, 117 (117).
975 *Löwisch*, BB 2014, 117 (117).
976 *Löwisch*, BB 2014, 117 (117).
977 *Löwisch*, BB 2014, 117 (117).
978 *Löwisch*, BB 2014, 117 (117).
979 *Löwisch*, BB 2014, 117 (117).
980 BAG, Beschluss vom 20.01.2021 – 7 ABR 3/20, in: NZA 2021, 889 (890).
981 BAG, Beschluss vom 20.01.2021 – 7 ABR 3/20, in: NZA 2021, 889 (890).

Wahlberechtigte seine Stimme abgegeben hat.[982] Der Stimmzettel muss unbeobachtet, beispielsweise in Wahlkabinen oder sonstigen abgeschirmten Schreibgelegenheiten, ausgefüllt werden.[983] Ferner hat die Wahl durch vorgedruckte Stimmzettel zu erfolgen, damit der Wähler nicht anhand seiner Handschrift erkannt werden kann.[984] Die Stimmzettel müssen zum Schutz des Wahlgeheimnisses in verschlossenen Wahlumschlägen abgegeben (Briefwahl) bzw. gefaltet in die Wahlurne gelegt werden (Präsenzwahl).[985] Eine offene Stimmabgabe, beispielsweise durch Handzeichen, ist unzulässig.[986]

Die Wahl ist unmittelbar. Sie erfolgt als Urwahl durch die Wahlberechtigten persönlich und nicht durch etwaige Wahlmänner oder Delegierte.[987]

Die Wahl ist frei. Es steht den Wahlberechtigten frei (nicht) zu wählen, eine Wahlpflicht existiert nicht.[988] Gleichermaßen frei ist die Entscheidung, ob und gegebenenfalls auf welcher Liste kandidiert wird.[989] Die Freiheit der Wahl hat ihren Ausdruck in § 20 Abs. 1 und 2 BetrVG gefunden.[990] Im Sinne der freien Stimmabgabe müssen die Stimmzettel gemäß § 11 Abs. 2 S. 2 WO und die Wahlumschläge gemäß § 24 Abs. 1 S. 2 WO die gleiche Größe, Farbe, Beschaffenheit und Beschriftung aufweisen, da dies anderenfalls psychologischen Druck auf Wahlberechtigte ausüben kann.[991]

Die Wahl ist allgemein. Jeder Wahlberechtigte verfügt über eine Stimme, mit der er sein Wahlrecht in möglichst gleicher Weise ausüben können soll.[992] Ebenso darf nach dem Grundsatz der allgemeinen Wahl kein Wahlberechtigter unberechtigt von der Wahl ausgeschlossen werden.[993] Die Allgemeinheit der

---

982 *Besgen*, in: BeckOK Arbeitsrecht, § 14 BetrVG Rn. 3.

983 *Besgen*, in: BeckOK Arbeitsrecht, § 14 BetrVG Rn. 3; *Löwisch/Kaiser*, BetrVG, § 14 Rn. 7.

984 *Koch*, in: Erfurter Kommentar, § 14 BetrVG Rn. 1.

985 Vgl. §§ 11 Abs. 3, 12 Abs. 3, 25 S. 1 Nr. 1 WO.

986 *Krois*, in: Münchener Handbuch zum Arbeitsrecht, Band 3, § 291 Rn. 168.

987 *Besgen*, in: BeckOK Arbeitsrecht, § 14 BetrVG Rn. 5; *Thüsing*, in: Richardi, BetrVG, § 14 Rn. 16.

988 *Reichold*, in: Henssler/Willemsen/Kalb, KSchG, § 14 Rn. 7.

989 *Löwisch*, BB 2014, 117 (118, 120).

990 BAG, Beschluss vom 06.12.2000 – 7 ABR 34/99, in: AP BetrVG 1972 § 19 Nr. 48.

991 *Löwisch*, BB 2014, 117 (120).

992 *Löwisch*, BB 2014, 117 (118); *Thüsing*, in: Richardi, BetrVG, § 14 Rn. 19.

993 *Koch*, in: Erfurter Kommentar, § 14 BetrVG Rn. 1; *Krois*, in: Münchener Handbuch zum Arbeitsrecht, Band 3, § 291 Rn. 170.

Wahl lässt sich auch aus § 7 BetrVG ableiten, da hiernach alle Arbeitnehmer wahlberechtigt sind, die das 16. Lebensjahr vollendet haben.[994]

Die Wahl ist gleich. Dies bedeutet, dass jeder gültigen Stimme der gleiche Zähl- und Erfolgswert[995] zugutekommen muss.[996] Eine Stimmgewichtung darf nicht stattfinden.[997] Die Gleichheit der Wahl lässt sich ebenso aus § 7 BetrVG ableiten.[998]

## 2. Analoger Status quo

Die Stimmabgabe der Betriebsratswahl erfolgt mittels analogem Stimmzettel. Hierbei stehen den Beteiligten die Präsenzwahl und die Briefwahl zur Verfügung, wobei die Auswahl restriktiv zu handhaben ist und nicht in der freien Disposition der Beteiligten steht. Die Präsenzwahl bildet nach der Konzeption des Gesetzes den Grundfall; sie hat Vorrang.[999] Auf die Briefwahl darf lediglich unter den in § 24 WO abschließend geregelten Ausnahmefällen zurückgegriffen werden. Es muss für den Wahlberechtigten unter Berücksichtigung der bestehenden Verkehrsmöglichkeiten unzumutbar sein, seine Stimmabgabe persönlich im Wahlraum abzugeben.[1000] Dies soll die Gefahr von Wahlmanipulationen möglichst gering halten.[1001]

### *a) Stimmzettel, Stimmabgabe*

Nach § 11 Abs. 1 S. 2 WO sind für die Stimmabgabe Stimmzettel zu verwenden. Dies stellt eine zwingende Bestimmung der Wahlordnung dar, die dem Grundsatz der geheimen Wahl dient.[1002] Bis zum 14.10.2021 waren bei der Präsenzwahl Wahlumschläge zu verwenden; dies wurde durch die Verordnung zur Änderung der Wahlordnung, der Wahlordnung Seeschifffahrt und der Verordnung

994 *Klose*, NZA 2021, 1301 (1301).

995 Dieser wird durch den Listensprung nach § 15 Abs. 2 BetrVG, § 15 Abs. 5 Nr. 2 WO jedoch gewissermaßen beeinträchtigt, hierzu: Siebert, NZA-RR 2014, 340; Weller, NZA 2005, 1228.

996 *Krois*, in: Münchener Handbuch zum Arbeitsrecht, Band 3, § 291 Rn. 170; *Reichold*, in: Henssler/Willemsen/Kalb, KSchG, § 14 Rn. 8.

997 *Löwisch/Kaiser*, BetrVG, § 14 Rn. 15.

998 *Klose*, NZA 2021, 1301 (1301).

999 *Stück*, ArbRAktuell 2013, 284 (287).

1000 LAG Hessen, Beschluss vom 17.04.2008 – 9 TaBV 163/07, in: BeckRS 2011, 71712.

1001 *Stück*, ArbRAktuell 2013, 284 (287).

1002 BAG, Beschluss vom 20.01.2021 - 7 ABR 3/20, in: NZA 2021, 889 (890).

zur Durchführung der Betriebsratswahlen bei den Postunternehmen vom 08.10.2021[1003] aufgehoben. Hierdurch sollen der Zeitaufwand bei der Stimmauszählung sowie die Umwelt- und Kostenbelastung im Sinne der Nachhaltigkeit reduziert werden.[1004] Verfügt ein Stimmzettel vor oder nach der Stimmabgabe über ein besonderes Merkmal, Zusätze oder sonstige Änderungen bzw. Angaben, oder ergibt sich aus ihm nicht unzweifelhaft der Wille des Wählers, ist der Stimmzettel gemäß § 11 Abs. 4 WO ungültig, da dies gegen den Grundsatz der freien Wahl verstößt und die Wahlentscheidung beeinflussen kann.[1005] Zudem darf es nur einen einzigen Stimmzettel geben auf dem alle Wahlvorschläge abgebildet sein müssen.[1006] Werden mehrere Stimmzettel verwendet ist dies unzulässig und führt zur Anfechtbarkeit einer Wahl, da nicht überprüft werden kann, ob allen Wählern alle Stimmzettel zur Verfügung standen.[1007]

Bei der Verhältniswahl sind auf den Stimmzetteln gemäß § 11 Abs. 2 S. 1 WO die Vorschlagslisten nach der Reihenfolge der Ordnungsnummern sowie unter Angabe der beiden an erster Stelle benannten Bewerber (Listenführer) mit Familienname, Vorname und Art der Beschäftigung im Betrieb untereinander aufzuführen. Fehlt die Angabe der Listenführer[1008] oder sind alle Bewerber der Liste aufgeführt[1009], ist die Wahl anfechtbar.

Bei der Mehrheitswahl ist zu unterscheiden, ob nur eine gültige Vorschlagsliste eingereicht wurde oder ob das vereinfachte Wahlverfahren anzuwenden ist. Im ersten Fall kann ein Wähler seine Stimme nach § 20 Abs. 1 WO nur für Bewerber abgeben, die in der Vorschlagsliste aufgeführt sind. Im zweiten Fall kann ein Wähler seine Stimme nach § 34 Abs. 1 S. 1 WO nur für Bewerber abgeben, die in einem Wahlvorschlag benannt sind.

---

1003 BGBl. 2021 I, S. 4640, gem. Art. 4 in Kraft getreten am 15.10.2021.

1004 BR-Drucks. 666/21, S. 2, 10 f., 21.

1005 BAG, Beschluss vom 14.01.1969 – 1 ABR 14/68, in AP BetrVG § 13 Nr. 12; *Löwisch*, BB 2014, 117 (120).

1006 *Löwisch/Kaiser*, BetrVG, § 11 WO Rn. 2.

1007 LAG Schleswig-Holstein, Beschluss vom 15.09.2011 – 5 TaBV 3/11, Rn. 25 f., zitiert nach Juris.

1008 LAG Brandenburg, Beschluss vom 27.11.1998 – 5 TaBV 18/98, in: NZA-RR 1999, 418 (419).

1009 LAG Köln, Beschluss vom 05.03.2012 – 5 TaBV 29/11, in: BeckRS 2012, 70783.

### b) *Präsenzwahl*

Für die Präsenzwahl hat der Wahlvorstand den Wählern die vorbereiteten Stimmzettel[1010] zur Verfügung zu stellen und einen Wahlraum[1011] einzurichten. Die Kosten hat entsprechend § 20 Abs. 3 S. 1 BetrVG der Arbeitgeber zu tragen. Ferner hat der Wahlvorstand gemäß § 12 Abs. 1 S. 1 WO geeignete Vorkehrungen für die unbeobachtete Kennzeichnung der Stimmzettel im Wahlraum zu treffen. Als geeignete Vorkehrungen gelten insbesondere Wahlkabinen, Trennwände, Wandschirme oder sonstige abgeschirmte Schreibgelegenheiten.[1012]

Gemäß § 12 Abs. 2 WO müssen während der gesamten Wahl mindestens zwei stimmberechtigte Mitglieder des Wahlvorstands im Wahlraum anwesend sein (HS. 1). Sind Wahlhelfer bestellt, genügt die ständige Anwesenheit eines stimmberechtigten Wahlvorstandsmitglieds zusammen mit einem Wahlhelfer (HS. 2). Dadurch soll sichergestellt werden, dass die Wahlurne nicht unbeobachtet bleibt.[1013] Nach § 12 Abs. 1 S. 1 WO muss der Wahlvorstand mindestens eine Wahlurne bereitstellen und diese nach § 12 Abs. 1 S. 2 WO so verschließen und einrichten, dass die eingeworfenen Stimmzettel nicht herausgenommen werden können, ohne dass die Wahlurne geöffnet wird. Es muss sich bei der Wahlurne daher um ein verschließbares Behältnis aus festem Material handeln, das vor der Stimmabgabe durch beispielsweise ein Schloss oder Siegel gesichert wird, damit eingeworfene Stimmzettel nicht unbemerkt entnommen werden können.[1014] Die Wahlurne muss zudem über einen Einwurfschlitz verfügen.[1015]

Nachdem der Wähler auf dem Stimmzettel seine Stimme(n) abgegeben hat, hat er diesen in der Weise zu falten, dass seine Stimme nicht erkennbar ist (§ 11 Abs. 3 WO). Hierdurch wird verhindert, dass das Stimmverhalten bei der Stimmabgabe sichtbar wird.[1016] Vor der Abgabe des gefalteten Stimmzettels gibt der Wähler gemäß § 12 Abs. 3 WO seinen Namen an, woraufhin die Abgabe in der Wählerliste vermerkt wird. Erst dann darf der Wähler seinen Stimmzettel in die Wahlurne werfen. Alternativ wird der Stimmzettel im Wahlraum – eine Entgegennahme außerhalb des Wahlraums ist unzulässig[1017] – unter Namensangabe

---

1010 *Neu*, in: Kramer IT-ArbR, C Rn. 149.

1011 LAG Nürnberg, Beschluss vom 20.09.2011 – 6 TaBV 9/11, in: BeckRS 2011, 77698.

1012 *Besgen*, in: BeckOK Arbeitsrecht, § 14 BetrVG Rn. 3; *Hoffmann-Remy/Zaumseil*, BB 2017, 1717 (1721); *Löwisch/Kaiser*, BetrVG, § 14 Rn. 7.

1013 *Löwisch/Kaiser*, BetrVG, § 12 WO Rn. 6.

1014 *Löwisch/Kaiser*, BetrVG, § 12 WO Rn. 3.

1015 *Fitting*, BetrVG, § 12 WO Rn. 4.

1016 BAG, Beschluss vom 20.01.2021 – 7 ABR 3/20, in: NZA 2021, 889 (890).

1017 LAG Nürnberg, Beschluss vom 20.09.2011 – 6 TaBV 9/11, in: BeckRS 2011, 77698.

persönlich dem mit der Entgegennahme der Stimmzettel betrauten stimmberechtigten Mitglied des Wahlvorstands ausgehändigt, nicht aber einem Wahlhelfer.[1018] Sodann wird gleichermaßen die Abgabe vermerkt und der Stimmzettel in Gegenwart des Wählers vom Wahlvorstandsmitglied in die Wahlurne geworfen.[1019] Bei § 12 Abs. 3 WO handelt es sich um eine zwingende Bestimmung der Wahlordnung, die dem Grundsatz der geheimen Wahl dient.[1020] Zudem soll hierdurch die zweifache Stimmabgabe eines Wählers verhindert werden.[1021] Einzig die Wählerliste kann den Nachweis der Stimmabgabe erbringen, ein anderer Nachweis ist nicht möglich.[1022] Um dies zu gewährleisten, ist die Wählerliste penibel zu pflegen. Keinem Dritten außerhalb des Wahlvorstands darf während des Wahlvorgangs Einblick in die Wählerliste mit den Stimmabgabevermerken gewährt werden.[1023] Da eine Aktualisierung der Wählerliste bei mehreren Wahlräumen schwierig ist, kann eine Wählerliste elektronisch geführt werden, wenn sichergestellt ist, dass der Stimmabgabevermerk in der elektronischen Wählerliste zugleich in den anderen Wahllokalen sichtbar ist.[1024] Die Wählerliste kann im Nachhinein weder angefertigt, noch korrigiert oder ergänzt werden.[1025]

Nach dem gemäß §§ 3 Abs. 2 Nr. 11, 31 Abs. 1 S. 3 Nr. 11 WO im Wahlausschreiben festgesetzten Zeitpunkt der Beendigung der Stimmabgabe darf der Wahlvorstand keine Stimmzettel mehr als gültig annehmen.[1026] Stattdessen ist die Wahlurne gemäß §§ 12 Abs. 5 S. 1, 34 Abs. 2 WO zu versiegeln, wenn die Stimmenzählung nicht unmittelbar nach Beendigung der Wahl durchgeführt wird. Unter einer Versiegelung ist dabei ein Verschluss des Einwurfschlitzes zu verstehen, der nicht ohne sichtbare Beschädigung geöffnet oder entfernt werden kann.[1027] Ein einfacher Klebestreifen genügt nicht; demgegenüber ist ein Klebestreifen ausreichend, der nicht ohne sichtbare Beschädigung entfernt werden kann und beispielsweise durch Unterschriften des Wahlvorstands eindeutig unaustauschbar gekennzeichnet ist.[1028] Die Stimmenzählung durch den

1018 *Forst*, in: Richardi, BetrVG, § 12 WO Rn. 7.
1019 *Forst*, in: Richardi, BetrVG, § 12 WO Rn. 7.
1020 BAG, Beschluss vom 20.01.2021 – 7 ABR 3/20, in: NZA 2021, 889 (890).
1021 *Löwisch/Kaiser*, BetrVG, § 12 WO Rn. 8.
1022 *Forst*, in: Richardi, BetrVG, § 12 WO Rn. 7a.
1023 *Löwisch/Kaiser*, BetrVG, § 12 WO Rn. 8.
1024 BAG, Beschluss vom 12.06.2013 – 7 ABR 77/11, in: NZA 2013, 1368 (1370).
1025 *Forst*, in: Richardi, BetrVG, § 12 WO Rn. 7a.
1026 *Forst*, in: Richardi, BetrVG, § 12 WO Rn. 8.
1027 *Löwisch/Kaiser*, BetrVG, § 12 WO Rn. 5.
1028 *Fitting*, BetrVG, § 12 WO Rn. 15; *Löwisch/Kaiser*, BetrVG, § 12 WO Rn. 5.

Wahlvorstand ist gemäß §§ 13, 21 HS. 1, 34 Abs. 3 WO öffentlich, wobei diese unter Einsatz von IT-Technik erfolgen kann.[1029]

### c) *Briefwahl*

Die schriftliche Stimmabgabe des normalen Wahlverfahrens ist in §§ 24–26 WO geregelt, die nachträgliche schriftliche Stimmabgabe des vereinfachten Wahlverfahrens in § 35 WO. Die Briefwahl ist mit dem Grundsatz der geheimen Wahl vereinbar.[1030] Ein Wähler kann seine Stimme auch dann noch persönlich abgeben, wenn er vom Wahlvorstand die Wahlunterlagen ausgehändigt oder übersandt bekommen hat.[1031]

Einem Wahlberechtigten, der im Zeitpunkt der Wahl wegen Abwesenheit verhindert ist und seine Stimme nicht persönlich abgeben kann, hat der Wahlvorstand gemäß § 24 Abs. 1 S. 1 WO auf dessen Antrag das Wahlausschreiben, die Vorschlagslisten, den Stimmzettel und den Wahlumschlag, eine vorgedruckte vom Wähler abzugebende Erklärung über die Versicherung der persönlichen Stimmzettelkennzeichnung sowie einen Freiumschlag[1032] auszuhändigen oder zu übersenden. Der Freiumschlag hat nach § 24 Abs. 1 S. 1 Nr. 5 WO die Anschrift des Wahlvorstands, den Namen des Wahlberechtigten als Absender und den Vermerk „Schriftliche Stimmabgabe“ zu tragen. Verhindert im Sinne des § 24 Abs. 1 S. 1 WO sind Wahlberechtigte, die sich im Urlaub befinden, auf Dienstreise oder erkrankt sind.[1033] Der Antrag des Wahlberechtigten ist formfrei und kann demnach mündlich oder per E-Mail gestellt werden.[1034] Er ist aufgrund des Vorrangs der Präsenzwahl allerdings kurz zu begründen[1035] und vom Wahlvorstand zumindest mit einer kursorischen Minimalprüfung anhand der dem Wahlvorstand bekannten betrieblichen Umstände auf seine Plausibilität hin zu überprüfen.[1036]

---

1029 *Neu*, in: Kramer IT-ArbR, C Rn. 150.

1030 BAG, Beschluss vom 14.02.1978 – 1 ABR 46/77, in: AP BetrVG 1972 § 19 Nr. 7.

1031 *Bachner*, NZA 2012, 1266 (1267); *Forst*, in: Richardi, BetrVG, § 25 WO Rn. 3.

1032 Der Arbeitgeber hat nach § 20 Abs. 3 S. 1 BetrVG die Kosten der Wahl zu tragen.

1033 *Forst*, in: Richardi, BetrVG, § 24 WO Rn. 2.

1034 *Neu*, in: Kramer IT-ArbR, C Rn. 149.

1035 *Löwisch/Kaiser*, BetrVG, § 24 WO Rn. 2.

1036 LAG Düsseldorf, Beschluss vom 08.04.2011 – 10 TaBV 79/10, in: BeckRS 2011, 74544; LAG Düsseldorf, Beschluss vom 16.09.2011 – 10 TaBV 33/11, in: BeckRS 2012, 66097; *Forst*, in: Richardi, BetrVG, § 24 WO Rn. 3; aA. *Löwisch/Kaiser*, BetrVG, § 24 WO Rn. 2.

Ist dem Wahlvorstand nach § 24 Abs. 2 S. 1 Nr. 1 WO bereits ohne Antrag bekannt, dass ein Wahlberechtigter im Zeitpunkt der Wahl nach der Eigenart seines Beschäftigungsverhältnisses voraussichtlich nicht im Betrieb anwesend sein wird, hat er dem Wahlberechtigten die Wahlunterlagen ohne dessen Verlangen zu übersenden. Dabei handelt es sich insbesondere um Mitarbeiter, deren Arbeitsverhältnis so gestaltet ist, dass deren Arbeitsort in der Regel außerhalb des Betriebs liegt (Außendienst, Telearbeit, Heimarbeit).[1037] Gleiche Verpflichtung trifft den Wahlvorstand nach § 24 Abs. 1 S. 1 Nr. 2 WO, wenn ihm die Abwesenheit eines Wahlberechtigten vom Erlass des Wahlausschreibens bis zum Zeitpunkt der Wahl aus anderen Gründen, insbesondere bei Ruhen des Arbeitsverhältnisses oder Arbeitsunfähigkeit, bekannt ist. Letzteres wurde durch die Verordnung zur Änderung der Wahlordnung, der Wahlordnung Seeschifffahrt und der Verordnung zur Durchführung der Betriebsratswahlen bei den Postunternehmen[1038] vom 08.10.2021 neu eigeführt und soll möglichst vielen Wahlberechtigten die Teilnahme an der Betriebsratswahl ermöglichen.[1039] Das Arbeitsverhältnis ruht hiernach insbesondere bei Elternzeit, Mutterschutzzeit, Pflegezeit, freiwilligem Wehrdienst, Bundesfreiwilligendienst oder unbezahltem Sonderurlaub (Sabbatical).[1040] Arbeitsunfähigkeit im Sinne des § 24 Abs. 1 S. 1 Nr. 2 WO ist nur gegeben, wenn die zu erwartende Abwesenheit im Regelfall mindestens sechs Wochen andauert, da sie ab dem Tag, an dem das Wahlausschreiben erlassen wird, bis zum Wahltag bestehen muss.[1041]

Dagegen darf der Wahlvorstand – abseits des § 24 Abs. 3 S. 1 WO – keine allgemeine Briefwahl anordnen, da dies mit dem eindeutigen Wortlaut des § 24 WO nicht zu vereinbaren ist.[1042]

Bei der schriftlichen Stimmabgabe hat der Wähler den Stimmzettel gemäß § 25 S. 1 WO unbeobachtet persönlich zu kennzeichnen und dergestalt gefaltet in den Wahlumschlag zu verschließen, dass die Stimmabgabe erst nach Auseinanderfalten des Stimmzettels erkennbar ist. Sodann hat er die vorgedruckte Erklärung unter Angabe von Ort und Datum zu unterschreiben und den Wahlumschlag

---

1037 *Stück*, ArbRAktuell 2013, 284 (287).

1038 BGBl. 2021 I, S. 4640, gem. Art. 4 in Kraft getreten am 15.10.2021.

1039 BR-Drucks. 666/21, S. 18.

1040 BR-Drucks. 666/21, S. 29.

1041 BR-Drucks. 666/21, S. 29 f.

1042 LAG Niedersachsen, Urteil vom 09.03.2011 – 17 TaBV 41/10, in: BeckRS 2011, 74669; LAG Düsseldorf, Beschluss vom 08.04.2011 – 10 TaBV 79/10, in: BeckRS 2011, 74544; ArbG Düsseldorf, Beschluss vom 28.11.2016 – 2 BV 286/16, Rn. 77, zitiert nach Juris; *Hoffmann-Remy/Zaumseil*, BB 2017, 1717 (1721).

sowie die unterschriebene Erklärung in dem Freiumschlag zu verschließen und diesen rechtzeitig zu versenden/übergeben. Der Wähler trägt das Risiko des rechtzeitigen Eingangs seiner Wahlunterlagen beim Wahlvorstand.[1043]

Die bis zum Ende der Stimmabgabe eingegangenen Freiumschläge hat der Wahlvorstand zu Beginn der öffentlichen Sitzung zur Stimmauszählung nach § 13 WO zu öffnen und ihnen die Wahlumschläge sowie die vorgedruckten Erklärungen zu entnehmen (§ 26 Abs. 1 S. 1 WO). Bei ordnungsgemäßer schriftlicher Stimmabgabe hat er dann die Stimmabgabe in der Wählerliste zu vermerken, den Wahlumschlag zu öffnen und den Stimmzettel in die Wahlurne zu legen (§ 26 Abs. 1 S. 2 WO). Die Wahlurne ist unerlässlich.[1044] Das Gebot der Öffentlichkeit soll gewährleisten, dass sich jeder ein Bild davon machen kann, wie die Briefwahlunterlagen vom Wahlvorstand behandelt werden.[1045] Auch bei der Briefwahl kann einzig die Wählerliste den Nachweis der Stimmabgabe erbringen.[1046] Die Stimmenzählung durch den Wahlvorstand ist öffentlich und kann unter Einsatz von IT-Technik erfolgen.[1047]

Die nachträgliche schriftliche Stimmabgabe des vereinfachten Wahlverfahrens gemäß § 14a Abs. 4 BetrVG und § 35 WO ist auf Antrag Wahlberechtigten eröffnet, die nicht an der Wahlversammlung zur Wahl des Betriebsrats teilnehmen können (§ 35 Abs. 1 S. 1 WO). Unerheblich ist hierbei, aus welchen Gründen der Wahlberechtigte verhindert ist.[1048] Der Antrag muss nicht begründet und vom Wahlvorstand nicht überprüft werden.[1049]

### 3. Digitaler Status quo

Weltweit ist die Digitalisierung nicht aufzuhalten. Der digitale Status quo im Rahmen der Betriebsratswahl ist hingegen alles andere als optimal. Elektronische Betriebsratswahlen (auch Online-Wahl oder digitale Wahl genannt) sind unwirksam.[1050] Bei der Vorbereitung der Wahl sind teilweise elektronische

1043 *Forst*, in: Richardi, BetrVG, § 25 WO Rn. 2.

1044 LAG Hamm, Beschluss vom 09.03.2007 – 10 TaBV 105/06, in: BeckRS 2007, 45376.

1045 *Stück*, ArbRAktuell 2013, 284 (287).

1046 BAG, Beschluss vom 12.06.2013 – 7 ABR 77/11, in: NZA 2013, 1368 (1370); *Forst*, in: Richardi, BetrVG, § 12 WO Rn. 7a.

1047 *Neu*, in: Kramer IT-ArbR, C Rn. 150.

1048 *Neumann*, BB 2002, 510 (518).

1049 *Fitting*, BetrVG, § 35 WO Rn. 1; *Forst*, in: Richardi, BetrVG, § 35 WO Rn. 1.

1050 LAG Hamburg, Beschluss vom 15.02.2018 – 8 TaBV 5/17, in: BeckRS 2018, 20356; *Fündling/Sorber*, NZA 2017, 552 (554 f.); *Naumann/Groschischka/Bendix*, ArbRAktuell 2022, 63 (63).

Bekanntmachungen zulässig. Abseits der Betriebsratswahl hat die Digitalisierung dagegen verstärkt durch die COVID-19-Pandemie Einzug gefunden. Insbesondere wurden Sitzungen und Beschlussfassungen des Betriebsrats und des Wahlvorstands per Video- und Telefonkonferenz ermöglicht.

### *a) Unwirksamkeit von elektronischen Betriebsratswahlen*

Elektronisch bzw. online durchgeführte Betriebsratswahlen waren bislang nur einmal Gegenstand der Rechtsprechung. Das ArbG Hamburg[1051] hielt diese in erster Instanz für nichtig, das LAG Hamburg[1052] in zweiter Instanz für unwirksam. Den Entscheidungen lag dabei verkürzt folgender Sachverhalt zugrunde:[1053]

Nach Ankündigung des Wahlvorstands fand die Betriebsratswahl neben der Präsenz- und Briefwahl auch in Form einer Online-Wahl als Alternative zur Briefwahl statt. Die Zugangsdaten zur Teilnahme an der Online-Wahl wurden den Wahlberechtigten per E-Mail zugesandt. Im Rahmen der Online-Wahl konnte der Stimmzettel virtuell ausgefüllt werden. Bei der Präsenz- und Briefwahl wurden 740 gültige Stimmen abgegeben, über die die Online-Wahl 628 Stimmen. Als die „elektronische Wahlurne" geöffnet wurde, wurde eine Folie mit der Stimmenanzahl und den Wahlergebnissen an die Wand projiziert. Eine andere Auszählung der elektronisch abgegebenen Stimmen ist nicht erfolgt. Die Online-Wahl wurde mit der Software der POLYAS GmbH durchgeführt, die sich um eine elektronische Abbildung der Verfahrensvorgaben für eine Briefwahl bemühte und nach den Feststellungen des Gerichts durch das Bundesamt für Sicherheit in der Informationstechnik (BSI) zertifiziert gewesen sei. Im Vorfeld der Wahl hatte der Wahlvorstand in Absprache mit dem Arbeitgeber ein Privatgutachten zur Durchführbarkeit von Online-Wahlen eingeholt.

#### *aa) Nichtigkeit der Wahl*

Nach der Entscheidung des ArbG Hamburg sei die Wahl nichtig, da eine auch nur teilweise Online-Wahl im Sinne der Rechtsprechung des BAG[1054] offensichtlich und in grober Weise gegen wesentliche Bestimmungen der Wahlordnung

---

1051 ArbG Hamburg, Beschluss vom 07.06.2017 – 13 BV 13/16, zitiert nach Juris.

1052 LAG Hamburg, Beschluss vom 15.02.2018 – 8 TaBV 5/17, in: BeckRS 2018, 20356.

1053 ArbG Hamburg, Beschluss vom 07.06.2017 – 13 BV 13/16, zitiert nach Juris; LAG Hamburg, Beschluss vom 15.02.2018 – 8 TaBV 5/17, in: BeckRS 2018, 20356.

1054 BAG, Beschluss vom 21.09.2011 – 7 ABR 54/10, in: AP BetrVG 1972 § 3 Nr. 9, Rn. 26.

verstoße und die Wahl den Stempel der Nichtigkeit auf der Stirn trage.[1055] Dies hat das ArbG Hamburg wie folgt begründet:[1056]

Die Wahlordnung sehe neben der Präsenzwahl einzig die schriftliche Stimmabgabe der Briefwahl vor, nicht jedoch eine elektronische Stimmabgabe per Online-Wahl. Die Bestimmungen der Briefwahl könnten nicht dahingehend ausgelegt werden, dass sie ein Online-Wahlverfahren erfassten. Weder die Auslegung nach dem Wortlaut, noch der Systematik, noch des Sinns und Zwecks, noch der Entstehungsgeschichte rechtfertigten dies. Insbesondere der Wortlaut der Wahlordnung sei eindeutig, wenn er die Begriffe „schriftliche Stimmabgabe" (Überschrift vor § 24 WO), „Wahlumschlag" (§ 24 Abs. 1 Nr. 3 WO, § 25 Nr. 1 WO), „vorgedruckte Erklärung" (§ 24 Abs. 1 Nr. 4 WO), „größerer Freiumschlag" mit „Anschrift" und „Absender" (§ 24 Abs. 1 Nr. 5 WO), „Verschließen des Wahlumschlags" (§ 25 Nr. 1, Nr. 3 WO), „Öffnen des Umschlags" (§ 26 Abs. 1 WO), „Unterschrift" (§ 25 Nr. 2 WO), „Legen des Wahlumschlags in die Urne" (§ 26 Abs. 1 WO) und „Briefumschläge" (§ 26 Abs. 2 WO) verwende. Dies verdeutliche, es handele sich um eine klassische Papierwahl. Für eine extensive zeitgemäße Auslegung der Begriffe auf eine Online-Wahl sei kein Raum. Es fehle bereits an Anhaltspunkten für eine Unvollkommenheit der Norm aufgrund Zeitablaufs, da sich die Lebenswirklichkeit seit dem Inkrafttreten der Wahlordnung im Jahr 2001 nicht derart geändert habe, dass eine entsprechende Anpassung durch Auslegung vorzunehmen sei. Der Gesetzgeber habe die Digitalisierung bereits 2001 berücksichtigt und teilweise elektronische Bekanntmachungen (§§ 2 Abs. 4, 3 Abs. 4 WO) ermöglicht. Weitergehende Regelung habe der Gesetzgeber bewusst unterlassen. Ferner genüge die Briefwahl, um allen Wahlberechtigten die Wahl zu ermöglichen, eine darüberhinausgehende Online-Wahl sei hierzu nicht notwendig. Zudem sei eine elektronische Wahl für Laien schwierig nachzuvollziehen, weshalb ein Mangel an Transparenz bestehe. Hierüber würden auch Möglichkeiten der Wahlbeteiligungssteigerung nichts ändern. Letztlich könne nur der Gesetzgeber eine Online-Wahl zulassen, nicht jedoch die Rechtsprechung.

Dieser Verstoß sei schwerwiegend, da bei einer bewussten Anwendung eines Wahlverfahrens, welches von der Wahlordnung nicht vorgesehen sei, der Anschein einer dem Gesetz entsprechenden Wahl nicht mehr vorliege. Dass die Online-Wahl lediglich als zusätzliche Möglichkeit neben der Briefwahl angeboten wurde, ändere hieran nichts, da die Online-Wahl mit 628 abgegebenen

---

1055 ArbG Hamburg, Beschluss vom 07.06.2017 – 13 BV 13/16, zitiert nach Juris.
1056 ArbG Hamburg, Beschluss vom 07.06.2017 – 13 BV 13/16, zitiert nach Juris.

Stimmen keine bloß untergeordnete Rolle gespielt habe. Ebenso sei das Bemühen um eine elektronische Abbildung der Verfahrensvorgaben für eine Briefwahl irrelevant, da es sich eben nicht um eine solche gehandelt habe und im Übrigen jedenfalls das Prinzip der einheitlichen Urne gemäß § 26 Abs. 1 WO nicht eingehalten und abgebildet worden sei. Dieses zwingende Prinzip verhindere eine Differenzierung zwischen dem Ergebnis von Präsenz- und Briefwählern sowie Rückschlüsse auf das Abstimmungsverhalten bestimmter Gruppen. Im streitgegenständlichen Fall könnte jedoch zwischen dem Ergebnis der Online-Wahl einerseits sowie dem der Präsenz- und Briefwahl andererseits differenziert werden. Dies ließe Rückschlüsse auf das Abstimmungsverhalten beispielsweise der eher online-affinen jüngeren Mitarbeiter zu. Die Zertifizierung des BSI sei dabei irrelevant.

Der Verstoß sei offensichtlich, da im Sinne der Rechtsprechung des BAG[1057] für jedermann ohne weiteres erkennbar war, dass eine Online-Wahl nicht in der Wahlordnung vorgesehen sei. Hieran ändere auch das Privatgutachten nichts, da anderenfalls jedes Privatgutachten die Offensichtlichkeit verhindern könnte. Zudem seien die selbst vom Privatgutachten aufgestellten Mindestanforderungen an eine Online-Wahl hinsichtlich des Prinzips der einheitlichen Urne (gemeinsame elektronische Urne oder Ausdrucken der Online-Stimmen) nicht eingehalten wurden.

Die Nichtigkeit der Wahl hat zur Folge, dass insbesondere sämtliche Handlungen des Betriebsrats von Anfang an rechtsunwirksam sind.[1058]

### *bb) Anfechtbarkeit der Wahl*

Auf die Beschwerde des Arbeitgebers gegen den Beschluss des ArbG Hamburg[1059] stellte das LAG Hamburg[1060] fest, dass eine auch nur teilweise Online-Wahl zwar nicht nichtig, jedoch unwirksam ist, da gegen wesentliche Vorschriften des Wahlrechts verstoßen worden sei und sich der Verstoß auf das Ergebnis der Wahl ausgewirkt haben könne. Dies hat das LAG Hamburg wie folgt begründet:[1061]

Eine Online-Betriebsratswahl sei mit der Wahlordnung unvereinbar. Weder die Wahlordnung noch der die Betriebsratswahl betreffende erste Abschnitt

---

1057 BAG, Beschluss vom 21.09.2011 – 7 ABR 54/10, in: AP BetrVG 1972 § 3 Nr. 9.
1058 *Willisch*, ArbRAktuell 2017, 480 (482).
1059 ArbG Hamburg, Beschluss vom 07.06.2017 – 13 BV 13/16, zitiert nach Juris.
1060 LAG Hamburg, Beschluss vom 15.02.2018 – 8 TaBV 5/17, in: BeckRS 2018, 20356.
1061 LAG Hamburg, Beschluss vom 15.02.2018 – 8 TaBV 5/17, in: BeckRS 2018, 20356.

des Betriebsverfassungsgesetzes erwähnten eine Online-Wahl. Darüber hinaus ergebe die Systematik, insbesondere aus dem die zwingende Zusammenführung der Präsenzwahl- mit den Briefwahlstimmzetteln regelnden § 26 Abs. 1 WO, dass eine weitere Form der Stimmabgabe nicht vorgesehen sei. Zwar sei nach dem BVerfG[1062] eine Auslegung jenseits des Wortlauts möglich, wenn Indizien deutlich belegen, dass ihr Sinn im Text unzureichend Ausdruck gefunden hat, hiervon könne im Streitfall allerdings keine Rede sein. Im Übrigen sei die Online-Wahl nicht zwingend erforderlich, da auch ohne diese Betriebsräte gewählt würden.

Dieser Verstoß habe sich auf das Ergebnis ausgewirkt, da insgesamt 628 Wahlberechtigte die Online-Wahl genutzt hätten und die Art der Auswirkung – ob positiv oder negativ – für die Anfechtbarkeit nach § 19 BetrVG irrelevant sei.

Dennoch fehle der Wahl nicht der Anschein einer demokratischen Willensbildung, gleichwohl der Verstoß offensichtlich sei. Letzteres resultiere bereits aus der Gesetzeslage sowie dem Meinungsstand in der Literatur[1063], nach dem eine vorbehaltslose Zulässigkeit von Online-Wahlen nach geltendem Recht nicht vertreten würde. Dennoch fehle allein wegen der Möglichkeit der Online-Wahl nicht vornherein der Anschein einer demokratischen Willensbildung, insbesondere da Online-Wahlen in einigen demokratischen Staaten für staatliche Wahlen angewendet würden.

Dementsprechend sei die Betriebsratswahl unwirksam. Letztlich sei die Entscheidung über die Online-Wahl und eine eventuelle Anpassung der Wahlordnung an geänderte technische Rahmenbedingungen eine rechtspolitische Frage, die der Gesetzgeber zur Aufgabe habe, nicht die Gerichte.

---

1062 BVerfG, Beschluss vom 27.01.1998 – 1 BvL 22/93, in: NZA 1998, 469 (470).

1063 *Annuß*, NZA 2017, 345 (348); *Blasek*, BB 2021, 2932 (2935); *Fündling/Sorber*, NZA 2017, 552 (555); *Harms/von Steinau-Steinrück/Thüsing*, BB 2016, 2677 (2677); *Henssler*, NZA-Beilage 2020, 3 (6); *Hoffmann-Remy/Zaumseil*, BB 2017, 1717 (1722); *Junker*, ZfA 2020, 317 (318); *Klebe*, NZA-Beilage 2017, 77 (84); *Klebe*, NZA 2020, 996 (998); *Neumann*, GWR 2017, 307 (307); *Oltmanns*, ArbRAktuell 2021, 520 (521); *Poguntke/von Villiez*, NZA 2019, 1097 (1105); *Schäuble/Werhann*, GWR 2018, 41 (47); *Schiefer/Worzalla*, NZA 2021, 817 (818); *Schwarze*, RdA 2019, 115 (118); *Thüsing*, SR 2016, 87 (103); *Thüsing*, BB 2021, 1460 (1462); *Winzer/Baeck/Hilgers*, NZA 2021, 620 (621).

### *cc) Stellungnahme*

Elektronische Betriebsratswahlen sind demnach unzulässig. Die erstinstanzliche Entscheidung des ArbG Hamburg[1064] wurde jedoch zu Recht in zweiter Instanz vom LAG Hamburg[1065] aufgehoben und abgeändert.

Das ArbG Hamburg hat einen groben und offensichtlichen Verstoß gegen wesentliche Bestimmungen der Wahlordnung angenommen und daraufhin die Nichtigkeit einer onlinebasierten Betriebsratswahl festgestellt.[1066] Dem ArbG Hamburg ist insoweit noch zuzustimmen, als dass das Betriebsverfassungsgesetz und die Wahlordnung einzig die Präsenzwahl sowie als deren Ausnahme die Briefwahl vorsehen. Dies ergibt sich, wie das ArbG Hamburg ausführlich dargelegt hat, insbesondere aus dem Wortlaut des Gesetzes, der eine schriftliche Stimmabgabe in Form einer Papierwahl vorsieht.[1067] Auch über eine etwaige Auslegung nach Systematik, Sinn und Zweck oder Entstehungsgeschichte gelangt man nicht zur Zulässigkeit von Online-Wahlen. Ebenso ist dem ArbG Hamburg hinsichtlich der Offensichtlichkeit des Verstoßes zuzustimmen, da eine gegenläufige Meinung anhand des eindeutigen Wortlauts kaum vertretbar ist, eine solche mit Ausnahme des von einer Partei eingebrachten Privatgutachtens nicht bestand[1068] und letztlich selbst der Softwarehersteller auf seiner Website auf die fehlende gesetzliche Stütze von Online-Betriebsratswahlen hingewiesen hat.[1069] In dem Privatgutachten wurde der gesetzliche Wortlaut aufgrund der ähnlichen sprachlichen Verwendung im elektronischen Bereich in die Online-Wahl übersetzt und auf § 118 Abs. 2 AktG verwiesen, der die schriftliche und die elektronische Kommunikation als Briefwahl verstehe.[1070] Dies sei insbesondere zulässig, da dem Gesetzgeber elektronische Möglichkeiten zum Zeitpunkt der Normentstehung fremd waren.[1071] Diese extensive zeitgemäße Auslegung des Privatgutachtens kann nicht überzeugen, da sie den ausdrücklichen Wortlaut

---

1064 ArbG Hamburg, Beschluss vom 07.06.2017 – 13 BV 13/16, zitiert nach Juris.

1065 LAG Hamburg, Beschluss vom 15.02.2018 – 8 TaBV 5/17, in: BeckRS 2018, 20356.

1066 ArbG Hamburg, Beschluss vom 07.06.2017 – 13 BV 13/16, zitiert nach Juris.

1067 ArbG Hamburg, Beschluss vom 07.06.2017 – 13 BV 13/16, zitiert nach Juris.

1068 *Annuß*, NZA 2017, 345 (348); *Fündling/Sorber*, NZA 2017, 552 (555); *Harms/von Steinau-Steinrück/Thüsing*, BB 2016, 2677 (2677); *Hoffmann-Remy/Zaumseil*, BB 2017, 1717 (1722); *Klebe*, NZA-Beilage 2017, 77 (84); *Neumann*, GWR 2017, 307 (307); *Thüsing*, SR 2016, 87 (103).

1069 ArbG Hamburg, Beschluss vom 07.06.2017 – 13 BV 13/16, zitiert nach Juris.

1070 ArbG Hamburg, Beschluss vom 07.06.2017 – 13 BV 13/16, zitiert nach Juris.

1071 ArbG Hamburg, Beschluss vom 07.06.2017 – 13 BV 13/16, zitiert nach Juris.

sprengt, die Online-Wahl keine Briefwahl ist und der Gesetzgeber trotz der an anderer Stelle[1072] beachteten Digitalisierung keine Regelungen angepasst hat.

Entgegenzutreten ist jedoch den Ausführungen des ArbG Hamburg zur Schwere des Verstoßes. Nach dem ArbG Hamburg sei bei einer bewussten Anwendung einer von der Wahlordnung nicht vorgesehenen Online-Wahl der Anschein einer dem Gesetz entsprechenden Wahl nicht mehr gegeben und der Verstoß als gravierend im Sinne der Rechtsprechung des BAG[1073] anzusehen; unabhängig davon, ob es sich um eine ausschließliche oder teilweise Online-Wahl handele, ob Verfahrensvorgaben der Wahlordnung bezüglich der Briefwahl elektronisch nachgebildet würden oder ob es sich um eine nach dem BSI zertifizierte Software handele.[1074] Zwar liegt durch die Online-Wahl ein Verstoß gegen die Wahlvorschriften vor, dieser ist allerdings nicht derart schwerwiegend, dass nicht einmal mehr der Anschein einer dem Gesetz entsprechenden Wahl besteht. Die Nichtigkeit ist nur in absoluten Ausnahmefällen anzunehmen, die den Stempel der Nichtigkeit auf der Stirn tragen und keinen Vertrauensschutz für sich beanspruchen können.[1075] Dies kann nach vorliegend nicht angenommen werden.[1076] Bei einer Online-Wahl ist trotz des eindeutigen Gesetzes der Anschein einer demokratischen Willensbildung gegeben. Dies insbesondere deshalb, da Online-Wahlen an anderer Stelle im Rahmen demokratischer Wahlen verwendet werden, beispielweise in Estland.[1077] Dort werden Online-abstimmungssysteme seit 2005 bei kommunalen, nationalen und europäischen politischen Wahlen erfolgreich eingesetzt.[1078] Auch in Deutschland waren zur Zeit des Verfahrens teilweise Online-Abstimmungen zugelassen.[1079] Der demokratische Anschein ist einer Online-Betriebsratswahl daher nicht abzusprechen.

Dies hat das LAG Hamburg richtig erkannt und die Anfechtbarkeit der Wahl festgestellt.[1080] Zwar hat das LAG Hamburg angenommen, dass der Verstoß offensichtlich sei, allerdings fehle richtigerweise nicht der Anschein einer demokratischen Willensbildung, da Online-Wahlen in einigen demokratischen Staaten für staatliche Wahlen herangezogen würden und keine größere

1072 Siehe B.IV.3.c), S. 223 ff.
1073 BAG, Beschluss vom 21.09.2011 – 7 ABR 54/10, in: AP BetrVG 1972 § 3 Nr. 9, Rn. 26.
1074 ArbG Hamburg, Beschluss vom 07.06.2017 – 13 BV 13/16, zitiert nach Juris.
1075 BAG, Beschluss vom 21.09.2011 – 7 ABR 54/10, in: AP BetrVG 1972 § 3 Nr. 9, Rn. 26.
1076 A.A. *Neumann*, GWR 2017, 307 (307).
1077 *Kind/Bovenschulte*, TAB Nr. 26, S. 1.
1078 *Kind/Bovenschulte*, TAB Nr. 26, S. 1.
1079 *Kind/Bovenschulte*, TAB Nr. 26, S. 3.
1080 LAG Hamburg, Beschluss vom 15.02.2018 – 8 TaBV 5/17, in: BeckRS 2018, 20356.

Manipulationsgefahr bestünde.[1081] Die Nichtigkeit kann daher nicht angenommen werden. Demgegenüber ist die Wahl zu Recht anfechtbar, da gegen wesentliche Vorschriften des Wahlrechts verstoßen wurde und sich dies auf das Ergebnis der Wahl ausgewirkt haben kann. Das LAG Hamburg hat zu Recht auf die Unvereinbarkeit einer Online-Wahl mit der Wahlordnung und dem Betriebsverfassungsgesetz hingewiesen.[1082] Ferner ergibt die Systematik der Regelung über die zwingende Zusammenführung der Präsenzwahl- mit den Briefwahlstimmzetteln, dass eine weitere Form der Stimmabgabe nicht vorgesehen ist.[1083] Die Regelungen sind mit dem LAG Hamburg auch keiner Auslegung jenseits des Wortlauts offen, da insbesondere der Sinn und Zweck im Wortlaut ausreichend Ausdruck gefunden hat und eine Online-Wahl nicht für die Durchführung einer Betriebsratswahl zwingend notwendig ist.[1084] Da letztlich 628 Wahlberechtigte per Online-Wahl abgestimmt haben – und somit knapp 46 Prozent – kann sich der Verstoß auch auf das Wahlergebnis ausgewirkt haben. Durch die Anfechtbarkeit der Wahl bleiben die bis zur gerichtlichen Entscheidung getätigten Handlungen des (fehlerhaft gewählten) Betriebsrats wirksam, im Gegensatz zum Fall der Nichtigkeit.[1085]

Im Ergebnis sind Online-Wahlen derzeit richtigerweise unzulässig. Übereinstimmend haben beide Instanzen[1086] in ihren Entscheidungen darauf hingewiesen, dass die Entscheidung über Online-Wahlen sowie die Anpassung der gesetzlichen Vorschriften rechtspolitische Fragen seien, die allein der Gesetzgeber zu beantworten habe, nicht die Rechtsprechung.

### *b) Elektronische Bekanntmachungen im Wahlverfahren*

Demgegenüber wurde die Digitalisierung im Bereich der Bekanntmachungen des Wahlvorstands bereits teilweise berücksichtigt.

Im normalen Wahlverfahren gemäß §§ 3, 4 WO hat der Wahlvorstand insbesondere eine Wählerliste sowie ein Wahlausschreiben zu erstellen und bekannt zu machen. Ferner hat er gemäß § 10 Abs. 2 WO die als gültig anerkannten Vorschlagslisten sowie gemäß § 18 Abs. 1 WO die Gewählten bekannt zu machen.

---

1081 LAG Hamburg, Beschluss vom 15.02.2018 – 8 TaBV 5/17, in: BeckRS 2018, 20356.

1082 LAG Hamburg, Beschluss vom 15.02.2018 – 8 TaBV 5/17, in: BeckRS 2018, 20356.

1083 LAG Hamburg, Beschluss vom 15.02.2018 – 8 TaBV 5/17, in: BeckRS 2018, 20356.

1084 LAG Hamburg, Beschluss vom 15.02.2018 – 8 TaBV 5/17, in: BeckRS 2018, 20356.

1085 *Thüsing*, in: Richardi, BetrVG § 19 Rn. 68 f.

1086 LAG Hamburg, Beschluss vom 15.02.2018 – 8 TaBV 5/17, in: BeckRS 2018, 20356; ArbG Hamburg, Beschluss vom 07.06.2017 – 13 BV 13/16, zitiert nach Juris.

Werden keine Vorschlagslisten eingereicht, hat der Wahlvorstand dies nach § 9 Abs. 1 S. 1 WO gleichermaßen bekannt zu geben. Sollten in der Nachfrist keine Vorschlagslisten eingereicht worden sein, hat er nach § 9 Abs. 2 WO bekannt zu geben, dass keine Wahl stattfindet.

Die Bekanntmachung der Wählerliste richtet sich nach § 2 Abs. 4 WO. Nach § 2 Abs. 4 S. 1 WO hat der Wahlvorstand einen Abdruck der Wählerliste sowie der Wahlordnung an geeigneter Stelle im Betrieb zur Einsichtnahme auszulegen. Der Wahlvorstand kann die Wählerliste sowie die Wahlordnung nach § 2 Abs. 4 S. 3 WO ergänzend zur Auslegung im Betrieb mittels der im Betrieb vorhandenen Informations- und Kommunikationstechnik bekannt machen. Unter den Voraussetzungen des § 2 Abs. 4 S. 4 ist sogar eine ausschließliche Bekanntmachung in elektronischer Form zulässig.

Das Wahlausschreiben ist nach § 3 Abs. 4 S. 1 WO an einer oder mehreren geeigneten und den Wahlberechtigten zugänglichen Stellen vom Wahlvorstand auszuhängen und in gut lesbarem Zustand zu erhalten, kann jedoch nach § 3 Abs. 4 S. 2 WO ergänzend ebenso mittels der im Betrieb vorhandenen Informations- und Kommunikationstechnik bekannt gemacht werden. Eine ausschließliche elektronische Bekanntmachung des Wahlausschreibens ergibt sich aus § 3 Abs. 4 S. 3 WO, der auf § 2 Abs. 4 S. 4 WO verweist.

Mit Wirkung zum 15.10.2021 eingeführt[1087] wurde § 3 Abs. 4 S. 4 WO, nach dem der Wahlvorstand das Wahlausschreiben den Personen nach § 24 Abs. 2 WO ergänzend postalisch oder elektronisch (insbesondere per E-Mail[1088]) zu übermitteln hat. Die Neuregelung soll nach der Gesetzesbegründung den Wahlberechtigten frühzeitig die Möglichkeit verschaffen, von der Durchführung der Betriebsratswahl Kenntnis zu erlangen und sich in das Verfahren einzubringen.[1089]

Die als gültig anerkannten Vorschlagslisten hat der Wahlvorstand gemäß § 10 Abs. 2 WO spätestens eine Woche vor Beginn der Stimmabgabe bis zu deren Ende in gleicher Weise bekannt zu machen wie das Wahlausschreiben, wobei auf § 3 Abs. 4 WO verwiesen wird. Die Bekanntmachungen der fehlenden Vorschlagslisten sowie der Wahlabsage (§ 9 Abs. 1 S. 1, Abs. 2 WO) erfolgen gleichermaßen wie die des Wahlausschreibens.

Grundsätzlich gilt, dass das Wahlausschreiben bei Betrieben mit mehreren räumlich voneinander getrennten Betriebstätten in jeder der Betriebsstätten

1087 BGBl. 2021 I, S. 4640, gem. Art. 4 in Kraft getreten am 15.10.2021.
1088 BR-Drucks. 666/21, S. 26.
1089 BR-Drucks. 666/21, S. 26.

auszuhängen ist, da es nur dann den Wahlberechtigten zugänglich ist und die Wahl ordnungsgemäß einleitet.[1090] Ist der Aushang des Wahlausschreibens unzureichend erfolgt und das Wahlausschreiben gemäß § 3 Abs. 4 S. 3 WO ergänzend mittels der im Betrieb vorhandenen Informations- und Kommunikationstechnik bekannt gemacht, ist dennoch der Aushang maßgeblich, da das Wahlausschreiben nur durch diesen wirksam erlassen werden kann.[1091] Die Wahl gilt als nicht ordnungsgemäß eingeleitet und ist anfechtbar. Zu einem anderen Ergebnis kommt das BAG[1092], wenn zwar der Aushang unzureichend erfolgt ist, die elektronische Bekanntmachung allerdings den Voraussetzungen der ausschließlichen elektronischen Bekanntmachung nach § 3 Abs. 4 S. 3 WO iVm. § 2 Abs. 4 S. 4 WO genügt.

Die Bekanntmachung ausschließlich in elektronischer Form ist nach § 2 Abs. 4 S. 4 WO mittels der im Betrieb vorhandenen Informations- und Kommunikationstechnik zulässig, wenn alle Arbeitnehmer von der Bekanntmachung Kenntnis erlangen können und Vorkehrungen getroffen werden, dass Änderungen der Bekanntmachung nur vom Wahlvorstand vorgenommen werden können. Bei der Kenntnis sind die besonderen Belange insbesondere von blinden oder stark sehbehinderten Wahlberechtigten zu berücksichtigen, da anderenfalls eine Wahl anfechtbar sein kann.[1093] Bei einer Bekanntmachung über das Intranet muss sichergestellt sein, dass alle Wahlberechtigten auf das Intranet zugreifen können, sei es mit einem eigenen PC am Arbeitsplatz oder über einen allgemein zugänglichen PC im Betrieb.[1094] Notwendig ist, dass der Wahlberechtigte ohne Hilfe das Intranet nutzen kann.[1095] Bei der elektronischen Bekanntmachung ist es sinnvoll, die Wahlberechtigten via Rundmail über diese und den Ablagegort des Dokuments zu informieren.[1096] Eine Bekanntmachung via E-Mail ist nicht ausreichend, wenn das Dokument der E-Mail als Anlage beigefügt ist, auf eine allgemein zugängliche Veröffentlichung an zentraler Stelle allerdings verzichtet wurde.[1097] Nach der Rechtsprechung des BAG[1098] müssen

---

1090 BAG, Beschluss vom 21.01.2009 – 7 ABR 65/07, in: NZA-RR 2009, 481 (483).

1091 BAG, Beschluss vom 21.01.2009 – 7 ABR 65/07, in: NZA-RR 2009, 481 (483).

1092 BAG, Beschluss vom 21.01.2009 – 7 ABR 65/07, in: NZA-RR 2009, 481 (483).

1093 LAG Hessen, Beschluss vom 24.09.2015 – 9 TaBV 12/15, in: BeckRS 2016, 65751.

1094 *Neu*, in: Kramer IT-ArbR, C Rn. 139.

1095 *Jansen*, DB 2006, 334 (335).

1096 *Forst*, in: Richardi, BetrVG, § 2 WO Rn. 16; *Neu*, in: Kramer IT-ArbR, C Rn. 139.

1097 *Forst*, in: Richardi, BetrVG, § 2 WO Rn. 16; *Neu*, in: Kramer IT-ArbR, C Rn. 139; aA. *Jansen*, DB 2006, 334 (334).

1098 BAG, Beschluss vom 21.01.2009 – 7 ABR 65/07, in: NZA-RR 2009, 481 (481, 483).

ferner die technischen oder organisatorischen Rahmenbedingungen so beschaffen sein, dass der Zugriff auf das in elektronischer Form bekannt gemachte Dokument ausschließlich durch den Wahlvorstand erfolgen kann. Sofern die Mitglieder des Wahlvorstands aufgrund fehlender Fachkenntnisse nicht in der Lage sind, die für eine Änderung des elektronischen Dokuments notwendigen Verarbeitungsschritte vorzunehmen, können sie zwar Dritte hinzuziehen, müssen jedoch zusätzliche Sicherungsmaßnahmen einsetzen, um die elektronische Bekanntmachung vor einer unbefugten Änderung durch Dritte zu schützen.[1099] Dies kann beispielsweise durch ein Passwort oder beschränkte Zugriffsrechte erfolgen.[1100] Diese hohen Voraussetzungen sind nicht eingehalten, wenn Dritte arbeitsrechtlich zwar nicht berechtigt sind, ohne Mitwirkung des Wahlvorstands Änderungen am Dokument vorzunehmen, hierzu jedoch tatsächlich auch ohne Mitwirkung des Wahlvorstands in der Lage sind.[1101] Ein Zugriff durch Dritte auf das Dokument muss somit unmöglich sein. Die elektronisch bekanntgemachte Wählerliste hat der Wahlvorstand zudem laufend auf ihre Richtigkeit hin zu überprüfen und aktualisieren.[1102]

Diese Grundsätze der Bekanntmachungen gelten entsprechend für das zweistufige vereinfachte Verfahren (§§ 28 Abs. 1 S. 3 und 4, 30 Abs. 1 S. 6, 33 Abs. 4, 33 Abs. 5 S. 2 WO), das einstufige vereinfachte Verfahren (§§ 36 Abs. 1 S. 3, Abs. 3 S. 2, Abs. 5 S. 3, Abs. 6 S. 2 WO) sowie das nach § 14a Abs. 5 BetrVG vereinbarte vereinfachte Verfahren (§ 37 WO). Ist eine nachträgliche schriftliche Stimmabgabe erforderlich, hat der Wahlvorstand dies gemäß §§ 35 Abs. 2, 36 Abs. 4, 37 WO in gleicher Weise bekannt zu machen wie das Wahlausschreiben.

Zwar ist der Handlungsspielraum digitaler Möglichkeiten bei Bekanntmachungen des Wahlvorstands demnach teilweise bereits im Jahr 2001 in engen Grenzen eröffnet worden, indem diese unter bestimmten Voraussetzungen ergänzend oder ausschließlich elektronisch mittels der im Betrieb vorhandenen Informations- und Kommunikationstechnik veröffentlicht werden können. Allerdings stehen insbesondere der ausschließlichen elektronischen Bekanntmachung hohe Hürden entgegen, die deren Praktikabilität stark mindert. Eine Erleichterung der Wahl wurde damit nicht geschaffen. Der Digitalisierung werden somit trotz der grundsätzlichen Nutzungsmöglichkeit von Informations- und

1099 BAG, Beschluss vom 21.01.2009 – 7 ABR 65/07, in: NZA-RR 2009, 481 (483).

1100 *Neu*, in: Kramer IT-ArbR, C Rn. 140.

1101 BAG, Beschluss vom 21.01.2009 – 7 ABR 65/07, in: NZA-RR 2009, 481 (483); aA. *Jansen*, DB 2006, 334 (335).

1102 BAG, Beschluss vom 02.08.2017 – 7 ABR 42/15, in: NZA 2018, 182 (184).

Kommunikationstechnik Hürden in den Weg gelegt, die dazu führen, dass in der Praxis hierauf kein Verlass ist. Der Wahlvorstand sollte somit – um eine Anfechtbarkeit der Wahl zu vermeiden – stets auf die originäre Möglichkeit des Aushangs bzw. der Auslegung an geeigneter Stelle im Betrieb setzen.

### *c) Sitzungen/Versammlungen seit COVID-19*

Bis einschließlich 29.02.2020 galt hinsichtlich Sitzungen bzw. Versammlungen der Betriebsverfassung die bereits seit dem Jahr 1952 bzw. 1972 geltende Rechtslage. Dies war somit teilweise vor dem Start des öffentlichen Fernsehens in Deutschland (1952), der Erfindung des Industrieroboters (1953), der Verfügbarkeit von Fotokopierern im alltäglichen Bürobetrieb (1959) oder der Erfindung des Kassettenrekorders (1963) und des Taschenrechners (1967).[1103] Die Gesetzeslage war mithin veraltet und die moderne Kommunikation sowie die Digitalisierung ihr fremd. Bedingt durch den Krankheitserreger SARS-CoV-2 und die dadurch bedingte weltweit grassierende COVID-19-Pandemie hat die Digitalisierung jedoch rasch Einzug in die Sitzungen und Versammlungen der betriebsverfassungsrechtlichen Organe gefunden. Betroffen sind insbesondere Betriebsratssitzung, Betriebsversammlung und Wahlvorstandssitzung.

#### *aa) Betriebsratssitzungen*

Notwendige Änderungen wurden zunächst für Betriebsratssitzungen beschlossen. Betriebsratssitzungen bzw. Beschlussfassungen mittels Video- oder Telefonkonferenz waren bis 29.02.2020 nicht möglich.[1104] Derartige

---

1103 *Annuß*, NZA 2017, 345 (348).

1104 Arbeitsgericht Stuttgart, Beschluss vom 25.04.2019 – 21 BV 62/18, in: BeckRS 2019, 10530, Rn. 60; *Baeck/Winzer/Launer*, NZG 2020, 659 (659 f.); *Boemke/Roloff/Haase*, NZA 2021, 827 (827); *Däubler/Klebe*, NZA 2020, 545 (546); *Düwell*, BB, 2020, I; *Grimm*, ArbRB 2020, 129 (129); *Hagedorn*, NZA 2021, 158 (158); *Hennsler*, NZA-Beilage 2020, 3 (5); *Jesgarzewski/Holzendorf*, NZA 2012, 1021 (1022); *Junker*, ZfA 2020, 317 (318); *Klebe*, NZA-Beilage 2017, 77 (84); *Klebe*, NZA 2020, 996 (996 f.); *Krois*, DB 2020, 674 (676); *Müller*, ArbRAktuell 2020, 247 (248); *Richardi*, BetrVG, § 33 Rn. 3; *Schulze/Helmrich*, ArbRAktuell 2020 I, 162 (162); *Tangemann*, BB 2020, 1974 (1975); *Thüsing*, in: Mauer, in: BeckOK ArbR, § 33 BetrVG Rn. 3; a.A. *Beden/Rombey*, BB 2020, 1141 (1144); *Fuhlrott/Fischer*, NZA 2020 I, 345 (349); *Fuhlrott/Fischer*, NZA 2020 II, 490 (490); *Fündling/Sorber*, NZA 2017, 552 (555 f.); *Günther/Böglmüller/Mesina*, NZA 2020, 77 (78); *Koch*, in: Erfurter Kommentar, § 33 BetrVG Rn. 3; *Ludwig/Kemna*, in: Münchener Anwaltshandbuch Arbeitsrecht, § 59 Rn. 87; *Lütkehaus/Powietzka*, NZA 2020, 552 (552); *Schulze/Helmrich/Wolters*, ArbRAktuell

Betriebsratssitzungen waren unzulässig, gefasste Beschlüsse unwirksam oder nichtig.[1105] Einzig Präsenzsitzungen waren zulässig.[1106]

Dies lag zum einen am Begriff der Anwesenheit des § 33 Abs. 1 S. 1 BetrVG aF., der eine gemeinsame physische Anwesenheit in einem Raum oder an einer anderen Stelle vorausgesetzt hat, die bei Video- und Telefonkonferenzen nicht gegeben war.[1107] Zum anderen würde gegen die Nichtöffentlichkeit des § 30 S. 4 BetrVG aF. verstoßen.[1108] Kameras und Telefone ermöglichen zumeist keine sichere Feststellung, ob nicht weitere unberechtigte Personen der Betriebsratssitzung beiwohnen.[1109] Allein die Möglichkeit des Beisitzens, Mithörens oder Mitsehens von unberechtigten Dritten bei Video- und Telefonkonferenzen begründet die Gefahr einer Sitzungsöffentlichkeit.[1110] Das Gebot der Nichtöffentlichkeit schützt dabei nicht nur die Amtsführung des Betriebsrats, sondern auch die der Betriebsratsmitglieder, und soll das Agieren frei von Einflüssen Dritter ermöglichen.[1111]

### *(1) Pandemiebedingte befristete Sonderregelungen*

Aufgrund dessen hat der Gesetzgeber mit dem Arbeit-von-morgen-Gesetz vom 20.05.2020[1112] auf die pandemische Lage reagiert und mit § 129 BetrVG aF. eine befristete Regelung eingeführt, die erstmalig die Teilnahme insbesondere an Sitzungen des Betriebsrats sowie dessen Beschlussfassung mittels Video- und Telefonkonferenz ermöglicht hat. Diese galt rückwirkend zunächst im Zeitraum 01.03.2020 bis 31.12.2020 (Art. 6, 19 Abs. 2 und 6 Arbeit-von-morgen-Gesetz)

---

2020, 189 (190); *Thüsing/Beden*, BB 2019, 372 (373 f., 378); *Tödtmann*, in: Tödtmann/ v. Bockelmann, COVID-19, Teil B Rn. 189.

1105 *Fuhlrott/Fischer*, NZA 2020 II, 490 (490); *Grimm*, ArbRB 2020, 129 (129).

1106 *Jesgarzewski/Holzendorf*, NZA 2012, 1021 (1022); *Klebe*, NZA-Beilage 2017, 77 (84).

1107 *Däubler/Klebe*, NZA 2020, 545 (545); a.A. *Beden/Rombey*, BB 2020, 1141 (1142); *Fündling /Sorber*, NZA 2017, 552 (555).

1108 *Bundesministerium für Arbeit und Soziales*, Weiss-Buch Arbeiten 4.0, Berlin, 2017, S. 160 f.

1109 *Däubler*, NZA-RR 2020, 647 (651); *Däubler/Klebe*, NZA 2020, 545 (546); *Klebe*, NZA 2020, 996 (996).

1110 *Jesgarzewski/Holzendorf*, NZA 2012, 1021 (1022).

1111 *Fündling/Sorber*, NZA 2017, 552 (556); *Müller*, ArbRAktuell 2020, 247 (248).

1112 BGBl. 2020 I, S. 1044, Gesetz zur Förderung der beruflichen Weiterbildung im Strukturwandel und zur Weiterbildung der Ausbildungsförderung (Arbeit-von-morgen-Gesetz), gem. Art. 19 in Kraft getreten am 01.03.2020.

und wurde bis 30.06.2021 verlängert (Art. 4 Beschäftigungssicherungsgesetz vom 03.12.2020[1113]).

Voraussetzung hierfür war, dass Dritte vom Inhalt der Sitzung keine Kenntnisse nehmen können (§ 129 Abs. 1 S. 1 BetrVG aF.), keine Aufzeichnung stattfindet (§ 129 Abs. 1 S. 2 BetrVG aF.) und die Teilnehmer ihre Anwesenheit gegenüber dem Vorsitzenden in Textform bestätigen (§ 129 Abs. 1 S. 3 BetrVG aF.).

Anlässlich der Gesetzesbegründung sollte damit der Situation um die COVID-19-Pandemie und den damit verbundenen Schwierigkeiten einer Präsenzsitzung Rechnung getragen, sowie Rechtssicherheit geschaffen werden.[1114] Es sollte eine Möglichkeit eröffnet werden, Sitzungen und Beschlussfassungen mittels Video- und Telefonkonferenz einschließlich online gestützter Anwendungen wie WebEx-Meetings oder Skype[1115] durchzuführen.[1116] Wichtig waren jedoch technische oder organisatorische Maßnahmen zum Ausschluss unberechtigter Dritter von der nichtöffentlichen Sitzung.[1117] Der Gesetzgeber hat sich hierbei an dem Wortlaut der Art. 5 Abs. 1 lit. f, 32 Abs. 1 DSGVO orientiert.[1118] Die Gesetzesbegründung hat beispielsweise eine verschlüsselte Verbindung, einen nichtöffentlichen Raum oder eine zu Protokoll abgegebene Versicherung der Sitzungsteilnehmer, dass nur teilnahmeberechtigte Personen in dem von ihnen genutzten Raum anwesend sind, vorgeschlagen.[1119]

Die Präsenzsitzung und die neuen Sitzungsformen standen gleichwertig nebeneinander, da mit ihnen zusätzliche Möglichkeiten geschaffen wurden, die keines besonderen Begründungsaufwands bedurften.[1120] Unter Umständen konnte sich jedoch das vom Betriebsratsvorsitzenden pflichtgemäß auszuübende Ermessen pandemiebedingt auf Null reduzieren.[1121] Demgegenüber konnte der

---

1113 BGBl. 2020 I, S. 2691, Gesetz zur Beschäftigungssicherung infolge der COVID-19-Pandemie (Beschäftigungssicherungsgesetz – BeschSiG), gem. Art. 7 in Kraft getreten am 10.12.2020.

1114 BT-Drucks. 19/18753, S. 28.

1115 Mit Sicherheitskritik zu Skype, Zoom & Co.: *Tangemann*, BB 2020, 1974 (1976 ff.).

1116 BT-Drucks. 19/18753, S. 28.

1117 BT-Drucks. 19/18753, S. 28.

1118 Hierzu auch: *Schulze/Helmrich*, ArbRAktuell 2020 II, 253 (254).

1119 BT-Drucks. 19/18753, S. 28.

1120 LAG Berlin-Brandenburg, Beschluss vom 24.08.2020 – 12 TaBVGa 1015/20, in: NZA-RR 2020, 647 (649); *Hagedorn*, NZA 2021, 158 (159).

1121 *Hagedorn*, NZA 2021, 158 (159 f.); *Städler*, NZA 2021, 465 (468).

Arbeitgeber Präsenzsitzungen grundsätzlich nicht verbieten,[1122] sondern hatte nach § 40 Abs. 2 BetrVG die Kosten für etwaige zusätzliche Ausstattung zu tragen.[1123]

Mit § 129 BetrVG aF. hat der Gesetzgeber zum einen klargestellt, dass Video- und Telefonkonferenzen nach der damaligen Gesetzeslage unzulässig waren.[1124] Zum anderen hat er hierdurch klargestellt, dass die Nichtöffentlichkeit inzwischen mit technischen oder organisatorischen Maßnahmen gewahrt werden kann. Auf betriebsratsinterne Wahlen fand § 129 BetrVG aF. keine Anwendung.[1125]

*(2) Dauerhafte Lösung*

Nach dem Auslaufen der befristeten Sonderregelung des § 129 BetrVG aF. am 30.06.2021 hat der Gesetzgeber eine dauerhafte Lösung[1126] angestrebt, die die Digitalisierung voranbringen und gleichzeitig die Attraktivität eines Betriebsratsamtes steigern sollte.[1127] Mit dem Betriebsrätemodernisierungsgesetz vom 14.06.2021[1128] wurden Video- sowie Telefonkonferenzen daher dauerhaft ermöglicht und dies in §§ 30, 33, 34 BetrVG verankert. Dabei bildet die Präsenzsitzung den Regelfall (§ 30 Abs. 1 S. 5 BetrVG). Nach § 30 Abs. 2 S. 1 BetrVG kann die Teilnahme mittels Video- und Telefonkonferenz stattfinden, wenn die Voraussetzungen für eine Teilnahme in der Geschäftsordnung[1129] unter Sicherung des Vorrangs der Präsenzsitzung festgelegt sind (Nr. 1), nicht mindestens ein Viertel der Mitglieder des Betriebsrats binnen einer von dem Vorsitzenden zu bestimmenden Frist diesem gegenüber widerspricht (Nr. 2) und sichergestellt ist, dass Dritte vom Inhalt der Sitzung keine Kenntnis nehmen können (Nr. 3). Die Aufzeichnung der Sitzung ist nach § 30 Abs. 2 S. 2 BetrVG unzulässig. Zudem wurde mit § 33 Abs. 1 S. 2 BetrVG klargestellt, dass Betriebsratsmitglieder, die mittels

---

1122 LAG Berlin-Brandenburg, Beschluss vom 24.08.2020 – 12 TaBVGa 1015/20, in: NZA-RR 2020, 647 (648 f.); *Hagedorn*, NZA 2021, 158 (158).

1123 *Däubler/Klebe*, NZA 2020, 545 (548).

1124 Ebenso *Baeck/Winzer/Launer*, NZG 2020, 659 (661); *Fuhlrott/Fischer*, NZA 2020 II, 490 (491); *Mückl/Wittek*, DB 2020, 1289 (1290).

1125 *Hagedorn*, NZA 2021, 158 (160); *Städler*, NZA 2021, 465 (467).

1126 Eine dauerhafte Lösung hat auch die Fraktion FDP mit ihrem Antrag vom 26.04.2021 angestrebt (BT-Drucks. 19/28984).

1127 BT-Drucks. 19/28899, S. 2, 15.

1128 BGBl. 2021 I, S. 1762, gem. Art. 6 in Kraft getreten am 18.06.2021.

1129 *Boemke/Roloff/Haase*, NZA 2021, 827 (828), die einen Formulierungsvorschlag einer entsprechenden Geschäftsordnung darstellen.

Video- und Telefonkonferenz an der Beschlussfassung teilnehmen, als anwesend gelten. Die Anwesenheit muss nach § 34 Abs. 1 S. 4 BetrVG gegenüber dem Vorsitzenden in Textform bestätigt werden.

Nach der Gesetzesbegründung steht die Entscheidung über eine (teilweise) Video- oder Telefonkonferenz in der alleinigen Entscheidungsbefugnis des Betriebsrats, der Arbeitgeber kann dies nicht verlangen.[1130] Der Vorrang der Präsenzsitzung gegenüber einer Video- und Telefonkonferenz ergibt sich nach der Gesetzesbegründung daraus, dass dort Körpersprache, Mimik oder Gestik nicht in gleicher Weise wahrgenommen werden könnten und ein Einzelaustausch zwischen Betriebsratsmitgliedern nicht möglich sei.[1131] Daher sei beispielsweise eine Begrenzung der Anzahl von Video- und Telefonkonferenzen angezeigt, oder eine Beschränkung auf bestimmte Themen, bei denen der Betriebsrat eine möglichst schnelle Befassung für angezeigt hält, oder eine Begrenzung auf Fälle, die dem Gesundheitsschutz der Betriebsratsmitglieder dienen.[1132] Hinsichtlich der Wahrung der Nichtöffentlichkeit sowie der hierzu erforderlichen technischen und organisatorischen Maßnahmen gelten die gleichen Grundsätze wie bei § 129 BetrVG aF.[1133]

#### *bb) Betriebsversammlungen*

Gleiches Bild wie bei Betriebsratssitzungen[1134] ob der Zulässigkeit von Video- und Telefonkonferenzen auf Basis der alten Gesetzeslage ergab sich bei Betriebsversammlungen nach § 42 BetrVG, wobei hier ebenso von deren Unzulässigkeit ausgegangen und an dem Grundsatz der Präsenz festgehalten wurde.[1135] Begründet wurde dies einerseits mit dem Grundsatz der Nichtöffentlichkeit, andererseits mit dem notwendigen Schutz der Persönlichkeitsrechte der Arbeitnehmer.[1136] Durch den über das Arbeit-von-morgen-Gesetz vom 20.05.2020[1137] eingeführten § 129 Abs. 3 BetrVG aF. hat der Gesetzgeber auch für Betriebsversammlungen befristet ermöglicht, dass diese mittels audiovisueller Einrichtungen durchgeführt werden können, wenn sichergestellt ist, dass nur

---

1130 BT-Drucks. 19/28899, S. 19.
1131 BT-Drucks. 19/28899, S. 19.
1132 BT-Drucks. 19/28899, S. 19.
1133 Siehe B.IV.3.c)aa)(1), S. 224 ff.
1134 Siehe B.IV.3.c)aa), S. 223 ff.
1135 *Klumpp/Holler*, BB 2020, 1268 (1268 f.).
1136 *Klumpp/Holler*, BB 2020, 1268 (1268 f.).
1137 BGBl. 2020 I, S. 1044, gem. Art. 19 in Kraft getreten am 01.03.2020.

teilnahmeberechtigte Personen Kenntnis von dem Inhalt der Versammlung nehmen können und keine Aufzeichnung stattfindet. Es wurde somit eine andere Formulierung als in § 129 Abs. 1 BetrVG aF. gewählt. Unter audiovisuellen Einrichtungen verstand die Gesetzesbegründung beispielsweise eine Übertragung in Videokonferenzräume oder über das Intranet.[1138] Gefordert wurde somit eine akustische und optische Kommunikations- und Diskussionsplattform in Echtzeit.[1139] Ferner waren technische und organisatorische Maßnahmen zur Gewährleistung der Nichtöffentlichkeit durchzuführen.[1140]

Die pandemiebedingte Sonderregelung des § 129 Abs. 3 BetrVG aF. zu Betriebsversammlungen galt ebenso rückwirkend zunächst im Zeitraum 01.03.2020 bis 31.12.2020 (Art. 6, 19 Abs. 2 und 6 Arbeit-von-morgen-Gesetz[1141]) und wurde einmalig bis 30.06.2021 verlängert (Art. 4 Beschäftigungssicherungsgesetz vom 03.12.2020[1142]). Die Sonderregelung lief mit Ablauf des 30.06.2021 aus. Im Gegensatz zu Betriebsratssitzungen wurde für Betriebsversammlungen keine Regelung im Betriebsrätemodernisierungsgesetz[1143] aufgenommen. Dies hatte zur Konsequenz, dass Betriebsversammlungen ab dem 01.07.2021 nicht mehr mittels audiovisueller Einrichtungen durchgeführt werden konnten, sondern wieder als Präsenzveranstaltungen abgehalten werden mussten.

Durch Art. 5 des Gesetzes zur Stärkung der Impfprävention gegen COVID-19 und zur Änderung weiterer Vorschriften im Zusammenhang mit der COVID-19-Pandemie vom 10.12.2021[1144] hat der Gesetzgeber § 129 BetrVG mit Wirkung zum 12.12.2021 wiederbelebt. Nach Abs. 1 der Neuregelung konnten Versammlungen nach § 42 BetrVG bis zum Ablauf des 19.03.2022 erneut mittels audiovisueller Einrichtungen durchgeführt werden, wenn sichergestellt war, dass nur teilnahmeberechtigte Personen Kenntnis von dem Inhalt der Versammlung nehmen konnten, wobei eine Aufzeichnung unzulässig war. Dies diente dem Gesundheitsschutz und sollte die Möglichkeit von Betriebsversammlungen aufrechterhalten.[1145] Die erneut befristete Regelung hätte nach § 129 Abs. 3 BetrVG vom Deutschen Bundestag einmalig um bis zu drei Monate verlängert werden

1138 BT-Drucks. 19/18753, S. 28.
1139 *Klumpp/Holler*, BB 2020, 1268 (1269 f.).
1140 *Klumpp/Holler*, BB 2020, 1268 (1270).
1141 BGBl. 2020 I, S. 1044, gem. Art. 19 in Kraft getreten am 01.03.2020.
1142 BGBl. 2020 I, S. 2691, gem. Art. 7 in Kraft getreten am 10.12.2020.
1143 BGBl. 2021 I, S. 1762, gem. Art. 6 in Kraft getreten am 18.06.2021.
1144 BGBl. 2021 I, S. 5162, gem. Art. 23 in Kraft getreten am 12.12.2021.
1145 BT-Drucks. 20/188, S. 50.

können; dies ist jedoch unterblieben. Mithin sind Betriebsversammlungen seit dem 20.03.2022 nicht mehr mittels audiovisueller Einrichtungen möglich.

*cc) Wahlvorstandssitzungen*

Schließlich hat der Gesetzgeber durch die Verordnung zur Änderung der Wahlordnung, der Wahlordnung Seeschifffahrt und der Verordnung zur Durchführung der Betriebsratswahlen bei den Postunternehmen vom 08.10.2021[1146] auch digitale Möglichkeiten für Wahlvorstandssitzungen eingeführt. Zwar stellt die Präsenzsitzung nach § 1 Abs. 3 S. 2 WO den Regelfall dar, allerdings kann der Wahlvorstand hiervon abweichen. Gemäß § 1 Abs. 4 S. 1 WO kann der Wahlvorstand beschließen, dass die Teilnahme an einer seiner nicht öffentlichen Sitzungen mittels Video- und Telefonkonferenz erfolgen kann. Nach § 1 Abs. 4 S. 2 WO gilt dies allerdings nicht im Rahmen einer Wahlversammlung nach § 14a Abs. 1 S. 2 WO (Nr. 1), zur Prüfung eingereichter Vorschlagslisten nach § 7 Abs. 2 S. 2 WO (Nr. 2) sowie zur Durchführung eines Losverfahrens nach § 10 Abs. 1 WO (Nr. 3). Im Übrigen wurden ähnliche Regelungen wie schon für Betriebsratssitzungen[1147] und Betriebsversammlungen[1148] getroffen. Es muss zum einen sichergestellt sein, dass Dritte keine Kenntnis vom Inhalt der Sitzung nehmen können (§ 1 Abs. 4 S. 3 WO). Zum anderen ist eine Aufzeichnung der Sitzung unzulässig (§ 1 Abs. 4 S. 4 WO). Ferner müssen die mittels Video- und Telefonkonferenz Teilnehmenden ihre Teilnahme gegenüber dem Vorsitzenden in Textform bestätigen (§ 1 Abs. 4 S. 5 WO) und diese Bestätigung der Niederschrift beigefügt werden (§ 1 Abs. 4 S. 6 WO). Darüber hinaus fingiert § 1 Abs. 5 WO eine Teilnahme vor Ort als erforderlich, wenn die Sitzung des Wahlvorstands mit der zusätzlichen Möglichkeit der Teilnahme mittels Video- und Telefonkonferenz erfolgt.

Die für Wahlvorstandssitzungen eingeführten Regelungen gelten unbefristet. Nach der Gesetzesbegründung sollte der Wahlvorstand damit seine Sitzungen rechtssicher mittels Video- und Telefonkonferenz abhalten können, da hierfür das gleiche praktische Bedürfnis wie beim Betriebsrat bestehe und dem Wahlvorstand die Aufgabenerfüllung erleichtert würde.[1149] Dabei stehe die alleinige Entscheidungsbefugnis darüber, ob und inwieweit Video- und Telefonkonferenzen

1146 BGBl. 2021 I, S. 4640, gem. Art. 4 in Kraft getreten am 15.10.2021.
1147 Siehe B.IV.3.c)aa)(1), S. 224 ff.
1148 Siehe B.IV.3.c)bb), S. 227 ff.
1149 BR-Drucks. 666/21, S. 17.

genutzt werden, ausschließlich dem Wahlvorstand zu, wohingegen der Arbeitgeber keine Bestimmungsrechte hat.[1150]

### *dd) Kritik und Potenzial*

Letztlich hat sich der Gesetzgeber für einen notwendigen Schritt in Richtung Digitalisierung entschieden. Zwar erfolgte dieser Schritt nicht gänzlich aus freien Stücken des Gesetzgebers, sondern war dem pandemischen Hintergrund des SARS-CoV2-Virus und somit insbesondere dem Gesundheitsschutz geschuldet, jedoch hat sich der Gesetzgeber dazu entschlossen, die teilweise als nur vorübergehend eingeführten Regelungen in abgewandelter Form größtenteils dauerhaft als gesetzlichen Status quo einzuführen. Im Ergebnis ist dies dem Gesetzgeber allerdings nicht überzeugend gelungen.

Betriebsrats- und Wahlvorstandssitzungen können nicht nur mittels Videokonferenz durchgeführt werden, sondern gleichermaßen mittels Telefonkonferenz. Dies muss kritisch gesehen werden. Der Gesetzgeber ist damit über das Ziel hinausgeschossen.[1151] Telefonkonferenzen sind nicht für den Zweck des Gesetzgebers notwendig, die Arbeitsfähigkeit der betriebsverfassungsrechtlichen Organe durch die Einschränkungen der COVID-19-Pandemie aufrechtzuerhalten.[1152]

Nur eine Präsenzveranstaltung ermöglicht eine umfassende formelle und informelle Kommunikation und gemeinsame Diskussion unter den Anwesenden, einschließlich der Wahrnehmung von Mimik und Gestik.[1153] Dies ist für die Arbeit der betriebsverfassungsrechtlichen Organe nicht nur wichtig, sondern notwendig. Bereits Videokonferenzen sind ein „Weniger" als Präsenzveranstaltungen. Telefonkonferenzen haben dagegen mit einer Präsenzveranstaltung nur im Entferntesten zu tun.

Für die innerorganschaftliche Willensbildung ist ein zwischen den Mitgliedern stattfindender Austausch im Rahmen einer gemeinsamen Diskussion wesentlich, bei dem das gegenseitige Vorbringen inklusive der Faktoren Mimik und Gestik wahrgenommen und auf dieses unmittelbar reagiert werden kann.[1154] In

1150 BR-Drucks. 666/21, S. 23.

1151 So auch: *Beden/Rombey*, BB 2020, 1141 (1145).

1152 BT-Drucks. 19/18753, S. 28.

1153 *Boemke/Roloff/Haase*, NZA 2021, 827 (828); *Däubler*, NZA-RR 2020, 647 (651); *Däubler/Klebe*, NZA 2020, 545 (546); *Klebe*, NZA 2020, 996 (996); *Müller*, ArbRAktuell 2020, 247 (248).

1154 *Beden/Rombey*, BB 2020, 1141 (1142); *Thüsing/Beden*, BB 2019, 372 (373).

einem gewissen Rahmen wird dies durch eine Videokonferenz gewährt, weshalb diese als noch ähnlich zu einer Präsenzveranstaltung angesehen werden kann. Eine Videokonferenz ermöglicht, dass sich die Mitglieder in Echtzeit auditiv und visuell wahrnehmen und sich am Willensbildungsprozess beteiligen können.[1155] Demgegenüber kann eine Telefonkonferenz dies nicht ermöglichen. Mimik und Gestik können hier nicht wahrgenommen werden. Eine Kommunikation und Diskussion der Mitglieder kann somit nicht die gleiche Tragweite entwickeln, wie dies in einer Präsenzveranstaltung – und teilweise auch in einer Videokonferenz – möglich wäre. Der Willensbildungsprozess ist mithin im Vergleich eingeschränkt. Dies hätte der Gesetzgeber trotz der Auswirkungen der COVID-19-Pandemie im Blick behalten müssen. Keinesfalls hätte er Telefonkonferenz für zulässig erklären dürfen.[1156] Dennoch hat er diese auf die gleiche Stufe wie Videokonferenzen gesetzt und dies beibehalten. Die Gesetzesbegründung[1157] zum Rangverhältnis zwischen Präsenzveranstaltung einerseits und Video- sowie Telefonkonferenz andererseits ist sodann unsauber. Darin heißt es, dass eine Präsenzveranstaltung gegenüber Telefonkonferenzen vorzugswürdig sei, da bei letzterer Körpersprache, Mimik oder Gestik *„nicht in gleicher Weise“*[1158] wahrgenommen werden könnten und ein vertraulicher Einzelaustausch von einzelnen Mitgliedern, der für die Meinungsbildung wichtig sein könne, nicht möglich sei.[1159] Der Satzteil *„nicht in gleicher Weise“*[1160] ist verfehlt. Bei einer Telefonkonferenz können Körpersprache, Mimik und Gestik nicht nur nicht in gleicher Weise wahrgenommen werden, sondern schlichtweg überhaupt nicht. Es fehlt mithin an einer Vergleichbarkeit zu einer Präsenzveranstaltung. Auch die Beibehaltung der Gleichstellung von Telefonkonferenzen zu Videokonferenzen ist nicht angebracht, da Videokonferenzen im Gegensatz zu Telefonkonferenzen aufgrund der auch visuellen Übertragung weitaus bessere Möglichkeiten bieten.

Dennoch muss man dem Gesetzgeber zumindest zugutehalten, dass er den befürchteten Rückschritt zu reinen Präsenzveranstaltungen nach dem Auslaufen der befristeten Regelungen größtenteils verhindert hat.[1161] Schließlich wird mit (teilweise) virtuellen Sitzungen nicht nur ermöglicht, mit der Digitalisierung

---

1155 *Beden/Rombey*, BB 2020, 1141 (1142 f.); *Fündling/Sorber*, NZA 2017, 552 (555); *Günther/Böglmüller/Mesina*, NZA 2020, 77 (78); *Thüsing/Beden*, BB 2019, 372 (373).

1156 So auch: *Beden/Rombey*, BB 2020, 1141 (1142 f., 1145).

1157 BT-Drucks. 19/28899, S. 20.

1158 BT-Drucks. 19/28899, S. 20.

1159 BT-Drucks. 19/28899, S. 20.

1160 BT-Drucks. 19/28899, S. 20.

1161 So auch: *Beden/Rombey*, BB 2020, 1141 (1145).

in der Arbeitswelt mitzuhalten, sondern zum anderen die Flexibilisierung der Arbeit sowie die Attraktivität eines Amtes für Teilzeitkräfte gesteigert.[1162] Die Krise diente somit als Fortschrittmacher und hat gezeigt, dass mehr möglich ist als angenommen. Ein Rückschritt in die ausschließlich analoge Welt wurde vermieden, wenngleich auch in Form der Telefonkonferenz überschießend. Telefonkonferenzen sollten daher für unzulässig erklärt und aus dem Gesetz entfernt werden.

Im Rahmen der Betriebsratswahl kann der Wahlvorstand demnach seine Sitzungen und Beschlüsse mittels Videokonferenzen durchführen bzw. fassen. Ebenso sollte es für Betriebsversammlungen ermöglicht werden, dass diese mittels audiovisueller Einrichtungen durchgeführt werden können. Dies war für Betriebsversammlungen nach § 42 BetrVG durch befristete Sonderregelungen bis zum 19.03.2022 möglich, wurde jedoch nicht darüber hinaus verlängert. Gleichermaßen effizient wäre es, digitale (Wahl)Betriebsversammlungen im Sinne der §§ 14a, 17, 17a BetrVG zu ermöglichen. Dies würde insbesondere für Teilzeitkräfte oder Menschen mit Behinderungen Vorteile bringen, die Umsetzung geht jedoch nur Hand in Hand mit der Einführung einer elektronischen Betriebsratswahl.

## 4. Einführung der elektronischen Betriebsratswahl?

Es stellt sich daher die Frage, ob die Digitalisierung nicht in Gestalt einer elektronischen Betriebsratswahl Einzug finden sollte. Hierunter verstehen sich elektronische, computerbasierte Wahlsysteme in offenen Netzen wie dem Internet.[1163] Die Stimmabgabe erfolgt hierbei am PC, Smartphone, Tablet oder an sonstigen internetfähigen Geräten zu Hause oder einem anderen Ort.[1164] Dies wäre ein klarer Fortschritt gegenüber dem Status quo und könnte die Flexibilität der Wahl enorm steigern.

### *a) Rechtlicher Rahmen gemäß BVerfG*

Im Zusammenhang mit einer elektronischen Wahl ist die Entscheidung des BVerfG[1165] zum Einsatz von Wahlcomputern bei der Bundestagswahl zu berücksichtigen. In dieser Entscheidung über zwei Wahlprüfungsbeschwerden zog das

1162 *Boemke/Roloff/Haase*, NZA 2021, 827 (827 f.).
1163 *Bretthauer/Spiecker*, NZS 2020, 241 (243).
1164 *Bretthauer/Spiecker*, NZS 2020, 241 (243).
1165 BVerfG, Urteil vom 03.03.2009 – 2 BvC 3/07 und 4/07, in: NVwZ 2009, 708.

BVerfG Grundlinien, die vorliegend relevant sind. Diese Grundlinien müssen jedoch ins Verhältnis gesetzt werden, da es sich bei der Betriebsratswahl nicht um eine politische Wahl handelt.

### *aa) Wahlcomputerentscheidung des BVerfG*

Der Entscheidung des BVerfG lag verkürzt folgender Sachverhalt zugrunde:[1166]

Bei der Wahl zum Deutschen Bundestag im Jahr 2005 wurden vereinzelt rechnergesteuerte Wahlgeräte (sog. Wahlcomputer) eingesetzt. Etwa zwei Millionen Wahlberechtigte in Brandenburg, Hessen, Nordrhein-Westfalen, Rheinland-Pfalz und Sachsen-Anhalt haben ihre Stimmen über lokale Wahlcomputer eines niederländischen Unternehmens abgegeben. Die Wahlcomputer wurden über einen Mikroprozessor und ein Softwareprogramm gesteuert, wobei die abgegebenen Stimmen ausschließlich auf einem elektronischen Speicher abgelegt sowie am Ende eines Wahltags durch den Wahlcomputer elektronisch ausgezählt wurden. Nach elektronischer Ergebnisermittlung wurden die für die jeweiligen Wahlvorschläge insgesamt abgegebenen Stimmen vom Wahlcomputer angezeigt. Die Ergebnisse konnten über einen im Wahlcomputer integrierten Drucker ausgedruckt werden. Die am Wahlcomputer abgegebenen Stimmen wurden auf einer herausnehmbaren Speichereinheit abgelegt, die als sog. elektronische Urne bezeichnet wurde. Auf der Speichereinheit wurden auch die Daten der Stimmzettel, die Zuordnung der einzelnen Tasten zu den Wahlvorschlägen sowie Wahldatum und Wahllokal gespeichert. Die sich auf Speicherbausteinen befindliche und im Wahlcomputer verbaute Software wurde durch zwei Siegel des Herstellers gesichert.

Das BVerfG erachtete den konkreten Einsatz der Wahlcomputer als Verstoß gegen den Grundsatz der Öffentlichkeit der Wahl aus Art. 38 Abs. 1 GG i. V. m. Art. 20 Abs. 1 und 2 GG.[1167]

Nach dem BVerfG sei die Öffentlichkeit der Wahl Grundvoraussetzung für eine demokratische politische Willensbildung.[1168] Sie sichere die Ordnungsgemäßheit und Nachvollziehbarkeit der Wahlvorgänge und schaffe hierdurch eine wesentliche Voraussetzung für begründetes Vertrauen der Bürger in den korrekten Ablauf der Wahl.[1169] Von der grundsätzlich gebotenen Öffentlichkeit im Wahlverfahren werden das Wahlvorschlagsverfahren, die Wahlhandlung und

1166 BVerfG, Urteil vom 03.03.2009 – 2 BvC 3/07 und 4/07, in: NVwZ 2009, 708.
1167 BVerfG, Urteil vom 03.03.2009 – 2 BvC 3/07 und 4/07, in: NVwZ 2009, 708.
1168 BVerfG, Urteil vom 03.03.2009 – 2 BvC 3/07 und 4/07, in: NVwZ 2009, 708 (709).
1169 BVerfG, Urteil vom 03.03.2009 – 2 BvC 3/07 und 4/07, in: NVwZ 2009, 708 (709).

die Ermittlung des Wahlergebnisses umfasst.[1170] Zudem verlange die demokratische Legitimität der Wahl nach Kontrollierbarkeit des Wahlvorgangs, damit Manipulationen ausgeschlossen bzw. korrigiert und ein unberechtigter Verdacht widerlegt werden könnten.[1171] Nach Ansicht des BVerfG müsse jeder Bürger die zentralen Schritte der Wahl ohne besondere technische Vorkenntnisse zuverlässig nachvollziehen und verstehen können.[1172] Aus dem Grundsatz der Öffentlichkeit der Wahl folge, dass sämtliche wesentlichen Schritte der Wahl der öffentlichen Überprüfbarkeit unterlägen, soweit nicht andere verfassungsrechtliche Belange eine Ausnahme rechtfertigten.[1173] Der Kontrolle der Wahlhandlung sowie der Ermittlung des Wahlergebnisses kämen dabei eine besondere Bedeutung zu.[1174] Könne ein Wähler nicht zuverlässig nachvollziehen, ob seine Stimme unverfälscht erfasst sowie in die Ermittlung des Wahlergebnisses einbezogen wird und wie die insgesamt abgegebenen Stimmen zugeordnet und gezählt werden, würden zentrale Verfahrensbestandteile der Wahl von der öffentlichen Kontrolle ausgeschlossen und den verfassungsrechtlichen Anforderungen nicht Genüge getan.[1175] Allerdings folge trotz des hohen Stellenwerts der Öffentlichkeit der Wahl hieraus nicht, dass ausnahmslos alle Handlungen im Zusammenhang mit der Ermittlung des Wahlergebnisses unter Beteiligung der Öffentlichkeit stattfinden müssten, damit ein begründetes Vertrauen in die Richtigkeit der Wahl geschaffen werden könne.[1176]

Der Einsatz von Wahlcomputern, die Stimmen elektronisch erfassen und das Wahlergebnis elektronisch ermitteln, ist daher nur unter engen Voraussetzungen mit dem Grundgesetz vereinbar: Die wesentlichen Schritte von Wahlhandlung und Ergebnisermittlung müssten zuverlässig und ohne besondere Sachkenntnis überprüft werden können.[1177] Die Notwendigkeit hierfür ergebe sich insbesondere im Hinblick auf die Manipulierbarkeit und Fehleranfälligkeit elektronischer Wahlgeräte, bei welchen die Entgegennahme der Stimmen sowie die Berechnung des Wahlergebnisses auf einem Rechenvorgang beruhe, der von außen und für Personen ohne informationstechnische Spezialkenntnisse nicht überprüfbar

1170 BVerfG, Urteil vom 03.03.2009 – 2 BvC 3/07 und 4/07, in: NVwZ 2009, 708 (709).
1171 BVerfG, Urteil vom 03.03.2009 – 2 BvC 3/07 und 4/07, in: NVwZ 2009, 708 (710).
1172 BVerfG, Urteil vom 03.03.2009 – 2 BvC 3/07 und 4/07, in: NVwZ 2009, 708 (710).
1173 BVerfG, Urteil vom 03.03.2009 – 2 BvC 3/07 und 4/07, in: NVwZ 2009, 708 (710).
1174 BVerfG, Urteil vom 03.03.2009 – 2 BvC 3/07 und 4/07, in: NVwZ 2009, 708 (710).
1175 BVerfG, Urteil vom 03.03.2009 – 2 BvC 3/07 und 4/07, in: NVwZ 2009, 708 (710).
1176 BVerfG, Urteil vom 03.03.2009 – 2 BvC 3/07 und 4/07, in: NVwZ 2009, 708 (710).
1177 BVerfG, Urteil vom 03.03.2009 – 2 BvC 3/07 und 4/07, in: NVwZ 2009, 708 (710).

sei.[1178] Fehler seien daher nur schwer erkennbar und auch die große Breitenwirkung möglicher Fehler an den Wahlcomputern oder gezielter Wahlfälschungen gebiete besondere Vorkehrungen zur Wahrung des Grundsatzes der Öffentlichkeit der Wahl.[1179] Auch ohne nähere computertechnische Kenntnisse müsse ein Wähler nachvollziehen können, ob seine abgegebene Stimme als Grundlage für die Auszählung oder jedenfalls als Grundlage einer späteren Nachzählung unverfälscht erfasst werde.[1180] Dabei sei es nach dem BVerfG nicht ausreichend, wenn der Wähler keine Möglichkeit eigener Einsicht habe und angewiesen sei, der Funktionsfähigkeit des Systems zu vertrauen.[1181] Es reiche nicht aus, wenn der Wähler ausschließlich durch eine elektronische Anzeige über die Registrierung der Stimmabgabe unterrichtet werde, da hierdurch keine hinreichende Kontrolle durch den Wähler ermöglicht würde.[1182] Aus diesem Grund dürften nach dem BVerfG Stimmen nach der Stimmabgabe nicht ausschließlich auf einem elektronischen Speicher abgelegt und der Wähler nicht darauf verwiesen werden, nach der elektronischen Stimmabgabe allein auf die technische Integrität des Systems zu vertrauen.[1183] Bei einer Ermittlung des Wahlergebnisses durch rechnergesteuerte Verarbeitung der in einem elektronischen Speicher abgelegten Stimmen genüge es nicht, wenn anhand eines zusammenfassenden Papierausdrucks oder einer elektronischen Anzeige lediglich das Ergebnis des im Wahlgerät durchgeführten Rechenprozesses zur Kenntnis genommen werden könne.[1184] Dies habe den Grund, dass dergestalt nur überprüft werden könnte, ob der Wahlcomputer so viele Stimmen verarbeitet hat, wie Wähler zugelassen worden seien.[1185] Programmierfehler in der Software oder zielgerichtete Wahlfälschungen durch Manipulation der Software oder der Wahlcomputer seien dagegen nicht ohne weiteres erkennbar.[1186]

Sofern allerdings die verfassungsrechtlich gebotene Möglichkeit einer zuverlässigen Richtigkeitskontrolle gesichert sei, sei der Einsatz von Wahlcomputern nach dem BVerfG denkbar.[1187] Dies sei insbesondere bei Wahlcomputern

1178 BVerfG, Urteil vom 03.03.2009 – 2 BvC 3/07 und 4/07, in: NVwZ 2009, 708 (710).
1179 BVerfG, Urteil vom 03.03.2009 – 2 BvC 3/07 und 4/07, in: NVwZ 2009, 708 (710 f.).
1180 BVerfG, Urteil vom 03.03.2009 – 2 BvC 3/07 und 4/07, in: NVwZ 2009, 708 (711).
1181 BVerfG, Urteil vom 03.03.2009 – 2 BvC 3/07 und 4/07, in: NVwZ 2009, 708 (711).
1182 BVerfG, Urteil vom 03.03.2009 – 2 BvC 3/07 und 4/07, in: NVwZ 2009, 708 (711).
1183 BVerfG, Urteil vom 03.03.2009 – 2 BvC 3/07 und 4/07, in: NVwZ 2009, 708 (711).
1184 BVerfG, Urteil vom 03.03.2009 – 2 BvC 3/07 und 4/07, in: NVwZ 2009, 708 (711).
1185 BVerfG, Urteil vom 03.03.2009 – 2 BvC 3/07 und 4/07, in: NVwZ 2009, 708 (711).
1186 BVerfG, Urteil vom 03.03.2009 – 2 BvC 3/07 und 4/07, in: NVwZ 2009, 708 (711).
1187 BVerfG, Urteil vom 03.03.2009 – 2 BvC 3/07 und 4/07, in: NVwZ 2009, 708 (711).

möglich, in denen die Stimmen neben der elektronischen Speicherung anderweitig erfasst werden.[1188] Beispielhaft nennt das BVerfG Wahlcomputer, die zusätzlich zur elektronischen Stimmerfassung ein für den Wähler sichtbares Papierprotokoll der abgegebenen Stimme ausdrucken, welches vor der endgültigen Stimmabgabe kontrolliert werden kann und anschließend für die Möglichkeit der Nachprüfung gesammelt wird.[1189] Als weiteres Beispiel nennt das BVerfG den Einsatz von Systemen, bei denen der Wähler einen Stimmzettel kennzeichnet und seine Wahlentscheidung entweder gleichzeitig durch einen digitalen Wahlstift oder nachträglich durch einen Stimmzettel-Scanner elektronisch erfasst wird, damit dieser am Ende des Wahltags elektronisch ausgewertet wird.[1190] Es müsse sichergestellt sein, dass die Wähler ihre Stimmabgabe beherrschen und die wesentlichen Schritte der Wahl kontrollierbar seien.[1191] Eine fehlende Kontrollierbarkeit der wesentlichen Schritte des Wahlverfahrens könne nicht durch eine umfangreiche Gesamtheit sonstiger technischer und organisatorischer Sicherungsmaßnahmen kompensiert werden.[1192]

Nach den Ausführungen des BVerfG könne der Gesetzgeber in begrenztem Umfang Ausnahmen vom Grundsatz der Öffentlichkeit zulassen, um anderen verfassungsrechtlichen Belangen, wie insbesondere den Wahlrechtsgrundsätzen aus Art. 38 Abs. 1 S. 1 GG, Geltung zu verschaffen.[1193] Beispielsweise rechtfertige das Ziel einer möglichst umfassenden Wahlbeteiligung die Beschränkungen der öffentlichen Kontrolle der Stimmabgabe bei der Briefwahl nach Art. 36 BWG, da damit dem Grundsatz der allgemeinen Wahl Rechnung getragen werde.[1194] Derartige gegenläufige Verfassungsprinzipien, die den Einsatz der konkreten Wahlcomputer und damit eine weitreichende Einschränkung der Öffentlichkeit der Wahl und so der Kontrollierbarkeit von Wahlhandlung und Ergebnisermittlung rechtfertigen könnten, waren nach Ansicht des BVerfG im konkreten Fall allerdings nicht erkennbar, zumal jegliche Art der Nachvollziehbarkeit des Wahlaktes gefehlt habe.[1195]

Das BVerfG hat somit auf Basis des Grundsatzes der Öffentlichkeit der Wahl zwei wesentliche Punkte für den Einsatz von Wahlcomputern bei

1188 BVerfG, Urteil vom 03.03.2009 – 2 BvC 3/07 und 4/07, in: NVwZ 2009, 708 (711).
1189 BVerfG, Urteil vom 03.03.2009 – 2 BvC 3/07 und 4/07, in: NVwZ 2009, 708 (711).
1190 BVerfG, Urteil vom 03.03.2009 – 2 BvC 3/07 und 4/07, in: NVwZ 2009, 708 (711).
1191 BVerfG, Urteil vom 03.03.2009 – 2 BvC 3/07 und 4/07, in: NVwZ 2009, 708 (711).
1192 BVerfG, Urteil vom 03.03.2009 – 2 BvC 3/07 und 4/07, in: NVwZ 2009, 708 (711).
1193 BVerfG, Urteil vom 03.03.2009 – 2 BvC 3/07 und 4/07, in: NVwZ 2009, 708 (711).
1194 BVerfG, Urteil vom 03.03.2009 – 2 BvC 3/07 und 4/07, in: NVwZ 2009, 708 (711).
1195 BVerfG, Urteil vom 03.03.2009 – 2 BvC 3/07 und 4/07, in: NVwZ 2009, 708 (711).

Bundestagswahlen aufgestellt. Zum einen müssen die wesentlichen Schritte der Wahl einer öffentlichen Überprüfbarkeit unterliegen, sofern nicht andere verfassungsrechtliche Belange Ausnahmen hiervon rechtfertigen.[1196] Zum anderen müssen die wesentlichen Schritte der Wahlhandlung und der Ergebnisermittlung zuverlässig und ohne besondere Sachkenntnisse vom Wähler überprüft werden können.[1197]

Das BVerfG hat im Rahmen der beiden Wahlprüfungsbeschwerden im Ergebnis entschieden, dass der konkrete Einsatz der Wahlcomputer verfassungswidrig war und genaue Voraussetzungen für deren Einsatz bei Bundestagswahlen aufgestellt.[1198] Dadurch hat sich das BVerfG nicht generell gegen den Einsatz von Wahlcomputern ausgesprochen, sondern diese vielmehr als grundsätzlich zulässig erachtet. Deren Einsatz ist bei Bundestagswahlen mithin in verfassungskonformer Art und Weise möglich.

*bb) Geltung für die Betriebsverfassung*

Da das Urteil die Wahlen zum Bundestag behandelt, können (und müssen) die vom BVerfG gebildeten Grundsätze nicht ohne weiteres auf andere Wahlen, wie die zum Betriebsrat, angewendet werden, sondern bedürfen einer gewissen relativen Betrachtung. Zum einen handelt es sich bei Betriebsratswahlen weder um Bundestagswahlen, noch um sonstige politische Wahlen. Zum anderen sind Online-Wahlen verschieden zum Einsatz von Wahlcomputern. Letzteres bereits aus dem Grund, dass es sich bei Online-Wahlen um eine Art der Fernwahl (vergleichbar mit der Briefwahl) handelt, beim Einsatz von Wahlcomputern jedoch um eine Präsenzwahl und somit verschiedene Wahlverfahren betroffen sind, für die jeweils andere Grundsätze der Öffentlichkeit gelten.[1199] Die Anforderungen an den Grundsatz der Öffentlichkeit bei einer Fernwahl sind geringer.[1200] Es bedarf daher gewisser Abschläge hinsichtlich der vom BVerfG erarbeiteten Voraussetzungen.

Das BVerfG hat sein Urteil auf einen Verstoß gegen den Grundsatz der Öffentlichkeit der Wahl aus Art. 38 Abs. 1 GG i. V. m. Art. 20 Abs. 1 und 2 GG gestützt.[1201] Die verfassungsrechtlichen Grundsätze des Art. 38 Abs. 1 GG

1196 BVerfG, Urteil vom 03.03.2009 – 2 BvC 3/07 und 4/07, in: NVwZ 2009, 708 (710).
1197 BVerfG, Urteil vom 03.03.2009 – 2 BvC 3/07 und 4/07, in: NVwZ 2009, 708 (710).
1198 BVerfG, Urteil vom 03.03.2009 – 2 BvC 3/07 und 4/07, in: NVwZ 2009, 708.
1199 *Bretthauer/Spiecker*, NZS 2020, 241 (243).
1200 *Bretthauer/Spiecker*, NZS 2020, 241 (243).
1201 BVerfG, Urteil vom 03.03.2009 – 2 BvC 3/07 und 4/07, in: NVwZ 2009, 708.

i. V. m. Art. 20 Abs. 1 und 2 GG gelten allerdings unmittelbar nur für die Wahlen zum Bundestag. Zwar sind diese Grundsätze außerhalb des Grundgesetzes als Rechtsprinzipien demokratischer Wahlen anzusehen, jedoch gelten sie dann nicht im gleichen strengen Maßstab, sondern haben eine abgeschwächte Rechtswirkung.[1202] Obwohl die Grundsätze des Art. 38 Abs. 1 GG i. V. m. Art. 20 Abs. 1 und 2 GG als allgemeine verfassungsrechtliche Grundsätze somit eine objektivrechtliche Ausstrahlungswirkung haben, bindet diese nicht in gleicher Weise wie bei den Wahlen zum Bundestag. Die abgeschwächte Wirkung für Betriebsratswahlen wurde in § 14 Abs. 1 BetrVG festgehalten, wonach der Betriebsrat in geheimer und unmittelbarer Wahl gewählt wird. Zwar wird der Betriebsrat zusätzlich in freier, allgemeiner und gleicher Wahl gewählt, jedoch sind diese Wahlgrundsätze weder unmittelbar gesetzlich normiert, noch existiert ein verfassungsrechtliches Gebot dahingehend, die Betriebsratswahlen hätten gleichermaßen wie in Art. 38 Abs. 1, 28 Abs. 1 S. 2 GG zu erfolgen.[1203] Allerdings ist die Betriebsverfassung Ausprägung des Demokratie- und Sozialstaatsprinzips.[1204] Sie hat einerseits Grundrechte zu wahren, andererseits dienen die Grundsätze der freien, allgemeinen und gleichen Wahl der Integrität einer demokratischen Wahl.[1205] Ferner verfügt die Betriebsratswahl über einen ungeschriebenen Grundsatz der öffentlichen Wahl.[1206] Die Öffentlichkeit der Wahl ist auch in der Betriebsverfassung Grundvoraussetzung für eine demokratische Willensbildung, sichert die Ordnungsmäßigkeit und Nachvollziehbarkeit der Wahlvorgänge und schafft so eine wesentliche Voraussetzung für begründetes Vertrauen der Wähler in den korrekten Ablauf.[1207] Dieser Wahlgrundsatz umfasst ebenso in der Betriebsverfassung das Wahlvorschlagsverfahren, die Wahlhandlung und die Ermittlung des Wahlergebnisses.[1208] Bezüglich der Ermittlung des Wahlergebnisses ergibt er sich bei der Präsenzwahl aus § 18 Abs. 3 S. 1 BetrVG i. V. m. § 13 WO, bei der Briefwahl aus § 26 Abs. 1 S. 1 WO.[1209] Der Grundsatz der öffentlichen Wahl dient dazu, interessierten Personen die Möglichkeit zu geben, insbesondere die Ordnungsmäßigkeit der Wahlergebnisfeststellung beobachten

---

1202 *Bretthauer/Spiecker*, NZS 2020, 241 (244); *Kahlert*, NZS 2014, 56 (57).

1203 Siehe B.IV.1., S. 203 f.

1204 BAG, Beschluss vom 10.12.2002 – 1 ABR 7/02, in: NZA 2004, 223 (227); aA. *Löwisch*, BB 2014, 117 (117).

1205 *Löwisch*, BB 2014, 117 (117).

1206 BAG, Beschluss vom 17.05.2017 – 7 ABR 22/15, in: NZG 2018, 228 (232).

1207 BAG, Beschluss vom 17.05.2017 – 7 ABR 22/15, in: NZG 2018, 228 (232).

1208 BAG, Beschluss vom 17.05.2017 – 7 ABR 22/15, in: NZG 2018, 228 (232).

1209 BAG, Beschluss vom 17.05.2017 – 7 ABR 22/15, in: NZG 2018, 228 (232).

zu können, damit der Verdacht von Wahlmanipulationen „hinter verschlossenen Türen" verhindert wird.[1210] Im übertragenen Sinne muss der Wähler daher auch im Betriebsverfassungsrecht die zentralen Schritte der Wahl ohne besondere technische Vorkenntnisse zuverlässig nachvollziehen und verstehen können.[1211] Insbesondere sollte der Wähler zuverlässig nachvollziehen können, ob seine Stimme unverfälscht erfasst sowie in die Ermittlung des Wahlergebnisses einbezogen wird und wie die insgesamt abgegebenen Stimmen zugeordnet und gezählt werden.[1212] Er muss aber nicht ausnahmslos alles en détail nachvollziehen und verstehen können, damit ein begründetes Vertrauen entstehen kann.[1213] Nach dem BVerfG kann der Grundsatz der Öffentlichkeit der Wahl bei der Bundestagswahl durch anderweitige verfassungsrechtliche Belange eingeschränkt werden.[1214] Im Falle einer zulässigen Einschränkung müssen folglich weniger Inhalte der Wahl nachvollzogen und verstanden werden können, bzw. es muss nicht in einer derartigen Tiefe möglich sein.

Da es sich bei der Betriebsratswahl weder um eine Bundestagswahl handelt, noch um eine sonstige politische Wahl, muss hier eine größere Einschränkbarkeit herrschen. Dies gilt auch vor dem Hintergrund, dass es sich bei der Online-Wahl einerseits und dem Einsatz von Wahlcomputern andererseits um verschiedene Wahlverfahren handelt.[1215] Erstere ist eine Art der Fernwahl, Letztere eine Präsenzwahl. Die Wahlcomputer werden vor Ort im Wahllokal aufgestellt, um die Stimmabgabe vor Ort elektronisch zu ermöglichen. Sie erleichtern somit nur die Stimmauszählung, die Stimmabgabe muss dennoch in Präsenz im Wahllokal erfolgen. Aufgrund dessen wurde dadurch nicht der Grundsatz der allgemeinen Wahl gefördert, da die Präsenz nach wie vor zwingend war und hierdurch keine größere Wahlbeteiligung gefördert wurde. Somit war eine Einschränkung des Grundsatzes der Öffentlichkeit nicht weiter möglich. Bei der Online-Wahl ist dies anders. Es müssen hier also mehr Belange in Betracht kommen, die eine Einschränkung rechtfertigen, und diese müssen nicht zwangsweise unmittelbaren Verfassungsrang haben. Einschränkungen sind in der Betriebsverfassung daher insbesondere durch die für die Betriebsratswahl geregelten und entwickelten Wahlgrundsätze[1216] möglich. Beispielsweise ist die eingeschränkte

---

1210 BAG, Beschluss vom 17.05.2017 – 7 ABR 22/15, in: NZG 2018, 228 (232).
1211 BVerfG, Urteil vom 03.03.2009 – 2 BvC 3/07 und 4/07, in: NVwZ 2009, 708 (710).
1212 BVerfG, Urteil vom 03.03.2009 – 2 BvC 3/07 und 4/07, in: NVwZ 2009, 708 (710).
1213 BVerfG, Urteil vom 03.03.2009 – 2 BvC 3/07 und 4/07, in: NVwZ 2009, 708 (710).
1214 BVerfG, Urteil vom 03.03.2009 – 2 BvC 3/07 und 4/07, in: NVwZ 2009, 708 (710).
1215 *Bretthauer/Spiecker*, NZS 2020, 241 (243).
1216 Siehe B. IV.1., S. 203 ff.

Überprüfbarkeit bei der Briefwahl – und damit die Einschränkung des Grundsatzes der öffentlichen Wahl – vor dem Hintergrund zulässig, dass die Briefwahl den Zweck verfolgt, eine möglichst umfassende Wahlbeteiligung zu erreichen und damit den Grundsatz der Allgemeinheit der Wahl zu stärken.[1217] Gleiches muss für eine Online-Wahl gelten. Diese dient in einem noch größeren Maße dem Zweck, eine möglichst umfassende Wahlbeteiligung zu erreichen. Durch sie würde die Flexibilität enorm gesteigert, die teils umständliche Präsenzwahl ist nicht mehr nötig und insbesondere die junge Generation könnte wieder zur Wahl angespornt werden. Ist die Wahl via Smartphone möglich, ist es sehr wahrscheinlich, dass Wahlberechtigte, denen der Gang zur Wahlurne trotz bezahlter Freistellung zu umständlich ist, kurzerhand einfach zum Smartphone greifen und wählen. Aber auch wenn eine Einschränkung des Öffentlichkeitsgrundsatzes grundsätzlich möglich ist, heißt dies nicht, dass damit auf jedwede Nachvollziehbarkeit verzichtet werden kann. Grundsätze müssen vom Wähler verstanden werden können, nachvollziehbar sein, sowie in Teilen einer Überprüfbarkeit unterliegen.[1218] Allerdings können hier leichter Einschränkungen gemacht werden als es das BVerfG für die Wahlen zum Bundestag vorgesehen hat. Da es sich allerdings um eine elektronische Stimmabgabe, -speicherung und -auszählung handelt, sind insbesondere an die Software besondere Anforderungen zu stellen. Ferner muss es Möglichkeiten geben, dass der Wähler hinreichende Kontroll- und Überprüfungsmöglichkeiten hat und nicht ausschließlich auf die Funktionsfähigkeit des Systems vertrauen muss.[1219]

### *b) Elektronische Wahlen außerhalb der Betriebsverfassung*

Online-Wahlen bzw. elektronische Wahlen sind keine Neuheit. Es geht also nicht darum, für die Betriebsratswahl etwas völlig Neuartiges zu schaffen bzw. einzuführen. Vielmehr werden sie bereits außer- und innerhalb von Deutschland teilweise sehr erfolgreich eingesetzt.[1220]

---

1217 *Klose*, NZA 2021, 1301 (1301).

1218 BVerfG, Urteil vom 03.03.2009 – 2 BvC 3/07 und 4/07, in: NVwZ 2009, 708 (710).

1219 BVerfG, Urteil vom 03.03.2009 – 2 BvC 3/07 und 4/07, in: NVwZ 2009, 708 (711).

1220 *Wissenschaftliche Dienste des Deutschen Bundestages*: Online-Wahlen – Erfahrungen in anderen Staaten und (verfassungs-)rechtliche Voraussetzungen für eine Einführung in Deutschland, Ausarbeitung Nr. WD 3 – 3000 – 030/14, 03.03.2014, S. 1 ff.

Bekanntestes Beispiel ist Estland. Hier hat sich die Online-Wahl erfolgreich als Alternative zur Präsenzwahl durchgesetzt.[1221] Seit dem Jahr 2005 können estnische Wähler ihre Stimme bei kommunalen, nationalen und europäischen Wahlen online abgeben, weshalb Estland diesbezüglich als Pionier gilt.[1222] Die Stimmabgabe ist nicht nur via Internet und PC möglich, sondern seit 2011 auch über das Smartphone.[1223] Begründet wird die Fortschrittlichkeit Estlands unter anderem mit der Internetaffinität der estnischen Bevölkerung.[1224] Wichtiges Instrument für die Online-Wahl ist der elektronische Ausweis, mit welchem die Identität der Wähler überprüft wird.[1225] In einem mehrstufigen Prozess kann der Wähler mittels des Ausweises sowie von Codes seine Stimme online abgeben.[1226] Weitere erfolgreiche Beispiele für den Einsatz von Online-Wahlen insbesondere in der Politik sind die Schweiz, Frankreich, Norwegen, Australien, USA oder Brasilien.[1227]

Doch ebenso in Deutschland sind Online-Wahlen bereits in großer Anzahl vertreten. Sie sind beispielsweise in Hochschulen, Instituten, Vereinen, Genossenschaften, Kammern, Kirchen oder Berufsverbänden zu finden.[1228] Zudem kann der Gleichstellungsbeauftrage auf Bundesebene gemäß § 19 GleibWV durch elektronische Wahl gewählt werden. Man wird immer öfter mit Online-Wahlen konfrontiert. Deren Beliebtheit und Anzahl scheint stetig zuzunehmen. Darüber hinaus findet nunmehr die Sozialwahl – vorerst als Modellprojekt – als Online-Wahl statt. Die Sozialwahl ist in Deutschland nach der Bundestags- und Europawahl die drittgrößte Wahl.[1229] Wahlberechtigte können ihre Stimme

1221 *Wissenschaftliche Dienste des Deutschen Bundestages*: Online-Wahlen – Erfahrungen in anderen Staaten und (verfassungs-)rechtliche Voraussetzungen für eine Einführung in Deutschland, Ausarbeitung Nr. WD 3 – 3000 – 030/14, 03.03.2014, S. 3.

1222 *Kind/Bovenschulte*, TAB Nr. 26, S. 1 f.

1223 *Kind/Bovenschulte*, TAB Nr. 26, S. 2.

1224 *Kind/Bovenschulte*, TAB Nr. 26, S. 2.

1225 *Kind/Bovenschulte*, TAB Nr. 26, S. 3.

1226 *Kind/Bovenschulte*, TAB Nr. 26, S. 3 f.

1227 *Wissenschaftliche Dienste des Deutschen Bundestages*: Online-Wahlen – Erfahrungen in anderen Staaten und (verfassungs-)rechtliche Voraussetzungen für eine Einführung in Deutschland, Ausarbeitung Nr. WD 3 – 3000 – 030/14, 03.03.2014, S. 5 f.; *Kind/Bovenschulte*, TAB Nr. 26, S. 2.

1228 *Kind/Bovenschulte*, TAB Nr. 26, S. 3.

1229 *Deutsche Rentenversicherung Bund*, Am 31. Mai 2023 ist Sozialwahltag, https://www.soziale-selbstverwaltung.de/aktuelles-aus-der-selbstverwaltung/am-31-mai-2023-ist-sozialwahltag, letzter Abruf am 04.06.2022.

gemäß § 194a Abs. 1 S. 1 SGB V alternativ zur Briefwahl in einem elektronischen Wahlverfahren über das Internet abgeben. Hierfür wurden in den §§ 194a bis d SGB V neue Regelungen geschaffen. Die hier geschaffene Online-Wahl soll ein wichtiges Signal für die Digitalisierung im Gesundheitsbereich sein, das Interesse an der sozialen Selbstverwaltung stärken, neue Wählergruppen erschließen und damit die Wahlbeteiligung insgesamt steigern.[1230]

Dies veranschaulicht, dass elektronische Wahlen weder unmöglich noch generell unsicher sind. Vielmehr sind sie bereits seit Jahren national wie international erfolgreich durchführbar. Daraus lässt sich schließen, dass Online-Wahlen gleichermaßen in der Betriebsverfassung möglich wären. Der deutsche Gesetzgeber ist diesbezüglich einzig zurückhaltend und scheint den Fortschritt zu scheuen, obwohl er beispielsweise bei den Sozialwahlen an eine erfolgreiche Durchführung glaubt. Gleichwohl sollte man innerhalb der Betriebsverfassung den Schritt in die Digitalisierung, die allgemein überall voranschreitet, rechtzeitig gehen.

### *c) Vorteile der elektronischen Wahl*

Es ist davon auszugehen, dass durch die Einführung von elektronischen Betriebsratswahlen die Wahlbeteiligung steigt. Gerade die jüngere Generation verliert das Interesse an Betriebsräten und den dazugehörigen Wahlen.[1231] Dies scheint nicht nur an der wohl bestehenden Unkenntnis der jüngeren Generation über den Betriebsrat zu liegen, sondern wohl auch an der Unattraktivität der Betriebsratsgründung bzw. -wahl. Die Präsenzwahl ist unflexibel, gleichwohl diese während der Arbeitszeit erfolgt und der Arbeitnehmer für die Zeit der Stimmabgabe bezahlt freigestellt werden muss (§ 20 Abs. 3 S. 2 BetrVG). Dennoch wird die Zeit hierfür von der jüngeren Generation im Ergebnis nicht aufgewendet.[1232] Die alternative Briefwahl ist gemäß § 24 WO nur unter bestimmten Voraussetzungen möglich, so dass hierauf in der Regel[1233] nicht zurückgegriffen werden kann. Infolgedessen unterbleibt die Stimmabgabe. Hierdurch gehen viele Initiativen und Stimmen verloren.

Eine elektronische Wahl erscheint demgegenüber attraktiv und würde die jüngere Generation ansprechen, deren Wahlbeteiligung sehr gering

---

1230 BT-Drucks. 19/17586, S. 91.

1231 *Fündling/Sorber*, NZA 2017, 552 (555); *Harms/von Steinau-Steinrück/Thüsing*, BB 2016, 2677 (2677).

1232 *Fündling/Sorber*, NZA 2017, 552 (555); *Harms/von Steinau-Steinrück/Thüsing*, BB 2016, 2677 (2677).

1233 Siehe B.IV.2.c), S. 210 ff.

ist.[1234] Deren tägliches Leben spielt sich bereits überwiegend digital ab. Angelegenheiten, die sich mit einem Griff zum Smartphone oder am PC erledigen lassen, scheinen akzeptiert zu werden. Scheidet eine solche Möglichkeit hingegen aus, verliert die entsprechende Angelegenheit an Attraktivität und wird entweder aufgeschoben oder ganz abgelehnt. Könnte via PC oder Smartphone abgestimmt werden, ließe sich die Wahl leichter in den Alltag einbauen. Hierüber könnten zudem Abläufe vereinfacht werden.[1235] Ein kurzer Griff zum Smartphone, das Anmeldeprozedere durchgehen, seine Stimme abgegeben, fertig. Die Schwelle der Beteiligung sinkt.[1236] Dies hat nicht nur für die jüngere Generation seinen Nutzen. Laut dem Statistischen Bundesamt waren im Jahr 2020 92 Prozent der privaten Haushalte mit einem Internetzugang ausgestattet.[1237] Ferner hatten zum 01.01.2018 über 90 Prozent der Haushalte einen PC und über 80 Prozent der Haushalte Smartphones.[1238] Es ist davon ausgehen, dass diese Werte binnen der letzten vier Jahre weiter gestiegen sind. Die Verbreitung der Gerätschaften ist somit kein Problem, weswegen die elektronische Wahl wohl der überwiegenden Mehrheit von Nutzen wäre. In diesem Zusammenhang wäre die elektronische Wahl auch für Menschen mit körperlichen Einschränkungen oder im Ausland befindliche Wahlberechtigte vorteilhaft, da diese einen leichteren Zugang zur Wahl hätten.[1239] Die elektronische Wahl würde daher den Grundsatz der allgemeinen Wahl stärken. Darüber hinaus könnten durch die elektronische Wahl Kosten eingespart werden, wenn ein System oder eine bestimmte Gangart implementiert wurde, da die Kosten für Präsenz- und Briefwahl gesenkt würden.[1240] Zudem wäre nicht nur eine kostengünstigere, sondern ebenso eine

---

1234 *Fündling/Sorber*, NZA 2017, 552 (555); *Harms/von Steinau-Steinrück/Thüsing*, BB 2016, 2677 (2677).

1235 *Harms/von Steinau-Steinrück/Thüsing*, BB 2016, 2677 (2677).

1236 *Harms/von Steinau-Steinrück/Thüsing*, BB 2016, 2677 (2677).

1237 *Statistisches Bundesamt*, Ausstattung privater Haushalte mit Internet und Breitbandanschluss im Zeitvergleich, https://www.destatis.de/DE/Themen/Gesellschaft-Umwelt/Einkommen-Konsum-Lebensbedingungen/Ausstattung-Gebrauchsgueter/Tabellen/zeitvergleich-ausstattung-ikt.html, letzter Abruf am 04.06.2022.

1238 *Statistisches Bundesamt*, Ausstattung privater Haushalte mit Informations- und Kommunikationstechnik – Deutschland, https://www.destatis.de/DE/Themen/Gesellschaft-Umwelt/Einkommen-Konsum-Lebensbedingungen/Ausstattung-Gebrauchsgueter/Tabellen/liste-infotechnik-d.html, letzter Abruf am 04.06.2022.

1239 *Kind/Bovenschulte*, TAB Nr. 26, S. 4.

1240 *Kahlert*, NZS 2014, 56 (59); *Kind/Bovenschulte*, TAB Nr. 26, S. 4.

schnellere und sicherere Stimmauszählung und Ergebnisfindung möglich.[1241] Ferner könnte die Zahl von ungültigen Stimmen verringert werden.[1242]

Gegenstimmen der elektronischen Wahl führen unter anderem die Ausgrenzung der Haushalte ohne Internet, PC oder Smartphone auf (digital divide).[1243] Dieser Anteil der Haushalte ist zum einen jedoch verhältnismäßig sehr gering,[1244] zum anderen stünden den Betroffenen alternativ die Präsenz- und die Briefwahl zu Verfügung, da die elektronische Wahl nur eine Alternative zu den üblichen Wahlmethoden sein sollte. Eine Ausgrenzung würde somit nicht stattfinden. Als ebenso nachteilig werden die Gefährdung der Anonymität der Stimmabgabe und die Möglichkeit von Beeinflussungen behauptet.[1245] Die Gefährdungen sind jedoch nicht größer als bei der Briefwahl. Voraussetzung einer elektronischen Wahl muss insbesondere die Stimmverschlüsselung sein, da anderenfalls die geheime Wahl nicht gewahrt wäre. Auch wird ein möglicher Wahlbetrug, beispielsweise durch Manipulation der Wahlergebnisse, als nachteilig angesehen, ebenso wie die Möglichkeit von Cyber-Attacken wie Hacking.[1246] Im Übrigen wird die Nachvollziehbarkeit der Wahlergebnisse kritisiert, wenn einzig eine Software die Stimmen auszählt und es einer Überprüfbarkeit mangele.[1247] Hiergegen sind allerdings zwingend ausreichende Vorkehrungen vorzunehmen. Einerseits muss das System vor Manipulationen und Angriffen geschützt werden, sodass diese nicht über das potenzielle Maß bei Präsenz- oder Briefwahlen hinausgehen. Andererseits hat das BVerfG in seiner Entscheidung zu Wahlcomputern bei der Bundestagswahl vorausgesetzt, dass eine gewisse

---

1241 *Kind/Bovenschulte*, TAB Nr. 26, S. 4.

1242 *Kind/Bovenschulte*, TAB Nr. 26, S. 4.

1243 *Kind/Bovenschulte*, TAB Nr. 26, S. 5; Österr*eichische Gesellschaft für Politikberatung und Politikentwicklung*, E-Voting in Europa, Wien, August 2018, S. 5.

1244 *Statistisches Bundesamt*, Ausstattung privater Haushalte mit Internet und Breitbandanschluss im Zeitvergleich, https://www.destatis.de/DE/Themen/Gesellschaft-Umwelt/Einkommen-Konsum-Lebensbedingungen/Ausstattung-Gebrauchsgueter/Tabellen/zeitvergleich-ausstattung-ikt.html, letzter Abruf am 04.06.2022; *Statistisches Bundesamt*, Ausstattung privater Haushalte mit Informations- und Kommunikationstechnik – Deutschland, https://www.destatis.de/DE/Themen/Gesellschaft-Umwelt/Einkommen-Konsum-Lebensbedingungen/Ausstattung-Gebrauchsgueter/Tabellen/liste-infotechnik-d.html, letzter Abruf am 04.06.2022.

1245 *Kind/Bovenschulte*, TAB Nr. 26, S. 4.

1246 *Kind/Bovenschulte*, TAB Nr. 26, S. 5; *Österreichische Gesellschaft für Politikberatung und Politikentwicklung*, E-Voting in Europa, Wien, August 2018, S. 5.

1247 *Kind/Bovenschulte*, TAB Nr. 26, S. 5; *Österreichische Gesellschaft für Politikberatung und Politikentwicklung*, E-Voting in Europa, Wien, August 2018, S. 5.

Überprüfbarkeit und Nachvollziehbarkeit möglich sein muss.[1248] Diese Grundsätze sind zu beachten.[1249] Ist beides im Rahmen des rechtlich Zulässigen möglich, spricht nichts gegen eine elektronische Wahl. Schließlich wird behauptet, eine elektronische Wahl führe zu einer Trivialisierung und Banalisierung des Wahlakts.[1250] Dem ist jedoch entgegenzutreten. Zum einen wäre dies keine Trivialisierung oder Banalisierung, sondern schlicht ein Zeichen der voranschreitenden Digitalisierung. Diese schreitet in allen Lebensbereichen voran und sollte daher keinen Halt vor der Betriebsverfassung machen. Zum anderen gibt es elektronische Wahlen bereits vielfach und die Stimmabgabe wird dort nicht als weniger wichtig erachtet, sondern schlicht als vorteilhaft und modern.[1251]

Es gibt demnach bei einer elektronischen Wahl grundsätzlich vermeintliche Nachteile. Diese können jedoch entweder entkräftet werden, da es keine relevanten Unterschiede bzw. Verschlechterungen zur Präsenz- oder Briefwahl gibt, oder aber es sind entsprechende Voraussetzungen an eine elektronische Wahl zu knüpfen, insbesondere an deren Ablauf und Software. Dies ist jedoch nicht unmöglich, wie viele Beispiele bereits zeigen.[1252] Im Ergebnis überwiegen die Vorteile einer elektronischen Wahl. Diese würde beiden Seiten gleichermaßen zugutekommen, Arbeitgebern wie Arbeitnehmern.

### *d) Anforderungen an eine elektronische Betriebsratswahl*

Elektronische Wahlen in der Betriebsverfassung sind somit grundsätzlich ein erstrebenswertes Ziel. Hierfür bedarf es einer Rechtsgrundlage, da diese nach der derzeitigen Gesetzeslage nicht zulässig sind.[1253] Weder das Betriebsverfassungsgesetz noch die Wahlordnung sehen eine elektronische Wahl vor. Diese Regelungen sind abschließend, da sie keine Öffnungsklauseln oder Ermächtigungen für anderweitige bzw. abweichende Regelungen enthalten und einzig die Briefwahl als Ausnahme von der Präsenzwahl ausdrücklich geregelt wird. Im Rahmen einer Gesetzesänderung sind allerdings gewisse Voraussetzungen zu schaffen bzw. einzuhalten, welche sich aus der Rechtsprechung des BVerfG[1254] ableiten lassen.

---

1248 BVerfG, Urteil vom 03.03.2009 – 2 BvC 3/07 und 4/07, in: NVwZ 2009, 708.

1249 Siehe B.IV.4.a)bb), S. 237 ff.

1250 *Kind/Bovenschulte*, TAB Nr. 26, S. 5; *Österreichische Gesellschaft für Politikberatung und Politikentwicklung*, E-Voting in Europa, Wien, August 2018, S. 5.

1251 Siehe B.IV.4.b), S. 240 ff.

1252 Siehe B.IV.4.b), S. 240 ff.

1253 Siehe B.IV.3.a), S. 213 ff.

1254 BVerfG, Urteil vom 03.03.2009 – 2 BvC 3/07 und 4/07, in: NVwZ 2009, 708.

Elektronische Wahlen werden als Alternative zur Präsenz- und Briefwahl auch weit überwiegend in der Literatur gefordert.[1255] Ebenso wurden sie bereits in der Politik gefordert. Die Fraktion BÜNDNIS 90/DIE GRÜNEN[1256] sowie die Fraktion FDP[1257] haben deren gesetzliche Implementierung gefordert. Der Wahlvorstand solle in eigener Verantwortung über die elektronische Wahl entscheiden können.[1258] Nach der Fraktion BÜNDNIS 90/DIE GRÜNEN könnten elektronische Wahlen die demokratische Teilhabe und den Zusammenhalt im Unternehmen stärken.[1259] Zudem würden sie sich nachweislich positiv auf Wahlorganisation und Wahlbeteiligung auswirken. Derzeitiges Problem sei einzig die die mangelnde Rechtssicherheit; genügend Anbieter seien vorhanden.[1260] Nach der Fraktion FDP würde die elektronische Wahl die Teilnahme insbesondere von Teilzeitbeschäftigten, Beschäftigten im Außendienst oder im Home-Office erleichtern, wodurch eine höhere Partizipation sowie Legitimation entstehen würden.[1261] Ferner könnten bürokratischer Aufwand und Kosten gesenkt und Unternehmen entlastet werden.[1262]

Im Rahmen der Stellungnahmen zu den Anträgen im Ausschuss für Arbeit und Soziales wurden elektronische Wahlen überwiegend begrüßt.[1263] Elektronische Wahlen wurden als Zeichen der Digitalisierung, wichtige Erleichterung von Betriebsratswahlen sowie Option zur Kosteneinsparung gesehen und aufgrund der veränderten Einstellungen junger Arbeitnehmer, komplexer Betriebsstrukturen oder der zunehmenden Mobilität von Beschäftigten als notwendig

---

1255 *Annuß*, NZA 2017, 345 (348); *Blasek*, BB 2021, 2932 (2935); *Fündling/Sorber*, NZA 2017, 552 (555); *Harms/von Steinau-Steinrück/Thüsing*, BB 2016, 2677 (2677); *Hessler*, NZA-Beilage 2020, 3 (6); *Hoffmann-Remy/Zaumseil*, BB 2017, 1717 (1722); *Junker*, ZfA 2020, 317 (318); *Klebe*, NZA-Beilage 2017, 77 (84); *Klebe*, NZA 2020, 996 (998); *Neumann*, GWR 2017, 307 (307); *Oltmanns*, ArbRAktuell 2021, 520 (521); *Poguntke/von Villiez*, NZA 2019, 1097 (1105); *Schäuble/Werhann*, GWR 2018, 41 (47); *Schiefer/Worzalla*, NZA 2021, 817 (818); *Schwarze*, RdA 2019, 115 (118); *Thüsing*, SR 2016, 87 (103); *Thüsing*, BB 2021, 1460 (1462); *Winzer/Baeck/Hilgers*, NZA 2021, 620 (621).

1256 BT-Drucks. 18/10254, Arbeit 4.0 – Arbeitswelt von morgen gestalten; BT-Drucks. 19/1710, Betriebsratswahlen erleichtern – Aktive Beschäftigte besser schützen.

1257 BT-Drucks. 19/28984, Betriebsrat 4.0 – Potenziale der Digitalisierung nutzen.

1258 BT-Drucks. 19/1710, S. 2; BT-Drucks. 19/28984, S. 1.

1259 BT-Drucks. 18/10254, S. 4.

1260 BT-Drucks. 19/1710, S. 5.

1261 BT-Drucks. 19/28984,S. 2.

1262 BT-Drucks. 19/28984,S. 2.

1263 BT-Ausschussdrucks. 19(11)84; BT-Ausschussdrucks. 19(11)1135.

erachtet.[1264] Ferner gebe es bereits eine vom Bundesamt für die Sicherheit in der Informationstechnologiezertifizierte Software, die den Grundsatz der geheimen Wahl gewährleiste.[1265]

Gegenstimmen hegen zumeist Bedenken gegen die technische Sicherheit, Manipulationen, die Zuordnung von Stimmen oder die vermeintlich fehlende Öffentlichkeit der Stimmauszählung.[1266] Dass dies nicht zu vernachlässigen ist, steht außer Frage. Allerdings müssten bei einer elektronischen Wahl selbstverständlich umfassende Vorkehrungen getroffen werden, die derartige Gefahren möglichst ausschließen bzw. auf ein bei Präsenz- bzw. Briefwahlen bekanntes Maß reduzieren. Die Behauptung, elektronische Wahlen würden aufgrund des notwendigen Vertrauens in die Technik nicht akzeptiert werden,[1267] ist bereits dadurch widerlegt, dass in dem vom ArbG Hamburg[1268] zu entscheidenden Fall 628 von 1.368 Stimmen – somit fast 46 Prozent – elektronisch abgegeben wurden.

Eine elektronische Wahl muss zum einen die Wahlgrundsätze[1269] der geheimen, unmittelbaren, freien, allgemeinen und gleichen Wahl einhalten. Zum anderen muss der ungeschriebene Wahlgrundsatz der Öffentlichkeit der Wahl beachtet werden.

1264 *Bundesverband der Arbeitsrechtler in Unternehmen e. V.*, BT-Ausschussdrucks. 19(11)1107, S. 3, 5, 16; *Bundesvereinigung der Deutschen Arbeitgeberverbände*, BT-Ausschussdrucks. 19(11)81, S. 2; *Mallmann*, BT-Ausschussdrucks. 19(11)65, S. 6; *Bundesvereinigung der Deutschen Arbeitgeberverbände*, BT-Ausschussdrucks. 19(11)1100, S. 12; *Die Deutsche Kreditwirtschaft*, BT-Ausschussdrucks. 19(11)1133, S. 4 f., 10; *Krause*, BT-Ausschussdrucks. 19(11)75, S. 1, 3; *Kummert*, BT-Ausschussdrucks. 19(11)1119, S. 21; *Techlin*, BT-Ausschussdrucks. 19(11)66, S. 2 f.

1265 *Bundesvereinigung der Deutschen Arbeitgeberverbände*, BT-Ausschussdrucks. 19(11) 1100, S. 12.

1266 *Deutscher Gewerkschaftsbund*, BT-Ausschussdrucks. 19(11)78, S. 7; *Deutscher Gewerkschaftsbund*, BT-Ausschussdrucks. 19(11)1121, S. 53 ff., 65; *Hans-Böckler-Stiftung*, BT-Ausschussdrucks. 19(11)1128, S. 5; *Heilmann*, BT-Ausschussdrucks. 19(11)76, S. 3; *Klocke*, Rechtsgutachten, S. 77 f., 109.

1267 *Heilmann*, BT-Ausschussdrucks. 19(11)76, S. 3.

1268 ArbG Hamburg, Beschluss vom 07.06.2017 – 13 BV 13/16, zitiert nach Juris.

1269 Siehe B.IV.1., S. 203 ff.

### *aa) Unmittelbare, freie und gleiche Wahl*

Der Grundsatz der Unmittelbarkeit[1270] der Wahl ist bei einer elektronischen Wahl problemlos zu wahren, da die Wahl weiterhin persönlich durch die Wähler erfolgt.

In Bezug auf die Freiheit[1271] der Wahl muss bei einer elektronischen Wahl die willentlich ungültige Stimmabgabe als Bestandteil der Willensäußerung möglich bleiben. Allerdings stellt dies keine große Herausforderung dar. Die Stimmabgabe kann bei einer elektronischen Wahl so ausgestaltet werden, dass dem Wähler bei der Abgabe einer ungültigen Stimme ein Hinweis ob der Ungültigkeit angezeigt wird. Der Wähler kann dann entscheiden, ob er seine Stimme korrigiert oder ungültig abgibt. Dies dürfte technisch leicht umsetzbar sein.

Der Grundsatz der gleichen[1272] Wahl kann mit Schutzmaßnahmen ebenfalls gewahrt werden. Hier ist insbesondere sicherzustellen, dass der Wähler seine Stimme nur einmal abgegeben kann. Hat er dies im Rahmen der elektronischen Wahl getan, ist es ihm nicht erlaubt seine Stimme in Präsenz abzugeben. Es sollte demnach ein digitales Wählerverzeichnis in Echtzeit geführt werden. Hat er zusätzlich zur elektronischen Wahl per Briefwahl abgestimmt, sind seine Briefwahlunterlagen ungeöffnet zu ignorieren, es zählt die elektronische Stimme. Hat er zunächst in Präsenz- oder per Briefwahl abgestimmt, ist sein Zugang zur elektronischen Wahl-Plattform zu sperren. Dies sollte technisch jeweils leicht umsetzbar sein. Ferner ist der Stimmzettel der elektronischen Wahl gleich zu gestalten wie derjenige der Präsenz- und Briefwahl. Die elektronische Wahl sollte die Vorgänge, die die Briefwahl ausmachen, elektronisch nachzeichnen. Zudem sind Sicherheits- und Schutzmaßnahmen im Hinblick auf eine mögliche Manipulation der Stimmen vorzunehmen, damit elektronisch abgegebene Stimmen weder in ihrer Stimme noch in ihrer Wertigkeit oder Zählweise verändert werden können.[1273] Es hat somit ein starker Schutz vor Cyber-Attacken wie Hacking stattzufinden, sodass ein Angriff auf die Software bzw. die Wahlplattform nur schwer möglich ist. Auch dies sollte umsetzbar sein, gleichwohl ein 100-prozentiger Schutz nicht gegeben werden kann. Ein 100-prozentiger Schutz kann allerdings auch bei der Brief- oder Präsenzwahl nicht gewährleistet werden; Gefahren sind hier insbesondere die Unterschlagung und Entwendung

---

1270 Siehe B.IV.1., S. 205.

1271 Siehe B.IV.1., S. 205.

1272 Siehe B.IV.1., S. 206.

1273 *Krois*, in: Münchener Handbuch zum Arbeitsrecht, Band 3, § 291 Rn. 170; *Reichold*, in: Henssler/Willemsen/Kalb, KSchG, § 14 Rn. 8.

von Stimmzetteln durch Wahlhelfer und Wahlvorstand oder speziell bei der Briefwahl der Stimmverlust durch Transportdienstleister.[1274] Schließlich hat die elektronische Wahl Vorteile bei der Gleichheit der Wahl. Die Stimmauszählung der elektronisch abgegebenen Stimmen erfolgt automatisch. Eine Stimme kann daher vom Wahlvorstand weder willentlich noch unwillentlich falsch gezählt werden. Somit besteht teilweise ein größerer Schutz vor Manipulation als bei der Brief- oder Präsenzwahl. Dem Grundsatz der Gleichheit der Wahl kann somit zur Geltung verholfen werden.

*bb) Geheime Wahl*

Im Sinne der geheimen[1275] Wahl hat die Stimmabgabe insbesondere so zu erfolgen, dass kein Dritter erkennen kann, wie ein konkreter Wähler abgestimmt hat, also zum einen die Handlung der Stimmabgabe geschützt ist, zum anderen die Stimme im Nachhinein dem Wähler nicht zugeordnet werden kann.[1276] Für den Schutz der Stimmabgabe bei der Präsenzwahl sind beispielsweise Wahlkabinen aufzustellen.[1277] Bei der Briefwahl ist dies nicht möglich, hier hat der Briefwähler die Stimmabgabe geheim zu erledigen und eigene Vorkehrungen zu treffen. Die Stimme bei der Briefwahl wird zumeist zu Hause abgegeben, wo Familienmitglieder oder Mitbewohner der Stimmabgabe beiwohnen könnten, also diese unter Umständen gerade nicht geheim ist. Da es bei der Briefwahl allerdings der eigenen Verantwortung des Briefwählers unterliegt, für die Geheimheit seiner Stimmabgabe zu sorgen, kann dies akzeptiert werden. Nicht anders wäre es bei der elektronischen Wahl zu verorten. Da diese gleichermaßen als Fernwahl einzuordnen ist, kann die Geheimheit der Wahl in Bezug auf die Stimmabgabe nicht dem Wahlvorstand angelastet werden. Wie bei der Briefwahl trägt der Wähler sie selbst. Das heißt, dieser hat für die Stimmabgabe in einem geschützten Umfeld Sorge zu tragen. Entschließt sich der Wähler seine Stimme beispielsweise unterwegs von seinem Smartphone aus in der U-Bahn abzugeben, verzichtet er insoweit auf die Einhaltung der geheimen Wahl. Dieser Verzicht ist jedoch möglich, da er in seinem Verantwortungsbereich liegt. Technische

---

1274 *Kunkel*, Trend zur Fernwahl: Sicherheit von Briefwahlen und Online-Wahl im Vergleich, https://www.polyas.de/blog/de/digitale-demokratie/fokus-sicherheit-briefwahl, letzter Abruf am 04.06.2022.

1275 Siehe B.IV.1., S. 204 f.

1276 *Besgen*, in: BeckOK Arbeitsrecht, § 14 BetrVG Rn. 3.

1277 *Besgen*, in: BeckOK Arbeitsrecht, § 14 BetrVG Rn. 3; Löwisch/Kaiser, BetrVG, § 14 Rn. 7.

Vorkehrungen müssen allerdings getroffen werden, damit die abgegebene Stimme nicht bei der verschlüsselten Übermittlung abgefangen werden kann. Diese dürften allerdings gleichermaßen umsetzbar sein. Strenger betrachtet werden muss die Thematik der möglichen Zuordnung der Stimmen im Nachhinein. Es muss demnach ausgeschlossen sein, dass eine online abgegebene Stimme im Nachhinein einem konkreten Wähler zugeordnet werden kann.[1278] Wichtig ist in diesem Zusammenhang die anonymisierte Stimmabgabe von der zuvor notwendigen Identifizierung des Wählers klar zu trennen, um hier keinerlei Verknüpfungen entstehen zu lassen. Auch dies dürfte jedoch technisch umsetzbar sein. Die Identifizierung des Wählers könnte dabei mittels durch den Wahlvorstand versandten Kennungen oder Zugangsdaten geschehen. Diese könnten entweder an die E-Mail-Adresse des Wählers versandt werden, oder, sofern dieser über keine eigene verfügt, per Post. Davon losgelöst erfolgt in einem zweiten Schritt die eigentliche Stimmabgabe, natürlich geheim und nicht rückschlüsselbar. Die Stimmabgabe ist zu verschlüsseln, verschlüsselt zu übertragen und dann in der elektronischen Urne zu speichern.

Im Rahmen der geheimen Wahl ist das derzeit zwingend notwendige Ein-Urnen-Prinzip zu beachten. Diesem zufolge müssen die Stimmen der Präsenz- und der Briefwahl in einer gemeinsamen Wahlurne zusammengeführt werden (§ 26 Abs. 1 S. 2 WO), damit keine Rückschlüsse gezogen werden können und die öffentliche Stimmauszählung vereinfacht wird. Das Ein-Urnen-Prinzip ist daher zwingend im Rahmen einer elektronischen Wahl zu beachten. Problematisch ist insofern, dass einerseits die Stimmen der elektronischen Wahl in einer elektronischen Urne gespeichert werden und andererseits die Stimmen der Präsenz- und Briefwahl einer realen Wahlurne zusammengeführt werden, es also insgesamt zwei Urnen wären. Dies verstößt offensichtlich gegen das Ein-Urnen-Prinzip. Somit gibt es zwei Handlungsoptionen. Handlungsoption 1 wäre eine gesetzliche Regelung, inwiefern die Präsenz-, Briefwahl- und elektronischen Stimmen zusammengeführt werden. Die praktikabelste Lösung in diesem Fall wäre, dass die Präsenz- und Briefwahlstimmen digitalisiert und der elektronischen Urne zugefügt werden. Dann würden die Stimmen allesamt elektronisch gezählt und gewertet werden sowie das Ergebnis bei Öffnung der elektronischen Wahlurne bekannt gegeben. Auch dies sollte technisch umsetzbar sein. Andere Variante ist umgekehrt das Ausdrucken der elektronisch abgegebenen Stimmen und Hinzufügen dieser in die reale Wahlurne, damit alle Stimmen gemeinsam durch den Wahlvorstand ausgewertet werden. Diese Variante entspricht jedoch absolut

1278 *Besgen*, in: BeckOK Arbeitsrecht, § 14 BetrVG Rn. 3.

nicht dem Sinn und Zweck einer elektronischen Wahl. Es wäre falsch, wenn die fortschrittliche elektronische Stimmabgabe durch ein Ausdrucken der Stimmzettel zunichte gemacht werden würde. Kurzum ein Rückschritt im Fortschritt. Handlungsoption 2 dagegen wäre eine gesetzliche Ausnahme vom Ein-Urnen-Prinzip und somit eine Regelung, die neben der Existenz der realen Wahlurne betreffend Präsenz- und Briefwahlstimmen auch die Existenz der elektronischen Wahlurne akzeptiert (somit ein Zwei-Urnen-Prinzip). Dann müssten neben der realen Wahlurne die elektronische Wahlurne ausgewertet werden und die Stimmen dann zusammengeführt werden. Dies würde die öffentliche Stimmauszählung jedoch nicht vereinfachen, sondern verkomplizieren. Zwar dürfte auch dies technisch möglich sein, die beste Option ist allerdings die erste Variante der Handlungsoption 1.

*cc) Allgemeine Wahl*

Wiederum keine Probleme verursacht der Grundsatz der allgemeinen[1279] Wahl, wonach insbesondere niemand unberechtigt von der Wahl ausgeschlossen werden darf.[1280] In diesem Zusammenhang wurde bei der elektronischen Wahl die vermeintliche Problematik des digital divide vorgebracht, nach welcher Wahlberechtigte ohne Internet, PC oder Smartphone von einer elektronischen Wahl ausgeschlossen werden würden.[1281] Da jedoch die elektronische Wahl nur als zusätzliche Alternative zur Präsenz- und Briefwahl bestehen soll, verbleiben dem gegebenenfalls hierunterfallenden minimalen Prozentsatz[1282] noch diese beiden Varianten der Stimmabgabe, weswegen keine Ausgrenzung stattfindet. Die allgemeine Wahl wird somit nicht eingeschränkt. Vielmehr wird der Grundsatz der allgemeinen Wahl durch eine elektronische Wahl verstärkt. Wie bereits ausgeführt,[1283] würde durch eine elektronische Wahl insbesondere die jüngere Generation, deren Beteiligung an Betriebsratswahlen aufgrund zurückgehenden Interesses gering ist, wieder zur Wahlbeteiligung angereizt werden.[1284] Auch für Menschen mit körperlichen Einschränkungen oder sich im Ausland befindliche

---

1279 Siehe B.IV.1., S. 205 f.

1280 *Krois*, in: Münchener Handbuch zum Arbeitsrecht, Band 3, § 291 Rn. 170.

1281 *Kind/Bovenschulte*, in: TAB Nr. 26, S. 5; *Österreichische Gesellschaft für Politikberatung und Politikentwicklung*, E-Voting in Europa, Wien, August 2018, S. 5.

1282 Siehe B.IV.4.c), S. 244.

1283 Siehe B.IV.4.c), S. 242 f.

1284 *Fündling/Sorber*, NZA 2017, 552 (555); *Harms/von Steinau-Steinrück/Thüsing*, BB 2016, 2677 (2677).

Wahlberechtigte würde die elektronischen Wahl Erleichterungen bringen.[1285] Die Stimmabgabe würde hierdurch insgesamt erleichtert werden. Es ist offenkundig, dass die briefliche Fernkommunikation gegenüber den modernen Medien wie E-Mail, Kurznachrichten über soziale Netzwerke wie WhatsApp oder sonstigen Diensten im Internet zurücktritt.[1286] Die elektronische Wahl würde demnach eine modernen Kommunikationsgepflogenheiten entsprechende Beteiligung an den Wahlen ermöglichen.[1287] Dadurch könnten mehr Wähler erreicht werden, wodurch eine höhere Wahlbeteiligung zu vermuten ist. Dies verstärkt den Grundsatz der allgemeinen Wahl.

#### *dd) Öffentliche Wahl*

Ferner gilt bei der Betriebsratswahl der Grundsatz der Öffentlichkeit der Wahl, der wesentliche Voraussetzung für begründetes Vertrauen der Bürger in den korrekten Ablauf der Wahl ist.[1288] Hiernach muss der Wähler auf Basis der Rechtsprechung des BVerfG[1289] die zentralen Schritte der Wahl, insbesondere der Wahlhandlung und der Ergebnisermittlung, ohne besondere technische Vorkenntnisse oder Sachkenntnisse zuverlässig nachvollziehen und verstehen können. Hierzu zählt insbesondere, dass der Wähler zuverlässig nachvollziehen können muss, ob seine Stimme unverfälscht erfasst sowie in die Ermittlung des Wahlergebnisses einbezogen wird und wie die insgesamt abgegebenen Stimmen zugeordnet und gezählt werden.[1290] Es müssen allerdings nicht sämtliche wesentlichen Schritte der Wahl der öffentlichen Überprüfbarkeit unterliegen, soweit andere relevante einschlägige Belange eine Ausnahme hiervon rechtfertigen.[1291] Diese Belange müssen keinen unmittelbaren Verfassungsrang haben, da Art. 38 Abs. 1 GG bei der Betriebsratswahl nicht unmittelbar gilt.[1292] Ferner muss nicht ausnahmslos alles unter Beteiligung der Öffentlichkeit stattfinden, damit ein begründetes Vertrauen in die Richtigkeit der Wahl geschaffen werden kann.[1293] Es ist jedoch nicht ausreichend, wenn der Wähler keine Möglichkeit eigener Einsicht hat, und darauf angewiesen ist, der Funktionsfähigkeit und

---

1285 *Kind/Bovenschulte*, TAB Nr. 26, S. 4.
1286 *Bretthauer/Spiecker*, NZS 2020, 241 (245).
1287 *Bretthauer/Spiecker*, NZS 2020, 241 (245).
1288 BAG, Beschluss vom 17.05.2017 – 7 ABR 22/15, in: NZG 2018, 228 (232).
1289 BVerfG, Urteil vom 03.03.2009 – 2 BvC 3/07 und 4/07, in: NVwZ 2009, 708 (710).
1290 BVerfG, Urteil vom 03.03.2009 – 2 BvC 3/07 und 4/07, in: NVwZ 2009, 708 (710).
1291 BVerfG, Urteil vom 03.03.2009 – 2 BvC 3/07 und 4/07, in: NVwZ 2009, 708 (710).
1292 Siehe B.IV.4.a)bb), S. 237 f.
1293 BVerfG, Urteil vom 03.03.2009 – 2 BvC 3/07 und 4/07, in: NVwZ 2009, 708 (710).

technischen Integrität des Systems zu vertrauen.[1294] Daher genügt es nicht, wenn die Stimme ausschließlich auf einem elektronischen Speicher abgelegt wird, da hier keine hinreichende Kontrolle durch den Wähler ermöglicht wird.[1295]

Vorliegend kommt eine Einschränkung des Öffentlichkeitsgrundsatzes in Betracht. Bereits bei der Briefwahl ist anerkannt, dass das Ziel einer möglichst umfassenden Wahlbeteiligung dem Grundsatz der allgemeinen Wahl Rechnung trägt und als konkurrierendem Grundsatz des Öffentlichkeitsgrundsatzes dessen Einschränkung erlaubt.[1296] Darauf basierend ist der mit der Briefwahl verbundene staatliche Schutz- und Kontrollverlust bei der Stimmabgabe nicht zu beanstanden.[1297] Gleiches muss bei der Ergebnisermittlung gelten. Bei der elektronischen Wahl würde der Grundsatz der allgemeinen Wahl in einem noch stärkeren Maße gefördert als bei der Briefwahl. Insofern wiegt der Grundsatz der allgemeinen Wahl schwer und rechtfertigt Einschränkungen des Öffentlichkeitsgrundsatzes. Daher ist ebenso bei der elektronischen Wahl ein Schutz- und Kontrollverlust in gewisser Hinsicht möglich und hinzunehmen. Dieser muss sich allerdings wiederum auf das notwendige Maß beschränken. Es darf nicht an jeglicher Nachvollziehbarkeit bzw. Kontrollmöglichkeit fehlen.

Wesentliche Schritte bei der elektronischen Wahl sind neben der Verschlüsselung des Stimmzettels auch dessen Übermittlung und Speicherung in der elektronischen Urne sowie die Auszählung der abgegebenen Stimmen.[1298] Bei Kontrollmöglichkeiten ist daher zwischen der Stimmabgabe, der Stimmspeicherung und der Ergebnisermittlung zu unterscheiden.[1299] Die Kontrollmöglichkeit der Stimmabgabe ist gegeben, wenn der Wähler überprüfen kann, ob seine Stimme vom System so erfasst wurde, wie er es vorgesehen hat.[1300] Die Kontrollmöglichkeit der Stimmspeicherung ist gegeben, wenn der Wähler überprüfen kann, ob seine Stimme unverändert in der elektronischen Urne gespeichert wurde.[1301] Die Kontrollmöglichkeit der Ergebnisermittlung ist gegeben, wenn der Wähler überprüfen kann, ob seine Stimme so gezählt wurde, wie sie

---

1294 BVerfG, Urteil vom 03.03.2009 – 2 BvC 3/07 und 4/07, in: NVwZ 2009, 708 (711).

1295 BVerfG, Urteil vom 03.03.2009 – 2 BvC 3/07 und 4/07, in: NVwZ 2009, 708 (711).

1296 *Bretthauer/Spiecker*, NZS 2020, 241 (245).

1297 BVerfG, Beschluss vom 24.11.1981 – 2 BvC 1/81, in: BVerfGE 59, 119 (125).

1298 *Bräunlich/Grimm*, DuD 2014, 82 (83).

1299 *Bretthauer/Spiecker*, NZS 2020, 241 (246).

1300 *Bretthauer/Spiecker*, NZS 2020, 241 (246); *Henning/Budurushi/Volkamer*, MMR 2014, 154 (155).

1301 *Bretthauer/Spiecker*, NZS 2020, 241 (246); *Henning/Budurushi/Volkamer*, MMR 2014, 154 (155).

auf der elektronischen Urne gespeichert wurde.[1302] Die Kontrollmöglichkeit der Ergebnisermittlung, also die Identifizierung der eigenen Stimme im Ergebnis, ist jedoch weder bei der Präsenz- noch bei der Briefwahl möglich, sodass dies auch bei der Online-Wahl nicht möglich sein muss.[1303] Relevanz besitzen daher nur die Kontrollmöglichkeiten der Stimmabgabe und der Stimmspeicherung.

Diesbezüglich sollte zunächst einmal der Quellcode des Programms zur Stimmabgabe öffentlich einsehbar sein, damit die Funktionalität des Systems nachvollziehbar bzw. überprüfbar ist.[1304] Problematisch ist hier jedoch, dass der normale Wähler damit grundsätzlich nichts anfangen kann, sondern es – entgegen den Anforderungen des BVerfG[1305] – gewisser besonderer technischer Sachkenntnisse bedarf. Um dies auszugleichen, muss eine konkrete Zertifizierung des Wahlverfahrens durch eine öffentliche Stelle, wie beispielsweise durch das Bundesamt für Sicherheit in der Informationstechnik (BSI) oder den Bundesbeauftragten für den Datenschutz und die Informationsfreiheit (BfDI), geschaffen werden.[1306] Dies ist bereits jetzt schon der Fall, wie bei dem von dem Unternehmen POLYAS GmbH verwendeten Programm, welches vom BSI zertifiziert ist.[1307] Dies sollte jedoch durch allgemeine und gleiche Anforderungen verbessert werden, die vom Gesetz- bzw. Verordnungsgeber geschaffen werden sollten. Dies muss grundsätzlich ausreichen, eine Nachvollziehbarkeit im Einzelnen durch jeden Wähler kann hier nicht gefordert werden. Ohne komplexe Programme/Software wäre eine elektronische Wahl nicht möglich. Anstatt somit eine Nachvollziehbarkeit/Überprüfbarkeit durch den Wähler en détail zu verlangen, muss die Verwendung nach gewissen Standards zertifizierter Programme/Software ausreichend sein, jedoch auch zwingend vorliegen. Dies würde für eine Nachvollziehbarkeit und ein Vertrauen in die Ermittlung des Wahlergebnisses sorgen. Der Wähler könnte sich bei der öffentlichen Stelle über das Wahlverfahren informieren, insbesondere darüber, wie die Stimmen abgegeben und gespeichert werden. Ferner könnte er sich darüber informieren, wie die Stimmen in die Ermittlung des Wahlergebnisses einbezogen und wie die insgesamt abgegebenen Stimmen zugeordnet und gezählt werden. Darüber hinaus kann

1302 *Bretthauer/Spiecker*, NZS 2020, 241 (246); *Henning/Budurushi/Volkamer*, MMR 2014, 154 (155).

1303 *Bretthauer/Spiecker*, NZS 2020, 241 (246).

1304 *Kind/Bovenschulte*, TAB Nr. 26, S. 3.

1305 BVerfG, Urteil vom 03.03.2009 – 2 BvC 3/07 und 4/07, in: NVwZ 2009, 708 (710).

1306 *Klebe*, NZA 2020, 996 (998).

1307 *POLYAS GmbH*, Zertifikat Online-Wahl-Software, https://www.polyas.de/sicherheit/zertifikat-online-wahl-software, letzter Abruf am 04.06.2022.

die Software überprüft werden, wenngleich dies aufgrund der Sachkenntnis in der Regel nicht durch den Wähler geschehen kann.

Um die Kontrollmöglichkeit der Stimmabgabe und der Stimmspeicherung zu gewährleisten, ist es nicht ausreichend, wenn der Wähler keine Möglichkeit eigener Einsicht hat und allein auf die Funktionsfähigkeit und technischen Integrität des Systems vertrauen muss, weshalb eine nur vorübergehende digitale Anzeige und eine bloße Speicherung der Stimme auf der elektronischen Urne nicht ausreichend sind.[1308] Dem kann jedoch entgegengewirkt werden, indem dem Wähler nach seiner Stimmabgabe im Rahmen der elektronischen Wahl eine anonymisierte, einzigartige Bestätigung oder ein Code angezeigt wird, welche/r vom Wähler abgespeichert oder ausgedruckt werden kann, um eine Nachzählung zu ermöglichen. Die Bestätigung sollte zum einen angeben, wie die Stimme abgegeben wurde und zum anderen, ob diese ordnungsgemäß in der elektronischen Urne gespeichert wurde. Gleichermaßen möglich wäre ein anonymisierter Beleg, der automatisch an einem bestimmten Ort gespeichert wird, welchen der Wähler jedoch mittels seiner Kennung aufrufen, abspeichern und ausdrucken kann. Hierdurch wäre eine Nachprüfung möglich.

Der Öffentlichkeitsgrundsatz der Wahl wäre damit zwar in einem gewissen Maße eingeschränkt, allerdings hält sich dies im Rahmen des Notwendigen. Der Grundsatz der allgemeinen Wahl rechtfertigt diese Einschränkungen. Im Vergleich zur Rechtsprechung des BVerfG[1309] zum Wahlautomaten ist der Unterschied hier, dass nicht nur die Stimmauszählung erleichtert wird, sondern das gesamte Wahlverfahren, und überdies der Grundsatz der allgemeinen Wahl in hohem Maße gestärkt wird. Da dieser stärker als bei der Briefwahl gefördert wird, sind bei der elektronischen Wahl größere Einschränkungen des Öffentlichkeitsgrundsatzes als bei der Briefwahl gerechtfertigt. Ferner kann es eine zu 100 Prozent sichere Wahl nicht geben. Die elektronische Wahl ist auf Basis dieser Grundsätze jedoch als mindestens genauso sicher wie eine Briefwahl anzusehen. Ferner sind die notwendigen technischen Umsetzungsmöglichkeiten bereits gegeben.[1310] Dies zeigt sich insbesondere durch die bereits bestehenden elektronischen Wahlmöglichkeiten an anderer Stelle.[1311] Zudem öffnet sich das Betriebsverfassungsgesetz inzwischen für technische Möglichkeiten der

1308 BVerfG, Beschluss vom 24.11.1981 – 2 BvC 1/81, in: BVerfGE 59, 119 (125); BVerfG, Urteil vom 03.03.2009 – 2 BvC 3/07 und 4/07, in: NVwZ 2009, 708 (711).

1309 BVerfG, Urteil vom 03.03.2009 – 2 BvC 3/07 und 4/07, in: NVwZ 2009, 708.

1310 *Krause*, BT-Ausschussdrucks. 19(11)75, S. 3; *Klebe*, NZA 2020, 996 (998).

1311 Siehe B.IV.4.b), S. 240 ff.

Digitalisierung. Insbesondere erachten es das Betriebsverfassungsgesetz sowie die Wahlordnung mittlerweile für möglich, dass die Nichtöffentlichkeit in Sitzungen des Betriebsrats und des Wahlvorstands, insofern also auch die Geheimhaltung, mit technischen Mitteln gewährleistet werden kann.[1312]

### e) *Anbieter für elektronische (Betriebsrats-)Wahlen*

Anbieter für Online-Wahlen gibt es bereits. Beispielsweise können hier die POLYAS GmbH[1313], die Rogator AG[1314], die itacs GmbH[1315] oder die Votesquare UG[1316] genannt werden. Die POLYAS GmbH bietet ihre Produkte explizit für Betriebsratswahlen an. Gleichwohl wird auf der Website[1317] darüber informiert, dass eine Online-Wahl derzeit noch nicht den gesetzlichen Anforderungen genügt. Explizit für eine Betriebsratswahl bieten auch die Rogator AG sowie die Votesquare UG ihre Produkte an. Die Votesquare UG hat dabei konkret die regulären Betriebsratswahlen im Jahr 2022 beworben, jedoch ebenso auf die fehlende gesetzliche Verankerung hingewiesen.[1318]

Wohl am bekanntesten im Arbeitsrecht ist das Wahlsystem der POLYAS GmbH. Dieses war Gegenstand des einzigen gerichtlichen Verfahrens. In erster Instanz hat das ArbG Hamburg[1319] die darauf basierend durchgeführte Betriebsratswahl als nichtig festgestellt, das LAG Hamburg[1320] in zweiter Instanz als unwirksam. Bereits damals hat das Wahlsystem der POLYAS GmbH über eine Zertifizierung des BSI verfügt.[1321] Derzeit werden die Anforderungen des internationalen Schutzprofils nach Common Criteria erfüllt, weshalb die POLYAS

1312 Siehe B.IV.3.c)aa)(2), S. 226 f. sowie B.IV.3.c)bb), S. 227 f.

1313 *POLYAS GmbH*, Online-Wahlen mit Polyas, https://www.polyas.de/online-wahlen?dropdown=, letzter Abruf am 04.06.2022.

1314 *Rogator AG*, Wahlen und Abstimmungen online durchführen, https://www.rogator.de/mitarbeiterbefragung/wahlen-und-abstimmungen/, letzter Abruf am 04.06.2022.

1315 *Itacs GmbH*, Was VOTR kann, https://votr.itacs.de/features/, letzter Abruf am 04.06.2022.

1316 *Votesquare UG*, Online Wahlen – sicher, verlässlich & einfach, https://votesquare.com/, letzter Abruf am 04.06.2022.

1317 *POLYAS GmbH*, Wahlordnung der Betriebsratswahl, https://www.polyas.de/unternehmen/betriebsratswahlen/wahlordnung, letzter Abruf am 04.06.2022.

1318 *Votesquare UG*, Betriebsratswahlen 2022, https://votesquare.com/de/betriebsratswahlen-2022/, letzter Abruf am 04.06.2022.

1319 ArbG Hamburg, Beschluss vom 07.06.2017 – Az.: 13 BV 13/16, zitiert nach Juris.

1320 LAG Hamburg, Beschluss vom 15.02.2018 – 8 TaBV 5/17, in: BeckRS 2018, 20356.

1321 ArbG Hamburg, Beschluss vom 07.06.2017 – Az.: 13 BV 13/16, zitiert nach Juris.

GmbH über eine Zertifizierung des BSI verfügt.[1322] Hiernach ist insbesondere zertifiziert, dass von der abgegebenen Stimme keinerlei Rückschluss auf die Identität des Wählers gezogen werden könne, nur registrierte Personen aus dem Wählerverzeichnis wählen könnten, die Stimme nur einmal abgegeben werden könnte, Stimmen sowohl während der Übertragung im Netzwerk als auch in der elektronischen Wahlurne nicht verändert, gelöscht oder ergänzt werden könnten und keine Zwischenergebnisse berechnet werden könnten.[1323] Die technische Umsetzung scheint somit möglich und sicherheitstechnisch standardisierbar.

### *f) Zwischenergebnis*

Eine elektronische Betriebsratswahl unter Nutzung von elektronischen, computerbasierten Wahlsystemen in offenen Netzen wie dem Internet via PC oder Smartphone ist umsetzbar. Sie wird zudem sowohl in Literatur[1324] als auch in der Politik[1325] gefordert. Elektronische Wahlen werden nicht nur außerhalb der Bundesrepublik bereits erfolgreich eingesetzt, sondern (außerhalb der Betriebsverfassung) auch zunehmend national.[1326] Eine gesetzliche Grundlage für die Betriebsratswahl fehlt jedoch einstweilen, weshalb dort elektronische Wahlen nach wie vor unzulässig sind, eine darauf basierende Wahl also anfechtbar ist.[1327] Gleichwohl führen viele Unternehmen auch ohne gesetzliche Grundlage bereits eine elektronische Wahl durch und setzen sich der Gefahr der Wahlanfechtung aus.[1328] Das Wahlautomaten-Urteil des BVerfG[1329] ist bei der Schaffung einer

---

1322 *POLYAS GmbH*, Zertifikat Online-Wahl-Software, https://www.polyas.de/sicherheit/zertifikat-online-wahl-software, letzter Abruf am 04.06.2022.

1323 *POLYAS GmbH*, Zertifikat Online-Wahl-Software, https://www.polyas.de/sicherheit/zertifikat-online-wahl-software, letzter Abruf am 04.06.2022.

1324 *Annuß*, NZA 2017, 345 (348); *Blasek*, BB 2021, 2932 (2935); *Fündling/Sorber*, NZA 2017, 552 (555); *Harms/von Steinau-Steinrück/Thüsing*, BB 2016, 2677 (2677); *Henssler*, NZA-Beilage 2020, 3 (6); *Hoffmann-Remy/Zaumseil*, BB 2017, 1717 (1722); *Junker*, ZfA 2020, 317 (318); *Klebe*, NZA-Beilage 2017, 77 (84); *Klebe*, NZA 2020, 996 (998); *Neumann*, GWR 2017, 307 (307); *Oltmanns*, ArbRAktuell 2021, 520 (521); *Poguntke/von Villiez*, NZA 2019, 1097 (1105); *Schäuble/Werhann*, GWR 2018, 41 (47); *Schiefer/Worzalla*, NZA 2021, 817 (818); *Schwarze*, RdA 2019, 115 (118); *Thüsing*, SR 2016, 87 (103); *Thüsing*, BB 2021, 1460 (1462); *Winzer/Baeck/Hilgers*, NZA 2021, 620 (621).

1325 BT-Drucks. 18/10254; BT-Drucks. 19/1710; BT-Drucks. 19/28984.

1326 Siehe B.IV.4.b), S. 240 ff.

1327 Siehe B.IV.3.a), S. 213 ff.

1328 *Harms/von Steinau-Steinrück/Thüsing*, BB 2016, 2677 (2677).

1329 BVerfG, Urteil vom 03.03.2009 – 2 BvC 3/07 und 4/07, in: NVwZ 2009, 708.

gesetzlichen Grundlage für die Praxis zu beachten, wenngleich es nicht eins zu eins übertragbar ist. Zum einen ist die Betriebsratswahl verschieden zur Bundestagswahl, zum anderen sind Wahlautomaten (Präsenzwahl) verschieden zur elektronischen Wahl (Fernwahl).[1330] Die Wahlgrundsätze des Art. 38 Abs. 1 GG i. V. m. Art. 20 Abs. 1 und 2 GG gelten nicht unmittelbar für Betriebsratswahlen, gleichwohl sie außerhalb des Grundgesetzes als Rechtsprinzipien demokratischer Wahlen anzusehen sind und eine objektivrechtliche Ausstrahlungswirkung haben.[1331] Es gilt daher ein weniger strenger Maßstab. Trotzdem muss eine elektronische Wahl hohe Voraussetzungen erfüllen und die bei der Betriebsratswahl geltenden Wahlgrundsätze einerseits der geheimen, unmittelbaren, freien, allgemeinen und gleichen Wahl, sowie andererseits den Öffentlichkeitsgrundsatz einhalten.[1332]

Wichtigster Wahlgrundsatz im Zusammenhang mit der elektronischen Wahl ist derjenige der allgemeinen Wahl, da dieser durch die elektronische Wahl und insbesondere die zu erwartende höhere Wahlbeteiligung gestärkt wird und dadurch eine Einschränkung des Öffentlichkeitsgrundsatzes rechtfertigt, weswegen nicht sämtliche wesentlichen Schritte der Wahl der öffentlichen Überprüfbarkeit unterliegen müssen.[1333] Stattdessen ist ein gewisser Schutz- und Kontrollverlust hinzunehmen, der sich allerdings auf das notwenige Maß beschränken muss. Die sich im notwendigen Maß haltende Einschränkung des Öffentlichkeitsgrundsatzes ist durch die Verstärkung der allgemeinen Wahl gerechtfertigt, weshalb eine elektronische Wahl gesetzlich etabliert werden kann und sollte, zumal die technische Umsetzbarkeit bereits gegeben ist, was sich durch etliche Beispiele[1334] zeigt.

## 5. Ausweitung der Briefwahl

Daran anknüpfend sollte die Briefwahl ausgeweitet werden. Deren Anteil steigt stetig.[1335] Der Wahlvorstand kann nach den derzeitigen Regelungen jedoch keine allgemeine Briefwahl anordnen, da dies mit dem eindeutigen Wortlaut insbesondere der §§ 24 ff. WO nicht zu vereinbaren ist.[1336] Diesbezüglich

1330 Siehe B.IV.4.a)bb), S. 237.

1331 Siehe B.IV.4.a)bb), S. 237 ff.

1332 Siehe B.IV.4.d), S. 247 ff.

1333 Vgl. BVerfG, Urteil vom 03.03.2009 – 2 BvC 3/07 und 4/07, in: NVwZ 2009, 708 (710).

1334 Siehe B.IV.4.b), S. 240 ff.

1335 *Harms/von Steinau-Steinrück/Thüsing*, BB 2016, 2677 (2677).

1336 LAG Niedersachsen, Urteil vom 09.03.2011 – 17 TaBV 41/10, in: BeckRS 2011, 74669; LAG Düsseldorf, Beschluss vom 08.04.2011 – 10 TaBV 79/10, in: BeckRS

wurden auch keine (temporären) Sonderregelungen anlässlich der COVID-19-Pandemie eingeführt.[1337] Einzig für Betriebsteile und Kleinstbetriebe, die räumlich weit vom Hauptbetrieb entfernt sind, kann der Wahlvorstand gemäß § 24 Abs. 3 WO die allgemeine Briefwahl beschließen und die Wahlunterlagen entsprechend übersenden.

Im Zuge der Ermöglichung elektronischer Betriebsratswahlen ist es nicht geboten, an den engen Voraussetzungen der Briefwahl festzuhalten. Vielmehr sollte der Wahlvorstand in eigenem Ermessen darüber entscheiden können, neben der Präsenz- und elektronischen Wahl auch die allgemeine Briefwahl zuzulassen, sei es kumulativ oder alternativ zur elektronischen Wahl. Wenn der Wahlvorstand schon die elektronische Wahl festlegen kann, sollte er alternativ, wenn er sich gegen die elektronische Wahl entscheidet, die allgemeine Briefwahl zulassen können. Zudem sollten die Wähler, die ihre Stimme nicht elektronisch abgeben möchten, ebenso eine erleichterte Wahlmöglichkeit haben und nicht in Präsenz wählen müssen. Ihnen sollte als Alternative zur elektronischen Wahl die Briefwahl angeboten werden (können). Die allgemeine Briefwahl sollte allerdings unter einer Einschränkung stattfinden. Es sollte nur per Briefwahl abgestimmt werden können, wenn dies vom Wahlberechtigten (formfrei) beantragt wurde. Für diesen Antrag sollte es jedoch, entgegen der derzeitigen Gesetzeslage, keines Grundes bedürfen. Infolgedessen wäre der Antrag weder zu begründen, noch vom Wahlvorstand zu überprüfen. Damit fiele die Pflicht des Wahlvorstands weg, die Briefwahlunterlagen bei bestimmten Voraussetzungen unaufgefordert zu übersenden. Die Zugangsdaten zur elektronischen Wahl wären dagegen ohne Antrag jedem Wahlberechtigten zu übersenden. Dies stünde einem Antrag auf Briefwahl nicht entgegen. Im vereinfachten Verfahren wäre dies dergestalt zu handhaben, dass die nachträgliche Stimmabgabe nach Entscheidung des Wahlvorstands entweder nur als Briefwahl stattfindet oder als elektronische Wahl mit der Möglichkeit, die Briefwahl zu beantragen.

## 6. Zwischenergebnis

Die Betriebsratswahl hat demnach diverse Wahlgrundsätze zu wahren, die in überwiegender Mehrheit nicht unmittelbar im Betriebsverfassungsgesetz oder in der ersten Verordnung zur Durchführung des Betriebsverfassungsgesetzes (WO) geregelt sind.[1338] Die Wahl hat nicht nur geheim und unmittelbar zu

---

2011, 74544; ArbG Düsseldorf, Beschluss vom 28.11.2016 – 2 BV 286/16, Rn. 77, zitiert nach Juris; *Hoffmann-Remy/Zaumseil*, BB 2017, 1717 (1721).

1337 *Klose*, NZA 2021, 1301 (1303).

1338 Siehe B.IV.1., S. 203 ff.

erfolgen, wie es § 14 Abs. 1 BetrVG vorschreibt, sondern darüber hinaus auch frei, gleich, allgemein und öffentlich.[1339] Der gesetzliche Status quo hingegen erlaubt keine elektronischen Betriebsratswahlen, da dies insbesondere dem eindeutigen Wortlaut entgegensteht.[1340] Elektronisch können in der Betriebsverfassung derzeit nur beispielsweise Bekanntmachungen im Wahlverfahren erfolgen.[1341] Dies ist jedoch mit großen praktischen Hindernissen verbunden, weswegen dies stets nur ergänzend zum originären Aushang geschehen sollte.[1342] Einen großen elektronischen Fortschritt hat der Gesetzgeber hingegen abseits der Betriebsratswahl gemacht. Pandemiebedingt wurde gesetzlich ermöglicht, Betriebsratssitzungen und Wahlvorstandssitzungen via Videokonferenz abzuhalten.[1343] Dies war notwendig, da die vorherige Gesetzeslage dies nicht zugelassen hatte.[1344] Die zunächst teilweise befristeten Regelungen wurden in abgewandelter Form dauerhaft beibehalten; ein Rückschritt in das analoge Zeitalter wurde damit verhindert. Negativ in diesem Zusammenhang ist einzig, dass der Gesetzgeber auch Telefonkonferenzen zugelassen hat und diese ebenso dauerhaft beibehalten hat. Telefonkonferenzen ermöglichen jedoch nicht ansatzweise die für eine Betriebsrats oder Wahlvorstandssitzung notwendige Kommunikation und verdienen daher keine Zulassung.[1345] Dies hätte der Gesetzgeber beachten müssen. Aktiv werden muss der Gesetzgeber auch im Hinblick auf elektronische Betriebsratswahlen. An der Rechtsprechung des BVerfG[1346] zu Wahlautomaten sind die Grundsätze zu erkennen, welche bei der gesetzlichen Implementierung von elektronischen Wahlen zu beachten sind.[1347] Damit könnte die Wahlbeteiligung effektiv erhöht und der Wahlgrundsatz der allgemeinen Wahl gestärkt werden.[1348] Dies führt dazu, dass der Wahlgrundsatz der Öffentlichkeit eingeschränkt werden kann.[1349] Um die Wahlgrundsätze, insbesondere die öffentliche Wahl, bei der elektronischen Wahl zu wahren, sind

1339 Siehe B.IV.1., S. 203 ff.
1340 Siehe B.IV.3.a), S. 213 ff.
1341 Siehe B.IV.3.b), S. 219 ff.
1342 Siehe B.IV.3.b), S. 222 f.
1343 Siehe B.IV.3.c)aa)(1), S. 224 f. sowie B.IV.3.c)bb), S. 227 f.
1344 Siehe B.IV.3.c)aa), S. 223 f.
1345 Siehe B.IV.3.c)dd), S. 229 f.
1346 BVerfG, Urteil vom 03.03.2009 – 2 BvC 3/07 und 4/07, in: NVwZ 2009, 708.
1347 Siehe B.IV.4.a), S. 232 ff.
1348 Siehe B.IV.4.d)cc), S. 251 f.
1349 Siehe B.IV.4.d)dd), S. 253.

gleichwohl starke Sicherheits- und Schutzmaßnahmen zu treffen.[1350] Diese sind jedoch technisch allesamt umsetzbar.[1351] Ob eine Betriebsratswahl neben der Präsenzwahl ergänzend nur als Briefwahl oder als Briefwahl und elektronische Wahl stattfindet, sollte im Ermessen des Wahlvorstands stehen.

## 7. Umsetzung

Umzusetzen sind die elektronische Betriebsratswahl sowie die Änderungen hinsichtlich der Briefwahl sowie der Betriebsrats- und Wahlvorstandssitzungen und der Betriebsversammlungen.

### *a) Elektronische Betriebsratswahl*

Zur Umsetzung der elektronischen Betriebsratswahlen sind diverse Maßnahmen erforderlich. Ein konkreter Umsetzungsvorschlag soll daher aktuell nicht unterbreitet werden, insbesondere da für die elektronische Betriebsratswahl zunächst die konkreten technischen Voraussetzungen bzw. Anforderungen durch Sachverständige festgestellt werden müssen.

Für die Einführung der elektronischen Betriebsratswahl reicht eine Änderung der Wahlordnung aus. Das Betriebsverfassungsgesetz steht einer elektronischen Wahl insoweit nicht entgegen. Die elektronische Wahl würde unter die Ermächtigungsgrundlage des § 126 Nr. 5 BetrVG fallen, wonach das Bundesministerium für Arbeit und Soziales ermächtigt wird, mit Zustimmung des Bundesrates Rechtsverordnungen zur Regelung der Stimmabgabe zu erlassen. Auf Basis dieser Ermächtigungsgrundlage wurde die derzeitige Wahlordnung, insbesondere die Briefwahl, geschaffen, sodass hierunter auch die elektronische Wahl fallen würde.

Bei der Umsetzung liegt es nahe, sich an den elektronischen Wahlen der Sozialversicherungen, konkret an § 194b SGB V sowie der nach § 194a SGB V geschaffenen Online-Wahl-Verordnung zu orientieren.

### *b) Briefwahl*

Für die allgemeine Briefwahl sind folgende Änderungen notwendig:

1350 Siehe B.IV.4.d)dd), S. 253 ff.
1351 Siehe B.IV.4.d)dd), S. 253 ff.

### Neufassung des § 24 Abs. 1 WO

*Der Wahlvorstand kann neben der Präsenzwahl die schriftliche Stimmabgabe beschließen.*

### Neufassung des § 24 Abs. 2 WO

*Der Wahlvorstand hat Wahlberechtigten auf ihr Verlangen*

1. *das Wahlausschreiben,*
2. *die Vorschlagslisten,*
3. *den Stimmzettel und den Wahlumschlag,*
4. *eine vorgedruckte von der Wählerin oder dem Wähler abzugebende Erklärung, in der gegenüber dem Wahlvorstand zu versichern ist, dass der Stimmzettel persönlich gekennzeichnet worden ist, sowie*
5. *einen größeren Freiumschlag, der die Anschrift des Wahlvorstands und als Absender den Namen und die Anschrift der oder des Wahlberechtigten sowie den Vermerk „Schriftliche Stimmabgabe" trägt,*

*auszuhändigen oder zu übersenden. Die Wahlumschläge müssen sämtlich die gleiche Größe, Farbe, Beschaffenheit und Beschriftung haben. Der Wahlvorstand soll der Wählerin oder dem Wähler ferner ein Merkblatt über die Art und Weise der schriftlichen Stimmabgabe (§ 25) aushändigen oder übersenden. Der Wahlvorstand hat die Aushändigung oder die Übersendung der Unterlagen in der Wählerliste zu vermerken.*

### Neufassung des § 35 Abs. 1 WO

*Wahlberechtigte können beim Wahlvorstand die nachträgliche schriftliche Stimmabgabe beantragen (§ 14a Abs. 4 des Gesetzes). Die §§ 24, 25 gelten entsprechend.*

## c) Betriebsrats- /Wahlvorstandssitzung, Betriebsversammlung

In Bezug auf die Sitzungen/Versammlungen des Betriebsrats- und Wahlvorstandssitzungen sowie Betriebsversammlungen sind folgende Änderungen notwendig:

### Neufassung des § 30 Abs. 2 S. 1 BetrVG

*Abweichend von Absatz 1 Satz 5 kann die Teilnahme an einer Betriebsratssitzung mittels Videokonferenz erfolgen, wenn*

1. *die Voraussetzungen für eine solche Teilnahme in der Geschäftsordnung unter Sicherung des Vorrangs der Präsenzsitzung festgelegt sind,*
2. *nicht mindestens ein Viertel der Mitglieder des Betriebsrats binnen einer von dem Vorsitzenden zu bestimmenden Frist diesem gegenüber widerspricht und*
3. *sichergestellt ist, dass Dritte vom Inhalt der Sitzung keine Kenntnis nehmen können.*

## Neufassung des § 30 Abs. 3 BetrVG

*Erfolgt die Betriebsratssitzung mit der zusätzlichen Möglichkeit der Teilnahme mittels Videokonferenz, gilt auch eine Teilnahme vor Ort als erforderlich.*

## Neufassung des § 33 Abs. 1 S. 2 BetrVG

*Betriebsratsmitglieder, die mittels Videokonferenz an der Beschlussfassung teilnehmen, gelten als anwesend.*

## Neufassung des § 34 Abs. 1 S. 4 BetrVG

*Nimmt ein Betriebsratsmitglied mittels Videokonferenz an der Sitzung teil, so hat es seine Teilnahme gegenüber dem Vorsitzenden in Textform zu bestätigen.*

## Neufassung des § 129 BetrVG

*Versammlungen nach den §§ 42, 53 und 71 können auch mittels audiovisueller Einrichtungen durchgeführt werden, wenn sichergestellt ist, dass nur teilnahmeberechtigte Personen Kenntnis von dem Inhalt der Versammlung nehmen können. Eine Aufzeichnung ist unzulässig.*

## Neufassung des § 1 Abs. 4 WO

*Abweichend von Absatz 3 Satz 2 kann der Wahlvorstand beschließen, dass die Teilnahme an einer nicht öffentlichen Sitzung des Wahlvorstands mittels Videokonferenz erfolgen kann. Dies gilt nicht für Sitzungen des Wahlvorstands*

1. *im Rahmen einer Wahlversammlung nach § 14a Absatz 1 Satz 2 des Gesetzes,*
2. *zur Prüfung eingereichter Vorschlagslisten nach § 7 Absatz 2 Satz 2,*
3. *zur Durchführung eines Losverfahrens nach § 10 Absatz 1.*

*Es muss sichergestellt sein, dass Dritte vom Inhalt der Sitzung keine Kenntnis nehmen können. Eine Aufzeichnung der Sitzung ist unzulässig. Die mittels Videokonferenz Teilnehmenden bestätigen ihre Teilnahme gegenüber der oder dem Vorsitzenden in Textform. Die Bestätigung ist der Niederschrift nach Absatz 3 beizufügen.*

## Neufassung des § 1 Abs. 5 WO

*Erfolgt die Sitzung des Wahlvorstands mit der zusätzlichen Möglichkeit der Teilnahme mittels Videokonferenz, gilt auch eine Teilnahme vor Ort als erforderlich.*

## V. Amtszeit

Mittelbar spielt in der Gründung eines Betriebsrats auch dessen Amtszeit eine Rolle, da sie ausschlaggebend dafür ist, wann das Gremium ohne erneute Handlungen nicht mehr existiert. Die Amtszeit des Betriebsrats wurde über die letzten 100 Jahre mehrmals angepasst und angehoben. Seit der letzten Anpassung sind allerdings schon über 30 Jahre vergangen. Auch im Hinblick auf die Amtszeiten anderer Gremien außerhalb der Betriebsverfassung stellt sich daher die Frage, ob die Amtszeit des Betriebsrats nicht erneut angepasst und auf fünf Jahre angehoben werden sollte.

### 1. Status quo

Nach geltendem Gesetzesstand finden die regelmäßigen Betriebsratswahlen gemäß § 13 Abs. 1 S. 1 BetrVG alle vier Jahre in der Zeit vom 1. März bis 31. Mai statt. Die letzten Wahlen fanden turnusgemäß im Jahre 2022 statt, die nächsten somit 2026. Die Amtszeit eines Betriebsrats beträgt gemäß § 21 S. 1 BetrVG in der Regel vier Jahre. Dies war jedoch nicht von Beginn an der Fall, vielmehr wurde die Amtszeit in drei Schritten auf den heutigen Stand angehoben.

### 2. Entwicklung der vierjährigen Amtszeit

Mit der Schaffung des Betriebsrätegesetzes vom 04.02.1920[1352] wurde in § 18 Abs. 1 S. 1 BRG 1920 zunächst eine einjährige Amtszeit des Betriebsrats eingeführt, welche 1946 in Artikel III Abs. 2 Kontrollratsgesetz Nr. 22[1353] beibehalten wurde. Im Betriebsverfassungsgesetz vom 11.10.1952[1354] wurde die Amtszeit sodann durch § 21 S. 1 BetrVG auf zwei Jahre erhöht. Begründet wurde die Erhöhung der Amtszeit damit, dass eine gewisse Stetigkeit der Amtsführung gewährleistet werden sollte und sich die zweijährige Amtszeit in vielen Ländergesetzen durchgesetzt hatte, also auch eine einheitliche Regelung geschaffen werden sollte.[1355] Nach einem Antrag der Fraktion CDU/CSU[1356] wurde die Amtszeit des Betriebsrats sodann durch Art. 1 des Gesetzes zur Änderung des Betriebsverfassungsgesetzes vom 15.12.1964[1357] auf drei Jahre angehoben. Dies

---

1352 RGBl. 1920 I, S. 147, gem. § 106 in Kraft getreten am 04.02.1920.

1353 Kontrollrats-Amtsblatt 1946 Nr. 6, S. 133, gem. Art. 13 in Kraft getreten am 17.04.1946.

1354 BGBl. 1952 I, S. 681, gem. § 92 in Kraft getreten am 14.11.1952.

1355 BT-Drucks. 1/1546, S. 44; BT-Drucks. 1/3585, S. 6.

1356 BT-Drucks. 4/2301.

1357 BGBl. 1964, S. 1065, gem. Art. 4 in Kraft getreten am 01.01.1965.

wurde damit begründet, die zweijährige Amtszeit sei zu kurz bemessen und erschwere die Einarbeitung des neugewählten Betriebsrats sowie eine sachliche und vertrauensvolle Arbeit der mit der Betriebsgestaltung beteiligten Stellen.[1358] Darüber hinaus würde dadurch die Amtszeit des Betriebsrats an die vieler sonstiger Gremien der politischen, wirtschaftlichen und sozialen Selbstverwaltung angenähert.[1359] Durch ein weiteres Änderungsgesetz vom 20.12.1988[1360] wurde die Amtszeit des Betriebsrats in § 21 S. 1 BetrVG schließlich auf den heute noch geltenden Stand von vier Jahren angehoben. Diese Anhebung wurde mit der größeren Kontinuität der Betriebsratsarbeit begründet, insbesondere vor den stetig steigenden Anforderungen an den Betriebsrat und der dadurch verbundenen längeren Einarbeitungszeit.[1361]

### 3. Amtszeiten außerhalb des Betriebsverfassungsgesetzes

Oftmals dauern Amtszeiten sonstiger Gremien der politischen, wirtschaftlichen und sozialen Selbstverwaltung mehr als vier Jahre an.

So wird in fast allen deutschen Bundesländern der Landtag (Berlin: Abgeordnetenhaus; Hamburg: Bürgerschaft) für die Dauer von fünf Jahren gewählt.[1362] Auch die Amtszeit des Ministerpräsidenten und der weiteren Landes-/Staatsregierung (Berlin, Hamburg: regierender Bürgermeister/Senat) beträgt fünf Jahre.[1363] Einzig in der Freien Hansestadt Bremen beträgt die Amtszeit der

---

1358 BT-Drucks. 4/2655, S. 1.

1359 BT-Drucks. 4/2655, S. 1.

1360 BGBl. 1988 I, S. 2312, Gesetz zur Änderung des Betriebsverfassungsgesetzes, über Sprecherausschüsse der leitenden Angestellten und zur Sicherung der Montan-Mitbestimmung, gem. Art. 7 in Kraft getreten am 01.01.1989.

1361 BT-Drucks. 11 /3618, S. 10, 17 f.

1362 *Baden-Württemberg*: Art. 30 Abs. 1 S. 1 LV-BW; *Bayern*: Art. 16 Abs. 1 S. 1 BV; *Berlin*: Art. 54 Abs. 1 S. 1 Verf BE; *Brandenburg*: Art. 62 Abs. 1 S. 1 BbgVerf; *Hamburg*: Art. 10 Abs. 1 S. 1 HmbVerf; *Hessen*: Art. 79 S. 1 HV; *Mecklenburg-Vorpommern*: Art. 27 Abs. 1 S. 1 MVVerf; *Niedersachsen*: Art. 9 Abs. 1 S. 1 NV; *Nordrhein-Westfalen*: Art. 34 S. 1 Verf NRW; *Rheinland-Pfalz*: Art. 83 Abs. 1 S. 1 RhPfVerf; *Saarland*: Art. 67 Abs. 1 S. 1 SLVerf; *Sachsen*: Art. 44 Abs. 1 S. 1 SächsVerf; *Sachsen-Anhalt*: Art. 43 S. 1 LSAVerf; *Schleswig-Holstein*: Art. 19 Abs. 1 S. 1 SHVerf; *Thüringen*: Art. 50 Abs. 1 S. 1 ThürVerf.

1363 *Baden-Württemberg*: Art. 30 Abs. 1 S. 1, 55 Abs. 2 LV; *Bayern*: Art. 44 Abs. 1, 45 BV; *Berlin*: Art. 54 Abs. 1 S. 1, 56 Abs. 1 S. 1, Abs. 3 S. 2 Verf BE; *Brandenburg*: Art. 62 Abs. 1 S. 1, 85 Abs. 1 S. 1 BbgVerf; *Hamburg*: Art. 10 Abs. 1 S. 1, 35 Abs. 1 HmbVerf; *Hessen*: Art. 79 S. 1, 113 Abs. 2 HV; *Mecklenburg-Vorpommern*: Art. 27 Abs. 1 S. 1, 50 Abs. 1 MVVerf; *Niedersachsen*: Art. 9 Abs. 1 S. 1, 33 Abs. 2, 3 NV;

Mitglieder der Bremischen Bürgerschaft sowie des Senats, einschließlich seines Präsidenten (Bürgermeister), gemäß Artikel 75 Abs. 1 S. 1, 107 Abs. 2 S. 1 BremVerf noch vier Jahre.

Auf nationaler Ebene erneuert sich der Bundesrat gemäß Art. 51 Abs.1 S. 1 GG im Zyklus der Landtagswahlen, also nach jeweils fünf Jahren (Bremen vier Jahre). Auch das Amt des Bundespräsidenten dauert gemäß Art. 54 Abs. 2 S. 1 GG fünf Jahre. Dagegen beträgt die Amtszeit des Bundestags gemäß Art. 39 Abs. 1 S. 1 GG ebenso wie die Amtszeit der Bundesregierung (Bundeskanzler, Bundesminister) gemäß Art. 69. Abs. 2, 39 Abs. 1 S. 1 GG nur vier Jahre.

Auf kommunaler Ebene beträgt beispielsweise die Amtszeit eines bayerischen Gemeinderats gemäß Art. 41 S. 1 GO sechs Jahre. Dagegen endet in Bremerhaven die Amtszeit der Stadtverordnetenversammlung bereits nach vier Jahren (§§ 42 Abs. 1, Abs. 3 S 2, 5 Abs. 1 S. 1 BremWahlG), die des Magistrats jedoch erst nach sechs Jahren (§ 47 Abs. 1 S. 1 VerfBrhv). Auch in der Stadt Bremen beträgt die Amtszeit der Stadtbürgerschaft (Kommunalebene) vier Jahre, da diese mit der Wahl der Bremischen Bürgerschaft (Landesebene) verbunden ist (§ 5 Abs. 1, 2 BremWahlG).

Im Rahmen der wirtschaftlichen Selbstverwaltung beträgt beispielsweise die Amtszeit der Mitglieder der Vollversammlung der Industrie- und Handelskammer für München und Oberbayern, dessen Präsidiums, Hauptgeschäftsführung und der Regionalausschüsse gemäß §§ 5 Abs. 4 S. 1, 6 Abs. 1, 7 Abs. 1 IHKG iVm. §§ 1 Abs. 1, 25 Abs. 3 der Wahlordnung der Industrie- und Handelskammer für München und Oberbayern fünf Jahre. In Bremen beträgt die Amtszeit des Plenums, des Präsidiums sowie der Geschäftsführung gemäß §§ 5 Abs. 4 S. 1, 6 Abs. 1, 7 Abs. 1, 13 IHKG iVm. § 1 Abs. 1 der Wahlordnung der Handelskammer Bremen – IHK für Bremen und Bremerhaven sechs Jahre.

Im Rahmen der sozialen Selbstverwaltung beträgt die Amtszeit der Mitglieder der Selbstverwaltungsorgane gemäß § 58 Abs. 2 S. 1 SGB IV ebenfalls sechs Jahre.

Ferner wurde beispielsweise in Österreich durch Beschluss des Nationalrats vom 15.12.2016[1364] sowie des Bundesrats vom 20.12.2016[1365] die Amtszeit (in

---

*Nordrhein-Westfalen*: Art. 34 S. 1, 62 Abs. 2 Verf NRW; *Rheinland-Pfalz*: Art. 83 Abs. 1 S. 1, 98 Abs. 2 S. 1, 2 RhPfVerf; *Saarland*: Art. 67 Abs. 1 S. 1, 87 Abs. 3 SLVerf; *Sachsen*: Art. 44 Abs. 1 S. 1, 68 Abs. 2 SächsVerf; *Sachsen-Anhalt*: Art. 43 S. 1, 71 Abs. 1 S. 1 LSAVerf; *Schleswig-Holstein*: Art. 19 Abs. 1 S. 1, 34 Abs. 1 SHVerf; *Thüringen*: Art. 50 Abs. 1 S. 1, 75 Abs. 2 S. 1 ThürVerf.

1364 NR-Beschluss, 1442 d.B. XXV. GP – 416/BNR.

1365 BR-Beschluss, 1442 d.B. XXV. GP – 416/BNR.

Österreich „Tätigkeitsdauer“) des Betriebsrats von vier auf fünf Jahre verlängert (§ 61 Abs. 1 S. 1 ArbVG).[1366] Die Änderung gilt für Betriebsräte, die sich seit dem 01.01.2017 konstituieren. Begründet wurde die Verlängerung mit der grundlegenden Veränderung der Bedingungen der Arbeitswelt und der Anforderungen an die Belegschaftsvertretung seit der Einführung der vierjährigen Tätigkeitsdauer in Österreich vor circa 30 Jahren, welche eine Stärkung der Kontinuität der Gremien erfordere.[1367]

## 4. Anhebung der Amtszeit

Die vierjährige Amtszeit des Betriebsrats gilt in Deutschland nunmehr seit dem 01.01.1989, mithin also seit über 30 Jahren. In dieser Zeit haben sich insbesondere die Rechte und Pflichten des Betriebsrats nochmals ausgeweitet und auch die Bedingungen der Arbeitswelt haben sich grundlegend verändert.[1368] Im Gegensatz zur damaligen Zeit hat der Betriebsrat inzwischen zusätzlich Aufgaben im Bereich des Datenschutzes (§ 78a BetrVG) sowie der Gleichstellung (§ 80 Abs. 1 Nr. 2a BetrVG). Zudem hat er die Vereinbarkeit von Familie und Erwerbstätigkeit ebenso zu fördern wie die Beschäftigung im Betrieb sowie Maßnahmen des Arbeitsschutzes und des betrieblichen Umweltschutzes (§ 80 Abs. 1 Nr. 2b, 8, 9 BetrVG). Gleichermaßen soll der Betriebsrat Rassismus und Fremdenfeindlichkeit im Betrieb bekämpfen bzw. Maßnahmen hierfür beantragen (§ 80 Abs. 1 Nr. 7 BetrVG). Überdies hat der Betriebsrat bei der Durchführung von Gruppenarbeit sowie der Ausgestaltung von mobiler Arbeit, die mittels Informations- und Kommunikationstechnik erbracht wird, mitzubestimmen (§ 87 Abs. 1 Nr. 13, 14 BetrVG). Darüber hinaus hat der Betriebsrat heute umfassende Pflichten in Bezug auf den Arbeitsschutz und den betrieblichen Umweltschutz (§ 89 Abs. 1 BetrVG). Auch Aufgaben der Beschäftigungssicherung (§ 92a BetrVG) und bei Unternehmensübernahme (§ 109a BetrVG) hat er inne. Ebenfalls muss sich der Betriebsrat teilweise mit künstlicher Intelligenz beschäftigen (§ 80 Abs. 3 S. 2 BetrVG). Der Aufgabenkatalog ist in den letzten 30 Jahren somit stark erweitert worden. Einem Betriebsratsmitglied werden

1366 BGBl. I Nr. 12/2017, in Kraft getreten am 01.01.2017.

1367 *Ausschuss für Arbeit, Soziales und Konsumentenschutz*, Bericht über den Beschluss des Nationalrates vom 15. Dezember 2016 betreffend ein Bundesgesetz, mit dem das Arbeitsverfassungsgesetz geändert wird, 9682/BR d.B.

1368 *Ausschuss für Arbeit, Soziales und Konsumentenschutz*, Bericht über den Beschluss des Nationalrates vom 15. Dezember 2016 betreffend ein Bundesgesetz, mit dem das Arbeitsverfassungsgesetz geändert wird, 9682/BR d.B.

Kenntnisse und Fähigkeiten in all diesen Bereichen abverlangt. Dabei kann angesichts der Komplexität mancher Themenbereiche (zum Beispiel Datenschutz, Umweltschutz, Informations- und Kommunikationstechnik, Unternehmensübernahme, künstliche Intelligenz) wohl davon ausgegangen werden, dass derartige Kenntnisse und Fähigkeiten bei durchschnittlichen Arbeitnehmern selten, bzw. nicht in der notwendigen Tiefe, vorhanden sind – obwohl sich das Amt des Betriebsrat an grundsätzlich jeden Arbeitnehmer richtet. Diesen Aufgabenkatalog außer Betracht gelassen, kann grundsätzlich jeder Arbeitnehmer für das Amt des Betriebsrats kandidieren. Angesichts der auf ein Betriebsratsmitglied wartenden Aufgaben wird jedoch implizit eine starke Professionalisierung gefordert.[1369] Die Anforderungen an ein Betriebsratsmitglied sind enorm gestiegen und Mitbestimmung wird stets anspruchsvoller. Daneben werden von einem Betriebsratsmitglied weitere tiefgreifende Fähigkeiten verlangt. Betriebsratsmanagement, betriebswirtschaftliche Kenntnisse, professionelle Kenntnisse im Arbeitsrecht, Kenntnisse der betrieblichen Abläufe, Organisationsmanagement, Qualifikation als Führungskraft, rhetorische Fähigkeiten oder die Fähigkeit als Berater, Sprachrohr und Mittler sind dabei nur einige Beispiele.[1370] Da sich die Betriebsratstätigkeit jedoch an alle Arbeitnehmer richtet, also unabhängig von Bildungsgrad oder Tätigkeit ist, ist davon auszugehen, dass die nötigen Fähigkeiten und das nötige Fachwissen in der Regel zunächst nicht vorhanden sind, sondern erst durch eine umfassende Einarbeitung und die Teilnahme an diversen Schulungen erworben werden müssen, ehe ein gewisser Professionalisierungsgrad erreicht ist. Dies wiederum bedeutet allerdings, dass der Betriebsrat zu Beginn seiner vierjährigen Amtszeit noch nicht in der nötigen Tiefe handlungsfähig ist, sondern sich die Betriebsratsmitglieder die hierzu nötigen Kenntnisse erst aneignen müssen. Wurden die Kenntnisse erfolgreich erworben, sind auch Betriebsratskarrieren nicht unüblich, also die Wiederwahl und Tätigkeit über mehrere Amtszeiten eines Betriebsratsmitglieds.[1371] Seit der Einführung der vierjährigen Amtszeit vor über 30 Jahren sind die Anforderungen an ein Betriebsratsmitglied derart stark gestiegen, dass der Betriebsrat mittlerweile

---

1369 Dies wirft zu Recht die Frage auf, ob die Einordnung als unentgeltliches Ehrenamt sowie das Entgeltausfallprinzip (§ 37 Abs. 1, 2 BetrVG) noch angemessen sind, hierzu: *Byers*, NZA 2014, 65; *Fischer*, NZA 2014, 71; *Franzen*, ZAAR Schriftenreihe Band 10, S. 48 ff.; *Jacobs*, NZA 2009, 1606; *Rieble*, NZA 2008, 276; *Röhrborn*, ArbRAktuell 2015, 573.

1370 *Niedenhoff*, Der Betriebsrat als Produktionsfaktor, S. 23.

1371 *Jacobs*, NZA 2009, 1606 (1609); *Steinau-Steinrück/Kuntzsch*, NJW-Spezial 2017, 754 (755).

wohl eine viel längere Einarbeitungszeit benötigt als noch vor 30 Jahren. Dies führt im Ergebnis zu einer Verkürzung seiner tatsächlichen effektiven Amtszeit. Die starken Veränderungen der Bedingungen der Arbeitswelt und der Anforderungen an die einzelnen Betriebsratsmitglieder in den letzten 30 Jahren machen es daher nötig, die Amtszeit des Betriebsrats auf fünf Jahre anzuheben. Nur so kann der implizit durch den Aufgabenkatalog des Betriebsverfassungsgesetzes geforderten Professionalisierung der Betriebsratsmitglieder Rechnung getragen werden. Es sollte dem österreichischen Beispiel gefolgt werden.

Dadurch wird eine gewisse Stetigkeit der Amtsausführung gewährleistet, die im Sinne der kontinuierlichen Betriebsratsarbeit liegt. Nach der notwendigen Einarbeitung kann ein Betriebsrat somit länger effektiv arbeiten. Gefördert wird hierdurch ebenso die sachliche und vertrauensvolle Arbeit der mit der Betriebsgestaltung beteiligten Stellen.[1372] Die Anhebung der Amtszeit hat auch Vorteile für den Arbeitgeber, da durch eine fünfjährige Amtszeit die Kosten der Betriebsratsarbeit, insbesondere die Wahlkosten[1373] sowie die Kosten der Einarbeitung der Betriebsratsmitglieder, gesenkt werden, da diese auf lange Sicht seltener entstehen. Eine fünfjährige Amtszeit dient somit auch der Kostenersparnis. Darüber hinaus steigt die Effektivität der Betriebsratsarbeit auch dadurch, dass der Abstand der Wahlkämpfe vergrößert wird und davon auszugehen ist, dass ein Betriebsrat ohne Wahlkampf besser arbeiten kann – ähnlich der Politik.[1374] Zudem arbeiten eingespielte Teams generell besser zusammen als neue.[1375]

Ferner beträgt die Amtszeit vieler sonstiger Gremien der politischen, wirtschaftlichen und sozialen Selbstverwaltung ebenso fünf Jahre. Die Amtszeit des Betriebsrats würde demzufolge hieran angepasst werden.

Die Amtszeit des Betriebsrats ist daher auf fünf Jahre anzuheben.

Die Forderung, die Amtszeit des Betriebsrats von derzeit vier Jahren dagegen auf zwei Jahre zu begrenzen,[1376] ist gänzlich abzulehnen. Dies entspräche dem

---

1372 BT-Drucks. 4/2655, S. 1.

1373 *Rieble*, in: Reformbedarf in der betrieblichen Mitbestimmung, 127 (137).

1374 *Rieble*, in: Reformbedarf in der betrieblichen Mitbestimmung, 127 (137).

1375 *Rieble*, in: Reformbedarf in der betrieblichen Mitbestimmung, 127 (137).

1376 *Die Familienunternehmer e. V. – ASU*, BT-Ausschussdrucks. 18(11)425, S. 2; *Die Familienunternehmer – ASU e. V.*, Stellungnahme zum Antrag der Fraktion Bündnis 90 / Die Grünen „Mehr Betriebsrätinnen und Betriebsräte braucht das Land" (Drucksache 18/2750) und zum Antrag der Fraktion DIE LINKE „Die Wahl von Betriebsräten erleichtern und die betriebliche Interessenvertretung sicherstellen" (Drucksache 18/5327), Berlin, 15.10.2015, S. 4; *Die Familienunternehmer e. V.*, Mehr

Stand im Zeitraum von 1952 bis 1964. Die Anforderungen der damaligen Zeit sind offensichtlich nicht mit den heutigen Anforderungen zu vergleichen, sodass die Effektivität des Betriebsrats erheblich gestört werden würde. Auf der anderen Seite würden die Kosten zu Lasten des Arbeitgebers ebenfalls erheblich erhöht.

## 5. Umsetzung

Zur Umsetzung der fünfjährigen Amtszeit sind folgende Änderungen notwendig:

**Neufassung des § 13 Abs. 1 S. 1 BetrVG**

*Die regelmäßigen Betriebsratswahlen finden alle fünf Jahre in der Zeit vom 1. März bis 31. Mai statt.*

**Neufassung des § 21 S. 1 BetrVG**

*Die regelmäßige Amtszeit des Betriebsrats beträgt fünf Jahre.*

**Einfügung eines § 125a BetrVG**

*Die Verlängerung der regelmäßigen Amtszeit des Betriebsrats gemäß § 21 S. 1 gilt erstmals für Betriebsräte, die ab den regelmäßigen Betriebsratswahlen im Zeitraum vom 1. März bis 31 Mai 2022 gewählt wurden.*

**Hinweis:**

*Entsprechend der obigen Änderungen muss auch das Sprecherausschussgesetz geändert werden, da die Wahlen des Sprecherausschusses gemäß § 5 Abs. 1 S. 2 SprAuG zeitgleich mit den regelmäßigen Betriebsratswahlen einzuleiten sind.*

---

Demokratie und Transparenz – Vorschläge für eine Reform des Betriebsverfassungsgesetzes, Berlin, 2017, S. 12.

# C. Ergebnis

Ein Betriebsrat bietet sowohl für Arbeitnehmer als auch Arbeitgeber durchaus Vorteile.[1377] Gleichwohl schafft es der aktuelle Gesetzesstand nicht, die Erosion[1378] der betrieblichen Mitbestimmung zu stoppen und die Verbreitung von Betriebsräten zu fördern. Dabei will der Gesetzgeber die betriebliche Mitbestimmung grundsätzlich stärken und Betriebsratsgründungen fördern.[1379] Mitgeschuldet ist die fehlende Effektivität den Schutzlücken, die sich bei näherer Betrachtung der Normen offenbaren.[1380] Der Gesetzgeber hat versäumt diese Schutzlücken zu schließen. Seine Versuche – zuletzt durch das Betriebsrätemodernisierungsgesetz[1381] – haben nicht gefruchtet bzw. sind hierzu nicht im Stande. Die bestehenden Probleme wurden vom Gesetzgeber nicht bzw. nicht in der notwendigen Tragweite erkannt. Die weiter bestehenden Schutzlücken, die sich fünf Problemkreisen zuordnen lassen, sind zu schließen; es besteht ein starkes Reformbedürfnis. Wenn die Probleme mit den vorgeschlagenen Lösungswegen behoben werden, kann plausibel erwartet werden, dass sich die Zahl der Betriebsräte durch Neugründungen steigert.

## I. Notwendigkeit der Gründung

Obwohl gemäß § 1 Abs. 1 S. 1 BetrVG in Betrieben mit in der Regel mindestens fünf ständigen wahlberechtigten Arbeitnehmern, von denen drei wählbar sind, Betriebsräte gewählt werden, ist dies keine gesetzliche Verpflichtung. Die Entscheidung einen Betriebsrat zu gründen, steht seit 1952 in der freien Entscheidung und Verantwortung der Arbeitnehmer.[1382] Von dem Prinzip einer Verpflichtung, wie sie noch im Betriebsrätegesetz[1383] nach den §§ 1, 23 Abs. 2 und 3, 99 Abs. 2 BRG 1920 bestanden hat, wurde sich gelöst. Aus der Freiwilligkeit der Betriebsratsgründung folgt die Notwendigkeit von Initiativen, damit die Wahl in Gang gesetzt wird.[1384] In erster Linie müssen diese von den

1377 Siehe A.IV., S. 49 f.
1378 Siehe A.III., S. 47 ff.
1379 BT-Drucks. 19/28899, S. 1; BT-Drucks. 14/5741, S. 1 f., S. 36 f.
1380 Siehe B.I., S. 59 ff., B.II., S. 105 ff., B.III., S. 171 ff, B.IV, S. 203 ff. sowie B.V., S. 264 ff.
1381 BGBl. 2021 I, S. 1762, gem. Art. 6 in Kraft getreten am 18.06.2021.
1382 Siehe B.I.2., S. 60 f.
1383 RGBl. 1920 I, S. 147, gem. § 106 in Kraft getreten am 04.02.1920.
1384 Siehe B.I.3., S. 62.

Arbeitnehmern kommen. Die Initiativen der Arbeitnehmer bleiben jedoch im Ergebnis vielfach aus,[1385] obwohl der Gesetzgeber die zunehmende Erosion der betrieblichen Mitbestimmung stoppen und Initiativen fördern will.[1386] Das Ausbleiben der Initiativen mag auch daran liegen, dass Arbeitnehmern Kenntnisse über den Betriebsrat, dessen Voraussetzungen und Möglichkeiten fehlen.[1387] Die Lösung liegt daher in einem Ausbau der Kenntnisse der Arbeitnehmer, welcher insbesondere auf zwei Wegen erreicht werden soll:

Zum einen ist dem Gesamt- bzw. Konzernbetriebsrat das Recht einzuräumen, einmal jährlich eine Informationsveranstaltung abzuhalten, bei der insbesondere Informationen über die Voraussetzungen und die Gründung eines Betriebsrats vermittelt sowie ein Überblick über die Verantwortung und Aufgaben des Betriebsrats gegeben wird.[1388] Zum anderen ist der Arbeitgeber zu verpflichten, einmal jährlich eine solche Informationsveranstaltung abzuhalten.[1389] Hiervon soll er absehen können, wenn bereits der Gesamt- bzw. Konzernbetriebsrat im laufenden Kalenderjahr eine Informationsveranstaltung abgehalten hat. Letzteres greift nur, sofern es überhaupt einen Gesamt- bzw. Konzernbetriebsrat gibt. Ferner sollte die Verpflichtung des Arbeitgebers in den Katalog der Bußgeldvorschriften des Betriebsverfassungsgesetzes aufgenommen werden.

Zwar kann der Gesamt- bzw. Konzernbetriebsrat gemäß § 17 S. 1 BetrVG im Rahmen des Mentorenprinzips die Initiative ergreifen und einen Wahlvorstand bestellen. Allerdings braucht er dazu Kenntnisse der konkreten Situation und Umstände des Betriebs. Diese fehlen ihm wohl ebenso wie Kenntnis über geeignete und gewillte Kandidaten. Dies hindert ihn praktisch an der Bestellung eines Wahlvorstands. Die ihm derzeit zur Verfügung stehenden Rechte sind hierfür weder ausreichend noch effektiv genug,[1390] Informationsveranstaltungen auf Basis der derzeitigen Gesetzeslage nach der Rechtsprechung des BAG[1391] zudem unzulässig.

Durch das Recht des Gesamt- bzw. Konzernbetriebsrats bzw. die Pflicht des Arbeitgebers zu Informationsveranstaltungen würden sich die Kenntnisse der Arbeitnehmer ausbauen und vermutlich die Kommunikation der Arbeitnehmer

1385 Siehe A.III., S. 47 ff.
1386 BT-Drucks. 14/5741, S. 1 f., 36 f.
1387 Siehe B.I.6.b)gg)(2)(a), S. 89.
1388 Siehe B.I.6.a), S. 71 ff.
1389 Siehe B.I.6.b)gg)(2)(c), S. 97.
1390 Siehe B.I.6.a), S. 74 ff.
1391 BAG, Beschluss vom 16.11.2011 – 7 ABR 28/10, in: AP BetrVG 1972 § 17 Nr. 9.

untereinander gefördert werden, da ein Forum des Austausches entstünde. Zudem könnte Arbeitnehmern die Scheu vor einer Initiative genommen werden.

## II. Notwendigkeit der Wahlinitiatoren

Wahlinitiatoren sind für die Gründung eines Betriebsrats wesentlich. Gerade sie können das Ziel des Gesetzgebers[1392], Betriebsräte zu verbreiten, erfüllen. Dies hat zuletzt der Gesetzgeber erkannt und versucht, mit dem Betriebsrätemodernisierungsgesetz[1393] deren Sonderkündigungsschutz im Vorfeld einer Betriebsratswahl auszubauen. Damit wollte der Gesetzgeber die Behinderung der Vorbereitungen verhindern, da er erkannt hat, dass es sich um eine riskante Phase für den Arbeitnehmer handelt, der mit Repressalien rechnen muss, wenn er vom Arbeitgeber entdeckt wird.[1394] Zudem wollte er den Mut zu Initiativen durch den Sonderkündigungsschutz erhöhen.[1395] Der Versuch des Gesetzgebers verspricht jedoch keine Effektivität, da er diverse Schutzlücken übersehen hat und der Arbeitgeber den bestehenden Schutz noch immer leicht umgehen kann.[1396] Infolgedessen kommt Wahlinitiatoren kein hohes Schutzniveau zu, obwohl sie im Hinblick auf mögliche Interessenkonflikte mit dem Arbeitgeber für die Zeit der Wahl in ähnlicher Weise schutzbedürftig sind wie Mitglieder des Wahlvorstands und Wahlbewerber.[1397]

Zunächst ist Wahlinitiatoren nach § 15 Abs. 3a und 3b KSchG ein zweistufiger Sonderkündigungsschutz zu gewähren; sie sind demnach in § 103 BetrVG aufzunehmen. Deren Kündigung sollte von der Zustimmungsersetzung des Arbeitsgerichts abhängig gemacht werden. Bei Wahlinitiatoren nach § 15 Abs. 3b KSchG soll dies zeitlich von der Abgabe der öffentlich beglaubigten Absichtserklärung bis zur Einladung zu einer Betriebs- oder Wahlversammlung bzw. der Antragstellung gelten. Die erforderliche Zustimmungsersetzung bewirkt, dass eine ohne dieses Erfordernis ausgesprochene Kündigung offensichtlich unwirksam ist, was die Bestandsgefahr für das Arbeitsverhältnis nahezu ausschließt und die Kontinuität der Arbeit des Wahlinitiators fördert.[1398]

---

1392 BT-Drucks. 19/28899, S. 1; BT-Drucks. 14/5741, S. 1 f., S. 36 f.

1393 BGBl. 2021 I, S. 1762, gem. Art. 6 in Kraft getreten am 18.06.2021.

1394 BT-Drucks. 19/18899, S. 24.

1395 BT-Drucks. 14/5741, S. 55; BT-Drucks. 19/28899, S. 24.

1396 Siehe B.II.6.a), S. 133 ff.

1397 BT-Drucks. 14/5741, S. 55; *Hergenröder*, in: Münchener Kommentar, KSchG, § 15 Rn. 1.

1398 Siehe B.II.6.a)cc)(1), S. 151 f.

Ebenso ist für Wahlinitiatoren nach § 15 Abs. 3a KSchG die Beschränkung auf die ersten sechs in der Einladung bzw. die ersten drei in der Antragstellung genannten Arbeitnehmer aufzuheben. Der Gesetzgeber will es Arbeitnehmern grundsätzlich ermöglichen, sich offen für die Betriebsratswahl zu engagieren.[1399] Die derzeitige Begrenzung auf sechs Einladende bzw. drei Antragsteller erscheint jedoch willkürlich.[1400] Die Wahlinitiatoren müssen demnach unter sich ausmachen, wer dem Sonderkündigungsschutz unterfällt und wer nicht, obwohl alle über das gleiche Schutzbedürfnis verfügen.[1401] Dies überzeugt nicht.

Ferner ist Wahlinitiatoren nach § 15 Abs. 3a KSchG für die Dauer von sechs Monaten[1402] ab dem Zeitpunkt der Bekanntgabe des Wahlergebnisses[1403] ein nachwirkender[1404] Kündigungsschutz zu gewähren, auch wenn eine Betriebsratswahl stattfindet. Sofern im Ergebnis kein Betriebsrat gewählt wird, sollte für den Beginn des nachwirkenden Sonderkündigungsschutzes entsprechend der Rechtsprechung des BAG[1405] auf den Zeitpunkt abgestellt werden, in dem das Ausbleiben der Betriebsratswahl feststeht. Die Notwendigkeit eines nachwirkenden Schutzes ergibt sich aus der Vergleichbarkeit zu Mitgliedern des Wahlvorstands und (nicht gewählten) Wahlbewerbern nach § 15 Abs. 3 KSchG.[1406] Der nachwirkende Sonderkündigungsschutz soll ermöglichen, dass sich eventuelle während der betriebsverfassungsrechtlichen Tätigkeit aufgetretene Kontroversen mit dem Arbeitgeber abkühlen können.[1407] Diese Kontroversen sind auch bei Wahlinitiatoren möglich, zumal sie sich nicht mit der Bekanntgabe des Ergebnisses lösen, sondern fortbestehen.

Darüber hinaus sollten keine betriebsbedingten Kündigungen bei Wahlinitiatoren nach § 15 Abs. 3b KSchG möglich sein. Stattdessen sollten sie in die Ausnahmeregelungen des § 15 Abs. 4 und 5 KSchG aufgenommen werden. Die Möglichkeit zu betriebsbedingten Kündigungen könnte von Arbeitgebern ausgenutzt werden.[1408] Hierdurch wäre der Erfolg einer Initiative stark

1399 BT-Drucks. 19/28899, S. 24.
1400 Siehe B.II.6.a)bb)(2), S. 146.
1401 Siehe B.II.6.a)bb)(2), S. 147.
1402 Siehe B.II.6.a)dd)(3), S. 161 f.
1403 Siehe B.II.6.a)dd)(1), S. 156 ff.
1404 Siehe B.II.6.a)dd)(2), S. 159 f.
1405 BAG, Urteil vom 09.10.1986 – 2 AZR 650/85, in: AP KSchG 1969 § 15 Nr. 23.
1406 Siehe B.II.6.a)dd)(1), S. 157.
1407 BT-Drucks. VI/1786, S. 60.
1408 Siehe B.II.6.a)aa)(2), S. 141.

gefährdet, insbesondere da eine Kündigung eine hohe Abschreckungswirkung hat.[1409]

Schließlich ist Wahlinitiatoren nach § 15 Abs. 3b KSchG ebenso für sechs Monate ein nachwirkender Kündigungsschutz zu gewähren. Dieser sollte ab dem Zeitpunkt der Einladung bzw. Antragstellung greifen. Wahlinitiatoren nach § 15 Abs. 3b KSchG haben das gleiche Schutzbedürfnis wie Wahlinitiatoren nach § 15 Abs. 3a KSchG.[1410]

Nur mit diesen Maßnahmen kann dem Schutzzweck des § 15 Abs. 3a und 3b KSchG entsprochen werden. Der Gesetzgeber will zum einen die Betriebsverfassungsorgane absichern und vor Behinderungen schützen; zum anderen will er zu einer größeren Bereitschaft der Arbeitnehmer beitragen, die Initiative für die Gründung eines Betriebsrats zu ergreifen und sich offen zu engagieren.[1411]

## III. Notwendigkeit der ungestörten Amtsausübung

§ 20 Abs. 1 BetrVG schützt vor Wahlbehinderungen, § 20 Abs. 2 BetrVG vor Wahlbeeinflussungen.[1412] Dieser Schutz wird – zumindest in der Theorie – durch § 119 Abs. 1 Nr. 1 BetrVG sogar strafrechtlich abgesichert, indem § 119 Abs. 1 Nr. 1 Var. 1 BetrVG ein strafbewährtes Behinderungsverbot und § 119 Abs. 1 Nr. 1 Var. 2 BetrVG ein Beeinflussungsverbot regeln. In der Praxis werden Wahlinitiatoren dagegen häufig Opfer von Wahlbehinderungen und -beeinflussungen.[1413] Die Strafnorm offenbart diverse Schutzlücken, die sie im Ergebnis zu einem stumpfen Schwert verkommen lässt.[1414] Verurteilungen nach § 119 BetrVG bilden die Ausnahme.[1415] Insgesamt verfügt die Norm daher wohl kaum über eine abschreckende Wirkung gegenüber potenziellen Tätern. Zwar wollte der Gesetzgeber mit dem Betriebsrätemodernisierungsgesetz[1416] die

1409 Siehe B.II.6.a)aa)(2), S. 141 f.
1410 Siehe B.II.6.a)ee), S. 162 ff.
1411 BT-Drucks. 14/5741, S. 55; BT-Drucks. 19/18899, S. 24.
1412 Siehe B.III.1.a), S. 172 f.
1413 BT-Drucks. 19/28899, S. 13; *Wirtschafts- und Sozialwissenschaftlichen Institut*, Behinderung von Betriebsratsgründungen: keineswegs nur Einzelfälle, besonders häufig Probleme bei inhabergeführten Unternehmen, Pressemitteilung vom 17.08.2020; https://www.wsi.de/de/pressemitteilungen-15991-behinderung-von-betriebsratsgrundungen-25757.htm, letzter Abruf am 04.06.2022.
1414 Siehe B.III.4., S. 183 ff.
1415 Siehe B.III.3., S. 180 ff.
1416 BGBl. 2021 I, S. 1762, gem. Art. 6 in Kraft getreten am 18.06.2021.

Fälle der Behinderungen von Betriebsratswahlen reduzieren,[1417] dennoch hat er keine Veranlassung gesehen, an den derzeitigen Regelungen etwas zu ändern. Dabei besitzt der Straftatbestand des § 119 Abs. 1 Nr. 1 BetrVG kaum praktische Relevanz.[1418]

Um eine effektive Strafverfolgung zu ermöglichen, ist § 119 Abs. 2 BetrVG daher zunächst zu einem relativen Antragsdelikt umzuformen.[1419] Infolgedessen könnte die Staatsanwaltschaft bei einem besonderen öffentlichen Interesse an der Strafverfolgung auch ohne Strafantrag Anklage erheben.[1420] Dies würde kein unnötiges Mehr an Belastung, sondern ein Mehr an Möglichkeiten für die Staatsanwaltschaften bedeuten. Die derzeitige Ausgestaltung als absolutes Antragsdelikt soll zwar insbesondere Staatsanwaltschaften entlasten, da das Interesse des Staates an der strafrechtlichen Sanktionierung vermeintlich als gering angesehen wird.[1421] Bei § 119 Abs. 1 BetrVG widerspricht dies jedoch dem Zweck des Gesetzgebers, Fälle der Behinderungen von Betriebsratswahlen zu reduzieren.[1422]

Zudem sind Arbeitnehmer (sowie klarstellend Mitglieder der in § 119 Abs. 2 BetrVG genannten Organe) in den Kreis der Strafantragsberechtigten aufzunehmen.[1423] Derzeit sind insbesondere Betriebsrat, Wahlvorstand, Unternehmer und eine im Betrieb vertretene Gewerkschaft strafantragsberechtigt. Steht hinter einem Wahlinitiator keine Gewerkschaft, findet sich demnach kein Antragsberechtigter; die Norm läuft leer. Dabei werden auch die einzelnen Arbeitnehmer von § 119 Abs. 1 Nr. 1 BetrVG geschützt; sie können Opfer (Verletzter im Sinne des § 77 Abs. StGB) einer derartigen Straftat sein.[1424] Im Ergebnis könnten somit wohl mehr Straftaten aufgedeckt und verfolgt werden. Nur so könnte die vom Gesetzgeber mit § 119 Abs. 1 Nr. 1 BetrVG bezweckte Integrität der Betriebsratswahl und die Beteiligung der Arbeitnehmer an der innerbetrieblichen Willensbildung gewährleistet werden.[1425]

Überdies ist der Strafrahmen auf Freiheitsstrafe bis zu zwei Jahren oder Geldstrafe anzuheben.[1426] Der derzeitige Strafrahmen des § 119 Abs. 1 BetrVG ist der

---

1417 BT-Drucks. 19/28899, S. 1.
1418 Siehe B.III.3., S. 180 ff.
1419 Siehe B.III.4.a), S. 184 ff.
1420 Siehe B.III.4.a), S. 184.
1421 *Dallmeyer*, in: BeckOK StGB, § 77 StGB Rn. 6.
1422 BT-Drucks. 19/28899, S. 1.
1423 Siehe B.III.4.b), S. 188 ff.
1424 Siehe B.III.4.b), S. 189 f.
1425 BGH, Beschluss vom 13.09.2010 – 1 StR 220/09, in: NJW 2011, 88 (91).
1426 Siehe B.III.4.d), S. 195 ff.

Tat nicht angemessen. Einerseits verfügen leichtere Straftaten als § 119 Abs. 1 BetrVG über den gleichen Strafrahmen wie § 119 Abs. 1 BetrVG; andererseits haben ähnliche Straftaten einen (teilweise viel) höheren Strafrahmen.[1427] Auch bedingt durch den Strafrahmen sind die derzeit verhängten Strafen sehr gering.[1428] Dies führt dazu, dass Täter in der Regel keine negativen Konsequenzen befürchten müssen und der präventive Abschreckungszweck nicht erfüllt werden kann.[1429]

Daneben ist eine Versuchsstrafbarkeit einzuführen.[1430] Derzeit führt die erfolglose Einflussnahme auf das Wahlgeschehen aufgrund der Ausgestaltung des § 119 Abs. 1 Nr. 1 BetrVG als Erfolgsdelikt zur Straflosigkeit des Täters.[1431] Die Norm hat somit kaum abschreckende Wirkung.[1432] Die Versuchsstrafbarkeit könnte dies ändern.

Letztlich sollten zudem die Staatsanwaltschaften durch gezielte Schulungen oder Fortbildungen im Bereich des Arbeitsstrafrechts sensibilisiert werden.[1433] Dadurch könnten Straftaten mit mehr Nachdruck verfolgt werden.

## IV. Notwendigkeit der Stimmabgabe

Die Betriebsratswahl erfolgt analog durch Präsenzwahl. Bei dieser hat der Wähler seinen Stimmzettel in die Wahlurne einzuwerfen. Nur unter den engen Voraussetzungen des § 24 WO kann vereinzelt eine Briefwahl stattfinden; eine allgemeine Briefwahl ist unzulässig.[1434] Ebenso unzulässig ist eine elektronische Betriebsratswahl.[1435] Diese verstößt gegen wesentliche Vorschriften des derzeitigen Wahlrechts, insbesondere der Wahlordnung.[1436] Die Digitalisierung wird demnach aus der Betriebsratswahl größtenteils ausgeschlossen.

---

1427 Siehe B.III.4.d), S. 197 f.

1428 Siehe B.III.4.d), S. 195 f.

1429 Siehe B.III.4.d), S. 198.

1430 Siehe B.III.4.c), S. 193 ff.

1431 *Kudlich*, in: Löwisch/Kaiser/Klumpp, BetrVG, § 119 Rn. 10.

1432 Siehe B.III.4.c), S. 193.

1433 Siehe B.III.4.e), S. 198 ff.

1434 LAG Niedersachsen, Urteil vom 09.03.2011 – 17 TaBV 41/10, in: BeckRS 2011, 74669; LAG Düsseldorf, Beschluss vom 08.04.2011 – 10 TaBV 79/10, in: BeckRS 2011, 74544.

1435 LAG Hamburg, Beschluss vom 15.02.2018 – 8 TaBV 5/17, in: BeckRS 2018, 20356; *Fündling/Sorber*, NZA 2017, 552 (554 f.); *Naumann/Groschischka/Bendix*, ArbRAktuell 2022, 63 (63).

1436 LAG Hamburg, Beschluss vom 15.02.2018 – 8 TaBV 5/17, in: BeckRS 2018, 20356.

Es sind daher die Voraussetzungen für eine elektronische Betriebsratswahl zu schaffen, bei der die Stimmabgabe unter Nutzung von elektronischen, computerbasierten Wahlsystemen in offenen Netzen wie dem Internet erfolgt; beispielsweise am PC, Smartphone oder Tablet.[1437] Hierzu reicht eine Änderung der Wahlordnung aus.[1438]

Dabei ist Entscheidung des BVerfG[1439] zu Wahlautomaten mit abgeschwächter Wirkung[1440] zu beachten. Gleichwohl muss der Wähler die wesentlichen Schritte von Wahlhandlung und Ergebnisermittlung zuverlässig und ohne besondere technische Sachkenntnis verstehen und überprüfen können.[1441] Hierbei ist es nicht ausreichend, wenn er keine Möglichkeit eigener Einsicht hat und darauf angewiesen ist, der Funktionsfähigkeit und technischen Integrität des Systems zu vertrauen.[1442] Ermöglicht wird die elektronische Betriebsratswahl dadurch, dass der Grundsatz der allgemeinen Wahl[1443] in einem noch größeren Maße als bei der Briefwahl gestärkt wird und dies die notwendigen Einschränkungen des Grundsatzes der öffentlichen Wahl erlaubt.[1444] Die technische Umsetzbarkeit einer elektronischen Wahl zeigen Beispiele aus dem Aus- und Inland.[1445] Anbieter für eine elektronische Betriebsratswahl gibt es bereits.[1446] Neben den Vorteilen[1447] einer elektronischen Betriebsratswahl lässt sich plausibel vermuten, dass gerade die jüngere Generation angesprochen wird und insgesamt die Wahlbeteiligung steigt.

Darüber hinaus ist die Möglichkeit einer allgemeinen Briefwahl zuzulassen. Der Wahlvorstand sollte in eigener Verantwortung darüber entscheiden können, ob er kumulativ oder alternativ eine Briefwahl anbietet, bei der Wahlberechtigte die Stimmabgabe per Briefwahl formlos und ohne Begründung beantragen können.

Im Rahmen der Wahlvorstands- und Betriebsratssitzungen ist die Möglichkeit der Telefonkonferenz aus dem Gesetz zu entfernen, da Telefonkonferenzen

1437 Siehe B.IV.4., S. 232 ff.
1438 Siehe B.IV.7.a), S. 261.
1439 BVerfG, Urteil vom 03.03.2009 – 2 BvC 3/07 und 4/07, in: NVwZ 2009, 708.
1440 Siehe B.IV.4.a)bb), S. 237 ff.
1441 Siehe B.IV.4.a)bb), S. 239.
1442 Siehe B.IV.4.a)bb), S. 239.
1443 Siehe B.IV.4.d)cc), S. 251 f.
1444 Siehe B.IV.4.d)dd), S. 252 ff.
1445 Siehe B.IV.4.b), S. 240 ff.
1446 Siehe B.IV.4.e), S. 256 f.
1447 Siehe B.IV.4.c), S. 242 ff.

keine umfassende formelle und informelle Kommunikation und gemeinsame Diskussion, einschließlich der Wahrnehmung von Mimik und Gestik, ermöglichen.[1448] Ebenso sollten wieder digitale Betriebsversammlungen ermöglicht werden.

## V. Notwendigkeit der Amtszeit

Die Amtszeit des Betriebsrats beträgt gemäß § 21 S. 1 BetrVG vier Jahre. Letztmalig wurde die Amtszeit vor über 30 Jahren angehoben. Die damalige Erhöhung von drei auf vier Jahre wurde mit der damit verbundenen größeren Kontinuität der Betriebsratsarbeit sowie den stetig steigenden Anforderungen an den Betriebsrat und der dadurch verbundenen längeren Einarbeitungszeit begründet.[1449] In den vergangenen 30 Jahren haben sich die Anforderungen an den Betriebsrat erneut erheblich verändert und sind stark gestiegen.[1450] Beispielsweise werden heute zusätzliche Kenntnisse und Fähigkeiten in den Bereichen Datenschutz (§ 78a BetrVG), Umweltschutz (§§ 80 Abs. 1 Nr. 9, 89 Abs. 1 BetrVG), Informations- und Kommunikationstechnik (§ 87 Abs. 1 Nr. 14 BetrVG), Unternehmensübernahme (§ 109a BetrVG) oder künstliche Intelligenz (§ 80 Abs. 3 S. 2 BetrVG) abverlangt. Der Gesetzgeber fordert mithin implizit eine starke Professionalisierung.[1451] Der Erwerb dieser Kenntnisse und Fähigkeiten kostet mehr (Einarbeitungs-)Zeit als noch vor 30 Jahren. Diese Zeit verkürzt die effektive Amtszeit.

Aufgrund dessen sollte die Amtszeit des Betriebsrats auf insgesamt fünf Jahre angehoben werden.[1452] Dies gleicht die Amtszeit des Betriebsrats an die vieler Gremien der politischen, wirtschaftlichen und sozialen Selbstverwaltung an und senkt Wahlkosten.

## VI. Ausblick

Für die fünf bestehenden Problemkreise wurden somit Lösungswege angeboten. Mit der Umsetzung der dargelegten Maßnahmen kann die Erosion der

---

1448 Siehe B.IV.3.c)dd), S. 230 ff.

1449 BT-Drucks. 11 /3618, S. 10, 17 f.

1450 *Ausschuss für Arbeit, Soziales und Konsumentenschutz*, Bericht über den Beschluss des Nationalrates vom 15. Dezember 2016 betreffend ein Bundesgesetz, mit dem das Arbeitsverfassungsgesetz geändert wird, 9682/BR d.B.

1451 Siehe B.V.4., S. 268.

1452 Siehe B.V.4., S. 269.

betrieblichen Mitbestimmung[1453] möglicherweise gestoppt und die Verbreitung von Betriebsräten gefördert werden. Insbesondere käme Arbeitnehmern damit der notwendige Schutz zugute. Dies könnte die Motivation der Arbeitnehmer, Initiativen zur Betriebsratsgründung zu ergreifen, steigern. Damit könnten die Arbeitnehmer ihrer Verantwortung zur Implementierung betriebsverfassungsrechtlicher Strukturen gerecht werden.

1453 Siehe A.III., S. 47 ff.

# D. Übersicht der Umsetzungsvorschläge

Um die Schutzlücken zu schließen sind Änderungen im Betriebsverfassungsgesetz, in der Wahlordnung und im Kündigungsschutzgesetz notwendig.

Für die Umsetzung der elektronischen Betriebsratswahlen in der Wahlordnung[1454] unterbleibt ein konkreter Umsetzungsvorschlag. Zunächst sollten die konkreten technischen Voraussetzungen bzw. Anforderungen durch Sachverständige festgestellt werden.

## I. Betriebsverfassungsgesetz

Zusammenfassend sind folgende Änderungen im Betriebsverfassungsgesetz umzusetzen:

### Neufassung des § 1 Abs. 1 S. 1 BetrVG

*In Betrieben mit in der Regel mindestens fünf ständigen wahlberechtigten Arbeitnehmern, von denen drei wählbar sind, sind Betriebsräte zu wählen.*

### Einfügung eines § 1a BetrVG – Informationsveranstaltung des Arbeitgebers

(1) *Besteht in einem Betrieb, der die Voraussetzungen des § 1 Abs. 1 Satz 1 erfüllt, kein Betriebsrat, ist der Arbeitgeber verpflichtet, einmal im Kalenderjahr für die Arbeitnehmer eine Informationsveranstaltung abzuhalten. Den Arbeitnehmern müssen dabei insbesondere Informationen über die Voraussetzungen und die Gründung eines Betriebsrats vermittelt sowie ein Überblick über die Verantwortung und Aufgaben des Betriebsrats gegeben werden, wobei jeweils auch auf den konkreten Betrieb einzugehen ist. Der Arbeitgeber darf sich hierzu Dritter bedienen.*

(2) *Der Arbeitgeber kann von der Informationsveranstaltung gemäß Abs. 1 absehen, wenn der Gesamtbetriebsrat oder, falls ein solcher nicht besteht, der Konzernbetriebsrat gemäß § 17 Abs. 1 Satz 3 im Kalenderjahr bereits eine solche Informationsveranstaltung abgehalten hat.*

### Neufassung des § 13 Abs. 1 S. 1 BetrVG

*Die regelmäßigen Betriebsratswahlen finden alle fünf Jahre in der Zeit vom 1. März bis 31. Mai statt.*

1454 Siehe B.IV.7.a), S. 261.

### Einfügung eines § 17 Abs. 1 S. 3 BetrVG

*Hierzu ist es dem Gesamtbetriebsrat oder, falls ein solcher nicht besteht, dem Konzernbetriebsrat einmal im Kalenderjahr erlaubt, insbesondere Informationsveranstaltungen gemäß § 1a Abs. 1 Satz 2 durchzuführen.*

### Neufassung des § 21 S. 1 BetrVG

*Die regelmäßige Amtszeit des Betriebsrats beträgt fünf Jahre.*

### Neufassung des § 30 Abs. 2 S. 1 BetrVG

*Abweichend von Absatz 1 Satz 5 kann die Teilnahme an einer Betriebsratssitzung mittels Videokonferenz erfolgen, wenn*

1. *die Voraussetzungen für eine solche Teilnahme in der Geschäftsordnung unter Sicherung des Vorrangs der Präsenzsitzung festgelegt sind,*
2. *nicht mindestens ein Viertel der Mitglieder des Betriebsrats binnen einer von dem Vorsitzenden zu bestimmenden Frist diesem gegenüber widerspricht und*
3. *sichergestellt ist, dass Dritte vom Inhalt der Sitzung keine Kenntnis nehmen können.*

### Neufassung des § 30 Abs. 3 BetrVG

*Erfolgt die Betriebsratssitzung mit der zusätzlichen Möglichkeit der Teilnahme mittels Videokonferenz, gilt auch eine Teilnahme vor Ort als erforderlich.*

### Neufassung des § 33 Abs. 1 S. 2 BetrVG

*Betriebsratsmitglieder, die mittels Videokonferenz an der Beschlussfassung teilnehmen, gelten als anwesend.*

### Neufassung des § 34 Abs. 1 S. 4 BetrVG

*Nimmt ein Betriebsratsmitglied mittels Videokonferenz an der Sitzung teil, so hat es seine Teilnahme gegenüber dem Vorsitzenden in Textform zu bestätigen.*

### Neufassung des § 103 Abs. 1 BetrVG

*Die außerordentliche Kündigung von Mitgliedern des Betriebsrats, der Jugend- und Auszubildendenvertretung, der Bordvertretung und des Seebetriebsrats, des Wahlvorstands sowie von Wahlbewerbern bedarf der Zustimmung des Betriebsrats. Für Wahlinitiatoren nach § 15 Abs. 3a KSchG gilt Satz 1 entsprechend.*

## Einfügung des § 103 Abs. 2b BetrVG

*Die außerordentliche Kündigung von Wahlinitiatoren nach § 15 Abs. 3b KSchG bedarf der Zustimmung des Arbeitsgerichts. Diese ist zu erteilen, wenn die außerordentliche Kündigung unter Berücksichtigung aller Umstände gerechtfertigt ist*

## Neufassung des § 119 BetrVG

*(1) Mit Freiheitsstrafe bis zu zwei Jahren oder mit Geldstrafe wird bestraft, wer*

*1. eine Wahl des Betriebsrats, der Jugend- und Auszubildendenvertretung, der Bordvertretung, des Seebetriebsrats oder der in § 3 Abs. 1 Nr. 1 bis 3 oder 5 bezeichneten Vertretungen der Arbeitnehmer behindert oder durch Zufügung oder Androhung von Nachteilen oder durch Gewährung oder Versprechen von Vorteilen beeinflusst,*

*2. die Tätigkeit des Betriebsrats, des Gesamtbetriebsrats, des Konzernbetriebsrats, der Jugend- und Auszubildenden-vertretung, der Gesamt-Jugend- und Auszubildendenvertretung, der Konzern-Jugend- und Auszubildendenvertretung, der Bordvertretung, des Seebetriebsrats, der in § 3 Abs. 1 bezeichneten Vertretungen der Arbeitnehmer, der Einigungsstelle, der in § 76 Abs. 8 bezeichneten tariflichen Schlichtungsstelle, der in § 86 bezeichneten betrieblichen Beschwerdestelle oder des Wirtschaftsausschusses behindert oder stört, oder*

*3. ein Mitglied oder ein Ersatzmitglied des Betriebsrats, des Gesamtbetriebsrats, des Konzernbetriebsrats, der Jugend- und Auszubildendenvertretung, der Gesamt-Jugend- und Auszubildendenvertretung, der Konzern-Jugend- und Auszubildendenvertretung, der Bordvertretung, des Seebetriebsrats, der in § 3 Abs. 1 bezeichneten Vertretungen der Arbeitnehmer, der Einigungsstelle, der in § 76 Abs. 8 bezeichneten Schlichtungsstelle, der in § 86 bezeichneten betrieblichen Beschwerdestelle oder des Wirtschaftsausschusses um seiner Tätigkeit willen oder eine Auskunftsperson nach § 80 Absatz 2 Satz 4 um ihrer Tätigkeit willen benachteiligt oder begünstigt.*

*(2) Der Versuch ist strafbar.*

*(3) Die Tat wird nur auf Antrag eines Arbeitnehmers, des Betriebsrats, des Gesamtbetriebsrats, des Konzernbetriebsrats, der Bordvertretung, des Seebetriebsrats, einer der in § 3 Abs. 1 bezeichneten Vertretungen der Arbeitnehmer, des Wahlvorstands, eines Mitglieds dieser betriebsverfassungsrechtlichen Organe, des Unternehmers oder einer im Betrieb vertretenen Gewerkschaft verfolgt, es sei denn, dass die Strafverfolgungsbehörde wegen des besonderen öffentlichen Interesses an der Strafverfolgung ein Einschreiten von Amts wegen für geboten hält.*

### Neufassung des § 121 Abs. 1 BetrVG

*Ordnungswidrig handelt, wer eine der in § 1a Abs. 1, § 90 Abs. 1, 2 Satz 1, § 92 Abs. 1 Satz 1 auch in Verbindung mit Abs. 3, § 99 Abs. 1, § 106 Abs. 2, § 108 Abs. 5, § 110 oder § 111 bezeichneten Aufklärungs- oder Auskunftspflichten nicht, wahrheitswidrig, unvollständig oder verspätet erfüllt.*

### Einfügung eines § 125a BetrVG

*Die Verlängerung der regelmäßigen Amtszeit des Betriebsrats gemäß § 21 S. 1 gilt erstmals für Betriebsräte, die ab den regelmäßigen Betriebsratswahlen im Zeitraum vom 1. März bis 31 Mai 2022 gewählt wurden.*

### Neufassung des § 129 BetrVG

*Versammlungen nach den §§ 42, 53 und 71 können auch mittels audiovisueller Einrichtungen durchgeführt werden, wenn sichergestellt ist, dass nur teilnahmeberechtigte Personen Kenntnis von dem Inhalt der Versammlung nehmen können. Eine Aufzeichnung ist unzulässig.*

## II. Wahlordnung

Zusammenfassend sind folgende Änderungen in der Wahlordnung umzusetzen:

### Neufassung des § 1 Abs. 4 WO

*Abweichend von Absatz 3 Satz 2 kann der Wahlvorstand beschließen, dass die Teilnahme an einer nicht öffentlichen Sitzung des Wahlvorstands mittels Videokonferenz erfolgen kann. Dies gilt nicht für Sitzungen des Wahlvorstands*

1. *im Rahmen einer Wahlversammlung nach § 14a Absatz 1 Satz 2 des Gesetzes,*
2. *zur Prüfung eingereichter Vorschlagslisten nach § 7 Absatz 2 Satz 2,*
3. *zur Durchführung eines Losverfahrens nach § 10 Absatz 1.*

*Es muss sichergestellt sein, dass Dritte vom Inhalt der Sitzung keine Kenntnis nehmen können. Eine Aufzeichnung der Sitzung ist unzulässig. Die mittels Videokonferenz Teilnehmenden bestätigen ihre Teilnahme gegenüber der oder dem Vorsitzenden in Textform. Die Bestätigung ist der Niederschrift nach Absatz 3 beizufügen.*

### Neufassung des § 1 Abs. 5 WO

*Erfolgt die Sitzung des Wahlvorstands mit der zusätzlichen Möglichkeit der Teilnahme mittels Videokonferenz, gilt auch eine Teilnahme vor Ort als erforderlich.*

### Neufassung des § 24 Abs. 1 WO

*Der Wahlvorstand kann neben der Präsenzwahl die schriftliche Stimmabgabe beschließen.*

### Neufassung des § 24 Abs. 2 WO

*Der Wahlvorstand hat Wahlberechtigten auf ihr Verlangen*
1. *das Wahlausschreiben,*
2. *die Vorschlagslisten,*
3. *den Stimmzettel und den Wahlumschlag,*
4. *eine vorgedruckte von der Wählerin oder dem Wähler abzugebende Erklärung, in der gegenüber dem Wahlvorstand zu versichern ist, dass der Stimmzettel persönlich gekennzeichnet worden ist, sowie*
5. *einen größeren Freiumschlag, der die Anschrift des Wahlvorstands und als Absender den Namen und die Anschrift der oder des Wahlberechtigten sowie den Vermerk „Schriftliche Stimmabgabe" trägt,*

*auszuhändigen oder zu übersenden. Die Wahlumschläge müssen sämtlich die gleiche Größe, Farbe, Beschaffenheit und Beschriftung haben. Der Wahlvorstand soll der Wählerin oder dem Wähler ferner ein Merkblatt über die Art und Weise der schriftlichen Stimmabgabe (§ 25) aushändigen oder übersenden. Der Wahlvorstand hat die Aushändigung oder die Übersendung der Unterlagen in der Wählerliste zu vermerken.*

### Neufassung des § 35 Abs. 1 WO

*Wahlberechtigte können beim Wahlvorstand die nachträgliche schriftliche Stimmabgabe beantragen (§ 14a Abs. 4 des Gesetzes). Die §§ 24, 25 gelten entsprechend.*

## III. Kündigungsschutzgesetz

Zusammenfassend sind folgende Änderungen im Kündigungsschutzgesetz umzusetzen:

### Neufassung des § 15 Abs. 3a KSchG

*Die Kündigung eines Arbeitnehmers, der zu einer Betriebs-, Wahl- oder Bordversammlung nach § 17 Abs. 3, § 17a Nr. 3 Satz 2, § 115 Abs. 2 Nr. 8 Satz 1 des Betriebsverfassungsgesetzes einlädt oder die Bestellung eines Wahlvorstands nach § 16 Abs. 2 Satz 1, § 17 Abs. 4, § 17a Nr. 4, § 63 Abs. 3, § 115 Abs. 2 Nr. 8 Satz 2 oder § 116 Abs. 2 Nr. 7 Satz 5 des Betriebsverfassungsgesetzes beantragt, ist vom Zeitpunkt der Einladung oder Antragstellung an bis zur Bekanntgabe des Wahlergebnisses unzulässig, es sei denn, dass Tatsachen vorliegen, die den Arbeitgeber zur Kündigung aus wichtigem Grund ohne Einhaltung einer Kündigungsfrist berechtigen, und dass die nach § 103 des Betriebsverfassungsgesetzes erforderliche Zustimmung vorliegt oder durch gerichtliche Entscheidung ersetzt ist. Innerhalb von sechs Monaten nach Bekanntgabe des Wahlergebnisses ist die Kündigung unzulässig, es sei denn, dass Tatsachen vorliegen, die den Arbeitgeber zur Kündigung aus wichtigem Grund ohne Einhaltung einer Kündigungsfrist berechtigen. Wird ein Betriebsrat, eine Jugend- und Auszubildendenvertretung, eine Bordvertretung oder ein Seebetriebsrat nicht gewählt, besteht der Kündigungsschutz nach Satz 2 vom dem Zeitpunkt an, ab dem feststeht, dass keine Wahl stattfindet.*

## Neufassung des § 15 Abs. 3b KSchG

*Die Kündigung eines Arbeitnehmers, der Vorbereitungshandlungen zur Errichtung eines Betriebsrats oder einer Bordvertretung unternimmt und eine öffentlich beglaubigte Erklärung mit dem Inhalt abgegeben hat, dass er die Absicht hat, einen Betriebsrat oder eine Bordvertretung zu errichten, ist unzulässig, es sei denn, dass Tatsachen vorliegen, die den Arbeitgeber zur Kündigung aus wichtigem Grund ohne Einhaltung einer Kündigungsfrist berechtigen und zuvor das Arbeitsgericht auf Antrag des Arbeitgebers der Kündigung zugestimmt hat. Der Kündigungsschutz gilt von der Abgabe der Erklärung nach Satz 1 bis zum Zeitpunkt der Einladung zu einer Betriebs-, Wahl- oder Bordversammlung nach § 17 Abs. 3, § 17a Nr. 3 Satz 2, § 115 Abs. 2 Nr. 8 Satz 1 des Betriebsverfassungsgesetzes oder der Antragstellung nach § 17 Abs. 4, § 17a Nr. 4, § 115 Abs. 2 Nr. 8 Satz 2 des Betriebsverfassungsgesetzes. Innerhalb von sechs Monaten nach der Einladung oder Antragstellung ist die Kündigung unzulässig, es sei denn, dass Tatsachen vorliegen, die den Arbeitgeber zur Kündigung aus wichtigem Grund ohne Einhaltung einer Kündigungsfrist berechtigen. Wird ein Betriebsrat oder eine Bordvertretung nicht gewählt, besteht der Kündigungsschutz nach Satz 3 vom dem Zeitpunkt an, ab dem feststeht, dass keine Einladung oder Antragstellung stattfindet.*

## Neufassung des § 15 Abs. 4 KSchG

*Wird der Betrieb stillgelegt, so ist die Kündigung der in den Absätzen 1 bis 3b genannten Personen frühestens zum Zeitpunkt der Stilllegung zulässig, es sei denn, dass ihre Kündigung zu einem früheren Zeitpunkt durch zwingende betriebliche Erfordernisse bedingt ist.*

## Neufassung des § 15 Abs. 5 KSchG

*Wird eine der in den Absätzen 1 bis 3b genannten Personen in einer Betriebsabteilung beschäftigt, die stillgelegt wird, so ist sie in eine andere Betriebsabteilung zu übernehmen. Ist dies aus betrieblichen Gründen nicht möglich, so findet auf ihre Kündigung die Vorschrift des Absatzes 4 über die Kündigung bei Stilllegung des Betriebs sinngemäß Anwendung.*

www.ingramcontent.com/pod-product-compliance
Ingram Content Group UK Ltd.
Pitfield, Milton Keynes, MK11 3LW, UK
UKHW021930290926
8980IPUK00016B/1555

9 783631 895252